Die Entsendung von Arbeitnehmern aus den MOE-Staaten auf Werkvertragsbasis nach der EU-Osterweiterung

Schriften zum Deutschen und Europäischen Arbeits- und Sozialrecht

Herausgegeben von Ulrich Preis

Band 11

PETER LANG
Frankfurt am Main · Berlin · Bern · Bruxelles · New York · Oxford · Wien

Sebastian Maiß

Die Entsendung von Arbeitnehmern aus den MOE-Staaten auf Werkvertragsbasis nach der EU-Osterweiterung

Eine Untersuchung der grenzüberschreitenden Beschäftigungsmöglichkeiten von Staatsangehörigen aus den Beitrittsstaaten – insbesondere im Baugewerbe – im Kontext der Übergangsbestimmungen zur Arbeitnehmerfreizügigkeit, der Dienstleistungsfreiheit und des Niederlassungsrechts

PETER LANG
Internationaler Verlag der Wissenschaften

Bibliografische Information der Deutschen Nationalbibliothek
Die Deutsche Nationalbibliothek verzeichnet diese Publikation in der Deutschen Nationalbibliografie; detaillierte bibliografische Daten sind im Internet über <http://www.d-nb.de> abrufbar.

Zugl.: Köln, Univ., Diss., 2007

Umschlagabbildung:
Siegel der rechtswissenschaftlichen Fakultät der Universität zu Köln.
Abdruck mit freundlicher Genehmigung der Universität zu Köln.

D 38
ISSN 1861-4582
ISBN 978-3-631-57451-5

www.peterlang.de

Meiner Mutter

Danksagung

Mein besonderer Dank gilt zunächst Frau Prof. Dr. Nußberger der Universität zu Köln, ohne die diese Arbeit nicht entstanden wäre. Sie hat mein Promotionsvorhaben mit wertvollen Anregungen regelmäßig unterstützt und stand mir als Ansprechpartnerin zur fachlichen Diskussion jederzeit zur Verfügung.

Ebenso möchte ich Herrn Prof. Dr. Preis für die schnelle Erstellung des Zweitgutachtens danken.

Endlich danke ich ganz besonders herzlich meiner Familie, die mich bei der Erstellung dieser Arbeit so fantastisch unterstützt hat; allen voran meiner geliebten Frau Miriam: Danke, dass Du immer für mich da bist!

Gewidmet ist diese Arbeit meiner Mutter. Es kann nur ein kleiner Dank für Deine liebevolle Begleitung auf meinem Lebensweg und für das sein, was Du mir bedeutest.

Sebastian Maiß — im Oktober 2007

Inhaltsverzeichnis

Literaturverzeichnis

Albath, Lars Giesler, Martina	Das Herkunftslandprinzip in der Dienstleistungsrichtlinie – eine Kodifizierung der Rechtsprechung?	EuZW 2006, S. 38 ff.
Behrend, Britta	Scheinwerkverträge bei bestehender Arbeitnehmerüberlassungserlaubnis	Dissertation Münster 2001
Bauschke, Hans-Joachim	Die so genannte Fremdfirmenproblematik	NZA 2000, S. 1201 ff.
Bayreuther, Wolfgang	Die Vereinbarkeit des Arbeitnehmerentsendegesetzes mit dem Europarecht	EuZW 2001, S. 764 ff.
Becker, Ulrich	Freizügigkeit in der EU – auf dem Weg vom Begleitrecht zur Bürgerfreiheit	EuR 1999, S. 522 ff.
Becker, Ulrich	Voraussetzungen und Grenzen der Dienstleistungsfreiheit	NJW 1996, S. 179 ff.
Becker, Ulrich	EU-Erweiterung und differenzierte Integration: Zu beitrittsbedingten Übergangsregelungen am Beispiel der Arbeitnehmerfreizügigkeit	1. Aufl. Baden Baden 1999
Bergmann, Jan	Die Osterweiterung der Europäischen Union	ZRP 2001, S. 18 ff.

Bertram, Oliver	Die sozialversicherungsrechtliche Gewährleistung der Niederlassungsfreiheit der Freien Berufe in Europa- Anforderungen an die Reichweite der VO (EWG) Nr. 1408/71 über die soziale Sicherheit von Selbständigen	Dissertation Münster 2003
Birk, Rolf	Entsendung und Freizügigkeit – Die europarechtliche Stellung entsandter Arbeitnehmer zur Erfüllung von Aufträgen	Arbeitsrecht im sozialen Dialog – Festschrift für Hellmut Wissmann, München 2005, S. 523 ff.
Boemke, Burkhard	EU-Osterweiterung und grenzüberschreitende Arbeitnehmerüberlassung	BB 2005, S. 264 ff.
Boemke, Burkhard	Arbeitnehmerüberlassungsgesetz	2., neu bearbeitete Auflage Frankfurt am Main 2005
Böhm, Wolfgang	Arbeitnehmer-Entsendegesetz als „Ermächtigungsgesetz"?	NZA 1999, S. 129 f..
Brand, Jürgen	Einsatz von Arbeitnehmern und Niederlassungsfreiheit von Unternehmen aus den neuen EU-Mitgliedstaaten in Deutschland	Beilage zu BB 2004 Heft 38, S. 11 ff.
Burgi, Martin Waldhorst, Nicola	Primärrechtliche Anforderungen an Bestimmtheit und Transparenz von Tariftreueverpflichtungen	RdA 2006, S. 85 ff.
Callies, Christian Ruffert, Matthias	Kommentar des Vertrages über die Europäische Union und des Vertrags zur Gründung der Europäischen Gemeinschaft- EUV/EGV-	2. Aufl. München 2002

Calliess, Christian	Europäischer Binnenmarkt und europäische Demokratie: Von der Dienstleistungsfreiheit zur Dienstleistungsrichtlinie – und wieder Retour?	DVBl. 2007, S. 336 ff.
Classen, Claus Dieter	Die Grundfreiheiten im Spannungsfeld von europäischer Marktfreiheit und mitgliedstaatlichen Gestaltungskompetenzen	EuR 2004, S. 416 ff.
Cornelissen, Rob	Die Entsendung von Arbeitnehmern innerhalb der Europäischen Gemeinschaft und die soziale Sicherheit	RdA 1996, S. 329 ff.
Czommer, Lars Georg, Worthmann	Von der Baustelle auf den Schlachthof- Zur Übertragbarkeit des Arbeitnehmer-Entsendegesetzes auf die deutsche Fleischbranche	IAT-Report 3/2005
Dagtoglou, Prodromos	Die Süderweiterung der Europäischen Gemeinschaft – Insbesondere der Beitritt Griechenlands	EuR 1980, S. 1 ff.
Dahm, Dirk	Die Neufassung von § 110 SGB VII	r + s 2004, S. 403 ff.
Däubler, Wolfgang	Die Entsende-Richtlinie und ihre Umsetzung in das deutsche Recht	EuZW 1997, S. 613 ff.
Dauck, Kirsten	Die Niederlassungsfreiheit natürlicher Personen nach den Europa-Abkommen	InfAuslR 2002, S. 165 ff.
Dauses, Manfred A.	Osterweiterung der EU: MOE-Staaten ante portas	EuZW 1996, S. 353

Dienelt, Klaus	Die Rechtsstellung von Werkvertragsarbeitnehmern nach der EU-Osterweiterung	InfAuslR 2004, S. 325 ff.
Dienelt, Klaus	Freizügigkeit nach der EU-Osterweiterung	München 2004
Dietz, Barbara	EU-Erweiterung und Ost-West-Migration nach Deutschland	im Internet abzurufen unter http://www.hbs-hessen.de/pol/dietz11_05.htm.
Dzienisiuk, Dorota	European freedom to provide services and freedom of establishment within the Polish labour and social security law	NZA Beilage 2/2005, S. 106 ff.
Ehlers, Dirk	Europäische Grundrechte und Grundfreiheiten	2., vollständig neu bearbeitete Auflage 2005
Eichenhofer, Eberhard	Sozialrecht der Europäischen Union	3. völlig neu bearbeitete und erweiterte Auflage 2006
Eichenhofer, Eberhard	Arbeitsbedingungen bei der Entsendung von Arbeitnehmern	ZIAS 1996, S. 54 ff.
Eichenhofer, Eberhard	Dienstleistungsfreiheit und Mindestlohn	ZESAR 2007, S. 53 ff.
Faist, Thomas Sieveking, Klaus Reim, Uwe Sandbrink, Stefan	Ausland im Inland. Die Beschäftigung von Werkvertragsarbeitnehmern in der Bundesrepublik Deutschland	1. Aufl. Baden Baden 1999
Fehn, Josef	Schwarzarbeitsbekämpfungsgesetz	1. Aufl. Baden Baden 2006

Fehrenbacher, Ansgar	Übergangsregelungen bei der EU-Erweiterungen und deren Auswirkungen im Ausländerrecht	ZAR 2004, S. 240 ff.
Fehrenbacher, Ansgar	Die Freizügigkeitsregelungen im Rahmen der EU-Erweiterung und ihre ausländerrechtlichen Folgen	ZAR 2004, S. 22 ff-
Feuerborn, Andreas	Rahmenbedingungen für den grenzüberschreitenden Einsatz von Fremdfirmenpersonal in Deutschland	WiVerw 1996, S. 262 ff.
Fuchs, Maximilian Preis, Ulrich	Sozialversicherungsrecht Praxis Lehrbuch	Köln 2005
Fuchs, Maximilian	Die sozialrechtliche Stellung im EG-Ausland tätiger Arbeitnehmer und Selbständiger	NZA Beilage 2/2005, S. 97 ff.
Fuchs, Maximilian	Europäisches Sozialrecht	4. Auflage Baden Baden 2005
Fuchs, Maximilian	Arbeitnehmerentsendegesetz-Urlaubsregelungen-Finalarte	SAE 2002, S. 83 ff.
Fuchs, Maximilian	Die Beschränkungen des Arbeitsmarktzugangs für Angehörige aus den EU-8-Staaten	ZESAR 2007, S. 97 ff.
Fuchs, Maximilian Franz, Marhold	Europäisches Arbeitsrecht	2., vollständig überarbeitete und erweiterte Aufl. 2006
Gargulla, Tina	Die arbeits- und aufenthaltsrechtlichen Begünstigungen für osteuropäische Arbeitnehmer und Selbständige durch die Europa-Abkommen-Sein oder Schein?	InfAuslR 95, S. 181 ff.

Gerken, Lüder Löwisch, Manfred Rieble, Volker	Der Entwurf eines Arbeitnehmer-Entsendegesetzes in ökonomischer und rechtlicher Sicht	BB 1995, S. 2370 ff.
Grabitz, Eberhard Hilf, Meinhard	Das Recht der Europäischen Union Band I EUV/EGV	Loseblatt Ausgabe München; Erscheinungsbeginn 1984
Groß, Helene	Die Umsetzung der EU-Freizügigkeitsrichtlinie im deutschen Recht	ZAR 2006, S. 61 ff
Groß, Helene	Das Gesetz über die allgemeine Freizügigkeit von Unionsbürgern	ZAR 2005, S. 81 ff.
Gutmann, Rolf	Die Standstill-Klausel im Assoziationsrecht	InfAuslR 2000, S. 318 ff.
Hailbronner, Kay	Neue Richtlinie zur Freizügigkeit der Unionsbürger	ZAR 2004, S. 259 ff.
Hammann, Wolfgang	Die Grenze zwischen illegaler Arbeitnehmerüberlassung und erlaubtem Fremdpersonaleinsatz im Rahmen von Dienst- und Werkverträgen	WiVerw 1996, S. 211 ff.
Hanau, Peter	Das Arbeitnehmer-Entsendegesetz	NJW 1996, S. 1369 ff.
Hanau, Peter	Lohnunterbietung („Sozialdumping“) durch Europarecht	In FS für Ulrich Everling, 1. Aufl. 1995, Band I, S. 415 ff.
Hanau, Peter Steinmeyer, Heinz-Dietrich Wank, Rolf	Handbuch des europäischen Arbeits- und Sozialrechts	1. Aufl. München 2002

Hanau, Peter	Wer kommt von Osten rein? – Inkonsequenter Schutz des deutschen Arbeitsmarktes nach der EU-Erweiterung	Frankfurter Allgemeine Zeitung vom 14. 3. 2005, S. 15
Hänlein, Andreas	Übergangsregelungen beim EU-Beitritt der MOE-Staaten im Bereich der Arbeitnehmerfreizügigkeit und der sozialen Sicherheit	EuZW 2001, S. 165 ff.
Hatje, Armin	Grenzen der Flexibilität einer erweiterten Europäischen Union	EuR 2005, S. 148 ff.
Heilemann, Ulrich; von Loeffelholz Hans Dietrich; Sieveking Klaus	Arbeitsmarktgesteuerte Zuwanderung Szenarien der Zuwanderung sowie rechtliche und institutionelle Aspekte ihrer Steuerung	Berlin 2003
Herrnfeld, Hans-Holger	Rechtsangleichung in den Beitrittsstaaten Mittel- und Osteuropas	EuR 2000, S. 459
Hirsch, Günter	Die Rechtsprechung des EuGH zu Assoziierungsabkommen	BayVBl. 1997, S. 449 ff.
Höland, Armin	Arbeitsrecht im erweiterten Europa	Arbeitsrecht im sozialen Dialog – Festschrift für Hellmut Wissmann zum 65. Geburtstag, München 2005, S. 558 ff.
Hönsch, Ronald	Die Neuregelung des Internationalen Privatrechts aus arbeitsrechtlicher Sicht	NZA 1988, S. 113 ff.
Ignor, Alexander Rixen, Stephan	Europarechtliche Grenzen des § 266a Abs. 1 StGB	wistra 2001, S. 201

Iliopoulos, Constantin	Rechtsfragen der Osterweiterung der EU unter besonderer Berücksichtigung des Beitritts der Republik Zypern	EuR 2004, S. 637 ff.
Ingenstau, Heinz Korbion, Herrmann	VOB -Teile A und B -	15., überarbeitete und erweiterte Auflage 2005
Ipsen, Knut	Völkerrecht	5. völlig neu bearbeitete Auflage München 2004
Jahn, Kurt	Sozialgesetzbuch für die Praxis Band IV Viertes Buch (IV) Gemeinsame Vorschriften für die Sozialversicherung	Loseblatt Ausgabe, Freiburg im Breisgau
Jalles, Isabel	Das Urteil des EuGH in der Rechtssache „Rush Portuguesa"- eine Anmerkung	EuZW 1990, S. 310 f.
Joussen, Jacob	Ausgewählte Probleme der Ausstrahlung im europäischen Sozialversicherungsrecht	NZS 2003, S. 19 ff.
Junker, Abbo	Arbeitnehmerentsendung aus deutscher und europäischer Sicht	JZ 12005, S. 481 ff.
Junker, Abbo Aldea, Oliver	Europäisches Arbeitsrecht 2004/2005	RIW 2006, S. 1 ff.
Kaligin, Thomas	Tätigkeit von Bauunternehmen aus Polen und der CSFR in Deutschland-Rechtliche Gestaltungsmöglichkeiten und behördliches Verfahren	NZA 1992, S. 1111 ff.

Kamphoff, Beate	Europäische grenzüberschreitende Entsendung von deutschen Arbeitnehmern in EU- und Nicht-EU-Staaten Eine allgemeine Darstellung sowie eingehende Erörterung in Bezug auf die Republiken Irland und Polen	Dissertation Münster 2003
Kanderska, Aleksandra	Polnische rechtliche Rahmenbedingungen für die Entsendung deutscher Arbeitnehmer nach Polen	WiRO 2006, S. 76 ff.
Kempen, Otto Ernst Zachert, Ulrich	Tarifvertragsgesetz	4. Aufl. Frankfurt am Main 2006
Keßler, Rolf	Neue Rechtslage bei Beschäftigung von Ausländern	AuA 1999, S. 306.
Klein, Roland	Das Verhältnis der Kollisionsnorm in der VO (EWG) 1408/71 zum Internationalen Arbeitsrecht in EGBGB und EVÜ	Dissertation München 2005
Koberski, Wolfgang Asshoff, Gregor Hold, Dieter	Arbeitnehmerentsendegesetz	1. Auflage München 1997
Koberski, Wolfgang Asshoff, Gregor Hold, Dieter	Arbeitnehmerentsendegesetz	2. neubearbeitete Auflage München 2002
Kocher, Eva	Mindestlöhne und Tarifautonomie	NZA 2007, S. 600 ff.

Konzen, Horst	Europäische Dienstleistungsfreiheit und nationaler Arbeitnehmerschutz	NZA 2002, S. 781 ff.
Kort, Michael	Die Bedeutung der europarechtlichen Grundfreiheiten für die Arbeitnehmerentsendung und die Arbeitnehmerüberlassung	NZA 2002, S. 1248 ff.
Körner, Marita	EU-Dienstleistungsrichtlinie und Arbeitsrecht	NZA 2007, S. 233 ff.
Krodel, Thomas	Der sozialgerichtliche einstweilige Rechtsschutz in Anfechtungssachen- dargestellt am Beispiel des sog. Werkvertragsausschlussverfahrens	NZS 2001, S. 449 ff.
Kubicki, Philipp	Die subjektivrechtliche Komponente der Unionsbürgerschaft	EuR 2006, S. 489 ff.
Lackhoff, Klaus	Die Niederlassungsfreiheit des EGV – nur ein Gleichheits- oder auch ein Freiheitsrecht	Münsterische Beiträge zur Rechtswissenschaft, Band 125, 2000
Linneweber, Axel	Aktuelle Entwicklungen im Europäischen Arbeitsrecht 2005/2006	ZESAR 2006, S. 445 ff.
Langer, Rose	Primärrechtliche Regelungen der Dienstleistungsfreiheit, Niederlassungsfreiheit und Freizügigkeit der Arbeitnehmer	NZA Beilage 2/2005, S. 83 ff.
Lopian, Arthur	Übergangsrégime für Mitgliedstaaten der Europäischen Gemeinschaften	1. Aufl. Baden Baden 1994
Lottes, Ralf	Das erweiterte Zeitmoment beim Begriff Dienstleistung	EuZW 2004, S. 112 ff.

Löwisch, Manfred Rieble, Volker	Der Entwurf eines Arbeitnehmer-Entsendegesetzes in ökonomischer und rechtlicher Sicht	BB 1995, S. 2270 ff.
Maiß, Sebastian	Einsatz osteuropäischer Subunternehmer nach der EU-Osterweiterung	WiRO 2005, S. 353 ff.
Major, Thomas Pietrzyk, Richard	Polnisches Arbeits- und Sozialversicherungsrecht aus sicht ausländischer Investoren	RIW 2001, S. 834 ff.
Mankowski, Peter	Ausländische Scheinselbständige und Internationales Privatrecht	BB 1997, S. 467 ff.
Marschner, Andreas	Die Abgrenzung der Arbeitnehmerüberlassung von anderen Formen des Personaleinsatz	NZA 1995, S. 669 ff.
Marschner, Andreas	Das reformierte Ausländerrecht der Ausländerbeschäftigung – Alter Wein in neuen Schläuchen?	DB 2005, S. 499 ff..
Marschner, Andreas	Arbeitserlaubnis für drittstaatsangehörige Arbeitnehmer im Rahmen der Europäischen Union	NZA 1996, 186 ff..
Mayer, Udo	Werkvertragsarbeitnehmer aus Osteuropa	BB 1993, S. 1428 ff.
Möschel, Wernhard	BB-Forum: Lohndumping und Entsendegesetz	BB 2005, S. 1164.
Münchener Kommentar zum Bürgerlichen Gesetzbuch	Band 4 Schuldrecht Besonderer Teil II §§ 601-704 §§ 601 – 704	4. Aufl. München 2005

Nass, Klaus Otto	Der Beitrittsvertrag – Erste Bemerkungen zur Erweiterung der Gemeinschaft	EuR 1972, S. 103 ff.
Niedobitek, Matthias	Völker- und europarechtliche Grundfragen des EU-Beitrittsvertrages	JZ 2004, S. 369 ff.
Niesel, Klaus	Arbeitsförderung SGB III	3. Auflage München 2005
Nowak, Carsten	EU-Osterweiterung, Personenfreizügigkeit und staatliche Schutzpflichten im Bereich der sozialen Sicherheit	EuZW 2003, S. 101 ff.
Oppermann, Thomas	Europarecht	3., vollständig neu bearbeitete Auflage München 2005
Ostrowsky, Gisela	Praxis der Kommunalverwaltung, Ausländerrecht	Loseblattsammlung, Stand 2005
Palandt	Bürgerliches Gesetzbuch	65. Aufl. München 2006
Pechstein, Matthias Kubicki, Philipp	Dienstleistungsfreiheit im Baugewerbe für polnische Handwerker	EuZW 2004, S. 167 ff.
Pechstein, Matthias	Rechtswissenschaftliches Gutachten zu verschiedenen Fragen bzgl. des Aufenthaltsrechts polnischer Werkvertragsarbeitnehmer	nicht veröffentlicht
Preis, Ulrich Temming, Felipe	Die Urlaubs- und Lohnausgleichkasse im Kontext des Gemeinschaftsrechts	1. Aufl. Frankfurt 2006

Reim, Uwe	Auf dem Weg nach Europa – Werkvertragsarbeitnehmer aus Mittel- und Osteuropa im Kontext des nationalen, Völker- und Gemeinschaftsrechts	Dissertation Bremen 2000
Renner, Günter	Ausländerrecht	8., neu bearbeitete und erweiterte Auflage 2005
Richardi, Reinhard Wlotzke, Otfried	Münchener Handbuch zum Arbeitsrecht Band 1 Individualarbeitsrecht I	2. Aufl. München 2000
Richter, Pascal	Die Erweiterung der Europäischen Union	Dissertation Berlin 1997
Rieble, Volker Lessner, Jan	Arbeitnehmer-Entsendegesetz, Nettolohnhaftung und EG-Vertrag	ZfA 2002, S. 29 ff.
Ignor, Alexander Rixen, Stephan	Arbeitsgenehmigungsrechtliche Probleme bei Entsendung ausländischer Arbeitnehmer zur Anlagenmontage im Inland	BB 2001, S. 1681 ff.
Sachs, Michael	Grundgesetz, Kommentar	3. Aufl. München 2003
Sadurski, Wojciech	„Accession´s Democracy Dividend: The Impact of the EU Enlargement upon Democracy in the New Member States of Central and Eastern Europe“	European Law Journal 2004, Vol. 10, S. 371 ff..
Šarčević, Edin	EU-Erweiterung nach Art. 49 EUV: Ermessensentscheidung und Beitrittsrecht	EuR 2002, S. 461 ff.

Sasse, Stefan Kiel, Mandy	Unternehmerhaftung nach § 28e SGB IV	NZBau 2003, S. 366 ff.
Schaub, Achim	Arbeitnehmerüberlassung	Dissertation Göttingen 2001
Schaub, Günter	Arbeitsrechtshandbuch	11. neu bearbeitete Auflage München 2005
Scheuing, Dieter H.	Freizügigkeit als Unionsbürgerrecht	EuR 2003, S. 744 ff.
Schiek, Dagmar	Europäisches Arbeitsrecht	2. Auflage Baden Baden 2005
Schlachter, Monika	Grenzüberschreitende Arbeitsverhältnisse	NZA 2000, S. 57 ff..
Schlachter, Monika	Grenzüberschreitende Dienstleistungen: Die Arbeitnehmerentsendung zwischen Dienstleistungsfreiheit und Verdrängungswettbewerb	NZA 2002, S. 1242 ff.
Schlichting, Jan Spelten, Wolfram	Die Dienstleistungsrichtlinie	EuZW 2005, S. 238 ff.
Schmidt-Bleibtreu, Bruno Klein, Franz	Kommentar zum Grundgesetz	9. Aufl. Neuwied 1999
Schüren, Peter	Arbeitnehmerüberlassungsgesetz	2., neu bearbeitete Auflage München 2003
Schüren, Peter	Der Scheinwerkvertrag-Rechtsfolgen und Identifikation verdeckter, illegaler Arbeitnehmerüberlassung	WiVerw 2001, S. 173 ff.

Schwarze, Jürgen	EU-Kommentar	1. Aufl. Baden Baden 2000
Seidel, Martin	Die Schutzklauseln der Beitrittsverträge	Policy Paper B 01 2004 des Zentrums für Europäische Integrationsforschung an der Universität Bonn (ZEI)
Sieg, Rainer	Polens Wirtschaft auf dem Weg in die EU	NZA 2003, S. 198 ff.
Sieveking, Klaus	Polnische Staatsangehörige im Übergang zu Unionsbürgern - beschränkte Freizügigkeitsrechte nach dem 1. Mai 2004	EJCL Vol. 9.3, November 2005
Sieveking, Klaus	Personenverkehrs- und Dienstleistungsfreiheiten des Europaabkommens EG/Polen im Lichte des Beitritts zur EU	ZAR 2003, S. 342 ff.
Skubiszewski, Krzystof	Die Vollendung der Idee Schumans durch die Osterweiterung der EU	AvH-Mitt. 76/2000, S. 15 ff
Staudinger, J. von	Kommentar zum Bürgerlichen Gesetzbuch mit Einführungsgesetz und Nebengesetzen EGBGB/IPR	12. Aufl. 2002
Staudinger, J. von	Kommentar zum Bürgerlichen Gesetzbuch, §§ 631 bis 651	12. Aufl. 2003
Storr, Christian Wenger, Frank Eberle, Simone Albrecht, Rainer Zimmermann-Kreher, Annette	Kommentar zum Zuwanderungsgesetz	Stuttgart 2005

Streinz, Rudolf	EUV/EGV Vertrag über die Europäische Union und Vertrag zur Gründung der Europäischen Gemeinschaft	1. Aufl. München 2003
Streinz, Rudolf	Europarecht	7., völlig neu bearbeitete Aufl. Heidelberg 2005
Strick, Kerstin	Ansprüche alter und neuer Unionsbürger auf Sozialhilfe und Arbeitslosengeld II	NJW 2005, S. 2182 ff.
Strunz, Jan-Henning	Die Freizügigkeit der Personen in der Europäischen Union	Dissertation Münster 2003
Temming, Felipe	Wie beschränkt ist die Dienstleistungsfreiheit?	RdA 2005, S. 186 ff.
Thüsing, Gregor	Arbeitnehmerüberlassungsgesetz	1. Aufl. München 2005
Thüsing, Gregor Müller, Carsten	Geklärtes und Ungeklärtes im internationalen Tarifrecht	BB 2004, S. 1333 ff.
Thym, Daniel	Zur Ausweitung der Niederlassungsfreiheit auf die EU-Beitrittskandidaten	NVwZ 2002, S. 311 ff.
Ulber, Jürgen	Anmerkung zum Urteil des BAG vom 25. Juni 2002	AP Nr. 12 zu § 1 AEntG
Ulber, Jürgen	Arbeitnehmerüberlassungsgesetz und Arbeitnehmer-Entsendegesetz	2. Aufl. Frankfurt am Main 2002
Ulber, Jürgen	Arbeitnehmerüberlassungsgesetz	3. Aufl. Frankfurt am Main 2006
Umbach, Dieter Clemens, Thomas	Grundgesetz, Mitarbeiterkommentar und Handbuch Band II	1. Aufl. Heidelberg 2002

Veiga, Maria de Fatima	Mindestlohnverpflichtung des Subunternehmers nach dem AEntG-Haftung des Bauunternehmers	NZA 2005, S. 209 ff.
Von Danwitz, Thomas	Die Rechtsprechung des EuGH zum Entsenderecht Bausteine für eine Wirtschafts- und Sozialverfassung der EU	EuZW 2002, S. 237 ff.
von der Groeben, Hans Schwarze, Jürgen	Kommentar zum Vertrag über die Europäische Union und zur Gründung der Europäischen Gemeinschaft Band 1 Art. 1- 53 EUV Art. 1- 80 EGV	6. Auflage Baden Baden 2003
von Steinau-Steinrück, Robert	Begünstigt die Dienstleistungsfreiheit Dumpingpreise?	Frankfurter Allgemeine Zeitung, Nr. 63 vom 16. März 2005, S. 25
von Wulffen, Matthias	SGB X, Sozialverwaltungsverfahren und Sozialdatenschutz	5. neubearbeitete Auflage München 2005
Wank, Rolf	Die Entwicklung der Dienstleistungs- und Niederlassungsfreiheit in der EU	NZA Beilage 2/2005, S. 88 ff.
Wank, Rolf Börgmann, Udo	Die Einbeziehung ausländischer Arbeitnehmer in das deutsche Urlaubskassenverfahren	NZA 2001, S. 177 ff.
Wannagat, Georg Eichenhofer, Eberhard	Kommentar zum Recht des Sozialgesetzbuchs SGB IV Gemeinsame Vorschriften	Köln, Stand 2006
Wenger, Frank	Die Unionsbürgerschaft als aufenthaltsrechtlicher „Hebel"?	NVwZ 2002, S. 1242 ff.

Werding, Martin	Erweiterung der Europäischen Union und Auswirkungen auf den deutschen Arbeitsmarkt	NZA 2003, S. 194 ff.
Westphal, Volker Stoppa, Edgar	Die EU-Osterweiterung und das Ausländerrecht	InfAuslR 4/2004, S. 133 ff.
Wissing, Gerhard Mutschler, Bernd Bartz, Ralf Schmidt- De Caluwe, Reimund	Sozialgesetzbuch III Arbeitsförderung Praxiskommentar	2. Aufl. Baden Baden 2004
Wollenschläger, Michael Pietsch, Eva	Die Auswirkungen der Osterweiterung der EU auf den Arbeitsmarkt und die sozialen Sicherheitssysteme der EU-Staaten	ZAR 2003, S. 262 ff.

Abkürzungsverzeichnis

a.A.	anderer Ansicht
a.F.	alte Fassung
ABl.	Amtsblatt
Abs.	Absatz
AEntG	Arbeitnehmerentsendegesetz
AFG	Arbeitsförderungsgesetz
Aib	Arbeitsrecht im Betrieb, Zeitschrift
AktG	Aktiengesetz
AP	Nachschlagewerk des Bundesarbeitsgerichts (Arbeitsrechtliche Praxis)
ArbGG	Arbeitsgerichtsgesetz
ARGE	Arbeitsgemeinschaft
ArgV	Arbeitsgenehmigungsverordnung
Art.	Artikel
ASAV	Anwerbestopp-Ausnahmeverordnung
AuA	Arbeit und Arbeitsrecht, Zeitschrift
AufenthG	Gesetz über den Aufenthalt, die Erwerbstätigkeit und die Integration von Ausländern im Bundesgebiet (Aufenthaltsgesetz)
Aufl.	Auflage
AÜG	Arbeitnehmerüberlassungsgesetz
AvH-Mitt.	Mitteilungen der Alexander von Humboldt-Stiftung, Zeitschrift
BAG	Bundesarbeitsgericht
BaubetriebeVO	Baubetriebeverordnung
BB	Betriebs Berater, Zeitschrift
Bd.	Band
BeschV	Verordnung über die Zulassung von neu einreisenden Ausländern zur Ausübung einer Beschäftigung
BeschVerfV	Beschäftigungsverfahrensverordnung
BeschVO	Beschäftigungsverordnung
BetrAVG	Gesetz zur Verbesserung der betrieblichen Altersversorgung (Betriebsrentengesetz)
BetrVG	Betriebsverfassungsgesetz
BfAGebAnO	Gebührenanordnung der Bundesagentur für Arbeit

BGB	Bürgerliches Gesetzbuch
BGBl.	Bundesgesetzblatt
BGH	Bundesgerichtshof
BGHZ	Entscheidungen des Bundesgerichtshofs in Zivilsachen
BRTV/Bau	Bundesrahmentarifvertrag für das Baugewerbe
BSG	Bundessozialgericht
BSGE	Amtliche Entscheidungssammlung des Bundessozialgerichts
BT-Drucks.	Bundestagsdrucksache
Bull.	Bulletin
BUrlG	Bundesurlaubsgesetz
BVerfGE	Amtliche Sammlung der Entscheidungen des Bundesverfassungsgerichts
DAWVV	Durchführungsanweisungen der Bundesagentur für Arbeit
DB	Der Betrieb, Zeitschrift
DDR	Deutsche Demokratische Republik
ders.	derselbe
EA	Europaabkommen
EG	Europäische Gemeinschaft
EGBGB	Einführungsgesetz zum Bürgerlichen Gesetzbuch
EJCL	Electronic Journal of Comparative Law
ErfK	Erfurter Kommentar
etc.	et cetera
EuGH	Europäischer Gerichtshof
EuR	Europarecht, Zeitschrift
EUV	(Vertrag über die) Europäische Union
EuZW	Europäische Zeitschrift für Wirtschaftsrecht
EVÜ	Europäisches Schuldvertragsübereinkommen
EWG	Europäische Wirtschaftsgemeinschaft
EWiR	Entscheidungen zum Wirtschaftsrecht, Zeitschrift
EzAÜG	Entscheidungssammlung zum Arbeitnehmerüberlassungsgesetz und zum sonstigen drittbezogenen Personaleinsatz
f.	folgende Seite, folgende Norm
ff.	folgende Seiten, folgende Normen
FreizügG/EU	Gesetz über die allgemeine Freizügigkeit von Unionsbürgern
gem.	gemäß
GG	Grundgesetz
ggf.	gegebenenfalls
GmbH	Gesellschaft mit beschränkter Haftung
GmbHG	Gesetz betreffend die Gesellschaft mit beschränkter Haftung

iVm	in Verbindung mit
InfAuslR	Informationsbrief Ausländerrecht, Zeitschrift
iSd	im Sinne des (der)
JR	Juristische Rundschau, Zeitschrift
JuS	Juristische Schulung, Zeitschrift
JZ	Juristenzeitung, Zeitschrift
KSchG	Kündigungsschutzgesetz
LAG	Landesarbeitsgericht
LSG	Landessozialgericht
MOE	Mittelosteuropäische Staaten
MüKo	Münchener Kommentar
mwN	mit weiteren Nachweisen
NACE-Code	Nocemclature générale des activités économiques
NJW	Neue Juristische Wochenschrift
NJW-RR	Neue Juristische Wochenschrift – Rechtsprechungs-Report, Zeitschrift
Nr.	Nummer
NVwZ	Neue Zeitschrift für Verwaltungsrecht
NZA	Neue Zeitschrift für Arbeitsrecht
NZA-RR	Neue Zeitschrift für Arbeitsrecht – Rechtsprechungs-Report
NZBau	Neue Zeitschrift für Baurecht
NZS	Neue Zeitschrift für Sozialrecht
OLG	Oberlandesgericht
OWiG	Gesetz für Ordnungswidrigkeiten
r + s	Recht und Schaden, Zeitschrift
RdA	Recht der Arbeit, Zeitschrift
RIW	Recht der internationalen Wirtschaft, Zeitschrift
Rn.	Randnummer
ROW	Recht in Ost und West, Zeitschrift
Rs.	Rechtssache
rsp.	respektive
S.	Seite, Satz
SAE	Sammlung arbeitsrechtlicher Entscheidungen, Zeitschrift
SchwarzArbG	Gesetz zur Bekämpfung der Schwarzarbeit
SGB III	Arbeitsförderung
SGB IV	Gemeinsame Vorschriften für die Sozialversicherung
SGB X	Sozialverwaltungsverfahren und Sozialdatenschutz
SGb	Die Sozialgerichtsbarkeit, Zeitschrift
Slg.	Sammlung von Entscheidungen, Gesetzen etc.
sog.	sogenannte

StGB	Strafgesetzbuch
TVG	Tarifvertragsgesetz
ULAK	Urlaubs- und Lohnausgleichskasse der deutschen Bauwirtschaft
Urt. v.	Urteil vom
verb.	verbunden(e)
VGH	Verwaltungsgerichtshof
vgl.	vergleiche
VO	Verordnung
VOB Teil A/B	Verdingungsordnung für Bauleistungen Teil A: Allgemeine Bestimmungen für die Vergabe von Bauleistungen Teil B: Allgemeine Vertragsbedingungen für die Ausführung von Bauleistungen
Vorb.	Vorbemerkung
VTV/Bau	Tarifvertrag über das Sozialkassenverfahren im Baugewerbe
VwKostG	Verwaltungskostengesetz
WiRO	Wirtschaft und Recht in Osteuropa, Zeitschrift
wistra	Zeitschrift für Wirtschaft, Steuern, Strafrecht
WiVerw	Wirtschaft und Verwaltung (Beilage zur Zeitschrift Gewerbearchiv)
WV	Werkvertragsabkommen
WVK	Wiener Übereinkommens über das Recht der Verträge
z. B.	zum Beispiel
ZAR	Zeitschrift für Ausländerrecht und Ausländerpolitik
ZfA	Zeitschrift für Arbeitsrecht
ZIAS	Zeitschrift für ausländisches und internationales Arbeits- und Sozialrecht
ZPO	Zivilprozessordnung
ZRP	Zeitschrift für Rechtspolitik

Einleitung

A. Einführung in die Problematik und Untersuchungsgegenstand

Der seit Ende des zweiten Weltkriegs durch die Staaten Europas gehegte und verwirklichte Traum *Schumans*[1] eines gemeinsamen, friedlich vereinten Europas nimmt konkrete Formen an. Zum 1. Mai 2004 sind Estland, Lettland, Litauen, Polen, die Slowakei, Slowenien, die Tschechische Republik, und Ungarn (die so genannten „MOE-Staaten“), sowie Malta und Zypern der Europäischen Union beigetreten[2]. Die zweite Phase der EU-Osterweiterung wurde zu Beginn des Jahres 2007 mit dem Beitritt Bulgariens und Rumäniens eingeleitet[3]. In absehbarer

1 Vgl. dazu *Skubiszewski*, „Die Vollendung der Idee Schumans durch die Osterweiterung der EU“ in AvH-Mitt. 76/2000, S. 15 ff.

2 Vertrag zwischen dem Königreich Belgien, dem Königreich Dänemark, der Bundesrepublik Deutschland, der Hellenischen Republik, dem Königreich Spanien, der Französischen Republik, Irland, der Italienischen Republik, dem Großherzogtum Luxemburg, dem Königreich der Niederlande, der Republik Österreich, der Portugiesischen Republik, der Republik Finnland, dem Königreich Schweden, dem Vereinigten Königreich Großbritannien und Nordirland (Mitgliedstaaten Der Europäischen Union) und der Tschechischen Republik, der Republik Estland, der Republik Zypern, der Republik Lettland, der Republik Litauen, der Republik Ungarn, der Republik Malta, der Republik Polen, der Republik Slowenien, der Slowakischen Republik über den Beitritt der Tschechischen Republik, der Republik Estland, der Republik Zypern, der Republik Lettland, der Republik Litauen, der Republik Ungarn, der Republik Malta, der Republik Polen, der Republik Slowenien und der Slowakischen Republik zur Europäischen Union vom 16.April 2003, ABl. 2003 Nr. 236 vom 23. September 2003; im Internet abzurufen unter http://europa.eu.int/eur-lex/lex/de/treaties/treaties_accession.htm

3 Vertrag zwischen dem Königreich Belgien, der Tschechischen Republik, dem Königreich Dänemark, der Bundesrepublik Deutschland, der Republik Estland, der Hellenischen Republik, dem Königreich Spanien, der Französischen Republik, Irland, der Italienischen Republik, der Republik Zypern, der Republik Lettland, der Republik Litauen, dem Großherzogtum Luxemburg, der Republik Ungarn, der Republik Malta, dem Königreich der Niederlande, der Republik Österreich, der Republik Polen, der Portugiesischen Republik, der Republik Slowenien, der Slowakischen Republik, der Republik Finnland, dem Königreich Schweden, dem Vereinigten Königreich Großbritannien und Nordirland (Mitgliedstaaten der Europäischen Union) und der Republik Bulgarien und Rumänien über den Beitritt der Republik Bulgarien und Rumäniens zur Europäischen Union vom 25. April 2005, ABl. 2005 Nr. L 157 vom 21. Ju-

Zeit werden sich auch die ehemaligen Balkanstaaten Südosteuropas der Europäischen Union anschließen[4]. Durch die EU-Osterweiterung wird die institutionelle Stabilisierung der politischen Systeme in den Beitrittstaaten, sowie eine relative außen-, außenhandels- und sicherheitspolitische Stärkung gegenüber den direkten Nachbarn der MOE-Staaten im Westen (insbesondere Deutschland) und im Osten (insbesondere Russland) erwartet[5]. Der Prozess der den Beitritt vorbereitenden Integration der MOE-Staaten in die Europäische Union findet seinen Ursprung in dem politischen, wirtschaftlichen und sozialen Umbruch der Beitrittsstaaten seit 1989[6]. Im Hinblick auf den Annäherungsprozess der MOE-Staaten mit dem Ziel einer Mitgliedschaft in der Europäischen Union entwickelte der Rat der Europäischen Union 1993[7] Kriterien, durch die der Beitritt vorbereitet wurde[8]. Mit Erfüllung dieser Kriterien durch die MOE-Staaten führte die langjährige Assoziierung über Beitrittsabkommen nach Art. 310 EG schließlich am 16. April 2003 zur Unterzeichnung der Beitrittsverträge, mit denen der Beitritt zum 1. Mai 2004 vollzogen wurde[9].

I. Verwirklichung eines gemeinsamen Binnenmarktes

Neben der politischen Einheit wächst in der neben den Vereinigten Staaten von Amerika und den Zukunftsmärkten Asiens mächtigsten Wirtschaftregion der Welt mit dem Beitritt der MOE-Staaten zur Europäischen Union ein gemeinsamer Binnenmarkt zusammen. Ziel dieses Binnenmarktes ist die Schaffung ein-

---

ni 2005, S. 11; im Internet abzurufen unter http://europa.eu.int/eur-lex/lex/de/treaties/treaties_accession.htm.

4 Vgl. dazu *Oppermann*, Europarecht, 3. Aufl. 2005, § 32, Rn. 30 mwN zur Literatur.

5 *Bergmann*, „Die Osterweiterung der Europäischen Union" in ZRP 2001, S. 23.

6 Vgl. hierzu auch *Sieveking*, „Personenverkehrs- und Dienstleistungsfreiheiten des Europaabkommens EG/Polen im Lichte des Beitritts zur EU" in ZAR 2003, S. 342.

7 Vgl. Schlussfolgerungen des Europäischen Rates vom 22. Juni 1993 in Bull.EG 6-1993, S. 13 ff..

8 Vgl. *Vedder* in *Grabitz/Hilf*, Das Recht der Europäischen Union, Band I, Loseblatt 2001, Art. 49 EUV, Staaten zur Europäischen Union, an deren Ende die volle rechtliche, politische und wirtschaftliche Beitrittsfähigkeit eines Staates stehen soll; vgl. hierzu Schlussfolgerungen des Europäischen Rates vom 10. Dezember 1994 in Bull.EU 12-1994, S. 13, *Iliopoulos*, „Rechtsfragen der Osterweiterung der EU unter besonderer Berücksichtigung des Beitritts der Republik Zypern" in EuR 2004, S. 643, Rn. 60.

9 Vgl. zur Entwicklung der Assoziierung *Sieveking*, „Polnische Staatsangehörige im Übergang zu Unionsbürgern – beschränkte Freizügigkeitsrechte nach dem 1. Mai 2004" in EJCL Vol 9.3 November 2005; im Internet abzurufen unter *www.ejcl.org/93/art93-2.html*.

heitlicher Lebensverhältnisse in dem gesamten Gebiet der Europäischen Union durch die der wirtschaftliche und soziale Fortschritt gesichert werden soll[10]. So ist in Art. 14 Abs. 2 des EG-Vertrages geregelt, dass der *„Binnenmarkt einen Raum ohne Binnengrenzen, in dem der freie Verkehr von Dienstleistungen und die Niederlassungsfreiheit gewährleistet wird*". Durch die Beseitigung nationaler Beschränkungen bei grenzüberschreitender wirtschaftlicher Betätigung soll im Zuge der fortschreitenden Globalisierung die Konkurrenzfähigkeit europäischer Unternehmen zu den internationalen Märkten der Welt und ein stärkeres Zusammenwachsen der Völker Europas gesichert werden[11]. Nach der Osterweiterung erwartet man, dass sich die MOE-Staaten – jedenfalls solange sie ihre attraktiven, im Gegensatz zu den alten Mitgliedstaaten geringen, Lohnkosten beibehalten können – verstärkt zu profitablen Zukunftsmärkten entwickeln und damit gleichzeitig auch den alten Mitgliedstaaten zu erhöhten Wachstumsraten sowie zusätzlichen Steuereinnahmen und Arbeitsplätzen verhelfen[12]. Auf der anderen Seite soll die Einführung der hohen, kostenintensiven EU-Standards in den MOE-Staaten die Wettbewerbsbedingungen zwischen Ost und West angleichen und so für eine weitere Expansion der Westunternehmen sorgen[13]. Die MOE-Staaten erhoffen sich hingegen durch die EU-Osterweiterung primär eine rasche Steigerung des Wohlstands und der allgemeinen Lebensqualität. Diese Ziele lassen sich nur durch die Schaffung einheitlicher Rahmenbedingungen für alle Mitgliedstaaten

---

10 *Oppermann*, aaO (Fn. 4), § 19, Rn. 1 mwN zur umfangreichen Literatur.

11 Vgl. Ziffer 5 der Stellungnahme der Kommission vom 19. Februar 2003 zu den Anträgen der Tschechischen Republik, der Republik Estland, der Republik Zypern, der Republik Lettland, der Republik Litauen, der Republik Ungarn, der Republik Malta, der Republik Polen, der Republik Slowenien, der Slowakischen Republik auf Beitritt zur Europäischen Union, ABl. Nr. L 236 vom 23. September 2003; vgl. hierzu auch *Calliess*, „Europäischer Binnenmarkt und europäische Demokratie: Von der Dienstleistungsfreiheit zur Dienstleistungsrichtlinie – und wieder Retour?" in DVBl. 2007 S. 336 f..

12 Nach einem Zwischenbericht des *Auswärtigen Amtes* aus Mai 2005 (im Internet abzurufen unter *www.auswaertiges-amt.de*) nutzen deutsche Unternehmen die Öffnung der neuen Märkte. Danach ist der Anteil der Exporte in die neuen EU-Länder am deutschen Außenhandel von 5 % im Jahr 1994 auf 8,8 % im Jahr 2004 gestiegen. Das Handelsvolumen im Jahr 2004 lag bei 119,6 Mrd. Euro. Die Exporte betrugen dabei 61,4 Mrd. Euro, was einer Steigerung gegenüber 2003 um 8,3 % entspricht. Die positiven Auswirkungen der EU-Osterweiterung werden auch durch eine Umfrage der Deutschen Industrie- und Handelskammer aus dem Frühjahr 2005 bestätigt. Danach besteht insbesondere auch der Wunsch deutscher Unternehmen, Mitarbeiter aus den neuen Mitgliedstaaten zur Senkung der eigenen Lohnkosten einzusetzen. Die Umfrage der DIHK ist über das Internet unter *www.dihk.de* abzurufen.

13 Vgl. *Bergmann*, ZRP 2001, S. 22.

erreichen[14]. Investitionswilligen Unternehmen muss die rechtliche Möglichkeit eröffnet werden innerhalb des gemeinsamen Binnenmarktes ihre Dienstleistungen frei zu erbringen und den Ort ihrer wirtschaftlichen Betätigung im Rahmen der Niederlassungsfreiheit ohne nationale Beschränkungen frei bestimmen zu können[15]. Im Zuge dieser internationalen Verflechtung der Wirtschaft und der Arbeitsmärkte ist der internationale Einsatz von Arbeitnehmern grenzüberschreitend tätig werdender Unternehmen die Konsequenz der fortschreitenden Vollendung des Binnenmarktes und der Wirtschafts- und Währungsunion innerhalb der Staaten der Europäischen Gemeinschaften. Unternehmen werden wirtschaftlich nicht mehr *statisch* in ihrem Herkunftsstaat tätig, sondern nutzen die Globalisierung der internationalen Märkte zum grenzüberschreitenden Personaleinsatz. Die Internationalisierung der Wirtschaft und die darin begründete Herstellung einer gesamteuropäischen Friedens-, Stabilitäts- und Wirtschaftsordnung setzt den unbeschränkten Einsatz eigenen Personals voraus. Vor diesem Hintergrund besteht nach Art. 3 Absatz 1 Ziffer c EG eines der Ziele der Gemeinschaft in der Beseitigung der Hindernisse für den freien Dienstleistungsverkehr zwischen den Mitgliedstaaten. Das schließt das Recht ein, Dienstleistungen im Gebiet eines beliebigen Mitgliedstaats mit Hilfe der Entsendung des vorhandenen Personals nach den Rechtsvorschriften des Herkunftsstaates[16] zu erbringen, auch wenn es sich

---

14 Vgl. hierzu *v.Bogdandy* in *Grabitz/Hilf*, aaO (Fn. 8), Art. 14 EG, Rn. 6.

15 Vgl. *v.Bogdandy* in *Grabitz/Hilf*, aaO (Fn. 8), Rn. 9; *Leible* in *Streinz*, EUV/EGV Vertrag über die Europäische Union und Vertrag zur Gründung der Europäischen Gemeinschaften, Art. 14, Rn. 24 mwN. Im tertiären Sektor sind 71 % der deutschen Erwerbstätigen beschäftigt. Der Anteil der Dienstleistungszweige an der Bruttowertschöpfung beträgt in der Bundesrepublik Deutschland 70 %, so dass der Dienstleistungssektor den „Beschäftigungsmotor der deutschen Wirtschaft" darstellt; vgl. *Frankfurter Allgemeine Zeitung* Nr. 237 vom 12. Oktober 2005, S. 14 unter Bezugnahme auf den Präsidenten des Statistischen Bundesamtes Johann *Hahlen* bei der Vorstellung des Statistischen Jahrbuchs 2005.

16 Vgl. EuGH, Rs. C-272/94, *„Strafverfahren gegen Michel* ***Guiot***", Urteil vom 28. März 1996 in Slg. 1996, S. I-1905, Rn. 11; EuGH, Rs. 62 und 63/81 *„Seco/EVI"* in EuGHE 1982, S. 223. Das im Gemeinschaftsrecht entwickelte Herkunftslandsprinzip wurde ursprünglich für die Warenverkehrsfreiheit entwickelt. Im Bereich der Dienstleistungsfreiheit bedeutet das Herkunftslandsprinzip, dass Regulierungen in Bereichen, die bereits durch die Behörden des Herkunftsstaates kontrolliert werden, nur dann einer erneuten Überprüfung durch die Kontrollinstanzen des Aufnahmestaates unterzogen werden dürfen, wenn dem Allgemeininteresse nicht bereits durch die Maßnahmen des Herkunftsstaates des Dienstleisters ausreichend genügt wird; vgl. hierzu auch *Frenz*, Handbuch Europarecht, Band 1 Europäische Grundfreiheiten, Rn. 164 ff..

dabei um Angehörige von Drittstaaten handelt, die sich rechtmäßig in der Gemeinschaft aufhalten[17].

II. Outsourcing über Werkverträge mit ausländischen Subunternehmern als Mittel zur Kostensenkung

Den Empfängern der Dienstleistungen wird hierdurch die Möglichkeit eröffnet, durch die Aufstockung der eigenen Arbeitskräfte mit auf Werkvertragsbasis entsandtem ausländischem Fremdpersonal Personalengpässe in kostenintensiven Wirtschaftssektoren wie z.B. dem Baubereich aufzufangen und Kosten zu senken[18]. Im Gegensatz zum produzierenden Gewerbe besteht im Bausektor nicht die Möglichkeit, die Produktion ins Ausland zu verlagern. Nationale Unternehmen machen sich durch den Einsatz osteuropäischer Subunternehmer deren günstigen Lohn- und Gehaltsstrukturen zu Eigen, um dem innerstaatlichen und globalisierten Wettbewerbsdruck standhalten zu können[19]. Auftraggeber im Baugewerbe schauen immer stärker auf den Preis und erteilen dem wirtschaftlichsten Angebot (und damit oftmals dem günstigsten Anbieter) den Zuschlag[20]. Deutsche Unternehmen stehen mit der EU-Osterweiterung nun in Konkurrenz zu Unternehmen aus den MOE-Staaten. Der Unterschied der Lohn(-neben)kosten zwi-

---

17 Vgl. EuGH, Rs. C-43/93, „*Raymond **Vander Elst** gegen Office des Migrations Internationales [OMI]*“, Urteil vom 9. August 1994, in Slg. 1994, S. I-3803; EuGH, Rs. C-445/03, „***Kommission gegen Großherzogtum gegen Luxemburg***“, Urteil vom 21. Oktober 2004 in NZA 2005, S. 99; zuletzt EuGH, Rs. C-244/04, „***Kommission der Europäischen Gemeinschaften gegen Bundesrepublik Deutschland***“, Urteil vom 19. Januar 2006 in NVwZ 2006, S. 313.; vgl. hierzu auch *Thym*, „Umfang nationaler Kontrollmöglichkeiten bei der Arbeitnehmerentsendung“ in NZA 2006, S. 713.

18 Vgl. zu den tatsächlichen und rechtlichen Bedingungen im Wirtschaftssektor des Baugewerbes auch ausführlich *Preis/Temming*, „Die Urlaubs- und Lohnausgleichkasse im Kontext des Gemeinschaftsrechts“, S. 5 ff..

19 Die ersten Auswirkungen der EU-Osterweiterung auf den deutschen Arbeitsmarkt zeigten sich im Wirtschaftssektor der Fleischzerlegung zu Beginn des Jahres 2005: Vgl. etwa *Süddeutsche Zeitung* Nr. 41 vom 19./20. Februar 2005, Seite 2; *Die Welt* vom 5. März 2005; *Der Spiegel* 7/2005, S. 82 ff.; *Der Spiegel* 13/2005, S. 38 ff.; *Die Zeit* 14/2005, S. 21 ff.; *Maiß*, „Einsatz osteuropäischer Subunternehmer nach der EU-Osterweiterung“ in WiRO 2005, S. 353 ff.

20 Vgl. hierzu *Schüren*, „Der Scheinwerkvertrag- Rechtsfolgen und Identifikation verdeckter, illegaler Arbeitnehmerüberlassung“ in WiVerw 2001/3, S. 173 ff.; *Schlachter*, „Grenzüberschreitende Dienstleistungen: Die Arbeitnehmerentsendung zwischen Dienstleistungsfreiheit und Verdrängungswettbewerb“ in NZA 2002, S. 1242.

schen der Bundesrepublik Deutschland und den Beitrittsstaaten[21], der sich aus den tariflichen und gesetzlichen Regelungen etwa zu Lohnhöhe, Urlaub, Arbeitszeit, Sozialversicherung, Lohnfortzahlung im Krankheitsfall, Zusatzversorgung und Jahressonderzahlungen ergibt, führt dazu, dass Unternehmen aus den Beitrittsstaaten wirtschaftlichere Angebote abgeben können als ihre deutschen Konkurrenten[22]. Das Outsourcing ganzer Betriebsteile durch den Abschluss von Werkverträgen stellt für Unternehmen daher ein beliebtes Mittel zur Kostensenkung dar. Der Werkvertrag hat sich hierbei neben der erlaubten Arbeitnehmerüberlassung aus Sicht des Auftraggebers als die wichtigste Erscheinungsform der Fremdfirmenarbeit entwickelt[23]. Durch den Einsatz von Fremdpersonal auf Werkvertragsbasis lassen sich Schwankungen des Produktions- und Auftragsvolumens insbesondere in Phasen des Produktionsrückgangs kostengünstig abdecken. Bei dem Einsatz von eigenem Personal müsste bei Fluktuationen in der Produktion entweder auf kostenintensive Kurzarbeit umgestellt oder sogar Personal entlassen werden[24]. Auch die Möglichkeit der befristeten Beschäftigung von Arbeitskräften ist nur in den Grenzen des Teilzeitbefristungsgesetzes möglich, so dass sich der Werkvertrag als betriebliches Gestaltungsmittel etabliert hat. Nach der Rechtsprechung des *BAG*[25] ist es sogar möglich (ohne in Friktionen zur unerlaubten Arbeitnehmerüberlassung zu geraten) Daueraufgaben innerhalb des Betriebes an Fremdfirmen auf Werkvertragsbasis zu vergeben. Die Vorteile des Einsatzes von Fremdpersonal auf Werkvertragsbasis lassen sich wie folgt zusammenfassen.

- Mit der Beauftragung von Fremdpersonal verbleibt das sozialversicherungspflichtige Beschäftigungsverhältnis allein zwischen dem Auftragnehmer und

---

21 Nach einem Bericht des *Manager Magazin* vom 11. August 2005 tragen westdeutsche Industriebetriebe mit 27,60 Euro pro Stunde (15,45 Euro Lohnkosten plus 12,15 Euro Lohnzusatzkosten) die weltweit zweithöchsten Arbeitskosten. In der Slowakei, Tschechien und Ungarn lagen die Stundenlöhne je Arbeiterstunde im verarbeitenden Gewerbe dagegen im Jahr 2004 zwischen 2,14 bis 2,55 Euro zuzüglich Lohnzusatzkosten zwischen 1,46 bis 1,97 Euro je Stunde. Günstiger sieht der Vergleich für Ostdeutschland aus. Mit einem Lohnniveau von 10,37 Euro und 6,78 Euro Lohnzusatzkosten kostete die Arbeitsstunde in den neuen Bundesländern insgesamt 17,15 Euro. Das ist weniger als in England, Frankreich, USA und Japan, aber immer noch mehr als doppelt so hoch wie in den osteuropäischen Beitrittsländern.

22 Vgl. *Czommer/Worthmann*, „Von der Baustelle auf den Schlachthof- Zur Übertragbarkeit des Arbeitnehmer-Entsendegesetzes auf die deutsche Fleischbranche“ in IAT-Report 3/2005, S. 4, abzurufen unter *http://iat-info.iatge.de.*

23 Vgl. hierzu auch *Behrend*, „Scheinwerkverträge bei bestehender Arbeitnehmerüberlassung“ Dissertation Münster 2001, S. 14 ff.

24 Vgl. hierzu *Ulber*, AÜG, 3. Aufl. 2006; Einl. C, Rn. 26.

25 Vgl. BAG, Urteil vom 5. März 1991, -1 ABR 39/90- in AP Nr. 90 zu § 99 BetrVG.

dem von ihm eingesetzten Personal, so dass die Lohnnebenkosten gering gehalten und keine Ansprüche nach dem BetrAVG ausgelöst werden.

- Darüber hinaus lassen sich Lohnkosten senken, soweit keine tarifvertraglichen Bindungen bestehen[26].
- Produktionsschwankungen können kurzfristig ausgeglichen werden, ohne dass Kurzarbeit angeordnet werden muss.
- Ferner lassen sich in wirtschaftlich schwierigeren Phasen kostenintensive Kündigungen und Sozialplanabfindungen vermeiden.
- Mangels Tarifgebundenheit steht Werkvertragsarbeitnehmern kein Arbeitskampfrecht zu und Mitbestimmungs- und Beteiligungsrechte des Betriebsrates nach dem BetrVG werden bei dem Einsatz von Werkvertragsarbeitnehmern eingeschränkt[27].
- Letztlich müssen durch die Werkvertragskooperation die engen Grenzen des AÜG nicht eingehalten werden, so dass sich der Einsatz von Werkvertragsarbeitnehmern als variables Gestaltungsmittel des Personaleinsatzes darstellt.

Während durch einen Werkvertrag früher allein Sekundär- und Hilfsaufgaben, sowie vor- oder nachgelagerte Randbereiche der Produktion an Fremdpersonal vergeben wurden, wird durch Werkverträge mit ausländischem Fremdpersonal gegenwärtig auch die Hauptproduktion mit Primäraufgaben des Betriebes ausgelagert[28]. Die Ausgliederung einzelner Verarbeitungsprozesse aus dem Geschäftsbetrieb wurde und wird durch die Öffnung der Binnenmärkte vorangetrieben. Die hierdurch gestiegene Bedeutung des Dienstleistungsverkehrs eröffnet insbesondere Unternehmen der immobilen Konsumgüterindustrie die Möglichkeit, das Outsourcing auf Werkvertragsbasis als personelles Gestaltungsmittel zum Abbau von Stammpersonal und dessen Substituierung durch Fremdpersonal[29] zu nutzen.

---

26 Anders natürlich bei aus dem Ausland entsandtem Personal zur Ausführung von Werkverträgen, die über § 1 Abs. 1 Nr. 2 AEntG dem tariflichen Anwendungsbereich des BRTV/Bau, des VTV/Bau und den weiteren für allgemeinverbindlich erklärten Tarifverträgen des Bauhaupt- und Baunebengewerbes unterfallen.

27 Vgl. zu Fragen der betrieblichen Mitbestimmung von Werkvertragsarbeitnehmern: *Reim*, „Auf dem Weg nach Europa – Werkvertragsarbeitnehmer aus Mittel- und Osteuropa im Kontext des nationalen, Völker- und Gemeinschaftsrechts“, Dissertation Bremen, 1. Aufl. 2000, S. 169 ff.

28 Vgl. *Ulber*, aaO (Fn. 24), Einl. C, Rn. 23.

29 Vgl. hierzu *Bauschke*, NZA 2000, S. 1203.

III. Entsendung von Arbeitnehmern auf Werkvertragsbasis im Kontext des Internationalen Privatrechts

Der Vorteil des Outsourcing von Produktionsvorgängen auf Werkvertragsbasis mit ausländischem Fremdpersonal ist Konsequenz der Zuordnung des Vertragsstatuts entsandter Arbeitnehmer nach den Bestimmungen des Internationalen Privatrechts. Unternehmen aus den Ländern mit einem niedrigeren Lohnniveau können Wettbewerbsvorteile erzielen, indem sie Aufträge zur Durchführung in Hochlohnländern annehmen und zur Durchführung eigenes Personal in diesen Mitgliedstaat entsenden, ohne ihren Firmensitz dauerhaft verlegen[30] und auf die Anwendung des Rechts ihres Heimatstaates verzichten zu müssen[31]. Die Rechtsbeziehungen zwischen dem entsandten Arbeitnehmer und seinem Auftraggeber richten sich nach den Bestimmungen des internationalen Arbeitsvertragsrechts, das seine rechtliche Grundlage in den Bestimmungen des deutschen Internationalen Privatrechts, den Art. 27 ff. EGBGB findet[32]. Nach Art. 27 EGBGB können die Parteien das anwendbare Arbeitsrecht frei bestimmen[33], so dass auch während der vorübergehenden Tätigkeit der Arbeitnehmer in der Bundesrepublik Deutschland das Recht ihres Heimatstaates grundsätzlich Anwendung finden kann. Findet sich in den Arbeitsverträgen hingegen keine Rechtswahlklausel, gelten für das Arbeitsverhältnis des ausländischen Arbeitnehmers zu seinem Arbeitgeber– mangels Vereinbarung, die die Vorschriften des deutschen Arbeitsrechts in Kraft setzen würde – nach Art. 30 Abs. 2 Nr. 1 EGBGB, Art. 34 EGBGB[34] die Vertrags-(Arbeits-) bedingungen des Entsendestaates, die ein ge-

---

30 Vgl. hierzu auch *Schiek*, Europäisches Arbeitsrecht, 2. Aufl. 2005, S. 154.

31 Hinzu treten die zwischen den verschiedenen Rechtsordnungen bestehenden Differenzen im Arbeitsrecht: Den sozialistischen Arbeitsrechtsordnungen der MOE-Staaten, in denen Gewerkschaften und damit der Bereich des kollektiven Arbeitsrechts kaum Bedeutung haben, stehen die privatwirtschaftlichen, auf den Bedingungen von Arbeitsmarkt, Vertragsfreiheit und Partizipation beruhenden Arbeitsrechtsordnungen der alten Mitgliedstaaten gegenüber; vgl. hierzu *Höland*, „Arbeitsrecht im erweiterten Europa" in Arbeitsrecht im sozialen Dialog – Festschrift für Hellmut Wissmann zum 65. Geburtstag, S. 558.

32 Vgl. hierzu *Riederer von Paar* in *Schüren*, Arbeitnehmerüberlassungsgesetz, 3. neu bearbeitete Auflage 2007, Einl., Rn. 628 ff.. Das EGBGB hat das Übereinkommen über das auf vertragliche Schuldverhältnisse anzuwendende Recht (80/934/EWG) in nationales Recht umgesetzt.

33 Vgl. hierzu *Boemke*, „EU-Osterweiterung und grenzüberschreitende Arbeitnehmerüberlassung" in BB 2005, S. 264, 267.

34 Danach sind die Bestimmungen des deutschen Rechts anzuwenden, die ohne Rücksicht auf das auf den Vertrag anzuwendende Recht den Sachverhalt zwingend regeln; vgl. dazu BAG vom 12. Dezember 2001, -5 AZR 255/00- in AP Nr. 10 zu Art. 30 EGBGB.

ringeres Lohn- und Schutzniveau als die deutsche Arbeits- und Beschäftigungsbedingungen aufweisen können[35]. Nach Art. 30 Abs. 2 Nr. 1, a.E. EGBGB unterliegen Arbeitsverträge auch dann dem Recht des Staates, in dem der Arbeitnehmer in Erfüllung seines Arbeitsvertrages seine Arbeit gewöhnlich verrichtet, wenn er vorübergehend in einen anderen Staat entsandt wird[36]. Die Rechtbeziehungen zwischen dem ausländischen Auftraggeber, der zugleich Arbeitgeber der entsandten Arbeitnehmer ist, und seinen Arbeitskräften bestimmt sich demnach grundsätzlich allein nach dem Recht und den arbeitsrechtlichen Bestimmungen am Sitz des Entsendeunternehmens[37]. Aufgrund der in den Werkvertragsabkommen enthaltenen zeitlich beschränkten Höchstdauer der Entsendung auf Werkvertragsbasis für drei Jahre liegt im Hinblick auf das für die Ausführung der Werkverträge entsandte Personal stets eine vorübergehende Entsendung im Sinne des Art. 30 Abs. 2 Nr. 1 EGBGB vor. Auch das so genannte „Schlüsselpersonal", das bis zu einer Höchstdauer von vier Jahren in die Bundesrepublik Deutschland entsandt werden kann, unterliegt hinsichtlich des Arbeitsvertragsstatuts dem Recht des Herkunftsstaates[38]. Zwar sind diese Personengruppen längerfristig in die Bundesrepublik Deutschland entsandt, um zu der ausführenden Tätigkeit auch Verwaltungsaufgaben wahrzunehmen. Aufgrund der besonderen Umstände des Arbeitsverhältnisses im Sinne des Art. 30 Abs. 2 Nr. 2 EGBGB bleiben sie allerdings mit dem Recht ihres Heimatstaates verbunden. Sie unterliegen auch während der Entsendung weiter den Weisungen ihres Arbeitgebers im Heimatstaat. Das Recht des Herkunftsstaates strahlt folglich weiter auf das Arbeitvertragsstatut in der Bundesrepublik Deutschland ein[39]. Etwas anderes gilt für Arbeitskräfte, die nicht nur vorübergehend, sondern dauerhaft für das ausländische Unternehmen in der Bundesrepublik Deutschland tätig werden. Bei diesen so genannten Ortskräften handelt es sich um Personen, die dauerhaft in der Bundesrepublik Deutschland Arbeiten ausführen, wie z.B. die Geschäftsführer einer in der

35 Vgl. zur Gesamtproblematik der Zuordnung des Beschäftigungsverhältnisses eines entsandten Arbeitnehmers, *Schaub* in Handbuch des Arbeitsrechts, 11. Auflage 2005, § 6, Rn. 20 ff.; *Magnus* in *Staudinger*, BGB, Art. 30 EGBGB, Rn. 92 ff.; *Schlachter* in ErfK, 7. Aufl. 2007, Art. 34 EGBGB, Rn. 9 f.; insbesondere in Bezug auf Werkvertragsarbeitnehmer *Reim*, aaO (Fn. 27), S. 144 ff..

36 Vgl. erstmals BAG, Urteil vom 27. August 1994 in NJW 1965, S. 319; seitdem ständige Rechtsprechung. Aus der jüngeren Vergangenheit BGH, Urteil vom 7. Dezember 2000, -VII ZR 494/99- in EWiR Art. 27 EGBGB 1/01.

37 Vgl. *Feuerborn*, „Rahmenbedingungen für den grenzüberschreitenden Einsatz von Fremdfirmenpersonal in Deutschland" in WiVerw 1996/4, S. 271; *Schiek*, NZA 2000, S. 60.

38 So im Ergebnis auch *Reim*, aaO (Fn. 27), S. 148.

39 Vgl. hierzu auch *Hönsch*, „Die Neuregelung des Internationalen Privatrechts aus arbeitsrechtlicher Sicht" in NZA 1988, S. 114.

Bundesrepublik Deutschland eingerichteten Zweigniederlassung[40] eines in einem anderen Mitgliedstaat niedergelassenem Unternehmens. Diese Personen unterstehen dem am Ort der Zweigniederlassung geltendem Arbeitsrecht[41]. Grundsätzlich finden demnach allein die Rechtsvorschriften des Herkunftsstaates auf die entsandten Arbeitnehmer Anwendung, soweit keine zwingenden Eingriffsnormen des deutschen Rechts über Art. 34 EGBGB auf das ausländische Vertragsstatut einstrahlen. Diese zwingenden Vorschriften können bei der grenzüberschreitenden Dienstleistungserbringung auch nicht eine Rechtswahl nach Art. 27 EGBGB aufgelöst werden, soweit das Arbeitsverhältnis nur überhaupt einen Bezug zum deutschen Recht aufweist. Dies ist bei der Fall der Erbringung von Dienstleistungen auf Werkvertragsbasis regelmäßig der Fall nicht der Fall, da zumindest über das Arbeitsgenehmigungsrecht ein Bezug zum deutschen Recht hergestellt wird. Eine „Flucht" in die Bestimmungen des Heimatstaates ist also nicht möglich, soweit es sich um zwingende Vorschriften des Aufnahmestaates handelt.

Im Wirtschaftssektor des Baugewerbes kommt es nach *Schiek*[42] so zur Kumulierung zweier Standortfaktoren: Der Unternehmer kann seinen Betrieb zwar nicht ins Ausland verlagern, da seine Produktionsstätte ortsgebunden ist. Diese personalintensiven Arbeiten kann er durch den Einsatz von Fremdpersonal aus Niedriglohnländern mit den Infrastrukturvorteilen aus seinem Hochlohnland verbinden. Um diesem wirtschaftlichen Druck standhalten zu können, werden deutsche Arbeitskräfte immer häufiger durch osteuropäische Subunternehmer substituiert. Deutsche Arbeitnehmer des Baugewerbes fürchten die „Billigkonkurrenz"[43] aus den neuen Beitrittsstaaten und eine weitere Verschärfung auf dem ohnehin stagnierenden Arbeitsmarkt[44]. Auf der anderen Seite steht der Schutz der entsandten Arbeitnehmer aus den Beitrittsstaaten auf dem Prüfstand. Ausländische Arbeitnehmer sind nur dann zu den deutschen Mindestarbeitsbedingungen zu beschäftigen, soweit diese über Art. 34 EGBGB und/oder das AEntG auf das Arbeitsverhältnis Anwendung finden[45]. Auch wenn die Arbeitsverhältnisse der entsandten Werkvertragsarbeitnehmer grundsätzlich nach Art. 27 bzw. Art. 30

---

40 Vgl. *Magnus* in *Staudinger*, aaO (Fn. 35), Art. 30 EGBGB, Rn. 103.

41 So im Ergebnis auch *Kamphoff*, „Europäische grenzüberschreitende Entsendung von deutschen Arbeitnehmern in EU- und Nicht-EU-Staaten", S. 27.

42 Vgl. *Schiek*, aaO (Fn. 30), S. 155.

43 Vgl. dazu beispielhaft Beschluss des *Landgerichts Berlin* vom 25. August 1997, -537 Qs 78/97- nicht veröffentlicht-, in dem polnische Bauarbeiter zu einem Stundenlohn von damals 1,99 DM arbeiteten.

44 Aufgrund des entstehenden Wettbewerbsdrucks treten ferner die weit verbreiteten Phänomene wie Lohndumping, Schwarzarbeit und nicht den Mindeststandards der VOB/B entsprechende Ausführungen der Werkverträge offen zu Tage.

45 Vgl. hierzu ausführlich *Schlachter*, „Grenzüberschreitende Arbeitsverhältnisse" in NZA 2000, S. 57 ff..

Abs. 2 Nr. 1 EGBGB dem Recht des Herkunftsstaates unterliegen, finden zwingende Eingriffsnormen des Aufnahmestaates auch auf das Arbeitsvertragsstatut der entsandten Arbeitnehmern während ihrer Beschäftigung in der Bundesrepublik Deutschland Anwendung, vgl. § 7 AEntG[46]. Der soziale Schutz der entsandten Arbeitnehmer bleibt allerdings außerhalb dieser zwingenden Eingriffsnormen häufig hinter dem deutscher Arbeitskräfte zurück. Dies gilt insbesondere im Hinblick auf die Lohnstrukturen, da in der Bundesrepublik Deutschland kein gesetzlicher Mindestlohn existiert[47]. Bereits frühzeitig wurde daher versucht, die angebotsseitige Lohnkonkurrenz durch die Erstreckung tariflicher und gesetzlicher Mindestarbeitsbedingungen durch das AEntG auf ausländische Arbeitnehmer zu unterbinden[48]. Der mit der Dienstleistungsfreiheit einhergehende Marktzutrittsanspruch gerät somit in ein Spannungsverhältnis zum sozialen Schutz entsandter Arbeitnehmer. In einer Vielzahl von Entscheidungen hat der *EuGH* versucht, eine ausgewogene Balance zwischen der Unterbindung von Zugangsbeschränkungen des Gemeinsamen Marktes und dem sozialen Arbeitsschutz als zwingendem Allgemeinwohl zu schaffen[49]. Der *EuGH* sieht die mitgliedstaatliche Befugnis zur Gewährleistung eines wirksamen Arbeitnehmersozialschutzes als gegenüber der Dienstleistungsfreiheit prinzipiell gleichrangig und lässt Eingriffe in die sozialen Mindeststandards nur nach Maßgabe eines differenzierten Verhältnismäßigkeitsprinzips zu, wodurch der *Gerichtshof* einer extensiven Auslegung der Dienstleistungsfreiheit entgegentritt. Bei der Abwägung der widerstreitenden Interessen stellt der *EuGH* die Belange der Dienstleistenden im Hinblick auf die ihnen entstehenden administrativen und wirtschaftlichen Belastungen den Interessen der Arbeitnehmer im Hinblick auf den zusätzlichen sozialen Schutz einander gleichrangig gegenüber[50]. Der Schutz der Arbeitnehmer

---

46 Vgl. hierzu ausführlich *Reim*, aaO (Fn. 27), S. 150.

47 Das Gesetz über die Festsetzung von Mindestarbeitsbedingungen von 1952 vom 11. Januar 1952 (BGBl. I, S. 17ff.) ist bis heute nicht in Kraft getreten.

48 Vgl. *von Danwitz*, „Die Rechtsprechung des EuGH zum Entsenderecht – Bausteine für eine Wirtschafts- und Sozialverfassung der EU" in EuZW 2002, S. 237 ff..

49 Vgl. EuGH, Rs. C-113/89, *„Societe **Rush Portuguesa** Lda. gegen Office National d'Immigration*", Urteil vom 27. März 1990 in Slg. 1990, S. I-1417, Rn. 12-15; Rs. *„**Säger**"* in Slg. 1994, S. I-3803, 3824, Rn. 17-23; Rs. *„**Vander Elst**"*, aaO (Fn. 17), Rn. 10-13; Rs. C-272/94, *„**Guiot**"*, aaO (Fn. 16), Rn. 33-38; Rs. *„**Arblade** u.a*". in Slg. 2001, S. I – 2189, Rn. 25 bis 37.

50 Vgl. EuGH, verb. Rs. C-49/98, C-50/98, C-52/98 bis C-54/98 und C-68/98 bis C-71/98, *„**Finalarte** Sociedade de Construçāo Civil Lda/Urlaubs- und Lohnausgleichskasse der Bauwirtschaft* (C-49/98), *Urlaubs- und Lohnausgleichskasse der Bauwirtschaft/Amilcar Oliveira Rocha* (C-50/98), *Urlaubs- und Lohnausgleichskasse der Bauwirtschaft/Tudor Stone Ltd* (C-52/98), *Urlaubs- und Lohnausgleichskasse der Bauwirtschaft/Tecnamb-Tecnologia do Ambiente Lda* (C-53/98), *Urlaubs- und Lohnausgleichskasse der Bauwirtschaft/Turiprata Construções Civil Lda* (C-54/98), *Ur-*

ist nach der vorzitierten Rechtsprechung des *EuGH* ein anerkannter zwingender Grund des Allgemeininteresses, der dazu geeignet ist, beschränkende Maßnahmen der Dienstleistungsfreiheit zu rechtfertigen.

IV. Bedeutung des Beitritts der MOE-Staaten zur Europäischen Union

Die Diskussion zwischen ordnungspolitischem Protektionismus zugunsten der nationalen Arbeitsmärkte und wirksamem Schutz entsandter Arbeitnehmer gewinnt mit dem Beitritt der MOE-Staaten zur Europäischen Union neue Bedeutung. Mit der EU-Osterweiterung werden die neuen Mitgliedstaaten aus ihrer langjährigen, den Beitrittsprozess vorbereitenden Binnenmarktassoziierung in die vollwertige EU-Mitgliedschaft überführt. Nach der Rechtsprechung des *EuGH* zu der bisherigen Süd- und Südosterweiterung der Europäischen Union ist mit dem Beitritt zur Europäischen Union das Gemeinschaftsrecht vollständig auf die neuen Mitgliedstaaten anwendbar[51]. Durch die EU-Mitgliedschaft erlangen die Beitrittstaaten damit alle Rechte und Pflichten der bisherigen Mitgliedstaaten unter der einheitlichen Geltung des Gemeinschaftsrechts[52]. Die unmittelbare Anwendung der Dienstleistungsfreiheit ermöglicht es ausländischen Unternehmern, Dienstleistungen in der Bundesrepublik Deutschland mit eigenem Personal für die Dauer der betreffenden Arbeiten auszuführen[53]. Aus der Dienstleistungsfreiheit nach Art. 49 iVm 50 Abs. 3 EG folgt ferner ein abgeleitetes Einreise- und Aufenthaltsrecht des entsandten Personals in einen anderen Mitgliedstaat, da eine Dienstleistungserbringung mittels Grenzüberschreitung einer der beteiligten Personen ansonsten unmöglich wäre[54]. Mitgliedstaatliche Kontrollmöglichkeiten des

---

laubs- und Lohnausgleichskasse der Bauwirtschaft/Duarte dos Santos Sousa (C-68/98), *Urlaubs- und Lohnausgleichskasse der Bauwirtschaft/Santos & Kewitz Construçőes Lda* (C-69/98), *Portugaia Construçőes Lda/Urlaubs- und Lohnausgleichskasse der Bauwirtschaft* (C-70/98) *und Engil Sociedade de Construção Civil SA/Urlaubs- und Lohnausgleichskasse der Bauwirtschaft* (C-71/98)", Urteil vom 25. Oktober 2001 in EuZW 2001, S. 725 ff., Rn. 50 zur Verpflichtung ausländischer Subunternehmer an der Teilnahme am Urlaubskassenverfahren der deutschen Bauwirtschaft.

51 Vgl. EuGH, Rs. 58/83, „***Kommission gegen Griechenland***" in Slg. 1984, S. 2027, 2033; *Vedder* in *Grabitz/Hilf*, aaO (Fn. 8), Art. 49 EUV, Rn. 43; vgl. auch VGH Mannheim, Beschluss vom 9. September 2004, -13 S 1738/04- in InfAuslR 2004, S. 423, 424 zu dem Beitrittsvertrag zwischen der Europäischen Union und Ungarn.

52 Vgl. EuGH, Rs. 258/81, „***Metallurgiki Halyps*** *A.E. gegen Kommission der Europäischen Gemeinschaften*", Urteil vom 9. Dezember 1982 in Slg. 1982, S. 4261.

53 Vgl. EuGH, Rs. „***Rush Portuguesa***", aaO (Fn. 49).

54 Vgl. EuGH, Rs. „***Rush Portuguesa***", aaO (Fn. 49), Rn. 12; *Müller-Graff* in *Streinz*, aaO (Fn. 15), Art. 49 EG, Rn. 126; *Kluth* in *Callies/Ruffert*, Kommentar des Vertra-

Zugangs ausländischer Arbeitskräfte aus den Beitrittsstaaten sind nunmehr nur noch in den Grenzen der gemeinschaftsrechtlichen Vorgaben der Dienstleistungsfreiheit möglich. In den Beitrittsakten der bisher erfolgten Erweiterungsprozesse fanden sich hingegen nur Übergangsbestimmungen für die Arbeitnehmerfreizügigkeit. Dies hatte zur Konsequenz, dass die damaligen Mitgliedstaaten in Fällen der grenzüberschreitenden Dienstleistungserbringung mit eigenem Personal über das Arbeitsgenehmigungsrecht nicht den vorübergehenden Zugang von Arbeitnehmern aus den damaligen Beitrittsstaaten zum nationalen Arbeitsmarkt kontrollieren konnten. Nicht zuletzt aufgrund dieser Rechtsprechung des *EuGH* wuchsen bei den alten Mitgliedstaaten, insbesondere der Bundesrepublik Deutschland und der Republik Österreich Befürchtungen, dass eine Verschärfung der anhaltend schlechten Wirtschaftslage eintritt. Zielländer der Migration sind aufgrund ihrer geographischen und kulturellen Nähe zu den MOE-Staaten nämlich insbesondere die Bundesrepublik Deutschland und Österreich[55]. Die Angst vor negativen wirtschaftlichen Auswirkungen gründete darauf, dass es sich bei den MOE-Staaten durchweg um Staaten handelt, deren Wohlstandsniveau deutlich unter dem der Gemeinschaft liegt[56]. Aus Sicht der entsandten Arbeitnehmer stellt die Wirtschaftsmigration daher eine Möglichkeit dar, internationale Einkommens- und Produktivitätsunterschiede zu ihrem Vorteil auszunutzen und vorübergehend in der Bundesrepublik Deutschland tätig zu werden[57]. Ferner befürchtete man, dass durch die Beschäftigung von Staatsangehörigen aus den Beitrittsstaaten die einheimischen Sozialsysteme kollabieren. Arbeitnehmer, die von ihrem Recht auf Freizügigkeit Gebrauch machen, nehmen nämlich nach Art. 39 EG und der dazu ergangenen VO (EWG) Nr. 1612/68 an der Gesamtheit der steuerfinanzierten Ausgaben und Transfers des Staates wie Sozialhilfe, Wohn-, Kinder- und Erziehungsgeld in vollem Umfang teil, so dass sie von den Umverteilungseffekten europäischer Steuer- und Transfersysteme profitieren[58]. Das

---

ges über die Europäische Union und des Vertrags zur Gründung der Europäischen Gemeinschaft- EUV/EGV-, 3. Aufl. 2007, Art. 49, 50 EGV, Rn. 59.

55 Vgl. *Wollenschläger/Pietsch*, ZAR 2003, S. 260; vgl. hierzu auch ausführlich *Heilemann/von Loeffelholz/Sieveking*, „Arbeitsmarktgesteuerte Zuwanderung Szenarien der Zuwanderung sowie rechtliche und institutionelle Aspekte ihrer Steuerung", S. 28.

56 Vgl. dazu *Bergmann*, ZRP 2001, S. 20; *Sieg*, „Polens Wirtschaft auf dem Weg in die EU" in NZA 2003, S. 198 ff..

57 Vgl. *Scheffer*, „Die Magnetwirkung der Sozialleistungssysteme und die EU-Osterweiterung" in ZRP 2003, S. 56 ff..

58 Vgl. *Hänlein*, „Übergangsregelungen beim EU-Beitritt der MOE-Staaten im Bereich der Arbeitnehmerfreizügigkeit und der sozialen Sicherheit" in EuZW 2001, S. 165; *Wollenschläger/Pietsch*, „Die Auswirkungen der Osterweiterung der EU auf den Arbeitsmarkt und die sozialen Sicherheitssysteme der EU-Staaten" in ZAR 2003, S. 262.

schafft nach einem Untersuchungsergebnis des *ifo-Instituts*[59] zusätzliche Wanderungsanreize und erhöht das potenzielle Zuwanderungsvolumen. Mit jedem Migranten erhöht sich das Inlandsprodukt im Beschäftigungsland um einen höheren Betrag als sich das Inlandsprodukt im Herkunftsland reduziert[60]. Hierdurch können im Beschäftigungsland des Migranten Lohneinbußen für diejenigen nationalen Arbeitskräfte entstehen, die in Konkurrenz zu den wandernden Arbeitskräften treten müssen. Zuwanderung aus den Beitrittsstaaten erhöht daher den Lohndruck für unqualifizierte Arbeitnehmer in den Aufnahmestaaten der wanderungswilligen Arbeitnehmer aus den MOE-Staaten auf dem Niedriglohnsektor und kann zu Beschäftigungsrisiken führen[61]. Durch diese Wanderungsbewegung wurden auch Auswirkungen auf den deutschen Arbeitsmarkt vorhergesagt[62]. Vor allem bei niedrigqualifizierten Arbeitskräften in Industrie und Bauwirtschaft besteht die Befürchtung negativer Effekte auf die Löhne und damit den Anstieg der Arbeitslosigkeit wenig qualifizierter Arbeitskräfte[63]. Zugleich werden auch positive Impulse für den deutschen Arbeitsmarkt erwartet. Durch das erhöhte Angebot an Arbeitskräften aus den MOE-Staaten werden die Löhne flexibler, so dass die Beschäftigung qualifizierter Arbeitnehmer bei sinkenden und konstanten Löhnen steigen kann[64]. Hierdurch steigt zugleich die Nachfrage nach geringer qualifizierten Arbeitnehmern und damit deren Produktivität, was auch zu einem Ansteigen der Beschäftigung in Niedriglohnbereich führen kann. Der erwartete Migrationsstrom[65] von Staatsangehörigen aus den Beitrittsstaaten in die Bundesre-

---

59 Das ifo-Institut für Wirtschaftsforschung hat in Kooperation mit dem Max-Planck-Institut für ausländisches und internationales Sozialrecht im Auftrag des Bundesministeriums für Arbeit und Sozialordnung die Wirkungen und Perspektiven einer Öffnung der deutschen Arbeitsmärkte für Arbeitnehmer aus den wichtigsten Beitrittsstaaten analysiert. Vgl. daher zu den folgenden Ausführungen ifo Beiträge zur Wirtschaftsforschung „EU-Erweiterung und Arbeitskräftemigration" 2001, S. 1 ff..

60 *Werding*, „Erweiterung der Europäischen Union und Auswirkungen auf den deutschen Arbeitsmarkt" in NZA 2003, S. 194, 196.

61 Vgl. hierzu auch *Wollenschläger/Pietsch*, ZAR 2003, S. 259, 260.

62 Vgl. hierzu auch *Dietz*, „EU-Erweiterung und Ost-West-Migration nach Deutschland", im Internet abzurufen unter *http://www.hbs-hessen.de/pol/dietz11_05.htm.*

63 Vgl. *Werding*, NZA 2003, S. 196.

64 Vgl. *Wollenschläger/Pietsch*, ZAR 2003, S. 261 mwN in Fn. 42.

65 *Hänlein* (in EuZW 2001, S. 165 ff.) fasst das Migrationspotential anhand mehrerer Untersuchungen wie folgt zusammen: *„Im Einzelnen gelangen einschlägige Untersuchungen zu sehr unterschiedlichen Prognosen. So hat das „European Integration Consortium" Projektionen über die erwarteten Wanderungen aus osteuropäischen Ländern nach Deutschland angestellt. Unter Zugrundelegung der Annahme eines jährlichen Wirtschaftswachstums von 2% in den Beitrittsländern hat es für Deutschland knapp eine Million Migranten aus Polen, Rumänen, Slowakei, Tschechien und Ungarn drei Jahre nach dem gedachten Beitritt vorhergesagt. 15 Jahre nach dem*

publik Deutschland ist nach ersten Analysen nach der EU-Osterweiterung jedoch ausgeblieben. Nach einer ersten Analyse von *Dietz*[66] stieg die Nettomigration im Vergleich zum Jahr 2003 aus den neuen EU-Staaten im Jahr 2004 um ca. 50 %, das heißt von 25.850 auf 39.190 Personen an. Damit blieb die Migration aus den MOE-Staaten deutlich unter den Erwartungen und betrug nur ca. ein Viertel des geschätzten Wanderungssaldos. Bemerkenswert ist, dass insbesondere die Migration zur Aufnahme einer abhängig beschäftigten Arbeit ausgeblieben ist. Auch nach einem Bericht der Europäischen Kommission vom 8. Februar 2006 ist der Zustrom an Arbeitskräften aus Mittel- und Osteuropa geringer als erwartet. Staatsangehörige der neuen Mitgliedstaaten machten weniger als 1 % der Bevölkerung im erwerbsfähigen Alter in allen Ländern, mit Ausnahme von Österreich (1,4 % im Jahre 2005) und Irland (3.8 % im Jahre 2005) aus[67]. In Deutschland entsprachen die im Jahr 2004 erteilten Arbeitserlaubnisse zwar 0,9 % der Bevölkerung im erwerbsfähigen Alter, doch sinkt auch hier die Zahl der Beschäftigten aus den Mitgliedstaaten (namentlich der sozialversicherungspflichtig Beschäftigten) bei Berücksichtigung der jeweiligen Dauer der Arbeitsgenehmigung auf 0,2 % der Bevölkerung im erwerbsfähigen Alter.

V. Integrationsbestimmungen in den Beitrittsverträgen

Die Kommission ließ die historischen Erfahrungen der bisherigen Beitrittsprozesse und die Rechtsprechung des *EuGH* in Sachen *Rush Portuguesa* bei der Entwicklung der Beitrittsverträge mit den MOE-Staaten einfließen[68]. Nach den Erfahrungen der Süderweiterung der Europäischen Union stellt sich die Frage,

Beitritt rechnet es mit knapp zwei Millionen Migranten, die in Deutschland leben werden. Auf Basis anderer Schätzungen wäre mit einem erheblich größeren Zustrom nach Deutschland zu rechnen. Hiernach soll langfristig in Deutschland ein Bestand von fünf bis sechs Millionen Migranten aus diesen Ländern zu erwarten sein. Zwischen diesen Prognosen liegen jüngste Schätzungen des ifo Instituts für Wirtschaftsforschung, das bei einem Beitritt der Länder Polen, Rumänien, Slowakei, Tschechien und Ungarn bei sofortiger Einräumung der Arbeitnehmerfreizügigkeit mit folgender Entwicklung rechnet: Drei Jahre nach dem Beitritt würden voraussichtlich mehr als eine Million Zuwanderer aus diesen Ländern in Deutschland leben, nach zehn Jahren 2,6 bis 3 Millionen Menschen, nach fünfzehn Jahren 3,2 bis 4 Millionen. Zusätzlich sei aus Polen und Tschechien auch eine beachtliche Pendlermigration zu erwarten."

66 *Dietz*, aaO (Fn. 52).

67 Bericht der Europäischen Kommission vom 8. Februar 2006 abzurufen unter *http://europa.eu.int/comm/employment_social/emplweb/news/news_de.cfm?id=119*.

68 Vgl. Conference on Accession to the European Union-Poland: European Union Common Position, Brussels December 2001, in CONF-PL 116/1.

wie sich ein gemeinsamer Binnenmarkt realisieren lässt, wenn dieser von einem starken Lohngefälle zwischen den bisherigen Mitgliedsstaaten und den neuen Beitrittsstaaten geprägt ist[69]. Diese rechtliche und wirtschaftliche Diskrepanz zwischen den „alten“ Mitgliedstaaten und den Beitrittsstaaten wird auf völkerrechtlicher Ebene durch die Aufnahme von Übergangsfristen für die Bereiche der Arbeitnehmerfreizügigkeit und der Dienstleistungsfreiheit zu lösen versucht[70]. Für diese beiden Grundfreiheiten hat sich die Bundesrepublik Deutschland in den Beitrittsverträgen im Rahmen eines flexiblen „2+3+2-Modells“ bis zu 7-jährige Übergangsfristen zur Abwehr tatsächlicher oder drohender schwerwiegender Störungen in bestimmten empfindlichen Wirtschaftssektoren vorbehalten[71]. Während einer zweijährigen Übergangsfrist besteht in Bezug auf die MOE-Staaten keine aus dem Gemeinschaftsrecht folgende Freizügigkeit[72]. Die nationalen und bilateralen Regelungen des Arbeitsmarktzugangs gelten fort, so dass die Mitgliedstaaten selbst entscheiden können inwieweit sie ihren Arbeitsmarkt ab dem Beitritt aufgrund nationaler Maßnahmen für Staatsangehörige aus den Beitrittsstaaten öffnen wollen[73]. Mit Ablauf der ersten Phase sind die Mitgliedstaaten verpflichtet, die EU-Kommission in einer förmlichen Mitteilung darüber zu unterrichten, ob sie die Übergangsbestimmungen für weitere drei Jahre aufrechterhalten wollen. Die Bundesrepublik Deutschland[74] hat entgegen der Empfehlung

69 Vgl. dazu *Bergmann*, ZRP 2001, S. 21.

70 Vgl. *Niedobitek*, „Völker- und europarechtliche Grundfragen des EU-Beitrittsvertrages“ in JZ 2004, S. 370; *Hänlein*, EuZW 2001, S. 165 ff..

71 Vgl. für Polen den Anhang XII Liste nach Artikel 24 der Beitrittsakte: Polen, Abschnitt 2 „Freizügigkeit“ Nr. 2 und Nr. 13. Gleichlautende Beschränkungen finden sich in den Anhängen zu den Beitrittsakten der anderen MOE-Staaten; vgl. auch *Nowak*, „EU-Osterweiterung, Personenfreizügigkeit und staatliche Schutzpflichten im Bereich der sozialen Sicherheit“ in EuZW 2003, S. 101 ff..

72 Vgl. *Zimmermann-Kreher* in *Storr/Wenger/Eberle/Albrecht/Zimmermann-Kreher*, Kommentar zum Zuwanderungsgesetz, § 13 FreizügG/EU, Rn. 5.

73 Vgl. hierzu *Fuchs*, „Die Beschränkung des Arbeitsmarktzugangs für Angehörige aus den EU-8-Staaten“ in ZESAR 2007, S. 99.

74 Vgl. Stellungnahme des Bundesministeriums für Arbeit und Soziales vom 22. März 2006 zur Verlängerung der Übergangsregelungen bei der Arbeitnehmerfreizügigkeit bis 2009: „*Im Februar 2006 betrug die Zahl der registrierten Arbeitslosen 5,048 Millionen, was einer Arbeitslosenquote von 12,2% entspricht. Insbesondere die regionale Verteilung der Arbeitslosigkeit macht deutlich, dass Deutschland weiterhin unter den wirtschaftlichen Folgen der Wiedervereinigung leidet: Die an die neuen Mitgliedstaaten grenzenden Bundesländer Mecklenburg-Vorpommern, Brandenburg und Sachsen wiesen im Februar 2006 Arbeitslosenquoten von 21,9%, 19,2% und 19,5% auf und lagen damit weit über dem Bundesdurchschnitt. Aufschlussreich ist auch die qualifikationsspezifische Betrachtung des deutschen Arbeitsmarktes. Besonders hoch ist die Arbeitslosigkeit unter nicht oder gering qualifizierten Personen. Ge-*

der europäischen Kommission[75] am 8. Februar 2006 beschlossen, die Kommission darüber zu unterrichten, dass die Übergangsbestimmungen auch in der 2. Phase gelten sollen[76]. Nach Ablauf dieser zweiten Übergangsphase müssen die Mitgliedstaaten der Kommission förmlich mitteilen, dass sie die Übergangsbestimmungen für weitere zwei Jahre wegen einer schwierigen nationalen Arbeitsmarktlage oder der Gefahr derartiger Störungen aufrechterhalten wollen. Dies bedeutet, dass in den in Ziffer 2.13[77] der Anhänge zu Artikel 24 der Beitrittsakten festgelegten Dienstleistungssektoren[78] die Arbeitnehmerfeizügigkeit und die Dienstleistungsfreiheit bis zum Jahre 2011 nur eingeschränkt[79] gilt. Diese Son-

---

rade bei diesem Personenkreis aber wäre bei Öffnung des Arbeitsmarktes mit verstärkter Zuwanderung zu rechnen."

75 *http://europa.eu.int/comm/employment_social/news/2006/feb/report_de.pdf*; Der EU-Arbeitskommissar Vladimir Špidla (in *Frankfurter Allgemeine Sonntagszeitung* Nr. 19 vom 14. Mai 2006, S. 11) vertritt die Auffassung, dass die Arbeitslosigkeit in denjenigen alten Mitgliedstaaten, die die Übergangsbestimmungen nicht anwenden (z.B. Irland), dass Bruttoinlandsprodukt gestiegen und die Arbeitslosigkeit gesunken sei. Eine weitere Aufrechterhaltung der Übergangsbestimmungen über den 1. Mai 2006 sei daher nicht nur nicht erforderlich, sondern darüber hinaus für die deutsche Wirtschaft schädlich.

76 Vgl. hierzu auch *Frankfurter Allgemeine Zeitung*, Nr. 34 vom 9. Februar 2006, S. 11 und S. 12; *Handelsblatt* vom 10. März 2006; *Süddeutsche Zeitung* Nr. 67 vom 21. März 2006, S. 19; *Linneweber*, „Aktuelle Entwicklungen im Europäischen Arbeitsrecht 2005/2006 in ZESAR 2006, S. 446.

77 Die Beitrittsakte bestimmt in Ziffer 2.13 des Anhang XII der Liste nach Artikel 24 der Beitrittsakte: Polen folgendes:
„Um tatsächlichen oder drohenden schwerwiegenden Störungen in bestimmten empfindlichen Dienstleistungssektoren auf ihren Arbeitsmärkten zu begegnen, die sich in bestimmten Gebieten aus der länderübergreifenden Erbringung von Dienstleistungen im Sinne des Artikels 1 der Richtlinie 97/71/EG ergeben könnten, können Deutschland und Österreich solange sie gemäß den vorstehenden festgelegten Übergangsbestimmungen nationale Maßnahmen oder Maßnahmen aufgrund von bilateralen Vereinbarungen über die Freizügigkeit polnischer Arbeitnehmer anwenden, nach Unterrichtung der Kommission von Artikel 49 Absatz 1 des EG-Vertrages abweichen, um im Bereich der Erbringung von Dienstleistungen durch in Polen niedergelassene Unternehmen die zeitweilige grenzüberschreitende Beschäftigung on Arbeitnehmern einzuschränken, deren Recht in Deutschland oder Österreich eine Arbeit aufzunehmen, nationalen Maßnahmen unterliegt.
Die Anwendung dieser Nummer darf nicht zu Bedingungen für die zeitweilige Freizügigkeit von Arbeitnehmern im Rahmen der länderübergreifenden Erbringung von Dienstleistungen zwischen und Deutschland und Österreich führen, die restriktiver sind als die zum Zeitpunkt der Unterzeichnung des Beitrittsvertrages geltenden Bedingungen. "

78 Im Folgenden als „Beitrittsakte" bezeichnet.

79 Anlagen der Anhänge IV, V, VII, VIII, IX, X, XI, XII, XIII und XIV der Akte über die Bedingungen des Beitritts der Tschechischen Republik, Estlands, Zyperns, Lett-

derregelungen für die grenzüberschreitende Entsendung von Arbeitnehmern zur Dienstleistungserbringung hat zur Folge, dass ausländische Arbeitnehmer mit Wohnsitz im Ausland, die auf Grundlage eines nach ausländischem Recht geschlossenen Arbeitsvertrages vorübergehend in die Bundesrepublik Deutschland entsandt werden, nicht zum deutschen Arbeitsmarkt zugelassen sind: Ihnen kann eine Arbeitserlaubnis nur in den Grenzen der ASAV erteilt werden, wenn die Tätigkeit nicht bereits nach § 9 ArgV arbeitsgenehmigungsfrei ist[80]. Von diesen Einschränkungen ist insbesondere das Baugewerbe betroffen. Die grenzüberschreitende Erbringung von Dienstleistungen mit eigenem Personal ist in diesen Wirtschaftssektoren bis zum Ablauf der Integrationsfristen nur im Rahmen der bilateralen Regierungsvereinbarungen und des nationalen Arbeitsgenehmigungsrechts möglich. Entsprechende Regierungsvereinbarungen bestehen mit Staaten außerhalb der Europäischen Union mit Bosnien Herzegowina[81], Bulgarien[82], Kroatien[83], Mazedonien[84], Rumänien[85], Serbien und Montenegro[86] und der Türkei[87], sowie mit Lettland[88], Polen[89], Slowakei[90], Slowenien[91], Tschechien[92] und Ungarn[93]. Aufgrund der so genannten Werkvertragsabkommen können Arbeitnehmer zur Ausführung von Werkverträgen zwischen ihrem Arbeitgeber und einem deutschen Unternehmer für eine begrenzte Zeit auch in den durch die Integrationsfristen erfassten Wirtschaftssektoren in die Bundesrepublik Deutschland entsandt werden. Migrationen aus den neuen Beitrittsstaaten sollen in diesen

---

lands, Litauens, Ungarns, Maltas, Polens, Sloweniens und der Slowakei — ABl. Nr. C 227 E vom 23. September 2003.

80 Vgl. *Fehrenbacher*, Übergangsregelungen bei der EU-Erweiterung und deren Auswirkungen im Ausländerrecht" in ZAR 2004, S.243.

81 BGBl. 1995 II, S. 374.

82 BGBl. 1991 II, S. 863, geändert BGBl. 1995 II, S. 90.

83 BGBl. 2003 II, S. 8.

84 BGBl. 1995 II S. 731.

85 BGBl. 1991 II, S. 666, geändert BGBl. 1993 II, S. 822, geändert BGBl. 1996 II S. 1303; gilt seit Oktober 2004 nicht mehr für die Fleischzerlegung.

86 z.Zt. nicht angewandt.

87 BGBl. 1992 II S. 54, geändert BGBl. 1998 II S. 94.

88 BGBl. 1992, S. 1204.

89 BGBl. 1990 II, S. 602; zuletzt geändert durch die Zweite Vereinbarung zur Änderung der Vereinbarung vom 31. Januar 1990 in der Fassung vom 8. Dezember 1990 (BGBl. 1992 II, S. 93) vom 1. März/30. April 1993 (BGBl. 1993 II, S. 1125).

90 BGBl.1996 II S. 1030.

91 BGBl. 1993 II S. 1261.

92 BGBl. 1993 II S. 762.

93 BGBl. 1989 II S. 244; zuletzt geändert durch die Zweite Vereinbarung zur Änderung der Vereinbarung vom 3. Januar 1989 in der Fassung vom 6. Juni 1991 (BGBl. 1991 II S.861) sowie vom 25. Februar/ 30. März 1992 (BGBl. 1992 II S. 1151).

vermeintlich besonders sensiblen Wirtschaftsbereichen durch ein behördliches Regulierungsinstrument zunächst weiter gesteuert und überwacht werden. Der Beitritt stellt sich für die Arbeitnehmer aus den Beitrittsstaaten in diesen Dienstleistungssektoren daher vorläufig als ein „Beitritt zweiter Klasse“ dar. Während ein Arbeitnehmer aus einem Beitrittsstaat in einem nicht von den Integrationsfristen erfassten Wirtschaftsbereich ohne Arbeitserlaubnis in die Bundesrepublik Deutschland vorübergehend zur Erbringung von Dienstleistungen entsandt werden kann, ist ein Arbeitnehmer aus den von den Integrationsfristen erfassten Wirtschaftssektoren nur nach Maßgabe des nationalen Arbeitsgenehmigungsrechts und der Werkvertragsabkommen zur Aufnahme einer unselbständigen Erwerbstätigkeit im Rahmen einer Entsendung in der Bundesrepublik Deutschland berechtigt. Er bedarf nach § 284 SGB III weiterhin einer Arbeitserlaubnis-EU, die nur nach Maßgabe des nationalen Arbeitsgenehmigungsrechts und der bilateralen Werkvertragsabkommen erteilt wird. Der aus den kollisionsrechtlichen Bestimmungen des Internationalen Privatrechts folgende Wettbewerbsvorteil ausländischer Subunternehmer wird über das Arbeitsgenehmigungsrecht nivelliert, da Werkvertragsarbeitnehmer in den von den Integrationsfristen erfassten Wirtschaftssektoren nicht zu ungünstigeren Lohnbedingungen beschäftigt werden dürfen, als vergleichbare deutsche Arbeitnehmer. Zudem kann das Bundesministerium für Arbeit nach § 39 Abs. 3 Satz 1 BeschV bzw. § 3 Abs. 2 ASAV die Erteilung der Zustimmung durch die Bundesagentur für Arbeit an Beschäftigte der Bauwirtschaft im Verhältnis zu den beschäftigten gewerblichen Personen des im Inland ansässigen Unternehmens zahlenmäßig beschränken. Aufgrund der umfassenden Prüfungskompetenz der Bundesagentur für Arbeit nach § 284 Abs. 3 iVm § 39 Abs. 2 Satz1 Nr. 1 b) AufenthG kann eine noch lückenlosere Gleichstellung gegenüber deutschen Arbeitnehmern verlangt werden, als durch das AEntG für herkömmliche Entsendetatbestände gefordert wird[94]. Darüber hinaus ist auch das Recht auf Freizügigkeit von Staatsangehörigen aus den Beitrittsstaaten an das Arbeitserlaubnisrecht gekoppelt. Obgleich die Beitrittsverträge keine Integrationsfristen für das Freizügigkeitsrecht nach Art. 18 EG vorsehen, bestimmt § 13 des Freizügigkeitsgesetz/EU, dass Staatsangehörige aus den Beitrittsstaaten eine (deklaratorische)[95] Bescheinigung über die Freizügigkeit nur dann erhalten, wenn die Beschäftigung durch die Bundesagentur für Arbeit gem. § 284 SGB III genehmigt wurde.

Es stellt sich also die Frage, ob Staatsangehörige aus den Beitrittsstaaten mit dem Beitritt im Hinblick auf eine Erwerbstätigkeit in der Bundesrepublik

94 Vgl. *Bieback* in *Gagel*, SGB III, 25. Ergänzungslieferung 2005, Rn. 120.
95 Vgl. hierzu 12. Senat des Hessischen VGH, Beschluss vom 29. Dezember 2004, -12 TG 3212/04– nicht veröffentlicht-.

Deutschland tatsächlich wie Staatsangehörige aus den alten Mitgliedstaaten zu behandeln sind, ob also etwa „Polen zu Franzosen" geworden sind.

B. Gang der Untersuchung

Zu der Problematik der Entsendung von Arbeitnehmern im Rahmen der bilateralen Werkvertragsabkommen existieren lediglich wenige Gerichtsentscheidungen und wissenschaftliche Beiträge[96]. Eine Gesamtdarstellung findet sich allein in der umfangreichen Dissertation von *Uwe Reim* „Auf dem Weg nach Europa- Werkvertragsarbeitnehmer aus Mittel- und Osteuropa im Kontext des nationalen, Völker- und Gemeinschaftsrechts"[97]. Seine Untersuchung beruht allerdings auf dem Stand des Jahres 2000 und lässt beitrittsrelevante Fragestellungen daher zwangsläufig außen vor. Wie zu zeigen sein wird, hat nicht zuletzt die Änderung des nationalen Arbeitsgenehmigungsrechts[98] neue Probleme bei der Entsendung von Arbeitnehmern auf Werkvertragsbasis geschaffen. Mit der vorliegenden Untersuchung soll die Entsendung von Arbeitnehmern aus den MOE-Staaten auf Werkvertragsbasis in seiner Dogmatik und praktischen Anwendung unter besonderer Berücksichtigung der Integrationsbestimmungen im Bereich der Arbeitnehmerfreizügigkeit, der Dienstleistungsfreiheit und dem Niederlassungsrecht in den Beitrittsverträgen mit den MOE-Staaten aufgezeigt und einzelne Problembereiche herausgearbeitet werden. Ziel der Untersuchung ist hingegen keine Neukonzeption der dogmatischen Grundlagen der Entsendung von Arbeitnehmern in der

---

96 Vgl. beispielhaft aus der Literatur: *Faist/Sieveking/Reim/Sandbrink*, Ausland im Inland. Die Beschäftigung von Werkvertragsarbeitnehmern in der Bundesrepublik Deutschland 1999; *Sieveking/Reim/Sandbrink*, ROW 1998, 157; *Mayer*, „Werkvertragsarbeitnehmer aus Osteuropa" in BB 1993, 1428 ff.; *Kaligin*, „Tätigkeit von Bauunternehmen aus Polen und der CSFR in Deutschland-Rechtliche Gestaltungsmöglichkeiten und behördliches Verfahren" in NZA 1992, S. 1111 ff.; *Klöpper*, „Werkvertragsarbeit von Arbeitnehmern aus Osteuropa im Rahmen von Regierungsabkommen" in AiB 1993, 682; *Hanau*, „Lohnunterbietung („Sozialdumping") durch Europarecht" in Festschrift für Everling, Band I, S. 415 ff.; *Ulber*, aaO (Fn. 24), Vorb. F, Rn. 65; zuletzt *Dienelt*, „Die Rechtsstellung von Werkvertragsarbeitnehmern nach der EU-Osterweiterung", InfAuslR 2004, 325 ff.; *ders.* „Freizügigkeit nach der EU-Osterweiterung".

97 *Reim*, aaO (Fn. 27).

98 Gesetz zur Steuerung und Begrenzung der Zuwanderung und zur Regelung des Aufenthalts und der Integration von Unionsbürgern und Ausländern (Zuwanderungsgesetz) vom 30. Juli 2004 (BGBl. I, S. 1950) und Art. 1 Viertes Gesetz zur Änderung des Dritten Buches Sozialgesetzbuch und anderer Gesetze vom 19. November 2004 (BGBl. I, S. 2902); vgl. hierzu *Marschner*, „Das reformierte Ausländerrecht der Ausländerbeschäftigung -Alter Wein in neuen Schläuchen?" in DB 2005, S. 499 ff..

Europäischen Union. Hierzu liegt bereits eine Fülle wissenschaftlicher Abhandlungen[99] vor, die die Entsendeproblematik ausführlich am Beispiel des Arbeitnehmerentsendegesetzes erörtern. Das Augenmerk dieser Untersuchung ist auf die Entsendung im Rahmen der bilateralen Werkvertragsabkommen in seiner Grundstruktur und den Implikationen des Beitritts der MOE-Staaten zur Europäischen Union auf die Freizügigkeit von Staatsangehörigen aus den Beitrittsstaaten gerichtet.

Die Untersuchung erfolgt anhand der Rechtsprechung des *EuGH* zu den bisherigen Erweiterungsprozessen der EU am Beispiel der Republik Polen. Die Rechtsprechung des *EuGH* in Sachen *Rush Portuguesa* und *Vander Elst* erscheint mit der EU-Osterweiterung in einem neuen Licht, da erstmals in einem Beitrittsprozess sowohl die Arbeitnehmerfreizügigkeit, als auch die Dienstleistungsfreiheit durch Integrationsfristen vorübergehend suspendiert werden. Eingegangen wird allein auf die Auswirkungen der Erweiterung der Europäischen Union auf die Freizügigkeit von Staatsangehörigen aus den Beitrittsstaaten aus der Sicht des Gemeinschaftsrechts und des deutschen Rechts. Die Beitrittsakten enthalten in Ziffer 2.13 zwar die Befugnis der Beitrittsstaaten, so genannte reziproke Maßnahmen zu den durch die Bundesrepublik Deutschland getroffenen Übergangsbestimmungen zu treffen. Für die Auswirkungen des Beitritts der MOE-Staaten auf die grenzüberschreitende Dienstleistungserbringung mit eigenem Personal auf Werkvertragsbasis sind diese Maßnahmen allerdings ohne Bedeutung, so dass auf eine Analyse des Beitritts aus der Sicht der Republik Polen verzichtet werden kann[100]. Das besondere Augenmerk richtet sich auf die beitrittsrelevanten Auswirkungen, um die gewonnenen Ergebnisse auch für die Auslegung der Beitrittsakten der 2007 zur Europäischen Union beitretenden Staaten Rumäniens und Bulgariens nutzen zu können. In den Anhängen zur Bei-

---

99 Vgl. beispielhaft *Borgmann*, „Die Entsendung von Arbeitnehmern in der Europäischen Gemeinschaft -Wechselwirkungen zwischen Kollisionsrecht, Grundfreiheiten und Spezialgesetzen“; *Wichmann*, „Dienstleistungsfreiheit und grenzüberschreitende Entsendung von Arbeitnehmern“ Dissertation Frankfurt am Main 1998; *Nettekoven*, „Die Erstreckung tariflicher Mindestlöhne in allgemeinverbindlichen Tarifverträgen auf entsandte Arbeitnehmer im Baugewerbe – Eine Untersuchung der Entsenderegelung in Deutschland am Maßstabe der Dienstleistungsfreiheit und der Tarifautonomie“ Dissertation Bonn 2000.

100 Vgl. hierzu *Dzienisiuk*, „European freedom to provide services and freedom of establishment within the Polish labour and security law“ in NZA Beilage 2/2005, S. 116 ff; *Kanderska*, „Polnische rechtliche Rahmenbedingungen für die Entsendung deutscher Arbeitnehmer nach Polen“ in WiRO 2006, S. 76 ff..

trittsakte mit Rumänien und Bulgarien finden sich gleichlautende Übergangsmaßnahmen zu dem Beitrittsprozess der MOE-Staaten[101].

Der Gang der Untersuchung stellt sich im Einzelnen wie folgt dar:

In einem ***ersten Kapitel*** werden die rechtliche Entwicklung und die Konzeption der Entsendung von Arbeitnehmern auf Basis der bilateralen Werkvertragsabkommen dargestellt. Ferner wird die sozialversicherungsrechtliche Zuordnung des Beschäftigungsverhältnisses entsandter Werkvertragsarbeitnehmer untersucht.

Im ***zweiten Kapitel*** wird im ersten Teil untersucht, wie sich die Entsendung von Arbeitnehmern aus den Beitrittsstaaten auf Werkvertragsbasis in die Grundfreiheiten der Arbeitnehmerfreizügigkeit, der Dienstleistungsfreiheit und des Niederlassungsrechts bis zum 1. Mai 2004 aufgrund der Europa-Abkommen eingefügt hat. Die historische Betrachtung der bis zum Beitritt geltenden gemeinschaftsrechtlichen Rechtslage ist erforderlich, da die so genannte „Standstill-Klausel" in Ziffer 2.13 der Beitrittsakte den Beitrittsstaaten garantiert, dass die Anwendung der Integrationsfristen nicht zu Bedingungen für die zeitweilige Freizügigkeit von Arbeitnehmern führen darf, die restriktiver sind, als die zum Zeitpunkt der Unterzeichnung des Beitrittsvertrages geltenden Bedingungen. Im zweiten Teil des zweiten Kapitels werden die rechtlichen Auswirkungen des Beitritts der MOE-Staaten zur Europäischen Union analysiert. Untersucht wird, inwieweit bereits das nationale Recht oder das primäre und sekundäre Gemeinschaftsrecht Möglichkeiten eröffnen, den Arbeitsmarktzugang der Beitrittsstaatsangehörigen zu kontrollieren.

Im ***dritten Kapitel*** wird der Anwendungsbereich der Übergangsbestimmungen in Anhang XII der Liste nach Artikel 24 der Beitrittsakte Polen untersucht. Die Entsendung von Arbeitnehmern auf Werkvertragsbasis wird zur grenzüberschreitenden Arbeitnehmerüberlassung und zur selbständigen Dienstleistungserbringung im Kontext des Niederlassungsrechts nach Art. 43 EG und der Dienstleistungsfreiheit nach Art. 49 EG abgegrenzt.

Im ***vierten Kapitel*** wird der aufenthaltsrechtliche Status entsandter Werkvertragsarbeitnehmer nach der EU-Osterweiterung untersucht. Problematisch ist insbesondere, wie sich das allgemeine Freizügigkeitsrecht entsandter Werkvertragsarbeitnehmer in den von den Übergangsbestimmungen beschränkten Wirtschaftssektoren darstellt und ob sich am aufenthaltsrechtlichen Status etwas ändert, wenn statt eines Werkvertrages unerlaubte Arbeitnehmerüberlassung vorliegt.

---

101 Vgl. für Rumänien ABl. L 157/138 vom 21. Juni 2005; für Bulgarien ABl. L 157/380 vom 21. Juni 2005; vgl. auch den Entwurf eines Gesetzes zur Anpassung von Rechtsvorschriften des Bundes infolge des Beitritts der Republik Bulgarien und Rumäniens zur Europäischen Union, BT-Drucks. 16/2954 vom 16. Oktober 2006.

Die Untersuchung endet im ***fünften Kapitel*** mit einer Zusammenfassung der Ergebnisse und einem Ausblick auf die aktuelle Diskussion zu Lösungsmöglichkeiten zur Bekämpfung illegaler Beschäftigung von Staatsangehörigen aus den Beitrittsstaaten.

Erstes Kapitel

1. Teil: Konzeption der Entsendung von Arbeitnehmern auf Werkvertragsbasis

Einführend werden die möglichen Beschäftigungsformen von Ausländern nach der EU-Osterweiterung in der Bundesrepublik Deutschland im Kontext der Rechtsprechung des *EuGH* zur Entsendung von Arbeitnehmern analysiert (sub. A.) und zur Aufnahme einer Beschäftigung im Sinne der Übergangsbestimmungen abgegrenzt (sub. B.) Sodann wird die Konzeption der Entsendung von Arbeitnehmern im Rahmen der bilateralen Werkvertragsabkommen in seinen Grundzügen aufgezeigt (sub. C.).

A. Rechtsprechung des EuGH zur Dienstleistungsfreiheit und Arbeitnehmerfreizügigkeit bei der grenzüberschreitenden Arbeitnehmerentsendung

Zunächst wird anhand der Rechtsprechung des *EuGH* zur Dienstleistungsfreiheit und Arbeitnehmerfreizügigkeit bei der grenzüberschreitenden Arbeitnehmerentsendung untersucht, welche Bedeutung der Dienstleistungsfreiheit für die Erweiterung der Europäischen Union zukommt. In den Entscheidungen *Rush Portuguesa, Vander Elst* und zuletzt *Kommission gegen Bundesrepublik Deutschland* hat der *EuGH* die Dogmatik zur grenzüberschreitenden Erbringung von Dienstleistungen mit eigenem Personal entwickelt, die maßgeblich für die Auslegung der Integrationsfristen im Bereich der Arbeitnehmerfreizügigkeit und der Dienstleistungsfreiheit in den Beitrittsverträgen ist.

I. Rechtssache Rush Portuguesa gegen Office national d'immigration

Die Entscheidung des *EuGH* erging zu Übergangsbestimmungen in dem Beitrittsvertrag mit Portugal. Bereits diese erste große Phase der Südosterweiterung der Europäischen Union zu Beginn der 90-er Jahre war von der Angst der alten Mitgliedstaaten vor plötzlichem und unreguliertem Zuzug „billiger" Arbeitskräfte aus den neuen Beitrittsstaaten geprägt. In den damaligen Beitrittsverträgen fanden sich allerdings nur Übergangsbestimmungen zur Arbeitnehmerfreizügigkeit nach Art. 39 EG und der Artikel 1 bis 6 der VO (EWG) 1612/68, nicht hingegen zur Möglichkeit der Beschränkung der Dienstleistungsfreiheit. Man ging davon aus, Migrationen aus den damaligen Beitrittsstaaten allein im Bereich der Arbeitnehmerfreizügigkeit begegnen zu müssen. Dies muss vor dem Hintergrund gesehen werden, dass die Unterscheidung zwischen der Dienstleistungsfreiheit und der Arbeitnehmerfreizügigkeit in den Anfangsjahren der Gemeinschaft in den 60-er und 70-er Jahren weitgehend unproblematisch war. Der relativ geringen Arbeitslosigkeit stand sogar in den so genannten Niedriglohnsektoren wie dem Baubereich ein Arbeitskräftemangel gegenüber. Grenzüberschreitende Dienstleistungen durch ausländische Unternehmen mit eigenem Personal waren daher die Ausnahme. Hinzu kommt, dass die Abweichung der verschiedenen Lebensstandards und Sozialsysteme erst in den letzten Jahren offen zu Tage getreten sind. Die Lohnnebenkosten in den einzelnen Mitgliedstaaten glichen sich weitgehend, so dass die grenzüberschreitende Auftragsvergabe zur Sicherung von Wettbewerbsvorteilen die Ausnahme war.

Allein aus diesem Verständnis heraus lassen sich die damaligen Positionen der Verfahrensbeteiligten und die Stellungnahme des Generalanwalts Walter *van Gerven* vom 7. März 1990 verstehen[102]. Diese Positionen haben auch 15 Jahre nach dem Urteil des *EuGH* nichts an ihrer Aktualität verloren, so dass es lohnenswert ist, sie nochmals darzustellen. Im Kern geht es um die Abgrenzung der durch die Beitrittsverträge suspendierten Arbeitnehmerfreizügigkeit und der Dienstleistungsfreiheit.

1. Tatbestand

Das portugiesische Unternehmen *Rush Portuguesa Lda* führte im Rahmen eines Werkvertrages mit eigenem (portugiesischem) Personal Bauarbeiten an einer Eisenbahntrasse in Frankreich als Subunternehmer aus. Die französischen Behörden verlangten für die Arbeiter der Firma *Rush* die Beantragung gebührenpflichtiger Arbeitserlaubnisse. Hintergrund dieser Genehmigungspflicht waren zwei Bestimmungen in der Akte über die Bedingungen des Beitritts Portugals zur Europäischen Union, wonach die volle Freizügigkeit portugiesischer Staatsangehöriger erst nach Ablauf der Übergangsfrist hergestellt werden sollte[103]. Da die von

102 Stellungnahme des Generalanwalts *Walter van Gerven*, abgedruckt in Slg. 1990, S. I- 1425 ff..

103 Die Übergangsbestimmungen (ABl. L 302 vom 15. November 1985, S. 23) hatten folgenden Wortlaut:
„Die Artikel 1 bis 6 der Verordnung (EWG) Nr. 1612/68 über die Freizügigkeit der Arbeitnehmer innerhalb der Gemeinschaft sind in Portugal gegenüber Angehörigen der anderen Mitgliedstaaten und in diesen gegenüber portugiesischen Staatsangehörigen erst ab 1. Januar 1993 anwendbar. Die Portugiesische Republik und die anderen Mitgliedstaaten können bis zum 31. Dezember 1992 gegenüber Angehöri-

der Firma *Rush* für die Durchführung des Werkvertrages eingesetzten Arbeiter nicht im Besitz der nach französischem Recht erforderlichen Arbeitserlaubnis waren, verlangte das Staatliche Einwanderungsamt einen Sonderbeitrag von der Firma *Rush*.

Der *EuGH* hatte nunmehr über die Frage zu entscheiden, ob die alten Mitgliedstaaten einem Unternehmen aus den neuen Beitrittsstaaten die Dienstleistung mit eigenem (entsandtem) Personal vollständig verbieten können. Ferner hatte der *Gerichtshof* über die Frage zu entscheiden, ob die Erbringung von Dienstleistungen in der Europäischen Gemeinschaft von der Einholung von Arbeitserlaubnissen oder sonstiger Abgaben abhängig gemacht werden darf.

2. Stellungnahmen der Beteiligten

a) Monistisches System außerhalb der Arbeitnehmerfreizügigkeit

Die Firma *Rush* argumentierte, dass die grenzüberschreitende Erbringung von Dienstleistungen im Rahmen von Werkverträgen außerhalb der Arbeitnehmerfreizügigkeit erfolge. Hierfür lässt sich das nicht *a priori* von der Hand zu weisende Argument anführen, dass die im Rahmen von Werkverträgen entsandten Arbeitnehmer keinen Zugang zum Arbeitsmarkt des Aufnahmestaates verlangen. Sie haben eine arbeitsvertragliche Bindung mit ihrem Arbeitgeber allein im Herkunftsstaat. Nur innerhalb dieses Arbeitsverhältnisses werde eine fremde Dienstleistung erbracht. Hierbei handele es sich um eine Dienstleistung des Auftragnehmers, nicht hingegen um eine eigene Dienstleistung der Arbeitnehmer gegenüber dem Vertragspartner ihres Arbeitgebers. Sie lassen sich daher auch nicht für unbegrenzte Zeit in dem Aufnahmestaat nieder. Darüber hinaus bleiben sie in das System der Sozialen Sicherheit in ihrem Heimatstaat eingegliedert und sind auch dort steuerrechtlich geführt. Sie könnten daher nicht als Arbeitnehmer im Sinne der VO (EWG) Nr. 1612/68 angesehen werden.

---

gen der anderen Mitgliedstaaten beziehungsweise gegenüber portugiesischen Staatsangehörigen die innerstaatlichen oder auf bilaterale Abkommen zurückgehenden Bestimmungen beibehalten, welche die Einreise zum Zweck einer Tätigkeit im Lohn- oder Gehaltsverhältnis und/oder den Zugang zu einer solchen Tätigkeit von einer vorherigen Genehmigung abhängig machen. Darüber hinaus können die Portugiesische Republik und das Großherzogtum Luxemburg die in Unterabsatz 2 genannten und zum Zeitpunkt der Unterzeichnung dieser Akte geltenden innerstaatlichen Bestimmungen gegenüber luxemburgischen Staatsangehörigen bzw. gegenüber portugiesischen Staatsangehörigen bis zum 31. Dezember 1995 beibehalten.“

b) Dualistisches System zwischen Dienstleistungsfreiheit und Arbeitnehmerfreizügigkeit

Gegen diese einengende Auslegung des Begriffs des *Arbeitnehmers* spricht die frühere Rechtsprechung des *EuGH*[104], wonach der gemeinschaftsrechtliche Begriff des *Arbeitnehmers* weit auszulegen sei und

> *„alle Staatsangehörigen erfasst, die auf dem Gebiet eines anderen Mitgliedstaats eine tatsächliche und echte unselbständige Erwerbstätigkeit ausüben".*

In der Rechtssache *Brown*[105] hatte der *EuGH* bereits ausgeführt, dass Arbeitnehmer im Sinne des Artikel 39 EG

> *„jede Person ist, die während einer bestimmten Zeit für einen anderen nach dessen Weisung Leistungen erbringt, für die sie als Gegenleistung eine Vergütung erhält."*

Sei die Arbeitnehmerfreizügigkeit bei der Entsendung von Arbeitnehmern daher nicht gänzlich unberücksichtigt zu lassen, müsse ein Ansatz gefunden werden, der sowohl die Arbeitnehmerfreizügigkeit als auch die Dienstleistungsfreiheit erfasst. Im Rahmen eines dualistischen Modells ließe sich daher vertreten, dass die Dienstleistungsfreiheit und die Arbeitnehmerfreizügigkeit nebeneinander bestehen. Der den Arbeitnehmer im Rahmen und für die Dauer des Werkvertrages entsendende Arbeitgeber könne sich allein auf die Bestimmungen über die Dienstleistungsfreiheit berufen. Er sei derjenige, der die Leistung im Sinne des Art. 49 EG erbringt, nicht hingegen seine Arbeitnehmer. Diese wiederum unterliegen allein den Bestimmungen über die Arbeitnehmerfreizügigkeit. Für die Dauer ihrer Entsendung im Rahmen des Werkvertrages bestimme sich ihre Rechtsstellung allein nach den Bestimmungen über die Arbeitnehmerfreizügigkeit gem. Art. 39 EG, so dass sie auch von Übergangsbestimmungen zur Arbeitnehmerfreizügigkeit erfasst würden.

Im Rahmen dieses dualistischen Modells ließe sich nach Auffassung der französischen Regierung[106] und der Kommission sodann eine Differenzierung anhand der ausgeübten Tätigkeiten der entsandten Arbeitnehmer vornehmen. Nach der Auffassung der französischen Regierung waren unter Berücksichtigung der

---

104 Vgl. EuGH, Rs. 139/85, *„R.H.* ***Kempf*** *gegen Staatssecretaris van Justitie"*, Urteil vom 3. Juni 1986 in Slg. 1986, S. 1741, Rn. 8 bis 14.

105 Vgl. EuGH, Rs. C-197/86, *„Steven Malcolm* ***Brown*** *gegen Secretary of State for Scotland"*, Urteil vom 27. September 1988, in Slg. 1988, S. 3205, Rn. 21.

106 Vgl. hierzu *Jalles*, „Das Urteil des EuGH in der Sache „Rush Portuguesa"- eine Anmerkung" in EuZW 1990, S. 310.

Richtlinie 73/148 EWG[107] nur diejenigen Arbeitnehmer eines Erbringers von Dienstleistungen vom Anwendungsbereich der Beitrittsakte ausgeschlossen, die bei den sie entsendenden Unternehmen eine Vertrauensstellung bekleiden, soweit sie dem Erbringer der Dienstleistung gleichzustellen seien. Die Kommission vertrat hingegen die Auffassung, dass aus dem Anwendungsbereich der Beitrittsakte das spezialisierte sowie dasjenige Personal herauszunehmen sei, das in dem Unternehmen eine Vertrauensstellung bekleide. In die gleiche Richtung argumentierte auch der Generalanwalt Walter *von Gerven* in seinen Schlussanträgen vom 7. März 1990[108]. Nach seiner Auffassung müsse eine qualitative Differenzierung bei dem entsandten Personal vorgenommen werden, da das die Dienstleistung erbringende Unternehmen das für ihn wichtige Kernpersonal nach seinem Belieben einsetzen können müsse. Dies sei Personal, das mit leitenden Aufgaben betraut sei.

c) Entscheidung des EuGH

Der *EuGH* entwickelte hingegen einen eigenen Lösungsansatz im Sinne der Auffassung der Firma *Rush* und folgte der Differenzierung des Generalanwalts *von Gerven* nicht. Der *Gerichtshof* stellte fest, dass es die Dienstleistungsfreiheit Unternehmen ermögliche, mit seinem gesamten Personal frei in das Gebiet eines anderen Mitgliedstaats einzureisen. *Nationale Bestimmungen, die die Einreise des betroffenen Personals von einschränkenden Bedingungen wie der Bedingung der Einstellung von Personal an Ort und Stelle oder der Pflicht zur Einholung einer Arbeitserlaubnis abhängig machen, beschränken in gemeinschaftsrechtlich nicht zu rechtfertigender Weise die Dienstleistungsfreiheit*[109]. Hieraus folgerte der *EuGH*, dass die die Arbeitnehmerfreizügigkeit betreffenden Ausnahmebestimmungen Anwendung finden, wenn es um den Zugang (portugiesischer) Arbeitnehmer zum Arbeitsmarkt anderer Mitgliedstaaten sowie um die Regelung der Einreise und des Aufenthalts der einen derartigen Zugang anstrebenden portugiesischen Arbeitnehmer (und ihrer Familienangehöriger) gehe. Die Anwendung der Integrationsbestimmungen sei deshalb gerechtfertigt, weil in solchen Fällen die Gefahr einer Störung des Arbeitsmarktes des Aufnahmemitgliedstaats bestehe[110]. Etwas anderes müsse aber dann gelten, wenn es allein um den vor-

---

107 Richtlinie des Rates vom 21. Mai 1973 zur Aufhebung der Reise- und Aufenthaltsbeschränkungen für Staatsangehörige der Mitgliedstaaten innerhalb der Gemeinschaft auf dem Gebiet der Niederlassung und des Dienstleistungsverkehrs.

108 Stellungnahme des Generalanwalts Walter *von Gerven* abgedruckt in Slg. 1994, S. I-1417 ff..

109 Vgl. EuGH, Rs. „***Rush Portuguesa***", aaO (Fn. 49), Rn. 12.

110 Vgl. EuGH, Rs. „***Rush Portuguesa***", aaO (Fn. 49), Rn. 14.

übergehenden Ortswechsel von Arbeitnehmern gehe, die in einen anderen Mitgliedstaat entsandt werden, um dort im Rahmen von Dienstleistungen ihres Arbeitgebers Arbeiten auszuführen. Diese Arbeitnehmer kehren nach Beendigung des Vertrages in ihr Heimatland zurück, ohne dass sie auf dem Arbeitsmarkt des Aufnahmestaates aufgetreten seien, bzw. Zugang zum Arbeitsmarkt verlangt hätten. Entsandtes Personal falle demnach nicht in den Anwendungsbereich der Art. 1 bis 6 der Verordnung Nr.1612/68, die Dienstleistungsfreiheit der sie entsendenden Unternehmen umfasse aber das Entsenderecht[111].

II. Rechtssache Vander Elst gegen Offices des Migrations Internationales (OMI) und Kommission gegen Luxemburg

1.

Diese Rechtsprechung entwickelte der *EuGH* in der Rechtssache *Vander Elst*[112] weiter. Das belgische Unternehmen *Vander Elst* erbrachte mit marokkanischem Personal Dienstleistungen in Frankreich. Diese Arbeiter waren bereits vor ihrem Einsatz in Frankreich seit einigen Jahren bei der Firma *Vander Elst* in Belgien beschäftigt und im Besitz sowohl der erforderlichen Arbeitserlaubnis, als auch des erforderlichen Visa. Das französische *OMI* verlangte von den durch die Firma *Vander Elst* eingesetzten Arbeitern eine zusätzliche Arbeitserlaubnis nach französischem Recht. Der *EuGH* hatte in diesem Vorabentscheidungsverfahren darüber zu entscheiden, ob ein in einem Mitgliedstaat ansässiges Unternehmen Dienstleistungen in einem anderen Mitgliedstaat mit eigenem Personal aus einem Drittstaat erbringen dürfe, ohne dass das entsandte Personal über eine Arbeitserlaubnis des Aufnahmestaates verfügen müsse. Der *EuGH* wiederholte seine Feststellungen aus der Rechtssache *Rush Portuguesa*, wonach entsandte Arbeitnehmer keinen Zugang zum Arbeitsmarkt des Aufnahmestaates verlangen[113]. *Das Erfordernis einer Arbeitsberechtigung für entsandte Arbeitnehmer aus Drittstaaten bezwecke den Zugang von Arbeitnehmern zum Arbeitsmarkt zu regeln, stelle somit einen gemeinschaftsrechtlich nicht zu rechtfertigenden Verstoß gegen die Dienstleistungsfreiheit dar*[114]. Vor diesem Hintergrund führte der *EuGH* aus, dass ein in einem Mitgliedstaat niedergelassenes Unternehmen, dass unter

---

111 Vgl. EuGH, Rs. „***Rush Portuguesa***", aaO (Fn. 49), Rn. 14 und 15.

112 Vgl. EuGH, Rs. „***Vander Elst***", aaO (Fn. 17), Rn: 20; vgl. hierzu auch *Marschner*, „Arbeitserlaubnis für drittstaatsangehörige Arbeitnehmer im Rahmen der Europäischen Union" in NZA 1996, 186 ff..

113 Vgl. EuGH, Rs. „***Vander Elst***", aaO (Fn. 17), Rn. 21.

114 Vgl. EuGH, Rs. „***Vander Elst***", aaO (Fn. 17), Rn. 14.

Entsendung eigener Arbeitnehmer Dienstleistungen in einem anderen Mitgliedstaat erbringen will und bereits im Land seiner Niederlassung die für die Einstellung von (ausländischen und einheimischen) Arbeitnehmern vorgeschriebenen rechtlichen Verfahren schon abgewickelt und den damit verbundenen Verwaltungs- und Kostenaufwand schon getragen habe, für diese Arbeitnehmer nicht nochmals ein Arbeitgenehmigungsverfahren im Aufnahmestaat durchführen müsse. Die zur Erfüllung der Dienstleistung eingesetzten Arbeitnehmer, gleich ob einheimische oder ausländische Arbeitnehmer, seien bereits im Mitgliedstaat der Niederlassung nach dem dort geltenden Verfahren eingestellt worden und werden nunmehr nur vorübergehend in das Land entsandt, in dem die Dienstleistung erbracht werden soll. Wenn diese Arbeitnehmer aber bereits *ordnungsgemäß und dauerhaft*[115] bei dem sie entsendenden Unternehmen beschäftigt seien, würde eine nationale Verpflichtung im Aufnahmestaat zur erneuten Durchführung eines Arbeitsgenehmigungsverfahrens das die Arbeitnehmer entsendende Unternehmen doppelt belasten. Eine solche Belastung entbehre jeder Rechtfertigung und sei geeignet, ausländische Unternehmen mit Sitz in einem anderen Mitgliedstaat, die eigene Arbeitnehmer zur Erfüllung eines Werkvertrages in einen anderen Mitgliedstaat entsenden im Wettbewerb gegenüber den inländischen Dienstleistenden zu benachteiligen.

Allerdings hat der *EuGH* in diesem Urteil die Rechtsprechung in Sachen *Rush Portuguesa*[116] bestätigt, dass ein Mitgliedstaat kontrollieren dürfe, ob ein in einem anderen Mitgliedstaat ansässiges Unternehmen, das Arbeitnehmer, die Angehörige eines Drittstaats sind, in ihn entsendet, den freien Dienstleistungsverkehr nicht zu einem anderen Zweck als dem der Erbringung der betreffenden Leistung nutze[117]. Darüber hinaus verwehre es das Gemeinschaftsrecht den Mitgliedstaaten nicht, ihre Rechtsvorschriften oder die Tarifverträge der Sozialpartner über die Mindestlöhne unabhängig davon, in welchem Land der Arbeitgeber

---

115 Vgl. zu dieser wichtigen Voraussetzung, EuGH, Rs. „***Vander Elst***“, aaO (Fn. 17), Rn. 26. Der *EuGH* hat in der Rechtssache Rs. C-244/04, „***Kommission der Europäischen Gemeinschaften gegen Bundesrepublik Deutschland***“, aaO (Fn. 17), Rn. 55 dieses Kriterium dahingehend konkretisiert, dass der Begriff der „ordnungsgemäßen und dauerhaften Beschäftigung“ keinen Wohnsitz oder einer Beschäftigung im Staat der Niederlassung des Dienstleistungsunternehmens von bestimmter Dauer erfordert.

116 Vgl. EuGH, Rs. „***Rush Portuguesa***“, aaO (Fn. 49), Rn. 17.

117 Vgl. EuGH, Rs. „***Vander Elst***“, aaO (Fn. 17), Rn. 23. Diese Rechtsprechung bestätigte der EuGH in der Rechtssache C-445/03 „***Kommission der Europäischen Gemeinschaften gegen Großherzogtum Luxemburg***“, aaO (Fn. 17), Rn. 39.

ansässig ist, auf alle Personen auszudehnen, die in ihrem Hoheitsgebiet, und sei es auch nur vorübergehend, eine unselbständige Erwerbstätigkeit ausüben[118].

2.

In der Rechtssache *Kommission gegen Luxemburg*[119] wiederholte der *EUGH*, dass Arbeitnehmer, die von einem in einem Mitgliedstaat ansässigen Unternehmen beschäftigt und zur Erbringung einer Dienstleistung in einen anderen Mitgliedstaat entsandt werden, keinen Zutritt zum Arbeitsmarkt dieses zweiten Staates verlangen, da sie nach Erfüllung ihrer Aufgabe in ihr Herkunfts- oder Wohnsitzland zurückkehren.

In dem der Entscheidung zugrunde liegenden Sachverhalt hatte der *EuGH* über eine luxemburgische Verordnung zu entscheiden, die u.a. vorsah, dass entsandte Arbeitnehmer aus Drittstaaten, die in Luxemburg tätig werden wollen, in einem unbefristeten Vertragsverhältnis zu ihrem Arbeitgeber stehen müssen. Durch diese Regelung sollte der Gefahr vorgebeugt werden, dass Arbeitskräfte aus Drittstaaten mit Hilfe unsicherer und schlecht entlohnter Beschäftigungsverhältnisse ausgebeutet werden und der Wettbewerb durch Praktiken des Sozialdumpings verfälscht wird. Ferner mussten die Dienstleistungserbringer eine Bankbürgschaft nachweisen, durch die eine Übernahme etwaiger Kosten für die Abschiebung der Arbeitnehmer sichergestellt werden.

Der *EuGH* sah in den vorbezeichneten luxemburgischen Bestimmungen eine gemeinschaftsrechtlich nicht gerechtfertigte Beschränkung der Dienstleistungsfreiheit. In Fortführung seiner ständigen Rechtsprechung zu Beschränkungsverboten im Anwendungsbereich der Dienstleistungsfreiheit führte der *EuGH* aus, dass Art. 49 EG nicht nur die Beseitigung jeder Diskriminierung des in einem anderen Mitgliedstaat ansässigen Dienstleistenden aufgrund seiner Staatsangehörigkeit verlange, sondern auch die Aufhebung aller Beschränkungen – selbst wenn sie unterschiedslos für inländische Dienstleistende wie für solche aus anderen Mitgliedstaaten gelten –, sofern sie geeignet seien, die Tätigkeiten des Dienstleistenden, der in einem anderen Mitgliedstaat ansässig ist und dort rechtmäßig ähnliche Dienstleistungen erbringt, zu unterbinden, zu behindern oder weniger attraktiv zu machen. Das Erfordernis eines unbefristeten Arbeitsvertrages sei demnach geeignet, eine Beschränkung der Dienstleistungsfreiheit darzustellen. Darüber hinaus sei die Verpflichtung zur Beibringung einer Bankbürgschaft

---

118 Vgl. EuGH, Rs. „***Vander Elst***", aaO (Fn. 17), Rn. 23 unter Hinweis auf EuGH, Rs. „***Rush Portuguesa***", aaO (Fn. 49), Rn. 18. Diese Befugnis der Mitgliedstaaten wird auch in Artikel 3 der Richtlinie 96/71 anerkannt.

119 Vgl. EuGH, Rs. C-445/03 „***Kommission der Europäischen Gemeinschaften gegen Großherzogtum Luxemburg***", aaO (Fn. 17), S. I-10191.

zwangsläufig mit Formalitäten und Verzögerungen verbunden, die geeignet sind, von der Inanspruchnahme der Dienstleistungsfreiheit mit Hilfe entsandter Arbeitnehmer mit der Staatsangehörigkeit eines Drittstaats abzuschrecken.

Interessanterweise führte der *Gerichtshof* bereits in dieser Entscheidung aus, dass die Verpflichtung eines Dienstleistungsunternehmen, den örtlichen Behörden im Voraus die Anwesenheit eines oder mehrerer entsandter Arbeitnehmer, die vorgesehene Dauer dieser Anwesenheit und die der Entsendung zugrunde liegende(n) Dienstleistung(en) anzuzeigen ein geeignetes Instrumentarium zur Sicherung der Dienstleistungsfreiheit darstellen könne[120]. Durch eine entsprechende Anzeige würde es den Behörden des Aufnahmestaates ermöglicht, die Einhaltung der nationalen Vorschriften auf dem Gebiet der sozialen Sicherheit während der Dauer der Entsendung zu kontrollieren und dabei die Verpflichtungen zu berücksichtigen, denen das Unternehmen bereits nach den im Herkunftsmitgliedstaat geltenden Regeln auf diesem Gebiet unterliegt.

III. Rechtssache Kommission der Europäischen Gemeinschaften gegen Bundesrepublik Deutschland

Diesen Gedanken nahm der *EuGH* in der *Rechtssache Kommission der Europäischen Gemeinschaften gegen Bundesrepublik Deutschland* wieder auf. Die Entsendung von Angehörigen aus Drittstaaten[121] ist in der Bundesrepublik Deutschland im Aufenthaltsgesetz geregelt. Drittstaatsangehörige können sich nicht unmittelbar auf die Freizügigkeitrechte des EG berufen und bedürfen nach § 4 Abs. 3 AufenthG auch für den Fall einer vorübergehenden Entsendung grundsätzlich eine Arbeitserlaubnis, soweit in der BeschV nichts anderes bestimmt ist. Nach § 15 BeschV benötigen Ausländer, die sich länger als drei Monate in der Bundesrepublik Deutschland aufhalten wollen, um eine unselbständige Erwerbstätigkeit auszuüben, eine besondere Aufenthaltsgenehmigung. Diese wird nur dann erteilt, wenn der Ausländer vor der Entsendung zumindest 6 Monate bei dem Arbeitgeber ordnungsgemäß beschäftigt war. Drittstaatsangehörige Personen sind in der Regel ordnungsgemäß beschäftigt, wenn sie den Verpflichtungen nachgekommen sind, die sich aus dem nationalen Aufenthaltsrecht des EU-Mitgliedstaates ergeben, in dessen Hoheitsgebiet sie beschäftigt sind. Als tatsächliche Beschäftigung

---

120 Vgl. EuGH, Rs. C-445/03 „***Kommission der Europäischen Gemeinschaften gegen Großherzogtum Luxemburg***", aaO (Fn. 17), Rn. 31.

121 Vgl. hierzu instruktiv *Birk*, „Entsendung und Freizügigkeit – Die europarechtliche Stellung entsandter Arbeitnehmer zur Erfüllung von Aufträgen" in Arbeitsrecht im sozialen Dialog – Festschrift für Hellmut Wißmann, S. 532 ff..

gilt eine Tätigkeit, die im Hoheitsgebiet des Mitgliedstaates ausgeübt wird, aus dem die betreffenden Personen entsandt werden sollen.

Diese Voraussetzungen ergaben sich nicht aus dem Urteil des *EuGH* in Sachen *Vander Elst*, sondern aus einem Runderlass der Bundesrepublik Deutschland, der schließlich durch § 15 BeschV umgesetzt wurde. Mit Urteil vom 19. Januar 2006 hat der *EuGH* in einem Vertragsverletzungsverfahren gegen die Bundesrepublik Deutschland festgestellt, dass die vorbeschriebene bisherige Praxis, die Beschäftigung von Drittstaatsangehörigen von einer sechsmonatigen Vorbeschäftigung abhängig zu machen, gegen das Gemeinschaftsrecht verstößt[122]. Nach Auffassung des *EuGH* reicht es in Fortführung der Rechtsprechung in Sachen *Kommission gegen Luxemburg* zur Verhinderung von Missbräuchen und Umgehung des freien Dienstleistungsverkehrs aus, wenn der Dienstleistungserbringer eine Erklärung abgibt, dass der Aufenthalt, die Arbeitserlaubnis und die soziale Absicherung der betreffenden Arbeitnehmer in dem Mitgliedstaat, in dem sie von diesem Unternehmen beschäftigt werden, ordnungsgemäß ist[123]. Eine längere Vorbeschäftigungszeit wäre für Unternehmen, die in Sektoren tätig sind, die durch häufige Verwendung kurzfristiger oder projektbezogener Verträge gekennzeichnet sind, oder für neu gegründete Unternehmen besonders nachteilig. Zur Begründung verweist der *EuGH* auch in dieser Entscheidung wieder auf die Ausführungen in den Rechtssachen *Rush Portuguesa, Vander Elst* und *Kommission gegen Luxemburg*, wonach entsandte Arbeitnehmer nicht auf dem Arbeitsmarkt des Aufnahmestaates auftreten würden[124].

Eine Vorbeschäftigungszeit von einem Jahr sei darüber hinaus unverhältnismäßig, um sicherzustellen, dass die entsandten Arbeitnehmer nach Ablauf der Entsendung wieder in ihren Heimatstaat zurückkehren. Eine vorherige Erklärung des entsendenden Unternehmens über die dauerhafte und ordnungsgemäße Vorbeschäftigung in dem Mitgliedstaat des ansässigen Unternehmens, ergänzt durch die maßgeblichen Angaben zum Arbeitsentgelt und zu den Beschäftigungsbedin-

---

122 EuGH, Rs. C-244/04, „***Kommission der Europäischen Gemeinschaften gegen Bundesrepublik Deutschland***", aaO (Fn. 17), S. 313. *Birk*, aaO (Fn. 121) hat bereits vor dem Urteil des EuGH darauf hingewiesen, dass das Erfordernis eines Visums bzw. einer Arbeitserlaubnis Drittstaatsangehöriger der Dienstleistungsfreiheit widerspricht; zuletzt EuGH, Rs. C 168/04, Urteil vom 21. September 2006, „***Kommission der Europäischen Gemeinschaften gegen Republik Österreich***", Rn. 50.

123 EuGH, Rs. C-244/04, „***Kommission der Europäischen Gemeinschaften gegen Bundesrepublik Deutschland***", aaO (Fn. 17), Rn. 45.

124 EuGH, Rs. C-244/04, „***Kommission der Europäischen Gemeinschaften gegen Bundesrepublik Deutschland***", aaO (Fn. 17), Rn. 59.

gungen, würde demzufolge eine den freien Dienstleistungsverkehr weniger beschränkende Maßnahme darstellen[125].

Für das nationale Arbeitsgenehmigungsverfahren hat dies zur Konsequenz, dass Drittstaatsangehörigen, die in der Bundesrepublik Deutschland von einem in einem Mitgliedstaat niedergelassenen Unternehmen vorübergehend zur Dienstleistungserbringung entsandt werden, ein Aufenthaltstitel nach § 39 AufenthG ohne Zustimmung der Bundesagentur für Arbeit zu erteilen ist[126]. Darüber hinaus hat dieses Urteil aber auch, wie *Thym*[127] bereits zutreffend herausgearbeitet hat, zur Konsequenz, dass der *EuGH* den Mitgliedstaaten die Möglichkeit an die Hand gibt, bereits im Vorfeld der Entsendung die Einhaltung der *Beschäftigungsbedingungen und des Arbeitsentgelts* zu kontrollieren.

IV. Zusammenfassung

Der Rechtsprechung des *EuGH* lässt sich ein ausdifferenziertes System zum Schutz der Dienstleistungsfreiheit entnehmen. Die gemeinschaftsrechtliche Zulässigkeit der grenzüberschreitenden Dienstleistungserbringung mit eigenem Personal ist von der grundsätzlichen Idee bestimmt, dass entsandte Arbeitnehmer (gleich ob Mitgliedstaatsanghörige oder Drittstaatler) nicht auf dem Arbeitsmarkt des Aufnahmestaates auftreten. In Fällen der grenzüberschreitenden Dienstleistungserbringung mit eigenem Personal (die sog. Entsendekonstellation) ist allein die Dienstleistungsfreiheit nach Art. 49 EG einschlägig. Art. 49 EG hat in der Rechtsprechung des *EuGH* eine Ausprägung als weit auszulegendes Diskriminierungsverbot erlangt. Gemeinschaftsrechtlich unzulässig ist demnach nicht

---

125 EuGH, Rs. C-244/04, „Kommission der Europäischen Gemeinschaften gegen Bundesrepublik Deutschland", aaO (Fn. 17), Rn. 62; so zuletzt auch Rs. C 168/04, Urteil vom 21. September 2006, „Kommission der Europäischen Gemeinschaften gegen Republik Österreich", aaO (Fn. 122), Rn. 50.

126 Das Visum wird bei kurzfristigen Aufenthalten bis zu 3 Monaten als sog. Schengen-Visum nach § 6 Abs. 1 Nr. 2 AufenthG erteilt, bei längeren Aufenthalten als nationales Visum nach § 6 Abs. 4 AufenthG. *Wank* wies bereits vor dem Urteil des *EuGH* vom 19. Januar 2006 zutreffend darauf hin, dass Drittstaatsangehörigen der Aufenthaltstitel in europarechtskonformer Auslegung entgegen § 18 Abs. 2 AufenthG als gebundene Entscheidung zu erteilen ist (in NZA Beilage 2/2005, S. 93). Nachdem nunmehr feststeht, dass § 15 BeschV gemeinschaftsrechtswidrig ist, ist das Ermessen der Ausländerbehörden bei Vorlage einer Bescheinigung des Dienstleistungserbringers über die Rechtmäßigkeit der Beschäftigung des Ausländers auf Null reduziert. Es wäre gemeinschaftsrechtswidrig, von dem Dienstleistungserbringer eine Vorbeschäftigungszeit des Drittstaatsangehörigen in dem Herkunftsstaat zu fordern.

127 Vgl. *Thym*, NZA 2006, S. 714; hierzu im Fünften Kapitel.

nur die Diskriminierung wegen der Staatsangehörigkeit. Der *EuGH* geht sogar noch weiter und fordert die

„Aufhebung aller unterschiedslos wirkenden Beschränkungen, die geeignet sind, die grenzüberschreitende Dienstleistungserbringung zu behindern, zu unterbinden oder sie auch nur weniger attraktiv zu machen."

In diesem Zusammenhang hebt der *EuGH* den sozialen Schutz der zur Erbringung der Dienstleistung entsandten Arbeitnehmer hervor. Vor diesem Hintergrund beurteilt der *EuGH* die Möglichkeit präventiver Kontrollen zur Prüfung der Einhaltung des sozialen Schutzes der entsandten Arbeitnehmer durch die Mitgliedstaaten. Eine Beschränkung der Dienstleistungsfreiheit ist nur zulässig, wenn die nationale Rechtsvorschrift des Aufnahmestaates keine formale oder materielle Diskriminierung des in dem anderen Mitgliedstaat ansässigen Dienstleistenden bewirkt und, falls es sich um eine auf jeden im Inland tätigen Dienstleistenden unterschiedslos anwendbare Regelung handelt, die Anwendung der nationalen Vorschriften zwingenden Erfordernissen des Allgemeininteresses Rechnung trägt und nicht durch Maßnahmen ersetzt werden kann, die den Dienstleistungsverkehr weniger beschränken[128]. Allerdings ist es den Mitgliedstaaten nicht verwehrt, ihre Rechtsvorschriften oder die Tarifverträge über Mindestlöhne auf alle Personen zu erstrecken, die, sei es auch nur vorübergehend, in ihrem Hoheitsgebiet beschäftigt werden. Ferner darf ein Mitgliedstaat kontrollieren, ob ein in einem anderen Mitgliedstaat ansässiges Unternehmen, das Arbeitnehmer, die Angehörige eines Drittstaats sind, in ihn entsendet, den freien Dienstleistungsverkehr nicht zu einem anderen Zweck als dem der Erbringung der betreffenden Leistung nutzt. Diese Kontrolle lässt sich nach den beiden jüngsten Urteilen des EuGH in Sachen *Kommission gegen Luxemburg* und *Kommission gegen Bundesrepublik Deutschland* durch die vorherige Anzeige der Entsendung erreichen.

Die Entscheidung des *EuGH* hat in der Literatur nicht uneingeschränkt Zustimmung gefunden hat[129], ist aber zwischenzeitlich stetige Rechtsprechung des *EuGH*[130]. Der Kritik an der Rechtsprechung des *EuGH* in Sachen *Rush Portu-*

---

128 Vgl. hierzu die bisherige Rechtsprechung des EuGH zusammenfassend die Schlussanträge des Generalanwalts *Tesauro* vom 1. Juni 1994 in Slg. 1994, S. I-03803, Rn. 16.

129 Vgl. etwa *Birk*, aaO (Fn. 121), S. 530; *Preis/Temming*, aaO (Fn. 18), S. 117 f.; *Gerken/Löwisch/Rieble*, „Der Entwurf eines Arbeitnehmer-Entsendegesetzes in ökonomischer und rechtlicher Sicht" in BB 1995, S. 2372 f.; *Hanau*, NJW 1996, S. 1371.

130 EuGH, Rs. ***„Vander Elst"***, aaO (Fn. 17); EuGH, Rs. ***„Finalarte"***, aaO (Fn. 50); EuGH, Rs. C-445/03 ***„Kommission der Europäischen Gemeinschaften gegen Großherzogtum Luxemburg"***, aaO (Fn. 17); EuGH, Rs. C-244/04, ***„Kommission***

guesa lässt sich sicherlich darin zustimmen, dass das von dem *EuGH* in den Vordergrund gestellte arbeitsmarktpolitische Argument nicht zwingend ist. Man wird nicht bezweifeln können, dass jede auch nur kurzfristige Tätigkeit eines entsandten Arbeitnehmers in der Bundesrepublik Deutschland Auswirkungen auf den deutschen Arbeitsmarkt haben kann. Auch dann, wenn ein ausländischer Arbeitnehmer nur kurzfristig zur Dienstleistungserbringung in die Bundesrepublik Deutschland entsandt wird, kann dieser (potentielle) Arbeitsplatz nicht durch einen einheimischen Arbeitnehmer besetzt werden. Aus der Sicht des entsandten Arbeitnehmers mag dieser zwar keinen (dauerhaften) Zugang zum deutschen Arbeitsmarkt verlangen, aus objektiver Sicht der konkurrierenden einheimischen Arbeitskräfte ist dieser Arbeitsplatz aber faktisch besetzt. Die von dem Gerichtshof angeführten arbeitsmarktpolitischen Erwägungen greifen daher *de facto* nicht.

Die Entscheidungen des *EuGH* in den Rechtssache *Rush Portuguesa, Vander Elst* und zuletzt *Kommission gegen Bundesrepublik Deutschland* machen aber auch deutlich, warum die Beitrittsverträge der EU-Osterweiterung temporäre Ausnahmen sowohl von der Arbeitnehmerfreizügigkeit, als auch der Dienstleistungsfreiheit erfordern, wenn Migrationen vollumfänglich kontrolliert werden sollen. Das Arbeitsgenehmigungsrecht als Mittel zur Steuerung des Arbeitsmarktes ist durch den *EuGH* stark relativiert worden, so dass sich die Frage stellt, ob und in welchem Umfang durch das nationale Arbeitsgenehmigungsrecht Migrationen nach der EU-Osterweiterung überhaupt kontrolliert werden können. In der vorliegenden Untersuchung wird die Rechtsprechung des *EuGH* in Sachen *Rush Portuguesa* im Bereich der Übergangsbestimmungen daher unter einem weiteren Blickwinkel aus bedeutsam, zeigt sie doch die Besonderheit der gemeinschaftsrechtlichen Systematik zwischen der Arbeitnehmerfreizügigkeit und der Dienstleistungsfreiheit auf, die zu einer Wechselwirkung in den Integrationsbestimmungen zwischen diesen beiden Grundfreiheiten führt. Von der Dienstleistungsfreiheit im Bereich der grenzüberschreitenden Erbringung von Dienstleistungen kann durch die Übergangsbestimmungen solange abgewichen werden, solange auch der unbeschränkte Zugang osteuropäischer Arbeitnehmer zum deutschen Arbeitsmarkt ausgeschlossen ist. Ein deutscher Auftraggeber kann daher bis zum Ablauf der Integrationsfristen Arbeitnehmer aus den Beitrittsstaaten nur nach Maßgabe des nationalen Arbeitsgenehmigungsrechts beschäftigen. Dieses Beschäftigungsverbot mit Erlaubnisvorbehalt gilt im Gegensatz zu der Kooperation mit Unternehmen aus den Beitrittsstaaten auf Werkvertragsbasis für alle Wirtschaftssektoren. Das Recht ausländischer Unternehmen zur vorübergehenden Entsendung von Arbeitnehmern zur Erbringung von Dienstleistungen mit eige-

---

der Europäischen Gemeinschaften gegen Bundesrepublik Deutschland", aaO (Fn. 17).

nem Personal in einem anderen Mitgliedstaat folgt hingegen ausschließlich aus den Bestimmungen über die Dienstleistungsfreiheit gem. Art. 49 iVm 50 Abs. 3 EG. Der der Entscheidung des EuGH in Sachen *Rush Portuguesa* zugrunde liegende Beitrittsvertrag mit Spanien und Griechenland stellte hingegen Beschränkungen allein für die Arbeitnehmerfreizügigkeit auf, die *mittelbar* eine Beschränkung der Dienstleistungsfreiheit bedingten. Der *EuGH* musste daher zu der Feststellung gelangen, dass die Dienstleistungsfreiheit von Unternehmen von der Arbeitnehmerfreizügigkeit der Arbeitnehmer zu unterscheiden ist. Beschränkungen der Rechte der Arbeitnehmer aufgrund der Integrationsbestimmungen können die Dienstleistungsfreiheit nicht beeinträchtigen. Wegen dieser Rechtsprechung des *EuGH* mussten in den Beitrittsverträgen mit den MOE-Staaten Übergangsfristen sowohl für die Arbeitnehmerfreizügigkeit, als auch die Dienstleistungsfreiheit aufgenommen werden.

B. Systematisierung des Einsatzes von Arbeitnehmern aus den MOE-Beitrittsstaaten auf Werkvertragsbasis in der Bundesrepublik Deutschland nach der EU-Osterweiterung

Zu unterscheiden ist zwischen

- Bürgern aus den Beitrittsstaaten, die als Wanderarbeitnehmer im Sinne des Art. 39 EG ein eigenständiges Recht in Anspruch nehmen, bei einem in der EU niedergelassenen Unternehmen ein abhängiges Beschäftigungsverhältnis als Arbeitnehmer einzugehen,
- und von ihrem in einem Heimatland ansässigen Unternehmen in einen anderen Mitgliedstaat entsandte Arbeitnehmer.

Erstere nehmen die durch Art. 39 EG gewährleistete Arbeitnehmerfreizügigkeit in Anspruch, die durch Ziffer 2.2 der Beitrittsakte eingeschränkt ist[131]. Staatsangehörige aus den Beitrittsstaaten, die aufgrund der Übergangsbestimmungen noch nicht voll freizügigkeitsberechtigt sind, dürfen eine Beschäftigung nur mit Genehmigung der Bundesagentur für Arbeit nach § 284 SGB III ausüben[132]. Die Genehmigung wird nach § 284 Abs. 2 SGB III befristet als Arbeitserlaubnis-EU erteilt, wenn nicht Anspruch auf eine unbefristete Erteilung als Arbeitsberechtigung-EU besteht. Solange diese Genehmigung nicht vorliegt, besteht ein Beschäftigungsverbot[133]. Der Zugang zum deutschen Arbeitsmarkt ist demzu-

131 Vgl. hierzu auch *Storr* in *Storr/Wenger/Eberle/Albrecht/Zimmermann-Kreher*, aaO (Fn. 72), § 18, Rn. 24.

132 *Schaub*, aaO (Fn. 35), § 27, Rn. 10; *Zimmermann-Kreher* in *Storr/Wenger/Eberle/Albrecht/Zimmermann-Kreher*, aaO (Fn. 72), § 13 FreizügG/EU, Rn. 4.

133 *Schaub*, aaO (Fn. 35), § 28, Rn. 28.

folge nur möglich, wenn keine inländischen Arbeitskräfte zur Verfügung stehen[134].

Entsandte Arbeitnehmer üben die Beschäftigung hingegen nicht aus Eigeninitiative in einem anderen Beschäftigungsland aus, sondern werden im Rahmen der grenzüberschreitenden Dienstleistungserbringung von ihrem im Beitrittsstaat niedergelassenen Arbeitgeber für einen projektbezogenen und zeitlich befristeten Einsatz in einem anderen EU-Mitgliedstaat tätig. Nach der EU-Osterweiterung ist zwischen der Entsendung von Arbeitnehmern auf Werkvertragsbasis aus den MOE-Staaten in die Bundesrepublik Deutschland in den liberalisierten und den gesperrten Wirtschaftssektoren zu unterscheiden. Grundsätzlich besteht ein Beschäftigungsverbot in der Bundesrepublik Deutschland für alle Nicht-EU-Staatsangehörigen, das nur durch eine Arbeitserlaubnis-EU oder eine Arbeitsberechtigung-EU nach § 284 SGB III beseitigt werden kann[135]. Auch die Arbeitsaufnahme von Staatsangehörigen aus den MOE-Beitrittsstaaten steht unter einem Verbot mit Erlaubnisvorbehalt, so dass sie insoweit Drittstaatsangehörigen gleichgestellt sind, für die ebenfalls der Erlaubnisvorbehalt gilt (vgl. § 4 Abs. 3 Satz 1 AufenthG). Die besonderen Voraussetzungen an die Erteilung einer Arbeitserlaubnis sind für Staatsangehörige der Beitrittsstaaten, die vorübergehend zur Ausführung von Werkverträgen in die Bundesrepublik Deutschland entsandt werden, nach § 284 Abs. 4 SGB III davon abhängig, ob sie in einem liberalisierten oder von den nach Ziffer 2.13 der Beitrittsakte erfasstem Wirtschaftssektor tätig werden.

I. Von den Beschränkungen nach Ziffer 2.13 nicht erfasste Wirtschaftssektoren

Die Konsequenzen der Rechtsprechung des *EuGH* in Sachen *Rush Portuguesa* kommen in den von den Beschränkungen nach Ziffer 2.13 der Beitrittsakte nicht erfassten Dienstleistungssektoren voll zum tragen[136]. Der arbeitserlaubnisrechtliche Status dieser Arbeitnehmer folgt unmittelbar aus dem primären und sekundären Gemeinschaftsrecht. Entsandte Arbeitnehmer kommen in den liberalisierten Wirtschaftssektoren unmittelbar in den Genuss der Dienstleistungsfreiheit nach Art. 49 EG und bedürfen für die vorübergehende Ausübung einer Beschäftigung in der Bundesrepublik Deutschland keiner Arbeitserlaubnis nach § 284 SGB III[137]. Eben dies ist die ordnungspolitisch unerwünschte Konsequenz der soforti-

134 Vgl. auch *Fuchs*, ZESAR 2007, S. 101.
135 Vgl. hierzu *Bieback* in *Gagel*, aaO (Fn. 94), § 284, Rn. 2.
136 Vgl. hierzu *Temming*, RdA 2005, S. 186 ff..
137 Vgl. hierzu auch *Wank*, NZA Beilage 2/2005, S. 93.

gen und unmittelbaren Anwendbarkeit des Gemeinschaftsrechts auf die Rechtssubjekte aus den Beitrittsstaaten. Die Rechtsstellung der entsandten Arbeitnehmer in diesen Wirtschaftssektoren gleicht mit dem Beitritt der MOE-Staaten derjenigen entsandter Arbeitnehmer aus den alten Mitgliedstaaten der Europäischen Union (Stichwort: „Polen sind Franzosen"). Für den Einsatz von Arbeitnehmern aus den Beitrittstaaten auf Werkvertragsbasis sind außerhalb des Kontrollinstrumentariums des Arbeitsgenehmigungsrechts allein die besonderen Bestimmungen des AEntG und der über Art. 34 EGBGB anwendbaren zwingenden Eingriffsnormen des deutschen Rechts zu beachten. Die Kontrolldichte der deutschen Behörden über den Zugang von Staatsangehörigen ist damit erheblich verringert, finden sich doch tarifvertragliche Mindestlohnbestimmungen nach § 1 Abs. 1 AEntG allein im Wirtschaftssektor des Baugewerbes, nicht aber in den liberalisierten Wirtschaftssektoren, so dass auch Kontrollen zur Einhaltung der Mindestlohnbedingungen nach § 2 AEntG ausscheiden. Es finden allein die über § 7 Abs. 1 AEntG gesetzlich geregelten Arbeitsbedingungen auch in Wirtschaftssektoren Anwendung, die nicht von den für allgemeinverbindlich erklärten Tarifverträgen des Baugewerbes erfasst werden. Zu den in § 7 AEntG geregelten Arbeitsbedingungen gehören auch § 134 und § 138 BGB. Wird ein entsandter Arbeitnehmer daher weit unter der tariflichen Vergütung eines vergleichbaren deutschen Arbeitnehmers bezahlt, ist diese Lohnvereinbarung nach § 138 Abs. 1 BGB sittenwidrig bzw. nach § 138 Abs. 2 BGB iVm § 291 Abs. 1 Nr. 3 StGB nichtig. Das *BAG* hat zuletzt mit Urteil vom 24. März 2004 entschieden, dass eine Lohnvereinbarung unter gewissen Umständen sittenwidrig und damit nichtig sein kann, wenn der tarifliche Mindestlohn um 30% unterschritten wird[138]. Der Vergütungsanspruch des Arbeitnehmers gegen den Arbeitgeber richtet sich dann nach § 612 Abs. 2 BGB[139]. Im Falle einer nichtigen Lohnvereinbarung besteht ein Anspruch auf die übliche Vergütung. Die übliche Vergütung ist die für gleiche oder ähnliche Dienstleistungen an dem betreffenden Ort mit Rücksicht auf die persönlichen Verhältnisse gewöhnlich gewährte Vergütung[140]. Auch bei nicht

138 Vgl. BAG, Urteil vom 24. März 2004, -5 AZR 303/03- in NZA 2004, S. 971, wobei das BAG keine abschließende Stellungnahme zu den Voraussetzungen der Sittenwidrigkeit getroffen hat; Mit Urteil vom 26. April 2006, -5 AZR 549/05- hat das BAG die Anforderungen an die Sittenwidrigkeit eine Lohnabrede dahingehend konkretisiert, dass sich das von den guten Sitten Zugelassene sich aus dem Gesamtzusammenhang der Rechtsordnung erschließt. Zu den maßgebenden Normen zählen die Wertungen des Grundgesetzes sowie einfachgesetzliche Regelungen; die Anforderungen an die Sittenwidrigkeit einer Lohnabrede sind zwischen Rspr. und Lit. sehr umstritten; zur Gesamtproblematik *Preis* in Erfurter Kommentar zum Arbeitsrecht, 7. Aufl. 2007, § 612 BGB, Rn. 3.

139 Vgl. *Ulber*, aaO (Fn. 24), § 10, Rn. 59.

140 Vgl. *Putzo* in *Palandt*, BGB 65. Auflage 2006, § 612, Rn. 8.

tarifgebundenen Arbeitnehmern entspricht dies dem Tariflohn[141]. Der Anwendungsbereich des § 7 AEntG ist damit zwar weiter als der des § 1 AEntG[142], allerdings kann die Einhaltung dieser Mindestarbeitsbedingungen außerhalb der Tarifverträge nach § 1 AEntG nicht kontrolliert werden, da § 2 AEntG keine Anwendung auf die Arbeitsbedingungen nach § 7 AEntG findet.

Unternehmen aus den Beitrittsstaaten können ihre Dienstleistungen damit zwar grundsätzlich zu günstigeren Preisen als ihre deutschen Konkurrenten anbieten. Allerdings werden die entsandten Arbeitnehmer auch außerhalb des arbeitsgenehmigungsrechtlichen Kontrollinstrumentariums nicht schutzlos gestellt. Sie können ihren Vergütungsanspruch gegen ihren im Ausland ansässigen Arbeitgeber aufgrund der ausdrücklichen Gerichtsstandsregelung in § 8 AEntG auch vor einem deutschen Arbeitsgericht geltend machen[143].

II. Von den Beschränkungen nach Ziffer 2.13 erfasste Wirtschaftssektoren

In den gesperrten Wirtschaftssektoren ist die zeitweilige grenzüberschreitende Entsendung von Arbeitnehmern zur Ausführung von Werkverträgen durch in Polen niedergelassene Unternehmen Übergangsbestimmungen unterworfen. Die Rechtsprechung des *EuGH* in Sachen *Rush Portuguesa* ist nicht ohne weiteres auf Unternehmen zu übertragen, die in den von den Integrationsfristen erfassten Dienstleistungssektoren auf Werkvertragsbasis mit eigenem Personal grenzüberschreitend tätig werden. Der grenzüberschreitende Einsatz von Arbeitnehmern auf Werkvertragsbasis ist durch das nationale Arbeitsgenehmigungsrecht und die bilateralen Werkvertragsabkommen beschränkt. Ausländer aus den MOE-Beitrittsstaaten, die von ihrem Arbeitgeber vorübergehend zur Ausführung eines Werkvertrages in die Bundesrepublik Deutschland entsandt werden, müssen im Besitz einer Arbeitserlaubnis sein, die nach § 284 Abs. 4 SGB III iVm den Werkvertragsabkommen erteilt wird. Werkvertragsarbeitnehmer im Sinne der Regierungsvereinbarung sind ausländische Arbeitnehmer, die in einem Arbeitsverhältnis zu einem ausländischen Arbeitgeber stehen[144] und in der Bundesre-

---

141 Vgl. LAG Düsseldorf, Urteil vom 23. August 1977 in DB 1978, 165.

142 Es ist daher auch nicht zutreffend, wenn das AEntG als Gesetz ausschließlich für das Baugewerbe bezeichnet wird.

143 Vgl. zur Rechtsentwicklung bis zur Einführung des § 8 AEntG durch das 1. SGB-III-Änderungsgesetz, *Koberski/Asshoff/Hold*, AEntG, 2. Auflage 2002, § 8, Rn. 1; *Böhm*, „Arbeitnehmer-Entsendegesetz als „Ermächtigungsgesetz?“ in NZA 1999, S. 129 f..

144 Durch das Kriterium des ausländischen Beschäftigungsverhältnisses unterscheiden sie sich von so genannten *Gastarbeitnehmern* nach § 2 Abs. 3 Nr. 1 ASAV, die im

publik Deutschland für eine bestimmte Zeit für ihren ausländischen Arbeitgeber arbeiten. Sie sind entsandte Arbeitnehmer im Sinne von Artikel 2 der Richtlinie 96/71 EG[145]. Danach gilt als entsandter Arbeitnehmer jeder Arbeitnehmer, der während eines begrenzten Zeitraums seine Arbeitsleistung im Hoheitsgebiet eines anderen Mitgliedstaats als demjenigen erbringt, in dessen Hoheitsgebiet er normalerweise arbeitet. Allerdings unterscheiden sich Werkvertragsarbeitnehmer von entsandten Arbeitnehmern im Sinne der vorgenannten Richtlinie dadurch, dass sie allein aufgrund der Werkvertragsabkommen in der Bundesrepublik Deutschland tätig werden können und einer Arbeitserlaubnis nach den Werkvertragsabkommen und dem nationalen Arbeitsgenehmigungsrecht bedürfen. Ihre Rechtsstellung ist gegenüber entsandten Arbeitnehmern außerhalb der Werkvertragsabkommen sowohl in zeitlicher als auch in sachlicher Hinsicht begrenzt. Nach § 3 Abs. 1 ASAV kann Ausländern, die auf der Grundlage einer zwischenstaatlichen Vereinbarung zur Erfüllung eines oder mehrere Werkverträge beschäftigt werden, die Arbeitserlaubnis für die Beschäftigung im Rahmen des Werkvertrages bei demselben Arbeitgeber für längstens zwei Jahre erteilt werden. Zudem erlangen auf Werkvertragsbasis in die Bundesrepublik Deutschland entsandte Arbeitnehmer allein aufgrund der Werkvertragsabkommen Zugang zum deutschen Arbeitsmarkt für die Ausführung eines bestimmten Werkvertrages, während sich entsandte Arbeitnehmer aus den Mitgliedstaaten bzw. in nicht von den Übergangsbestimmungen der Beitrittsakte erfassten Wirtschaftssektoren auf ein derivatives Teilhaberecht aus der Dienstleistungsfreiheit nach Art. 49 EG berufen können.

C. Konzeption des Werkvertragsverfahrens

Im Folgenden wird die Konzeption der Entsendung von Arbeitnehmern auf Werkvertragsbasis in den nicht liberalisierten Wirtschaftssektoren in seiner Struktur und praktischen Anwendung aufgezeigt.

I. Begriff des Werkvertragsverfahrens

Seit Ende 1988 wurden von der Bundesrepublik Deutschland mit den mittel- und osteuropäischen Staaten und der Türkei Regierungsvereinbarungen über die Ent-

---

Gegensatz zu Werkvertragsarbeitnehmern in einem Beschäftigungsverhältnis mit einem inländischen Unternehmen stehen.

145 Vgl. *Feuerborn* in *Schüren*, 2. Aufl. 2003, Einleitung, Rn. 574; *Koberski/Asshoff/ Hold*, aaO (Fn. 143), § 1, Rn. 17.

sendung und Beschäftigung von Arbeitnehmern ausländischer Unternehmen auf der Grundlage von Werkverträgen geschlossen. Arbeitnehmer aus diesen Staaten können im Rahmen fest vereinbarter Höchstzahlen, so genannter Beschäftigungskontingente (Art. 1 Abs. 1 WA), zur Ausführung von Werkverträgen zwischen ihrem Arbeitgeber und einem deutschen Unternehmen für eine im Voraus bestimmte Zeit beschäftigt werden. Nicht zulässig ist hingegen die Überlassung polnischer Arbeitnehmer zur Ausführung der Werkverträge an einen Dritten (Art. 8 Abs. 2 WA). Die Regierungsvereinbarungen regeln, wann und zu welchen Bedingungen die ausländischen Unternehmen ihre Arbeitnehmer zur Durchführung von Werkverträgen in der Bundesrepublik Deutschland einsetzen können. Die Abkommen sehen begrenzte Beschäftigungskontingente vor, innerhalb derer ausländische Unternehmen eigene Arbeiter zur Ausführung der Werkverträge in die Bundesrepublik Deutschland entsenden können. Die Beschäftigungskontingente werden jeweils zum Oktober eines jeden Jahres an die Entwicklung des Arbeitsmarktes angepasst. Der Abrechungszeitraum läuft von Oktober eines jeden Jahres bis zum September des Folgejahres. Durch die Kontingentierung der Erteilung der Arbeitserlaubnisse wird zum einen der Arbeitskräfteeinsatz für den ausländischen Subunternehmer planbar, zum anderen der deutsche Arbeitsmarkt reguliert. Die Abkommen enthalten Klauseln, nach denen die Kontingente automatisch den Veränderungen des nationalen Arbeitsmarktes angepasst werden können[146]. Bei einem Anstieg der Arbeitslosigkeit in der Bundesrepublik Deutschland um je einen Prozentpunkt sinken die Kontingente um je 5 Prozentpunkte. In Regionen mit einer besonders hohen Arbeitslosenquote werden zum Schutz des deutschen Arbeitsmarktes keine Werkverträge genehmigt[147]. Ferner regeln die Regierungsvereinbarungen die Voraussetzungen für den Einsatz eigener Arbeitnehmer ausländischer Subunternehmer zur Durchführung der Werkverträge in der Bundesrepublik Deutschland. Diese Regierungsvereinbarungen werden flankiert durch das nationale Arbeits- und Arbeitsgenehmigungsrecht[148], insbesondere die Anwerbestoppausnahmeverordnung[149].

---

146 Vgl. Art. 2 Abs. 2 WA für Polen.

147 Die Liste der gesperrten Bezirke ist im Internet abzurufen unter *http://www.arbeitsagentur.de/zentraler-Content/A04-Vermittlung/A042-Vermittlung/Publikation/pdf/Liste-der-gesperrten-Agenturbezirke-Stan.pdf*

148 Vgl. hierzu die von der Bundesagentur für Arbeit herausgegebenen Merkblätter 16 und 16a über die Beschäftigung ausländischer Arbeitnehmer im Rahmen von Werkverträgen, abzurufen über *www.arbeitsagentur.de*; *Mayer*, „Werkvertragsarbeitnehmer aus Osteuropa" in BB 1993, 1428 ff.; *Kaligin*, „Tätigkeit von Bauunternehmen aus Polen und der CSFR in Deutschland-Rechtliche Gestaltungsmöglichkeiten und behördliches Verfahren" in NZA 1992, S. 1111 ff..

149 Verordnung über Ausnahmeregelungen für die Erteilung einer Arbeitserlaubnis an neu einreisende ausländische Arbeitnehmer (Anwerbestoppausnahmeverord-

II. Historische Entwicklung der Entsendung von Arbeitnehmern auf Werkvertragsbasis

Die Beschäftigung ausländischer Arbeitnehmer im Rahmen von Werkverträgen in der Bundesrepublik Deutschland hat eine lange Tradition, die bis in die Nachkriegszeit zurückzuführen ist[150]. Aufgrund des wirtschaftlichen Aufschwungs in dieser Zeit entstand ein erheblicher Bedarf an Arbeitskräften[151], der insbesondere in den so genannten „Niedriglohnsektoren" (wie etwa dem Baugewerbe) nicht durch deutsche Arbeitskräfte gedeckt werden konnte. Seit den 60-er Jahren wurden Arbeitnehmer insbesondere aus Polen, Ungarn, dem ehemaligen Jugoslawien und der Türkei als Werkvertragsarbeitnehmer in der Bundesrepublik Deutschland beschäftigt und von offizieller Seite durch die Bundesregierung durch die Bundesagentur für Arbeit angeworben. Zunächst war nur eine befristete Zuwanderung der im Ausland angeworbenen Arbeitskräfte vorgesehen. Nach Ablauf der Aufenthaltsfrist sollten die ausländischen Arbeitskräfte in ihre Heimatländer zurückkehren und durch andere Arbeitskräfte ersetzt werden (sog. „Rotationsprinzip"). Ab den späten sechziger Jahren blieb jedoch eine wachsende Zahl von ausländischen Arbeitnehmern dauerhaft in Deutschland. Dieser „geduldete Aufenthalt" war zunächst politisch gewollt, da die die Ausländer beschäftigenden Unternehmen die angelernten Arbeitskräfte behalten wollten und die ausländischen Arbeitnehmer aufgrund der in der Bundesrepublik Deutschland besseren Verdienstmöglichkeiten ihren Lebensmittelpunkt in die Bundesrepublik Deutschland verlegten. Zudem zogen nunmehr erste Familienangehörige ausländischer Arbeitnehmer in die Bundesrepublik Deutschland nach. Als Folge der so genannten Ölkrise im Jahre 1973 und der sich verschlechternden Wirtschaftslage wurde ein Anwerbestopp für ausländische Arbeitskräfte verfügt. Seit dem Anwerbestoppbeschluss der Bundesregierung vom 23. November 1973 findet von staatlicher Seite durch die Bundesagentur für Arbeit keine Anwerbung von Ausländern im Ausland mehr statt. Auf der Grundlage von § 288 Abs. 1 Nr. 3 SGB III sind mit der Verordnung über die Ausnahmeregelungen für die Erteilung einer

---

nung, ASAV) vom 17. September 1998 (BGBl. I, S. 2893) zuletzt geändert durch Artikel 108 des dritten Gesetzes für moderne Dienstleistungen am Arbeitsmarkt vom 23. Dezember 2003 (BGBl. I S. 2848) und Artikel 3 des Gesetz über den Arbeitsmarktzugang im Rahmen der EU-Erweiterung vom 23. April 2004 (BGBl. I S. 602).

150 Vgl. hierzu ausführlich, *Reim*, aaO (Fn. 27), S. 32 ff..

151 Auch in der ehemaligen DDR gab es Werkvertragsabkommen mit anderen sozialistischen Regierungen. Hauptherkunftsländer waren Vietnam, Mozambique, Kuba und Polen; vgl. hierzu *Ostrowsky* in Praxis der Kommunalverwaltung, Ausländerrecht, K9c, S. 16/16.

Arbeitserlaubnis an neu einreisende ausländische Arbeitnehmer (ASAV), Möglichkeiten eröffnet worden, Ausländern mit gewöhnlichem Wohnsitz oder Aufenthalt im Ausland eine Arbeitserlaubnis zu erteilen. Zudem wurden seit Ende der 80-er Jahre mit einigen MOE-Staaten und der Türkei die bilateralen Werkvertragsabkommen eingeführt. Hinter diesen Regierungsvereinbarungen steht die Idee, dass Werkverträge ein anerkanntes und bewährtes Instrument des internationalen Handels sind, von dem auch die nationalen Unternehmen profitieren, indem die wirtschaftliche Zusammenarbeit zwischen einem deutschen und einem ausländischen Arbeitgeber gefördert und unterstützt wird. Die ausländischen Unternehmen erzielen durch ihre Tätigkeit in der Bundesrepublik Deutschland Gewinne, mit denen sie notwendige Investitionen finanzieren können. Zugleich lernen sie wirtschaftliches Know-how und organisatorisch-technische Betriebsabläufe aus den westlichen Industriestaaten kennen. Auf diese Weise sollen die Unternehmen aus den (ehemaligen) Reformstaaten an die Standards internationaler Wettbewerbsfähigkeit herangeführt werden und neue Deviseneinnahmequelle für die Vertragsstaaten eröffnet werden. Ferner sollten die Abkommen einen Beitrag zur Minderung des bereits angesprochenen Wanderungsdrucks leisten, da Arbeitnehmern aus den Abkommensstaaten eine befristete Erwerbstätigkeit in der Bundesrepublik Deutschland eröffnet wird. Aus marktpolitischer Sicht sollen die Volkswirtschaften der MOE-Staaten über die Regierungsvereinbarungen an die Volkswirtschaften der Europäischen Union herangeführt werden und vorbereitend zu den Erweiterungsprozessen eine Angleichung der Wirtschaftsbedingungen erzielen[152].

Diese ursprüngliche Zielsetzung der Werkvertragsübereinkommen wandelte sich mit zunehmender Verschlechterung der deutschen Wirtschaft und der Lage auf dem Arbeitsmarkt. Die ehemaligen „Boombranchen“ wie der Hoch- und Tiefbau gerieten immer mehr in wirtschaftliche Nöte und die Zahl der Insolvenzen im Baubereich nahm für die Beschäftigten des Baugewerbes bedrohliche Ausmaße an. Infolge des stagnierenden Wirtschaftswachstums stiegen seit Mitte der 90-er Jahre die Arbeitslosenzahlen und erreichten im März 2005 den historischen Höchststand von über 5 Millionen im Nachkriegsdeutschland. Im Zuge der Verschlechterung des deutschen Arbeitsmarktes gerieten auch die Werkvertragsübereinkommen wieder in das Kreuzfeuer der öffentlichen Kritik. Es wird vermutet, dass es aufgrund des durch die Werkvertragsabkommen eröffneten Zugangs für ausländische Arbeitskräfte zum deutschen Arbeitsmarkt zu Wettbe-

152 Vgl. dazu *Kaligin*, NZA 1992, S. 1111 ff..

werbsverzerrungen und illegalen Beschäftigungsformen kommt[153]. Zwar würden die entsandten Arbeitnehmer keinen Zugang zum deutschen Arbeitsmarkt verlangen, sondern nur die Möglichkeit für ihren Arbeitgeber aufgrund des mit dem deutschen Auftraggeber abgeschlossenen Werkvertrages befristet in der Bundesrepublik Deutschland tätig zu werden[154]. Aufgrund des befristeten Zugangs zum deutschen Arbeitsmarkt treten die entsandten Arbeitnehmer aber gleichwohl zu den einheimischen Arbeitnehmern des gleichen Wirtschaftssektors in Beschäftigungskonkurrenz. Dies gilt insbesondere für den sensiblen Wirtschaftssektor des Baugewerbes, der einerseits durch rückgängige Auftragzahlen, andererseits durch eine hohe Zahl ausländischer Subunternehmer geprägt ist[155]. Zum anderen hat sich herausgestellt, dass die Werkvertragsübereinkommen missbraucht werden[156]. Statt der Ausführung von Werkverträgen wurde aus dem Ausland unerlaubte Arbeitnehmerüberlassung betrieben, obgleich die gewerbsmäßige Arbeitnehmerüberlassung im Baugewerbe nach § 1b AÜG verboten ist. Dies führte dazu, dass der Zustrom ausländischer Arbeitnehmer durch das nationale Arbeitsgenehmigungsrecht nicht mehr kontrolliert werden konnte. Hierdurch entstand „Billigkonkurrenz" aus den MOE-Staaten, die weder Beiträge in die deutsche Sozialversicherung leisteten, noch die (vermeintlich) entsandten Arbeitnehmer in der Bundesrepublik Deutschland steuerlich führten. Den nationalen Genehmigungs- und Kontrollbehörden waren weitgehend die Hände gebunden, da außerhalb des EVÜ und des EGBGB keine international zwingenden Eingriffsnormen bestanden, die Mindestarbeitsbedingungen auch für ausländische Arbeitnehmer aus einem anderen Staat regelten[157]. Mit Erlass der Richtlinie 96/71/EG des Europäischen Parlaments und des Rates über die Entsendung von Arbeitnehmern im Rahmen der Erbringung von Dienstleistungen[158] und der nationalen Umsetzung

---

153 Vgl. hierzu die Kleine Anfrage der Abgeordneten Albert Rupprecht, Dr. Georg Nüßlein, Peter Hintze, weiterer Abgeordneter und der Fraktion der CDU/CSU in BT-Drucksache 15/5407, S. 4 unter Nr. 36 und 37.

154 Vgl. dazu EuGH, Rs. „***Rush Portuguesa***", aaO (Fn. 49).

155 *Hans-Peter Keitel* (in *Süddeutsche Zeitung* Nr. 193 vom 23. August 2005, S. 20) erwartete für das Jahr 2006 zunächst keinen wirtschaftlichen Aufschwung für das Baugewerbes. Im Jahr 2005 waren die Bauinvestitionen um 4,9 Prozent gesunken. Durch die Streichung der Eigenheimzulage zum 1. Januar 2006 und die Erhöhung der Mehrwertsteuer zum 1. Januar 2007 wurde zudem ein weiterer Abschwung befürchtet; vgl. *Frankfurter Allgemeine Zeitung* vom 11. Januar 2006 Nr. 9, S. 12. Für das Jahr 2007 sieht die Prognose hingegen wieder positiv aus. Nach Angaben des Hauptverbandes der Deutschen Bauindustrie sind die Auftragseingänge im ersten Quartal des Jahres 2007 um 12,5 Prozent gestiegen, vgl. *Frankfurter Allgemeine Zeitung* vom 21. Juni 2007, Nr. 141, S. 15.

156 Vgl. die Ausführungen in diesem Kapitel unter Ziffer IV.

157 Das einzige Kontrollinstrument stellt seit jeher Art. 34 EGBGB dar.

158 ABl. EG 1997 Nr. L 18/1.

in das Arbeitnehmerentsendegesetz (AEntG)[159] konnten (tarifliche) Mindestarbeitsbedingungen zumindest für den Wirtschaftssektor des Bauhaupt- und Baunebengewerbes auch auf aus dem Ausland entsandte Arbeitnehmer erstreckt werden[160]. Die Ausweitung tariflicher Normen gilt auch für Unternehmen aus den MOE-Staaten, die eigene Arbeitskräfte zur Ausführung von Werkverträgen in die Bundesrepublik Deutschland entsenden[161].

Als Reaktion auf massive und fortwährende Umgehung des Arbeitnehmerentsendegesetzes und auch der Werkvertragsabkommen führte der Gesetzgeber durch das 1. SGB III Änderungsgesetz ferner die so genannte Durchgriffshaftung nach § 1a AEntG ein. Danach haftet der Unternehmer[162] sowohl für Mindestentgeltansprüche der Arbeitnehmer, als auch für Beiträge zu den gemeinsamen Einrichtungen der Tarifvertragsparteien, insbesondere den Sozialkassen des Baugewerbes. Durch diese Unternehmerhaftung erhoffte sich die Bundesregierung das Eigeninteresse der Unternehmer an einer sorgfältigen Auswahl und Überwachung der von ihnen beauftragten Nachunternehmer zu wecken. § 1a AEntG bezweckt insbesondere den Schutz von Klein- und Mittelbetrieben der Bauwirtschaft vor Wettbewerbsverzerrungen und soll die in diesem Wirtschaftssektor beschäftigten Arbeitnehmer vor Arbeitslosigkeit bewahren[163]. Obgleich durch § 1 a AEntG primär die deutsche Wirtschaft geschützt werden soll, hat der *EuGH*[164] mit Urteil vom 12. Oktober 2004 auf einen Vorlagebeschluss des *BAG*[165] die Generalunternehmerhaftung nach § 1a AEntG für vereinbar mit der durch Art. 49 EG ge-

159 BGBl. I 1996, S. 227.

160 Vgl. zur Entwicklung des AEntG *Koberski/Asshoff/Hold*, AEntG, aaO (Fn. 143), Einleitung.

161 BAG, Urteil vom 25. Juni 2002, -9 AZR 106/01-.

162 Nach der jüngsten Rechtsprechung des BAG sind in den Geltungsbereich des § 1a AEntG nicht alle Unternehmer iSd § 14 Abs. 1 BGB einbezogen, die eine Bauleistung in Auftrag geben, sondern nur solche Bauunternehmen, die sich zur Erfüllung eigener Verpflichtungen eines oder mehrerer Subunternehmen bedienen und denen der wirtschaftliche Vorteil der Beauftragung von Bauunternehmen zugute kommt. Nicht erfasst werden daher Unternehmer, die als Bauherren eine Leistung ohne die Beauftragung von Subunternehmen in Auftrag geben; vgl. BAG, Urteil vom 28. März 2007 – 10 AZR 76/06 -.

163 Vgl. Begründung der Bundesregierung in BT-Drucksachen 13/2414, S. 7; zuletzt BVerfG, Beschluss vom 20. März 2007 – 1 BvR 1047/05 –, das den durch § 1a AEntG bewirkten Eingriff in die durch Art. 12 GG geschützte unternehmerische Betätigungsfreiheit der Bauunternehmer als durch überragend wichtige Gründe des Gemeinwohls (Bekämpfung der Arbeitslosigkeit und Verbindung der Sicherung sozialer Mindeststandards) als gerechtfertigt und verhältnismäßig ansieht.

164 EuGH, Rs. C-60/03, „***Wolff & Müller*** GmbH & Co. KG gegen José Filipe Pereira Félix“ in NZA 2004, S. 1211.

165 Vorlagebeschluss des BAG vom 6. November 2002 in NZA 2003, S. 490.

währleisteten Dienstleistungsfreiheit erklärt[166]. Der Gerichtshof stellte fest, dass zwischen dem Ziel des Schutzes eines fairen Wettbewerbes, den der *EuGH* im Bereich der grenzüberschreitenden Dienstleistungserbringung in diesem Urteils erstmals herausarbeitete, auf der einen Seite und dem Ziel der Sicherstellung des Arbeitnehmerschutzes auf der anderen Seite nicht zwingend ein Widerspruch bestehe. Das *BAG*[167] ist dem Urteil des *EuGH* mit Entscheidung vom 12. Januar 2005 gefolgt. Der *Gerichtshof* und das *BAG* knüpften bei der Frage der Vereinbarkeit des § 1a AEntG mit dem Gemeinschaftsrecht an den in der bisherigen Rechtsprechung in Sachen *Finalarte*[168], *Portugaio Construcoes*[169] und *Arblade*[170] durch den *EuGH* herausgearbeiteten Arbeitnehmerschutz an. Die durch die Generalunternehmerhaftung nach § 1a AEntG gesicherten Mindestentgeltansprüche der Arbeitnehmer seien Teil des Arbeitnehmerschutzes und können somit eine Beschränkung der durch Art. 49 EG gewährleisteten Dienstleistungsfreiheit rechtfertigen.

Darüber hinaus wurde durch Art. 3 Nr. 4 des Gesetzes zur Erleichterung der Bekämpfung von illegaler Beschäftigung und Schwarzarbeit vom 23. Juli 2002[171] als weiteres Sicherungsinstrument § 28 e SGB IV um eine Durchgriffshaftung für Sozialversicherungsbeiträge in den Absätzen 3a bis 3 f ergänzt. Durch diese Erweiterung der Haftung von Hauptunternehmern im Baugewerbe als selbstschuldnerische Bürgen für die Sozialversicherungsbeiträge der Arbeitnehmer ihrer Auftragnehmer sollen gewerbliche Auftraggeber bei dem Einsatz von Subunternehmern stärker in die Verantwortung genommen werden[172]. Die Vorschrift soll Auftraggeber des Baugewerbes dazu anhalten, das Angebot eines Subunternehmers darauf zu überprüfen, ob in dem Angebot die Lohnnebenkosten der Sozial-

---

166 Vgl. hierzu auch *Junker/Aldea*, „Europäisches Arbeitsrecht 2004/2005“, in RIW 2006, S. 9.

167 BAG, Urteil vom 12. Januar 2005 in NZA 2005, S. 627. Das *BAG* führt allerdings einschränkend aus, dass der Haftung nach § 1a AEntG nur der Anspruch des Arbeitnehmers auf Arbeitsentgelt für tatsächlich geleistete Arbeit unterliegt. Nicht erfasst werden Annahmeverzugsansprüche des Arbeitnehmers sowie Ansprüche gegen den Arbeitgeber auf Verzugszinsen wegen verspäteter Lohnzahlung; vgl. hierzu auch *Veiga*, „Mindestlohnverpflichtung des Subunternehmers nach dem AEntG-Haftung des Bauunternehmers“ in NZA 2005, S. 209.

168 Vgl. EuGH, Rs. „***Finalarte***“, aaO (Fn. 50), S. 725 ff..

169 Vgl. EuGH, Rs. C-164/99 „***Portugaia Construções** Lda*“, aaO (Fn. 50).

170 Vgl. EuGH, Rs. „***Arblade***“, aaO (Fn. 49), S. I-8453.

171 BGBl. I, S. 2787.

172 Vgl. hierzu *Felix* in *Wannnagat*, SGB, 85. Lieferung SGB IV Gemeinsame Vorschriften, Stand April 2003, § 28e, Rn. 32 ff.; *Jahn*, Sozialgesetzbuch für die Praxis, SGB IV, § 28e, Rn. 6 ff.; *Sasse/Kiel*, „Unternehmerhaftung nach § 28e SGB IV“ in NZA 2003, S. 366 ff..

versicherungsbeiträge einkalkuliert sind[173]. Der Erfolg dieser gesetzlichen Regelung ist allerdings sehr fragwürdig, da sich die Hauptunternehmer gegen diese Durchgriffshaftung über Gewährleistungseinbehalte absichern, die wirtschaftliche Verantwortung folglich allein bei dem Subunternehmer liegt.

Nach der EU-Osterweiterung bilden die Werkvertragsabkommen nunmehr ergänzend zu dem nationalen Arbeitsgenehmigungsrecht die Möglichkeit, den Zugang von Staatsangehörigen aus den Beitrittsstaaten zu kontrollieren und innerhalb der festgelegten Kontingente zahlenmäßig zu beschränken. Die Werkvertragsabkommen dienen somit nicht mehr dem Güteraustausch mit den alten Reformstaaten, sondern einem erhöhten Schutz des deutschen Arbeitsmarktes.

III. Rechtsnatur und Wirkung der Werkvertragsabkommen

Bei den Werkvertragsabkommen handelt es sich um bilaterale Regierungsabkommen in Form von Verwaltungsabkommen im Sinne des Art. 59 Abs. 2 Satz 2 GG zwischen der Bundesrepublik Deutschland und dem jeweiligen Vertragspartner. Sie können von der Bundesregierung selbst geschlossen werden[174] und entfalten keine normative Wirkung[175]. Eines unmittelbaren staatlichen Vollzuges bedarf es nicht. Sie beschränken sich auf die Regelung administrativer Angelegenheiten[176], nämlich den vorübergehenden Arbeitsmarktzugang von Staatsangehörigen aus den Vertragsstaaten auf der Basis von Werkverträgen zwischen einem ausländischen Auftragnehmer und einem deutschen Auftraggeber. In ihrer völkerrechtlichen Qualität weisen sie gegenüber Staatsverträgen keinen Unterschied auf, da die von den Regierungen vertretenen Staaten als Völkerrechtssubjekte berechtigt und verpflichtet werden[177].

Die Werkvertragsabkommen entfalten als Regierungsabkommen keine Verpflichtung zur innerstaatlichen Rechtssetzung. Sie werden nach der so genannten *Vollzugslehre* des *BVerfG*[178] durch die Durchführungsanweisungen der Bundesagentur für Arbeit in nationales Recht transformiert. In diesen Anweisungen liegt

173 Vgl. hierzu auch LSG NRW, -L 2 B 9/03 KR ER –, Beschluss vom 17. Januar 2005; nicht veröffentlicht.

174 Vgl. *Streinz* in *Sachs*, GG, 3. Aufl. 2003, Art. 59 GG, Rn. 76; *Brockmeyer* in *Schmidt-Bleibtreu/Klein*, GG, 9. Aufl. 1999, Art. 59, Rn. 23.

175 Vgl. *Weber* in *Umbach/Clemens*, GG, 1. Aufl. 2002, Art. 59, Rn. 49.

176 Vgl. hierzu *Streinz* in *Sachs*, aaO (Fn. 174), Art. 59, Rn. 80.

177 Vgl. *Brockmeyer* in *Schmidt-Bleibtreu/Klein*, aaO (Fn. 174), Art. 59, Rn. 25.

178 Vgl. BVerfGE 46, 342, 363.

der Vollzugsbefehl[179]. Durch die Transformation in nationales Recht stehen die in das deutsche Recht überführten völkerrechtlichen Verträge grundsätzlich in der Normenhierarchie auf der Ebene eines (einfachen) Bundesgesetzes. Allerdings richtet sich der Rang der Werkvertragsabkommen nach dem des Übernahmeaktes[180]. Umgesetzt wurden die Werkvertragsabkommen nur durch die Dienstanweisungen der Bundesagentur für Arbeit und nicht durch einfaches Bundesrecht, so dass sie innerstaatlich keine Gesetzesqualität erlangen[181]. Allerdings dürfen auch die Bestimmungen der Werkvertragsabkommen nicht in Widerspruch zu höherrangigem Recht, namentlich dem Grundgesetz stehen[182]. Als Verwaltungsabkommen werden die Werkvertragsvereinbarungen zwar auf unbestimmte Zeit geschlossen, können aber von jeder Seite mit einer Frist von sechs Monaten zum Ende eines Kalenderjahres schriftlich gekündigt werden. In diesem Fall tritt die Vereinbarung mit Ablauf des Kalenderjahres außer Kraft. Allerdings bleiben nach Art. 12 Abs. 3 WA Polen die aufgrund der Werkvertragsabkommen erteilten Arbeitserlaubnisse von einer Kündigung unberührt.

IV. Vorliegen eines Werkvertrages als Genehmigungsvoraussetzung für die Erteilung eines Zusicherungsbescheids

Die Bundesagentur für Arbeit sichert Arbeitserlaubnisse nach den WA nur zu, wenn der ausländische Unternehmer einen genehmigungsfähigen Werkvertrag im Sinne des § 631 BGB vorlegt. Von den zuständigen Regionaldirektionen wird anhand der vom ausländischen Unternehmen überreichten Verträge und der dazugehörigen Leistungsverzeichnisse geprüft, ob der Vertrag alle Merkmale eines Werkvertrages im Sinne des § 631 BGB erfüllt. Nur ein „echter" Werkvertrag ist genehmigungsfähig. Dienstverträge werden von den Werkvertragsabkommen nicht erfasst. Hierdurch soll sichergestellt werden, dass ausländische Unternehmer eine Werkleistung mit eigenem Personal ausführen, nicht hingegen Arbeitskräfte in die Bundesrepublik Deutschland vermitteln bzw. unerlaubt überlassen. Arbeitnehmerüberlassung ist nach den Regierungsvereinbarungen nicht erlaubt und nach Art. 8 Abs. 3 WA Polen sanktionsbewährt. Die strengen Zulässigkeitsvoraussetzungen des AÜG gelten für diese Form des Fremdpersonaleinsatzes auf Werkvertragsbasis nicht. Der Zugang ausländischer Arbeitskräfte aufgrund der

179 Vgl. hierzu *Streinz* in *Sachs*, aaO (Fn. 174), Art. 59, Rn. 81; *Weber* in *Umbach/Clemens*, aaO (Fn. 175), Art. 59 Abs. 2 GG, Rn. 73.

180 Vgl. *Weber* in *Umbach/Clemens*, aaO (Fn. 175), Art. 59 Abs. 2 GG, Rn. 75; *Streinz* in *Sachs*, aaO (Fn. 174), Art. 25, Rn. 88.

181 So auch *Reim*, aaO (Fn. 27), S. 166.

182 So auch *Reim*, aaO (Fn. 27), S. 116.

Regierungsabkommen zum deutschen Arbeitsmarkt wird nur vorübergehend zur Ausführung eines Werkvertrages privilegiert. Auch wenn die EG-Entsenderichtlinie 96/71 EG entsandte und überlassene Arbeitnehmer als gleich schützenswert ansehen (Art. 1 Abs. 3 lit. c und a)), sind nach den Regierungsabkommen nur Werkverträge genehmigungsfähig. Grenzüberschreitende gewerbsmäßige Arbeitnehmerüberlassung im Baugewerbe ist nur in den engen Grenzen des § 1b AÜG zulässig[183]. Überdies konnte Unternehmen aus den MOE-Staaten bis zum Beitritt zur Europäischen keine Erlaubnis zur Überlassung von Arbeitskräften erteilt werden[184]. Nach § 3 Abs. 2 AÜG in der bis zum 31. Dezember 2003 geltenden Fassung wurde Verleihern mit Geschäftssitz außerhalb der Europäischen Union keine Erlaubnis zur Arbeitnehmerüberlassung erteilt. Mit Beitritt der MOE-Staaten zur Europäischen Union kann osteuropäischen Unternehmen im Rahmen der durch Art. 43 EG gewährleisteten Niederlassungsfreiheit nunmehr unter den Voraussetzungen nach § 3 Abs. 3 und 4 AÜG eine Erlaubnis zur Arbeitnehmerüberlassung erteilt werden[185]. Allerdings bedürfen Arbeitnehmer aus den MOE-Staaten zur Aufnahme einer Tätigkeit als Leiharbeitnehmer einer Genehmigung der Bundesagentur für Arbeit nach § 284 SGB III. Diese Erlaubnis ist nach dem in § 40 Abs. 1 Nr. 2 AufenthG und § 6 Abs. 1 Nr. 2 ArGV normierten Rechtsgedanken zu versagen[186]. In der Praxis erweist sich die Abgrenzung der genehmigungsfähigen Ausführung eines Werkvertrages im Rahmen der durch die Integrationsfristen beschränkten Dienstleistungsfreiheit nach Art. 49 EG zur weiterhin nach § 1b AÜG unerlaubten gewerbsmäßigen Arbeitnehmerüberlassung im Baugewerbe als problematisch. Das Hauptproblem der grenzüberschreitenden Arbeitnehmerüberlassung besteht in der Gefahr der Umgehung sozialer Mindeststandards, wenn diese in dem Aufnahmestaat nicht zur Anwendung ge-

183 Der *EuGH* hat § 1b AÜG mit Urteil vom 25. Oktober 2001, aaO (Fn. 45) für unvereinbar mit der durch Art. 49 EG gewährleisteten Dienstleistungsfreiheit erklärt, da Bauunternehmen aus anderen Mitgliedstaaten dazu gezwungen werden, eine Niederlassung in der Bundesrepublik Deutschland zu gründen. Infolgedessen wurde § 1b Satz 3 AÜG durch das Erste Gesetz für moderne Dienstleistungen am Arbeitmarkt vom 23. Dezember 2002 (BGBl. I, S. 4607) eingefügt; vgl. hierzu *Hamann* in *Schüren*, aaO (Fn. 32), § 1b, Rn. 61.

184 Vgl. zur Gesamtproblematik der grenzüberschreitenden Arbeitnehmerüberlassung nach der EU-Osterweiterung, *Boemke*, BB 2005, S. 264 ff..

185 Vgl. *Feuerborn* in *Schüren*, aaO (Fn. 32), § 3, Rn. 175.

186 Vgl. *Boemke*, BB 2005, S. 269; *Ulber*, aaO (Fn. 24), Einleitung G, Rn. 32; *Wank*, NZA Beilage 2/2005, S. 93. § 40 Abs. 1 Nr. 2 AufenthG findet auf Arbeitnehmer aus den MOE-Staaten direkt keine Anwendung, da sich deren Arbeitsberechtigung allein nach § 284 SGB III richtet. Vgl. zu Einzelheiten die Ausführungen im Vierten Kapitel.

langen[187]. Im Zeitpunkt der Genehmigungserteilung können die deutschen Behörden nicht überprüfen, ob der zur Genehmigung vorgelegte Werkvertrag in der praktischen Durchführung Elemente unerlaubter Arbeitnehmerüberlassung aufweist[188]. Den Regionaldirektionen liegt zur Genehmigung allein der Werkvertrag nebst Leistungsverzeichnis vor. Die Hauptleistungspflicht des Werkvertrages besteht in der Erstellung des Werkes durch den Unternehmer mit eigenem Personal. Der Besteller ist gemäß § 645 Abs. 1 Satz 1 BGB befugt, dem Unternehmer Weisungen zur Ausführung des Werkvertrages zu erteilen. Diese Weisungsbefugnis unterscheidet ihn kaum von einem Entleiher, der das ihm überlassene Personal nach eigenen Weisungen einsetzen darf. Der Werkvertrag wird daher häufig als vertragliches Scheinkonstrukt zur Umgehung der strengen Voraussetzungen des AÜG und der Genehmigungsvoraussetzungen des Werkvertragsverfahrens genutzt.

1. Definition des Werkvertrages

Der Werkvertrag ist ein entgeltlicher, gegenseitiger Vertrag, durch den sich der Unternehmer zur Herstellung und Verschaffung des versprochenen individuellen Werkes verpflichtet, das heißt zur Herbeiführung eines bestimmten Arbeitserfolges für den Besteller[189]. Gegenstand der Leistungspflicht des Unternehmers ist eine entgeltliche Wertschöpfung dadurch, dass er durch seine Arbeitsleistung für den Besteller das vereinbarte Werk schafft[190]. Der für den Werkvertrag charakteristische Erfolg muss nicht darin bestehen, dass ein weiterer, mit der Tätigkeit nicht verbundener Erfolg eintritt[191]. Nach *Richardi* ist der für den Werkvertrag maßgebliche Erfolg der nach dem Leistungsversprechen in der Arbeit liegende Erfolg, nicht der Erfolg des Arbeitserfolgs[192]. Im Unterschied zum Dienstvertrag erbringt der Auftragnehmer des Werkvertrages die Leistung regelmäßig nicht in Person, sondern lässt die erforderlichen Arbeiten durch seine Arbeitnehmer ausführen. Diese werden im Betrieb des Auftraggebers als Erfüllungsgehilfen des

---

187 Vgl. hierzu *Schiek*, aaO (Fn. 30), S. 165.

188 Die Regionaldirektionen können aus den vorgelegten Urkunden nur aufgrund von Indizien auf das Vorliegen eines Scheinwerkvertrages und damit Arbeitnehmerüberlassung schließen.

189 Vgl. *Sprau* in *Palandt*, aaO (Fn. 140), Einf. v § 631, Rn.1.

190 Vgl. z.B. aus der Rechtsprechung BGH, Urteil vom 10. März 1989, -VII ZR 202/82- in NJW 1983, 1489, 1490.

191 Vgl. *Richardi* in MüKo ArbeitsR, Band 1, 2. Aufl. 2000, § 6, Rn. 8.

192 *Richardi* in MüKo ArbeitsR, aaO (Fn. 191), § 6, Rn. 8; so auch *Schaub*, aaO (Fn. 35), § 36, Rn. 18; *Müller-Gloge* in MüKo BGB, Schuldrecht Besonderer Teil II, § 611, Rn. 22.

Auftragnehmers im Sinne des § 278 BGB tätig[193]. Aus einem Dienstvertrag kann der Besteller auch keine Gewährleistungsrechte gegen den Werkunternehmer geltend machen. Der Besteller hat kein arbeitsrechtliches Weisungsrecht gegenüber den Arbeitnehmern des Auftragnehmers, sondern kann nur Anweisungen bezüglich der Ausführung des Werkes erteilen[194]. Die Werkvertragsabkommen setzen daher voraus, dass der Werkunternehmer den Werkvertrag mit eigenem Personal als Erfüllungsgehilfen erfüllt.

2. Abgrenzung zur unerlaubten Arbeitnehmerüberlassung

Der Einsatz von Fremdpersonal auf Werkvertragsbasis gerät in Konflikt zu den gesetzgeberischen Vorgaben des AÜG, mit dem die wettbewerbspolitisch unerwünschten Folgen der illegalen Arbeitnehmerüberlassung kontrolliert werden sollen[195]. In der Praxis des Werkvertragsverfahrens werden häufig so genannte „Scheinwerkverträge" durchgeführt, das heißt Arbeitnehmerüberlassung wird als Werkleistung deklariert[196]. Der Einsatz von Fremdpersonal auf Werkvertragsbasis ist, wie *Schüren* blumig umschreibt, hingegen nur möglich, wenn ein Ergebnis im Regelfall zu einem festen Preis „gekauft" wird[197].

a) Definition der Arbeitnehmerüberlassung

Das AÜG enthält keine Definition der Arbeitnehmerüberlassung sondern unterstellt diese Form des Personaleinsatzes nach § 1 Abs. 1 AÜG der behördlichen

---

193 Vgl. hierzu *Hamann*, „Die Grenze zwischen illegaler Arbeitnehmerentsendung und erlaubtem Fremdpersonaleinsatz im Rahmen von Dienst- und Werkverträgen" in WiVerw 1996/4, S. 215.

194 Vgl. *Feuerborn*, WiVerw 199974, S. 271; BAG, Urteil vom 10. Februar 1977 in AP Nr. 9 zu § 103 BetrVG 1972; Urteil vom 30. Januar 1991 in AP Nr. 8 zu § 10 AÜG; Urteil vom 31. März 1993 in AP Nr. 2 zu § 9 AÜG; Urteil vom 22. Juni 1994 in AP Nr. 16 zu § 1 AÜG.

195 Vgl. BT-Drucks. 6/2303 S. 9 f

196 Lässt sich in der Praxis nachweisen, dass statt eines Werkvertrages auf Basis der Werkvertragsabkommen illegal Arbeitnehmer überlassen wurden, kann das Werkvertragsunternehmen nach Art. 8 Abs. 3 WVA von der weiteren Ausführung von Werkverträgen ausgeschlossen werden; Vgl. zum Werkvertragsausschlussverfahren *Krodel*, „Der sozialgerichtliche einstweilige Rechtsschutz in Anfechtungssachendargestellt am Beispiel des sog. Werkvertragsausschlussverfahrens" in NZS 2001, 449 ff.; vgl. auch Sozialgericht Nürnberg, Beschluss vom 30. März 2005, -S 19 AL 101/05 ER- nicht veröffentlicht.

197 *Schüren*, WiVerw 2001/3, S. 176.

Genehmigungspflicht[198]. § 1 Abs. 1 Satz 1 AÜG lässt sich entnehmen, dass Arbeitnehmerüberlassung dadurch gekennzeichnet ist, dass dem Entleiher Arbeitskräfte zur Verfügung gestellt werden, die er nach seinen Vorstellungen und Zielen in seinem Betrieb wie eigene Arbeitnehmer einsetzen kann[199]. Die Arbeitskräfte sind voll in den Betrieb des Entleihers eingegliedert und unterliegen allein dessen Weisungsrecht[200]. Hauptleistungspflicht des Verleihers hingegen ist es, die zu überlassenden Arbeitnehmer ordnungsgemäß auszuwählen und dem Entleiher zur Verfügung zu stellen[201]. Illegal ist die Arbeitnehmerüberlassung, die ohne die erforderliche Genehmigung nach § 1 Abs. 1 AÜG gewerblich betrieben wird und der Auftraggeber die Arbeitnehmer des Unternehmers wie eigene Mitarbeiter eingesetzt hat[202].

b) Erscheinungsform von Scheinwerkverträgen als illegale Arbeitnehmerüberlassung

Illegale Arbeitnehmerüberlassung kommt in der Praxis des Werkvertragsverfahrens fast ausschließlich in der Gestaltung so genannter „Scheinwerkverträge" vor. Zu unterscheiden sind u.a. die Fallkonstellationen
- des kollusiven Zusammenwirkens zwischen Auftraggeber und Auftragnehmer und
- der verdeckten illegalen Arbeitnehmerüberlassung:

---

198 Dogmatisch handelt es sich um ein präventives Verbot mit Erlaubnisvorbehalt; vgl. *Hamann* in *Schüren*, aaO (Fn. 32), § 1, Rn. 4; a.A. hingegen *Ulber*, aaO (Fn. 24), der in § 1 Absatz 1 Satz 1 AÜG neben der Erlaubnispflicht eine Legaldefinition der Arbeitnehmerüberlassung sieht; so wohl auch *Boemke*, AÜG, 2. Aufl. 2005, § 1, Rn. 9. Gegen eine gesetzliche Legaldefinition der Arbeitnehmerüberlassung in § 1 Abs. 1 Satz 1 AÜG spricht aber folgendes: Eine gesetzliche Legaldefinition ist grundsätzlich dadurch gekennzeichnet, dass der Gesetzgeber den definierten Begriff in Klammern setzt. In § 1 Abs. 1 Satz 1 AÜG sind hingegen nur die Begriffe der „Entleiher" und „Leiharbeitnehmer" definiert, nicht hingegen die Arbeitnehmerüberlassung. Zum anderen sollten durch den Verzicht auf eine gesetzliche Definition der Arbeitnehmerüberlassung die vielfältigen Erscheinungsformen der Arbeitnehmerüberlassung nicht gesetzlich eingeengt, sondern durch Dienstanweisungen der Bundesagentur für Arbeit flexibel gehandhabt werden; vgl. BT-Drucksache VI/3505, S. 2.

199 *Schaub*, aaO (Fn. 35), § 120, Rn. 5; *Marschner*, „Die Abgrenzung der Arbeitnehmerüberlassung von anderen Formen des Personaleinsatzes" in NZA 1995, S. 668, 669.

200 Vgl. *Ulber*, aaO (Fn. 24), § 1, Rn. 141.

201 Vgl. *Hamann* in *Schüren*, aaO (Fn. 32), § 1, Rn. 72.

202 Vgl. auch *Wank* in ErfK, aaO (Fn. 35), Einl. AÜG, Rn. 68; *Reim*, aaO (Fn. 27), S. 212.

Beispiel 1: Der polnische Auftragnehmer P hat keine Kontingente mehr zur Verfügung, um einen lukrativen Auftrag mit eigenem Personal mit dem deutschen Auftraggeber B auszuführen. B will auf die Dienste des P nicht verzichten, obwohl er weiß, dass der Auftrag nicht auf Werkvertragsbasis ausgeführt werden kann.

Beispiel 2: Der polnische Auftragnehmer P unterhält in der Republik Polen nur ein kleines Büro, ohne eigene Arbeitnehmer zu beschäftigen. Ein deutscher Auftraggeber will sich die günstigen Kostenstrukturen des P gleichwohl zu Eigen machen und von ihm Arbeitskräfte zur Ausführung eines „Werkvertrages kaufen".

Beispiel 3: Der polnische Auftragnehmer P schließt mit dem deutschen Auftraggeber B einen „echten Werkvertrag". B erteilt bei der Durchführung des Werkvertrages dem Personal des P arbeitgeberbezogene Weisungen und stellt Werkzeuge und Material zur Verfügung.

(i) Vorsätzlicher Abschluss eines Scheinwerkvertrages

Der klassische Fall des Scheinwerkvertrages ist dadurch gekennzeichnet, dass die beteiligten Unternehmen bei Vertragsschluss einen Arbeitnehmerüberlassungsvertrag schließen wollen und in Kenntnis dieses Vertrages zum Schein einen Werkvertrag schließen[203]. Dieser Werkvertrag ist nicht bereits nach § 117 BGB nichtig, da nach dem übereinstimmenden Rechtsbindungswillen beider Parteien der Vertrag mit dem Inhalt Arbeitnehmerüberlassung wirksam sein soll[204]. Es kann sich zum einen um ein Vertragsverhältnis handeln, bei dem beide Seiten den Vertrag durchführen wollen, obwohl keine Kontingente mehr zur Verfügung stehen[205]. Zum anderen handelt sich häufig um osteuropäische „Werkvertragsunternehmer", die nur eine Briefkastenfirma in ihrem Heimatland unterhalten[206]. Von dieser „Betriebsstätte" im Ausland werden Arbeitnehmer ohne die erforderliche Erlaubnis nach § 1 Abs. 1 AÜG einem deutschen „Auftraggeber" in der Bundesrepublik Deutschland überlassen. In beiden Beispielsfällen werden zur Verschleierung der illegalen Arbeitnehmerüberlassung von Anfang an den zuständigen Behörden der Bundesagentur für Arbeit nur Scheinwerkverträge zur Genehmigung vorgelegt, ohne dass die Durchführung werkvertraglicher Arbeiten beab-

203 Vgl. *Ulber*, aaO (Fn. 24), Einl. C, Rn. 79; *Schüren*, WiVerw 2001/3, S. 174.

204 *Heinrichs* in *Palandt*, aaO (Fn. 140), § 117, Rn. 3; *Ulber*, aaO (Fn. 24), Einl. C, Rn. 79. Es handelt sich um einen Fall der rechtlich unerheblichen, absichtlichen Falschbezeichnung, die nach den Grundsätzen *falsa demonstratio non nocet* zu behandeln ist; vgl. hierzu *Heinrichs* in *Palandt*, aaO (Fn. 140), § 133, Rn. 8.

205 **Beispiel 1**.

206 **Beispiel 2**.

sichtigt ist[207]. Die als Werkverträge bezeichneten Verträge enthalten in der Vertragsurkunde nur ein Mindestmaß an Kriterien, die vordergründig für das Vorliegen eines echten Werkvertrages im Sinne des § 631 BGB sprechen. Z.B. werden „Mietverträge" über Werkzeuge und Räumlichkeiten abgeschlossen, die von dem Personal des Auftragnehmers genutzt werden. Darüber hinaus finden sich in den Verträgen häufig Gewährleistungsklauseln, ohne dass Auftragnehmer diesen Verpflichtungen gegenüber dem Auftraggeber nachkommen. Ferner wird versucht, durch gefälschte Festpreise eine Stundenvergütung der eingesetzten Arbeitnehmer zu verschleiern[208]. Völlig ungeeignet ist auch eine Klausel, in der ein vermeintliches Weisungsrecht des Auftraggebers gegenüber dem entsandten Personal ausgeschlossen wird. Sobald bei der tatsächlichen Durchführung des Werkvertrages dem Fremdpersonal arbeitgeberbezogene Weisungen erteilt werden, ist die Grenze zur unerlaubten Arbeitnehmerüberlassung überschritten.

(ii) Illegale Arbeitnehmerüberlassung bei der praktischen Durchführung eines echten Werkvertrages

Neben dieser Form des kollusiven Zusammenwirkens zwischen dem vermeintlichen Auftraggeber und dem Auftragnehmer kommt es in der Praxis auch vor, dass zwischen den Parteien zunächst ein echter Werkvertrag geschlossen wird, die praktische Durchführung allerdings Merkmale unerlaubter Arbeitnehmerüberlassung aufweist[209]. Bei dieser Form illegaler Arbeitnehmerüberlassung handeln die Parteien nicht zur Umgehung der werkvertraglichen Genehmigungserfordernisse kollusiv zusammen, sondern begeben sich bei der praktischen Durchführung des Vertrages in den Bereich illegaler Arbeitnehmerüberlassung. Durch diese Form illegaler Arbeitnehmerüberlassung waren die ersten Jahre nach der Einführung des Werkvertragsverfahrens gekennzeichnet, da ausländische Unternehmen oftmals nicht über ausreichende Kenntnisse über die Durchführung der Werkverträge verfügten. Zwar stellt die Bundesagentur für Arbeit so genannte Merkblätter[210] zur Verfügung, die kursorisch die Abgrenzung zwischen der Durchführung eines Werkvertrages und illegaler Arbeitnehmerüberlassung darstellen. Aufgrund der rechtlichen Komplexität der Abgrenzung beider Rechtsinstitute ist es nicht verwunderlich, dass Fälle illegaler Arbeitnehmerüberlassung

---

207 Für die zuständige Regionaldirektion ist zu diesem Zeitpunkt der Genehmigung eines so genannten Neuvertrages der wahre Vertragswille der Parteien nicht erkennbar, da lediglich der Werkvertrag zusammen mit dem Leistungsverzeichnis vorgelegt werden muss.

208 Vgl. hierzu auch *Schüren*, WiVerw 2001/3, S. 174.

209 **Beispiel 3**.

210 Im Internet abzurufen unter *www.arbeitsagentur.de*.

in der Praxis nicht selten sind, hält man sich die faktischen Gegebenheiten auf den Baustellen vor Augen: Oftmals werden verschiedene Lose[211] an unterschiedliche Auftraggeber vergeben, die den Auftrag wiederum im Rahmen von Werkverträgen an Subunternehmer verschiedenster Nationalitäten vergeben. Die Ausführung eines Großprojekts kommt der Errichtung des „Turms von Babel" gleich. Der einzelne Auftraggeber kommt oftmals ohne entsprechende arbeitsbezogene Weisungen an die Arbeitnehmer des Auftragnehmers nicht aus, um eine ordnungsgemäße Errichtung des Gewerks sicherzustellen. Die Grenze der arbeitsnotwendigen bzw. arbeitsbegleitenden Weisungen findet sich in der Mitwirkungspflicht des Bestellers in § 645 BGB und erschöpft sich in Weisungen zum Arbeitsschutz und der Verhinderung von Schäden an seinem Werk[212]. Auftragnehmer übernehmen aber häufig auch Aufgaben, die zugleich von dem Stammpersonal des Auftraggebers ausgeführt werden, so dass sich die Arbeitskräfte des Auftragnehmers oftmals nicht mehr von den Stammarbeitnehmern unterscheiden lassen und der Auftraggeber ohne eine Verlagerung des arbeitsbezogenen Weisungsrechts nicht auskommt[213]. Durch den Einsatz einer Bauaufsicht des Auftragnehmers wird versucht, den eigenen Arbeitnehmern entsprechende Weisungen zu erteilen, um das eigene unternehmerische Risiko, die ordnungsgemäße Erstellung des Werks, zu sichern. Sprachbarrieren lassen sich allerdings nicht immer auflösen, so dass es in der Praxis vorkommen kann, dass Bauleiter des Auftraggebers den Arbeitnehmern des Auftragnehmers Weisungen zur Ausführung des Werkvertrages erteilen, so dass es zu einer mittelbaren Fremdsteuerung des Fremdpersonaleinsatzes kommen kann[214].

---

211 Unter „Los" wird im vergaberechtlichen Sinn ein Teil der Gesamtleistung, eine Teilleistung verstanden. Aufgrund des in § 4 Ziffer 1 VOB/A statuierten Gebots der einheitlichen Vergabe von Bauleistungen sind die einzelnen Lose klar und sicher voneinander abzutrennen., damit eine eindeutige umfassende Mängelhaftung und auch einheitliche Ausführung insgesamt, also bei jeder Teilleistung erreicht wird; vgl. *Schranner* in *Ingenstau/Korbion*, VOB, 15. Aufl. 2004, § 4 VOB/A, Rn. 7. Bei großen Bauprojekten ist eine Vielzahl von Auftragnehmern mit Subunternehmern mit der Errichtung des Gesamtwerkes beauftragt. Die genaue Identifizierung des werkvertraglich geschuldeten Erfolges in den einzelnen Losen ist oftmals kaum möglich. In der Praxis des Werkvertragsverfahrens sind bei der Anmeldung des Werkvertrages daher der Ort der Bauleistung und das einzelne Bauvorhaben genau zu bezeichnen.

212 Vgl. hierzu *Hamann* in *Schüren*, aaO (Fn. 32), § 1, Rn. 187 ff.

213 Vgl. zur Abgrenzung zwischen Arbeitnehmerüberlassung und Fremdpersonaleinsatz auf Werkvertragsbasis *Hamann*, „Die Grenze zwischen illegaler Arbeitnehmerüberlassung und erlaubtem Fremdpersonaleinsatz im Rahmen von Dienst- und Werkverträgen" in WiVerw 1996, S. 212, 221.

214 Vgl. hierzu *Hamann* in *Schüren*, aaO (Fn. 32), § 1, Rn. 218 mwN zur Rechtsprechung des BAG.

Darüber hinaus sind Arbeitnehmer des Auftragnehmers vielfach nur unzureichend mit Materialien oder Werkzeug ausgestattet, so dass sie auf Materialien und Werkzeuge des Auftraggebers zurückgreifen müssen. Die Grenze zur unerlaubten Arbeitnehmerüberlassung ist schnell überschritten, da es oftmals zu einer Eingliederung in den Betrieb des Auftraggebers kommen kann[215]. Im Rahmen dieser Untersuchung kann allerdings keine vertiefte Auseinandersetzung mit der in der Literatur und Rechtsprechung umfangreich behandelten und im Detail äußerst schwierigen und strittigen Abgrenzung zwischen (unerlaubter) Arbeitnehmerüberlassung und der Ausführung eines (echten) Werkvertrages erfolgen, da sie den Umfang der Arbeit sprengen würde[216].

c) Abgrenzungsmerkmale zur Ausführung eines Werkvertrages

Die Abgrenzung eines echten Werkvertrages von der unerlaubten Arbeitnehmerüberlassung ist anhand des Merkmals *„überlassen"* in § 1 Abs. 1 AÜG vorzunehmen. Die Unterscheidung der Arbeitnehmerüberlassung von anderen Formen des drittbezogenen Personaleinsatzes im Rahmen von Werkverträgen kann nicht mittels einer schematischen Prüfung erfolgen, sondern ist anhand verschiedener Abgrenzungskriterien auf der Grundlage einer wertenden Betrachtung des Einzelfalles vorzunehmen[217]. Ohne rechtliche Bedeutung ist die Bezeichnung des Vertrages durch die Parteien[218]. Gedanklicher Ausgangspunkt muss sein, dass der Werkunternehmer sich zur Herbeiführung eines bestimmten, individualisierbaren und messbaren Arbeitsergebnisses unter Einsatz eigenen Personals verpflichtet und die Durchführung des Vertrages eigenständig organisiert und abwickelt. Soweit der Werkvertrag in der Betriebsstätte des Auftraggebers erfolgt, bleiben die Arbeitnehmer des Auftragnehmers während der Durchführung des Werkvertrages Erfüllungsgehilfen des Auftragnehmers und unterstehen allein dessen Weisungen. Das charakteristischste Merkmal eines echten Werkvertrages ist die Übernahme der Gewährleistung eines Auftragnehmers für den Eintritt des Erfolges[219]. Dies beinhaltet ein konsequentes Qualitätsmanagement der werkvertraglichen Leistun-

---

215 Vgl. BAG, Urteil vom 15. Juni 1983, – 5 AZR 111/81- und – 5 AZR 112/81 -.

216 Vgl. zur Abgrenzung eines Werkvertrages zur Arbeitnehmerüberlassung *Boemke*, AÜG, aaO (Fn. 198), § 1, Rn. 74 ff.; *Hamann* in *Schüren*, aaO (Fn. 32), § 1, Rn. 115 ff.; *Ulber*, aaO (Fn. 24), Einl. C, Rn. 22 ff. Eine sehr ausführliche Darstellung der Arbeitnehmerüberlassung gibt *Schaub*, „Arbeitnehmerüberlassung", Dissertation Göttingen 2001.

217 Vgl. BGH Urteil. vom 18. Juli 2000, -X ZR 62/98-; Urteil vom 25. Juni 2002, -X ZR 83/00-; *Marschner*, NZA 1995, S. 669.

218 Vgl. dazu ausführlich *Behrend*, aaO (Fn. 23), S. 36 ff..

219 So auch *Reim*, aaO (Fn. 27), S. 218.

gen durch den Auftragnehmer, der im Baugewerbe bei einem üblichen VOB-Werkvertrag die Mangelfreiheit des Werkes nach § 4 Nr. 1 VOB/B schuldet. Sowohl die einzelnen Fertigungsstufen, als auch das Endergebnis der erbrachten Leistung sind durch den Werkunternehmer zu kontrollieren, verbunden mit einer eventuellen Nachbesserung oder Neufertigung einzelner Bauabschnitte[220]. Die Organisation obliegt nach § 4 Nr. 2 Abs. 1 VOB/B allein dem Werkunternehmer, der diese durch sein eigenes arbeitsbezogenes Weisungsrecht zu erfüllen hat. Das arbeitsrechtliche bzw. personenbezogene Weisungsrecht darf daher nicht auf den Auftraggeber wechseln.

Darüber hinaus haben Arbeitnehmerüberlassungsverträge keine Gewährleistungspflicht zum Vertragsinhalt, weil sich die Hauptpflicht aus dem Vertrag in der Bereitstellung der Arbeitnehmer erschöpft und nicht in der Herbeiführung eines bestimmten Erfolges[221]. Das Vorliegen einer Gewährleistungspflicht ist hingegen in der Praxis ohne weiteres nachweisbar[222]. Die Werkvertragsparteien dokumentieren Gewährleistungsarbeiten, um etwaige Sicherheitseinbehalte nach § 17 VOB/B später ablösen zu können. Der Abzug eines Sicherheitseinbehalts im Sinne des § 17 VOB/B stellt folglich ein sicheres Indiz für eine Gewährleistungspflicht des Werkunternehmers und damit für das Vorliegen eines Werkvertrages dar.

d) Änderung des Vertragsstatuts im Falle illegaler Arbeitnehmerüberlassung

Während der Durchführung eines echten Werkvertrages unterliegt das Arbeitsverhältnis der Werkvertragsarbeitnehmer allein den rechtlichen Bestimmungen des Herkunftsstaates, Art. 30 Abs. 1 EGBGB[223]. Stellt sich die Durchführung des Werkvertrages in der Praxis allerdings als illegale Arbeitnehmerüberlassung dar, wird nach § 10 AÜG ein Arbeitsverhältnis zwischen Verleiher und Entleiher fingiert[224]. § 10 AÜG ist eine zwingende Eingriffsnorm im Sinne des Art. 34

---

220 Vgl. hierzu *Schüren*, WiVerw 2001/3, S. 175.

221 *Wank* in ErfK, aaO (Fn. 35), § 1 AÜG, Rn. 28.

222 In der Praxis werden zwischen dem Auftragnehmer und dem Auftraggeber zur Durchführung der Gewährleistungsarbeiten so genannte „Nachträge“ vereinbart. Diese Gewährleistungsarbeiten müssen bei der Bundesagentur für Arbeit angemeldet werden und werden durch die Behörden der Zollverwaltung überprüft. Regelmäßig kommt es vor, dass statt Gewährleistungsarbeiten andere Arbeiten mit Werkvertragsarbeitnehmern durchgeführt werden. Dies ist unzulässig, da nach den Werkvertragsabkommen die Arbeitserlaubnis –EU immer nur zur Durchführung eines ganz bestimmten Werkvertrags erteilt wird.

223 Vgl. *Magnus* in *Staudinger*, aaO (Fn. 35), Art. 30 EGBGB, Rn. 107.

224 Vgl. nur *Ulber*, aaO (Fn. 24), § 10, Rn. 4.

EGBGB[225], so dass das Arbeitsvertragsstatut zwischen Entleiher und entsandtem Arbeitnehmer sich allein nach deutschem Recht richtet[226].

3. Abgrenzung zum Werklieferungsvertrag

Ein weiteres Problemfeld bei der Ausführung von Werkverträgen stellt sich in der Abgrenzung zur Durchführung von Werklieferungsverträgen durch osteuropäische Unternehmen mit eigenem Personal. Die Durchführung eines Werklieferungsvertrages unter Einsatz osteuropäischer Unternehmen erfolgt dergestalt, dass im Ausland das Gewerk hergestellt und sodann in der Bundesrepublik Deutschland montiert wird. Diese Fälle sind kritisch zu betrachten, da bestimmte Fälle der Entsendung von der Zustimmung der Bundesagentur für Arbeit freigestellt sind. Montagearbeiten durch ausländische Arbeitnehmer sind nach § 11 Satz 1 BeschV von der Arbeitserlaubnispflicht freigestellt, wenn Anlagen[227] oder Maschinen im Rahmen von Werklieferungsverträgen oder ähnlichen Verträgen geliefert werden, bei denen sich die Arbeiten als untergeordneter Geschäftszweck darstellen[228]. Auch ausländische Arbeitskräfte, die in der Bundesrepublik Deutschland für einen Zeitraum über drei Monate zur Erledigung von Montage- oder Instandhaltungsarbeiten entsandt werden, bedürfen nach § 36 BeschV keiner Arbeitserlaubnis. *Reim*[229] hat bereits zutreffend darauf hingewiesen, dass Werklieferungsverträge aufgrund ihrer arbeitsgenehmigungsrechtlichen Privilegierung missbrauchsanfällig sind. Unternehmen aus den MOE-Staaten nutzen diese Konzeption, um kostengünstig eigene Arbeitnehmer außerhalb des Genehmigungsverfahrens einzusetzen, ohne dass diese Arbeitnehmer auf bereits erteilte oder noch zu beantragende Kontingente angerechnet werden. Nach der EU-Osterweiterung gewinnt die Abgrenzung zwischen Werkverträgen und Werklieferungsverträgen zusätzliche Bedeutung, da Werklieferungsverträge in den von Ziffer 2.13 der Beitrittsakte außerhalb der nationalen Kontrolle des Arbeitsgenehmigungsrecht durchgeführt werden können und nur Werkverträge im Sinne von Artikel 1 WVA der Genehmigungspflicht unterliegen.

---

225 Vgl. nur *Riederer von Paar* in *Schüren*, aaO (Fn. 32), Einleitung, Rn. 646 mwN.

226 Vgl. zu den rechtlichen Folgen illegaler Arbeitnehmerüberlassung bei dem grenzüberschreitenden Einsatz von Subunternehmern *Maiß* in WiRO 2005, S. 356 ff. und *Reim*, aaO (Fn. 27), S. 275 speziell in Bezug auf Werkvertragsarbeitnehmer.

227 Vgl. zu dem Begriff der *Anlage Rixen*, „Arbeitsgenehmigungsrechtliche Probleme bei Entsendung ausländischer Arbeitnehmer zur Anlagenmontage im Inland“ in BB 2001, S. 1681.

228 Vgl. BayOblG, Urteil vom 24. Juli 1978, – 3 Owi 84/78- in AP Nr. 6 zu § 19 AFP; vgl. hierzu auch *Ulber*, aaO (Fn. 24), Einl. G, Rn. 34.

229 *Reim*, aaO (Fn. 27), S. 254.

a) Begriff des Werklieferungsvertrages im Sinne des § 651 BGB

Werklieferungsverträge im Sinne des § 651 BGB sind Verträge über die Lieferung herzustellender oder zu erzeugender Verbrauchsgüter[230]. Es kommt nicht darauf an, ob die Herstellung aus vom Besteller zur Verfügung gestellten Stoffen erfolgt oder nicht[231]. An der Herstellung einer Sache fehlt es, wenn die Hauptleistungspflicht des Unternehmers allein in der Wartung, Reparatur oder anderen Behandlung einer bereits bestehenden Sache besteht[232]. Diese Arbeiten fallen unter das Werkvertragsrecht und unterliegen der Genehmigungspflicht. Unter einer Lieferung versteht man Handlungen, die der Hersteller vornimmt, um seiner Verpflichtung zu genügen, die Sache dem Besteller zu verschaffen[233]. Die Sachen müssen also entweder an den Auftraggeber zurückgelangen oder nach seiner Disposition an Dritte, dürfen jedenfalls nicht der Disposition des Auftraggebers unterliegen[234]. Nach der Schuldrechtsreform ist der Werklieferungsvertrag ferner von dem Kauf mit Montageverpflichtung im Sinne des § 434 Abs. 2 BGB abzugrenzen. Für diesen Vertrag ist typisch, dass sich der Lieferant einer Sache verpflichtet, alle zum vertragsgemäßen Gebrauch der Kaufsache notwendigen Handlungen, insbesondere Zusammenbau von Einzelteilen, Anschluss, Aufstellung oder Einbau am vereinbarten Ort vorzunehmen[235].

b) Abgrenzungsmerkmale

Ein Werkvertrag fällt, auch soweit damit die Herstellung beweglicher Sachen verbunden ist, nicht unter § 651 BGB, wenn der Unternehmer seine Leistung an einer bereits bestehenden Sache des Bestellers (Grundstück oder Gebäude) erbringt und die Schöpfung des Gesamterfolges im Zusammenhang mit dieser Sache den Schwerpunkt der Verpflichtung des Unternehmers bildet[236]. Verträge über den Einbau von Sachen in ein Bauwerk bzw. zu dessen Errichtung unterfallen demzufolge dem Werkvertragsrecht[237]. Bei Leistungen für ein Bauwerk fehlt es regelmäßig an der die Lieferung im Sinne des § 651 BGB kennzeichnenden

230 Vgl. Art. 1 Abs. 4 der Richtlinie 1999/44/EG vom 25. Mai 1999 (ABl. Nr. L 171/12), die durch § 651 BGB in nationales Recht umgesetzt wurde.

231 Vgl. *Sprau* in *Palandt*, aaO (Fn. 140), § 651, Rn. 2.

232 Vgl. *Peters* in *Staudinger*, BGB, §§ 631 bis 651, 12. Aufl., Neubearbeitung 2003, § 651, Rn. 7.

233 Vgl. *Peters* in *Staudinger*, aaO (Fn.232), § 651, Rn. 7 und 11.

234 Vgl. *Peters* in *Staudinger*, aaO (Fn.232), § 651, Rn. 11.

235 Vgl. *Putzo* in *Palandt*, aaO (Fn. 140), § 434, Rn. 42.

236 Vgl. *Sprau* in *Palandt*, aaO (Fn. 140), § 651, Rn. 4.

237 Vgl. *Busche* in MüKo, BGB §§ 611 bis 704, 4. Aufl. 2005, § 651, Rn. 10.

Übereignung[238]. Werden bewegliche Sachen mit einem Grundstück dergestalt verbunden, dass sie wesentlicher Bestandteil des Grundstücks im Sinne des § 94 BGB werden, folgt aus § 946 BGB ein originärer Eigentumserwerb an dieser Sache[239]. Dies hat zur Konsequenz, dass die Gewährungsvorschriften der §§ 634 ff. BGB und der VOB/B greifen und das Werkvertragsverfahren Anwendung findet.

Das Zusammenspiel zwischen privatrechtlicher Gewährleistung und öffentlich-rechtlichem Erfordernis einer Arbeitsgenehmigung ergibt sich aus folgendem Hintergrund: Schließt ein ausländischer Unternehmer mit einem deutschen Auftraggeber einen Werklieferungsvertrag im Sinne des § 651 BGB oder einen Kaufvertrag mit Montagepflicht im Sinne des § 434 Abs. 2 BGB, kann er für bis zu drei Monate dauernde Gewährleistungsarbeiten nach § 11 BeschV mit eigenem Personal außerhalb des Arbeitsgenehmigungsverfahrens durchführen. Bei dieser Vertragsgestaltung besteht nicht die Gefahr der Verdrängung deutscher Arbeitnehmer auf dem deutschen Arbeitsmarkt durch ausländisches Personal. Als Anlagen sind aber nur gewerblich genutzte, selbstständige technisch industrielle Einheiten zu verstehen. Handelt es sich hingegen um die Lieferung und Montage einer verwendungsfähigen Anlage oder Maschine, die gewerblichen Zwecken dient, oder die Lieferung von Fertig- oder Ausbauhäusern und Fertig – oder Ausbauhallen finden die Regierungsvereinbarungen keine Anwendung[240].

c) Zusammenfassung

Unternehmen aus den MOE-Staaten, die mit einem deutschen Auftraggeber einen Vertrag über die Lieferung verwendungsfähiger Anlagen abschließen, können zur Ausführung dieses Vertrags eigene Arbeitnehmer außerhalb des Werkvertragsverfahrens einsetzen. Das Gleiche gilt für einen Kaufvertrag mit Montageverpflichtung im Sinne des § 434 Abs. 2 BGB. Demgegenüber liegt ein genehmigungspflichtiger Werkvertrag vor, wenn Gegenstand des Vertrages Arbeiten an bereits hergestellten bzw. erzeugten Sachen sind, die zum Zwecke der Instandhaltung, Wartung, Reparatur oder sonstigen Veränderungen der Sache erfolgen.

V. Werkvertragsunternehmen und Auftraggeber

Durch die Werkvertragsabkommen privilegierte Werkvertragsunternehmen sind nur solche Unternehmen, die im Herkunftsland registriert sind und dort auch tat-

238 So auch *Sprau* in *Palandt*, aaO (Fn. 140), § 651, Rn. 4.
239 Vgl. *Bassenge* in *Palandt*, aaO (Fn. 140), § 946, Rn. 2.
240 Vgl. Merkblatt 16a der Bundesagentur für Arbeit, S. 5.

sächlich Bauleistungen ausführen. Sie müssen von ihrer materiellen Ausstattung (Kapital, Maschinen, Fahrzeuge, Werkzeuge, eine dem Unternehmen entsprechende Organisation) und ihrer fachlichen Kompetenz (qualifiziertes Personal) her in der Lage sein, den Werkvertrag selbständig zu planen, zu organisieren und eigenverantwortlich durchzuführen und zu überwachen[241]. Durch die Erfüllung dieser Kriterien wird sichergestellt, dass das Unternehmen im Heimatland nicht lediglich ein Büro unterhält und aus dem Ausland unerlaubte Arbeitsvermittlung oder in der Bundesrepublik Deutschland unerlaubt Arbeitnehmerüberlassung betreibt. Für die Entsendedauer muss zwischen dem entsendenden Unternehmen und dem entsandten Arbeitnehmer weiterhin eine arbeitsrechtliche Bindung bestehen. Unternehmen, die allein Arbeitskräfte für ein Bauvorhaben zur Verfügung stellen, demnach unerlaubte Arbeitnehmerüberlassung aus dem Ausland betreiben, sind keine Werkvertragsunternehmen im Sinne der Regierungsabkommen.

1. Abgrenzung zu so genannten „Briefkastenfirmen"

Der ausländische Arbeitgeber muss die betriebsorganisatorischen Anforderungen zur Erfüllung der Arbeitgeberverpflichtungen erfüllen. Die Betriebsstätte muss eine organisatorische und verwaltungsmäßige Abwicklung der Arbeitsverhältnisse ermöglichen. Erforderlich ist eine Lohnbuchhaltung bezüglich aller das Arbeitsverhältnis berührender Ansprüche, wie z.B. Lohnerfassung, Urlaubslisten und Arbeitszeitnachweise u.ä.. Ferner muss durch die Gestaltung der Betriebsorganisation sichergestellt sein, dass der Arbeitgeber seinen Verpflichtungen zur Abführung der Lohnsteuer, Sozialversicherungsbeiträge und aller sonstigen in dem Arbeitsverhältnis veranlagten Abgaben-, Beitrags-, oder sonstigen Zahlungsverpflichtungen nachkommt. So genannte Briefkastenfirmen oder Betriebsstätten in denen kein Publikumsverkehrs stattfindet, genügen diesen Voraussetzungen nicht.

Durch die Anforderungen an die Ausstattung des Unternehmens mit sachlichen Betriebsmitteln soll das Risiko minimiert werden, dass ein Unternehmen aus dem Ausland heraus Arbeitnehmerüberlassung betreibt. Ein Arbeitnehmerüberlassungsbüro wird regelmäßig nicht über größere Betriebsmittel verfügen. Häufig existiert nur ein kleines Büro, von dem aus die Arbeitnehmerüberlassung lediglich verwaltet wird. Für die überlassenen Arbeitnehmer besteht die Gefahr, dass sie ihre Entgeltansprüche gegen ihren Arbeitgeber (den Verleiher) nicht realisieren können und keine sachlichen Betriebsmittel als Haftungsmasse zur Verfügung stehen[242].

---

241 Vgl. Merkblatt 16a der Bundesagentur für Arbeit, S. 9.
242 Vgl. hierzu *Schiek*, aaO (Fn. 30), S. 165.

Im Hinblick auf die Unternehmensstruktur und Kooperation mit deutschen Unternehmen fallen unter die Werkvertragsabkommen aber auch im Herkunftsland registrierte Joint-Ventures und ausländische Tochterunternehmen deutscher Gesellschaften[243]. So genannte Verwaltungsfirmen, das heißt Geschäftsfirmen, die ausschließlich Serviceleistungen erbringen[244], sind hingegen keine Werkvertragsunternehmen im Sinne der Regierungsvereinbarungen. Bei diesem Unternehmen ist nicht sichergestellt, dass sie einen Werkvertrag mit eigenem Personal und der erforderlichen betrieblichen Ausstattung durchführen können.

2. Anforderungen an den deutschen Kooperationspartner

Grundsätzlich ist die Zulassung zum Werkvertragsverfahren nicht auf Werkverträge von Unternehmen der gleichen Branche beschränkt. Die Erteilung von Arbeitserlaubnissen an ausländische Arbeitnehmer zur Durchführung von Werkverträgen über Bauleistungen ist hingegen nur möglich, wenn es sich bei dem inländischen Werkvertragspartner um ein Unternehmen der Bauwirtschaft im Sinne des § 175 Abs. 2 SGB III (§ 211 SGB III a.F.) handelt. Dies ist immer dann der Fall, wenn der Betrieb in das Sozialkassenverfahren über die gemeinsame Einrichtung des jeweiligen Wirtschaftszweiges eingebunden ist[245]. Es ist zu prüfen, ob das deutsche Unternehmen unter den BRTV/Bau fällt. Auch Arbeitsgemeinschaften[246] (so genannte ARGE) können am Werkvertragsverfahren teilnehmen[247]. Nach § 175 Abs. 2 SGB III (§ 211 SGB III a.F.) ist eine gegründete

243 Vgl. *Kagil*, NZA 1992, S. 1111.

244 Zum Beispiel indem sie für ihre Mitgliedsfirmen Aufträge akquirieren und/oder die verwaltungsmäßige Abwicklung für den Einsatz der Werkvertragsarbeitnehmer übernehmen.

245 Vgl. Merkblatt 16a der Bundesagentur für Arbeit, S. 8.

246 Die vertragliche Verpflichtung einer ARGE darf sich nicht in der Überlassung von Arbeitnehmern erschöpfen, sondern in der Erbringung eines werkvertraglichen Erfolges. Es muss sich hierbei nicht zwingend um eine Werkleistung handeln. Die Leistung kann auch als selbstständige Dienstleistung, z.B. in Form der Bauleitung erbracht werden. Durch die Verwendung eines Muster-ARGE Vertrages, der im Zusammenarbeit mit dem Zentralverband des Deutschen Baugewerbes und des Hauptverbandes der Deutschen Bauindustrie erstellt worden ist, kann die Vermutung einer zulässigen ARGE begründet werden.

247 Das Bundesministerium für Wirtschaft und Arbeit hat zu der Frage, inwieweit Werkvertragsunternehmern im Rahmen der bilateralen Regierungsvereinbarungen eine Arbeitserlaubnis erteilt werden darf, wenn das ausländische Subunternehmen den Werkvertrag mit einer in Deutschland bestehenden ARGE abschließt, der auch Mitgliedsfirmen mit ausschließlichem Sitz in anderen EU-Mitgliedstaaten angehören, folgenden Hinweis erteilt: "*Die bilateralen Regierungsvereinbarungen machen die Beschäftigung der ausländischen Arbeitnehmer davon abhängig, dass der*

ARGE ein Betrieb im Sinne der Winterbauförderung, wenn die ARGE Arbeitgeber der zu ihr abgeordneten Arbeitnehmer ist[248]. Die beteiligten Unternehmen müssen dabei ausdrücklich oder durch schlüssiges Verhalten eine rechtliche Vereinbarung über die einheitliche Leitung getroffen haben[249]. Allerdings sind Arbeitsgemeinschaften, die allein zum gegenseitigen Austausch von Quoten nach den Werkvertragsabkommen gebildet werden, keine Auftraggeber im Sinne der zwischenstaatlichen Vereinbarungen. ARGE, bei denen sich die vertragliche Verpflichtung allein darauf beschränkt, die Arbeitnehmer des ARGE-Mitglieds bei der Berechnung der Quotierung zu berücksichtigen, dürfen bei der Quotierung nicht begünstigend berücksichtigt werden. Dasselbe gilt, wenn sich die vertragliche Verpflichtung eines beteiligten Unternehmens gegenüber der ARGE allein in dem Überlassen der Quote erschöpft[250]. Dies folgt aus Sinn und Zweck

---

Werkvertrag mit einem in Deutschland ansässigen Unternehmen abgeschlossen wird. Davon ist in den vorliegenden Fällen auszugehen, wenn die der ARGE angehörenden ausländischen Unternehmen Stammpersonal freistellen und dieses Personal in ein Arbeitsverhältnis zur ARGE tritt. Die ARGE betätigt sich in diesem Fall wie andere in Deutschland ansässige Unternehmen, die mit ausländischen Werkvertragsunternehmen kooperieren. Weitere Voraussetzung ist, dass der ARGE mindestens ein in Deutschland ansässiges Unternehmen angehört, da es sich bei den Arbeitsgemeinschaften nur um vorübergehende Unternehmenskooperationen handelt. Besteht daher die ARGE ausschließlich aus in anderen EU-Mitgliedstaaten ansässigen Unternehmen, ist eine Beschäftigung von Werkvertragsarbeitnehmern ausgeschlossen. Andernfalls würden die von Deutschland geschlossenen bilateralen Vereinbarungen bei dieser Fallkonstellation ausschließlich von Unternehmen aus Drittstaaten genutzt. Dies ist jedoch aufgrund des ausdrücklich begrenzten Anwendungsbereichs der bilateralen Regierungsvereinbarungen nicht möglich. ... Soweit die an der ARGE beteiligten ausländischen Unternehmen mit Sitz in anderen EU-Mitgliedstaaten lediglich Personal abordnen und somit kein Arbeitsverhältnis zur ARGE zustande kommt, ist die Beschäftigung von Arbeitnehmern aufgrund eines Werkvertrages mit der ARGE nach den bilateralen Vereinbarungen grundsätzlich ausgeschlossen. Die ARGE handelt in diesem Fall nicht wie ein in Deutschland ansässiges Unternehmen, das generell Baumaßnahmen mit inländischen Arbeitnehmern ausführt und vorübergehend mit einem ausländischen Werkvertragsunternehmen im Rahmen der bilateralen Vereinbarung kooperiert." Zitiert nach DAWVV Punkt 2.112, Stand 06/2004.

248 Vgl. zur Rechtsnatur der ARGE als Gesellschaft bürgerlichen Rechts: *Busche* in MüKo, Schuldrecht Besonderer Teil III, § 631, Rn. 33; *Sprau* in *Palandt*, aaO (Fn. 140), § 631, Rn. 10.

249 BAG, Urteil vom 26. Februar 1987, –2 AZR 177/86– in AP 84 zu §1 TVG Tarifverträge: Bau; *Roeder* in *Niesel*, SGB III, 3. Aufl. 2005, § 211, Rn. 4; vgl auch *Hamann* in *Schüren*, aaO (Fn. 32), § 1, Rn. 371 ff..

250 Vgl. Durchführungsanweisung der Bundesagentur für Arbeit zu § 3 ASAV Ziffer 1.2.118.

der Werkvertragsübereinkommen[251], wonach ein Austausch des *Know-How* zwischen deutschen und ausländischen Firmen erfolgen soll, um die Wettbewerbschancen deutscher Firmen in den Partnerstaaten zu erleichtern. Dies bedingt, dass sowohl auf deutscher, als auch auf ausländischer Seite qualifizierte Unternehmen im Sinne der Werkvertragsabkommen tätig sein müssen, was bei einer reinen *„Pro-forma-Beteiligung"* allein zur Erreichung von Quotierungsvorteilen nicht gegeben ist.

VI. Voraussetzung der Erteilung einer Zusicherung nach den Werkvertragsabkommen

Das ausländische Unternehmen wird als Auftragnehmer von einem deutschen Auftraggeber zur Ausführung eines Werkvertrages im Sinne des § 631 BGB mit einem bestimmten Kontingent eigener Arbeitskräfte beauftragt. Für die Vergabe der Kontingente in den MOE-Staaten sind die dortigen Arbeitsministerien zuständig, die dazu in der Regel eigene Auswahlkommissionen eingerichtet haben. Die Werkverträge müssen sodann den deutschen Regionaldirektionen[252] vorgelegt werden, die für die Erteilung der Arbeitserlaubnisse der Kontingent-Arbeitnehmer zuständig sind[253]. Diese entscheiden nach Maßgabe des § 284 SGB III über die Erteilung von Zusicherungsbescheiden im Sinne des § 34 SGB X für die Beschäftigung der Werkvertragsarbeitnehmer. Nach § 284 Abs. 4 SGB III darf Ausländern, die ihren Wohnsitz oder gewöhnlichen Aufenthalt im Ausland haben und eine Beschäftigung im Bundesgebiet aufnehmen wollen, die keine qualifizierte Berufsausbildung voraussetzt, eine Arbeitserlaubnis nur erteilt werden, wenn dies durch *zwischenstaatliche Vereinbarung* bestimmt ist. Bei den Werkvertragsabkommen handelt es sich um eine solche zwischenstaatliche Vereinbarung[254], die die weiteren Voraussetzungen zur Erteilung der Arbeitserlaubnis regeln. Erst wenn die Voraussetzungen zur vorübergehenden Zulassung zum deutschen Arbeitsmarkt nach den Werkvertragsabkommen und dem nationalen Arbeitsgenehmigungsrecht erfüllt sind und die Arbeitserlaubnis erteilt ist, ist die

251 S.o. unter Ziffer C. II.
252 Seit dem 1. April 2007 ist hierfür die Zentrale Auslands- und Fachvermittlung (ZAV) zuständig. Die ZAV ist eine Dienststelle der Bundesagentur für Arbeit und hat ihren Hauptsitz in Bonn. Die bisherigen Aufgaben und Zuständigkeiten der Regionaldirektionen und der Agenturen für Arbeit wurden in dezentralen Standorten der ZAV zusammengefasst. Im Folgenden wird daher auch weiterhin der Begriff der Regionaldirektion verwendet.
253 Vgl. Art. 4 WA für Polen.
254 Vgl. *Düe* in *Niesel*, aaO (Fn. 249), § 284, Rn. 39.

Aufnahme der Tätigkeit in der Bundesrepublik Deutschland erlaubt und nicht bereits mit der durch von der Regionaldirektion erteilten Zusicherung für den Werkvertrag. § 284 Abs. 1 SGB III stellt ausdrücklich auf die *Beschäftigung*, das heißt die tatsächliche Aufnahme der Beschäftigung und nicht auf den Abschluss des Arbeitsvertrages oder die Erteilung einer Zusicherung ab[255].

1. Qualifikation des zur Ausführung der Werkverträge entsandten Personals

Die Arbeitserlaubnis wird für die Höchstdauer von 3 Jahren (Art. 5 WA, § 39 Abs. 1 Satz 2 BeschV) für Arbeitnehmer mit "beruflicher" Qualifikation als Arbeitserlaubnis-EU nach § 284 Abs. 4 SGB III iVm § 39 Abs. 2 bis 4 und 6 AufenthG[256] erteilt. Der Werkvertragsunternehmer ist demnach bei der Auswahl des Personals zur Ausführung der Werkverträge in seiner unternehmerischen Dispositionsfreiheit beschränkt. Die Werkvertragsabkommen setzen voraus, dass für die Vertragsausführung überwiegend Arbeitnehmer mit beruflicher Qualifikation (so genannte Facharbeiter) eingesetzt werden[257]. Unqualifizierte Arbeitnehmer (so genannte Helfer) werden im Rahmen der Werkvertragsabkommen nur dann zum deutschen Arbeitsmarkt zugelassen, wenn sie zur Ausführung der Arbeiten nicht entbehrlich sind[258]. Ein erhöhter Einsatz von Helfern begründet

255 Vgl. *Bieback* in *Gagel*, aaO (Fn. 94), § 284 SGB III, Rn. 5.

256 § 39 AufenthG findet allerdings keine direkte Anwendung auf Werkvertragsarbeitnehmer aus den MOE-Staaten, da auf sie nach § 1 Abs. 2 Nr. 1 AufenthG das AufenthG keine Anwendung findet. § 39 Abs. 6 AufenthG ist systematisch eigentlich dem Arbeitsgenehmigungsrecht und damit § 284 SGB III zuzuordnen. Die Vorschrift übernimmt nur den alten § 285 SGB III. Der Gesetzgeber wollte mit Neufassung des Zuwanderungsrechts alle Normen, die im Zusammenhang mit der Beschäftigung eines Ausländers stehen, in das AufenthG integrieren. § 284 SGB III gilt ausweislich seiner Überschrift wiederum nur für Staatsangehörige der Beitrittsstaaten. Der mit § 284 Abs. 1 SGB III inhaltsgleiche Verweis in § 39 Abs. 6 AufenthG auf Staatsangehörige aus den Beitrittsstaaten ist systematisch ebenso verfehlt, da die Beschäftigung von Staatsangehörigen aus den Beitrittsstaaten allein den Bestimmungen des SGB III zugeordnet ist. Nur so lässt sich der fehlplazierte Verweis in § 284 Abs. 3 SGB III auf § 39 Abs. 2 bis 6 AufenthG erklären. Soweit es um in das AufenthG integrierte Bestimmungen über das Werkvertragsverfahren im Zusammenhang mit der Beschäftigung von Staatsangehörigen aus den Beitrittsstaaten geht, sind diese Bestimmungen entsprechend anzuwenden. Für Werkvertragsarbeitnehmer aus den Nicht-Beitrittsstaaten findet das AufenthG direkt Anwendung. A.A. *Storr* in *Storr/Wenger/Eberle/Albrecht/Zimmermann-Kreher*, aaO (Fn. 72), § 18, Rn. 25, der § 39 AufenthG direkt anwendet.

257 Vgl. Artikel 3 Abs. 1 WA für Polen.

258 Vgl. Artikel 3 Abs. 2 WA für Polen.

nämlich nach der Rechtsprechung[259] den Verdacht unerlaubter Arbeitnehmerüberlassung, der nach einem objektiven Maßstab zu beurteilen ist. Subjektive Erwägungen des Unternehmers und wirtschaftliche Gründe finden keine Berücksichtigung. Der ausländische Arbeitgeber kann den Verdacht unerlaubter Arbeitnehmerüberlassung durch den Einsatz nicht qualifizierten Personals demnach nicht dadurch entkräften, indem er selbst und sein deutscher Kooperationspartner die Ausführung des Werkvertrages durch günstige Hilfskräfte als ausreichend ansehen. Ein Werkvertrag im Sinne der Werkvertragsabkommen setzt vielmehr ein angemessenes Verhältnis zwischen dem Einsatz qualifizierten und nicht qualifizierten Personals voraus. Ohne weitere Prüfung der Bundesagentur für Arbeit wird davon ausgegangen, dass bei einem Helferanteil von 10% ein angemessenes Verhältnis zwischen Facharbeitern und Helfern besteht[260]. Legt der ausländische Subunternehmer der Regionaldirektion einen Werkvertrag vor, aus dem der Einsatz qualifizierten Personals nicht ersichtlich wird und gibt er keine weitere Erklärung zur Notwendigkeit dieser Maßnahme ab, kann ein Rückschluss auf das Vorliegen unerlaubter Arbeitnehmerüberlassung damit begründet werden, dass durch den Einsatz nicht hinreichend qualifizierten Personals der Werkvertragsunternehmer die geschuldete Leistung nicht selbständig planen, organisieren und eigenverantwortlich durchführen kann. Die erforderliche Qualifikation der Werkvertragsarbeitnehmer orientiert sich demzufolge an der durch die Rechtsprechung vorgenommenen Abgrenzung zwischen unerlaubter Arbeitnehmerüberlassung und der Durchführung eines Werkvertrages am Merkmal der *Organisationsgewalt* und des *Weisungsrechts* des Auftragnehmers[261]. Je geringer die Qualifikation der zur Ausführung des Werkvertrages eingesetzten Arbeitnehmer ist, desto eher spricht eine Vermutung dafür, dass der Auftraggeber den entsandten Arbeitnehmern arbeitsbezogene Weisungen zur Ausführungen des Werkvertrages erteilen muss. Das Fehlen von Fachkräften lässt nach der Rechtsprechung ferner darauf schließen, dass der Werkunternehmer nach seiner personellen Ausstattung

---

259 Vgl. zum Beispiel BAG, Urteil vom 15. Juni 1983 in AP Nr. 5 zu § 10 AÜG; LAG Berlin, Urteil vom 25. Juli 1988 in EzAÜG § 10 AÜG Fiktion Nr. 63; zur Gesamtproblematik des Abgrenzungskriteriums der unerlaubten Arbeitnehmerüberlassung zur Ausführung von Werkverträgen anhand der Organisationsgewalt des Auftragnehmers *Hamann* in *Schüren*, aaO (Fn. 32), § 1, Rn. 145 ff..

260 Vgl. Merkblatt 16 der Bundesagentur für Arbeit, S. 9. In der Praxis wird eine Einzelfallbetrachtung vorgenommen. Durch Gutachten eines in der Bundesrepublik Deutschland amtlich oder staatlich anerkannten Sachverständigen kann nachgewiesen werden, dass ein erhöhter Einsatz unqualifizierter Arbeiter zur Ausführung des Werkvertrages unerlässlich ist. Regelmäßig besteht die Bundesagentur für Arbeit auf eine nach Zeitaufwand und Umfang der Werkarbeiten getrennte Aufschlüsselung des Einsatzes von Facharbeitern und Helfern.

261 Vgl. hierzu ausführlich *Hamann* in *Schüren*, aaO (Fn. 32), § 1, Rn. 145 ff..

nicht in der Lage ist, einen bestimmten Auftrag selbständig auszuführen und auf Fachkräfte des Auftraggebers angewiesen ist. Dies deute darauf hin, dass der Subunternehmer als Auftragnehmer des Auftraggebers lediglich seine Arbeitskräfte zur Arbeitsleistung überlässt[262].

2. Kontingente

In den Werkvertragsabkommen sind Höchstzahlen, so genannte Kontingente, vorgegeben, innerhalb derer durch ein ausländisches Unternehmen eigene Arbeitskräfte zur Ausführung eines Werkvertrages in der Bundesrepublik Deutschland eingesetzt werden können[263]. Diese Kontingente werden zum Oktober eines jeden Jahres an die Entwicklung des Arbeitsmarkes in der Bundesrepublik Deutschland angepasst. Eine festgestellte Überschreitung der Kontingente führt zu einem Annahmestopp weiterer Werkverträge, so dass der ausländische Unternehmer keine weiteren Arbeitskräfte in die Bundesrepublik Deutschland entsenden kann[264]. Im Zeitpunkt der ersten Einführung der Werkvertragskontingente im Abrechnungszeitraum Oktober 1993 bis September 1994 betrug die Zahl der in der Bundesrepublik Deutschland insgesamt zugelassenen Werkvertragsarbeitnehmer 79.690, wovon 27.832 Werkvertragsarbeitnehmer im Bausektor beschäftigt waren. Die Zahl der aufgrund der Regierungsvereinbarungen zugelassenen Werkvertragsarbeitnehmer reduzierte sich in der nachfolgenden Abrechnungszeiträumen kontinuierlich und betrug vor dem Beitritt der MOE-Staaten zur Europäischen Union im Abrechnungszeitraum Oktober 2003 bis September 2004 49.140 zugelassene Werkvertragsarbeitnehmer, wovon 11.833 im Baugewerbe beschäftigt waren. Innerhalb dieses Zeitraums wurden die Kontingente zum 1. Mai 2004 angepasst. Der vor dem Beitritt der MOE-Staaten zur Europäischen Union zur Verfügung stehende Kontingentrahmen für die neuen EU-Mitgliedstaaten ist von insgesamt 34.000 (Stand 1. Oktober 2003) am 1. Mai 2004 inklusive der Reduzierung im Baubereich auf 21.224 Arbeitnehmer im Jahresdurchschnitt gesunken. Mit Beginn des folgenden Abrechnungszeitraums ab Oktober 2004 hat sich der Gesamtkontingentrahmen nicht weiter verringert. Seit dem 1. Mai 2004 sind die Kontingente nur noch im Wirtschaftssektor des Baugewerbes nutzbar, wobei die bisherigen Aufteilungen in so genannte Unterkontingente (z.B. für den Bau, d.h. das Bauhauptgewerbe, Isolierer und Restauratoren) beibehalten wurde. Eine Aufteilung nach Regionen erfolgt nicht. In den neuen Bun-

---

262 Vgl. die Nachweise oben in Fn. 259.

263 Die Kontingente werden ausschließlich vom zuständigen Ministerium im Heimatland (Kontingentvergabestelle) auf die Unternehmen, die den jeweils festgelegten Vergabekriterien entsprechen, verteilt und bestätigt.

264 Vgl. Merkblatt 16a der Bundesagentur für Arbeit, S. 10.

desländern besteht keine Möglichkeit für Unternehmer aus den MOE-Staaten zur Nutzung der Kontingente, da im Mai 2005 die Arbeitslosigkeit in den dortigen Regionen über 30% des gesamten Bundesgebietes lag[265]. Die rückläufige Entwicklung der Werkvertragskontingente hängt mit den Auswirkungen des Werkvertragsverfahrens auf den deutschen Arbeitsmarkt zusammen. Aufgrund der befürchteten Substitution deutscher Arbeitskräfte durch ausländische Werkvertragsarbeitnehmer im durch wirtschaftliche Stagnation gekennzeichneten Wirtschaftssektor des Baugewerbes wurden die Kontingenthöchstzahlen kontinuierlich reduziert. Auf Grundlage der Ermittlungen der Bundesregierung und der Bundesagentur für Arbeit[266] ergibt sich für die Kontingente der Werkvertragsabkommen folgende graphische Übersicht:

Kontingentrahmen	**10/03 – 4/04**	**5/04 – 9/04**	**10/04 – 9/05**
EU-Staaten	**Insgesamt** (zeitanteilig zu nutzen)	**Insgesamt** (zeitanteilig zu nutzen)	**Insgesamt**
Lettland	390	390	390
Polen	21430	13185	13185
Slowakei	1490	1247	1247
Slowenien	1280	708	708
Tschechien	2840	1893	1893
Ungarn	6610	3801	3801
Gesamt EU	**34040**	**21224**	**21224**
Alle Staaten	54480	41664	41664
Anteil EU-Staaten in Prozent	62%	51%	51%

Stand April 2005 wurde der insgesamt zur Verfügung stehende Kontingentrahmen aller neuen EU-Mitgliedstaaten zu 61% und das für den Bau (Bauhauptgewerbe) nutzbare Kontingent zu 48 % ausgeschöpft[267]. Die geringe Aus-

265 Vgl. Stellungnahme der Bundesregierung in BT-Drucks. 15/5546, S. 11. Nach den Durchführungsanweisungen der Bundesagentur für Arbeit (Punkt 2.3.233 zu Artikel 3) können Werkvertragsunternehmen auf schriftlichen Antrag eine drei Monate geltende Gewähr erhalten, dass Arbeitserlaubnisse auch dann noch zugesichert werden, wenn der Bezirk der Agentur für Arbeit, in dem der Werkvertrag ausgeführt werden soll, zwischenzeitlich von überdurchschnittlicher Arbeitslosigkeit erfasst wird. Durch diese Verfahrenshandhabung soll den ausländischen Werkvertragsunternehmen Planungssicherheit gegeben werden. Vgl. hierzu auch *Reim*, aaO (Fn. 27), S. 252.

266 Vgl. BT-Drucks. 15/5546, S. 10.

267 Vgl. Stellungnahme der Bundesregierung, aaO, S. 11.

schöpfung der Kontingentzahlen lässt sich zum einen durch die insgesamt schlechte Auftragslage im Baugewerbe erklären. Zum anderen haben die von der Bundesregierung in den letzten Jahren eingeleiteten Maßnahmen zur Bekämpfung der illegalen Beschäftigung im Baugewerbe ihre Wirkung nicht verfehlt. Insbesondere die Durchgriffshaftung der Auftraggeber nach § 1a AEntG stellt ein wirksames Instrument zur Bekämpfung illegaler Strukturen bei dem Einsatz von osteuropäischen Subunternehmern dar. Viele investitionswillige osteuropäische Unternehmer sehen sich zudem durch das finanziell und administrativ aufwändige Werkvertragsverfahren von einer wirtschaftlichen Betätigung in der Bundesrepublik Deutschland abgeschreckt, nicht zuletzt auch aufgrund der drohenden Sanktionsmöglichkeiten aufgrund der § 5 AEntG, §§ 15, 16 AÜG, § 404 SGB III und § 95 AufenthG.

3. Arbeitsmarktschutzklausel

Nach den Dienstanweisungen der Bundesagentur für Arbeit sind keine Zusicherungsbescheide für Arbeitserlaubnisse zu erteilen, wenn Entlassungen aus betriebsbedingten Gründen in dem Betrieb oder Betriebsteil erfolgen bzw. erfolgen sollen[268], in dem der Werkvertrag durchgeführt werden soll[269].

Ausländische Werkvertragsarbeitnehmer werden nach Auffassung der Bundesagentur für Arbeit auch dann nicht zum deutschen Arbeitsmarkt zugelassen, wenn in dem Betrieb bzw. in der Betriebsabteilung des deutschen Werkvertragspartners beschäftigte Arbeitnehmer kurzarbeiten oder das Unternehmen bei der Agentur für Arbeit Kurzarbeit für beschäftigte Arbeitnehmer nach §§ 169 ff SGB III angezeigt hat. Durch diese Sicherungsinstrumente in den Werkvertragsabkommen und den hierzu ergangenen Dienstanweisungen[270] soll sichergestellt werden, dass deutsche Arbeitnehmer nicht grundlos durch ausländische Werkvertragsarbeitnehmer substituiert werden[271]. Nach Art. 5 WA darf sich die Beschäftigung von Ausländern nicht nachteilig auf den Arbeitsmarkt, insbesondere hinsichtlich der Beschäftigungsstruktur in den jeweiligen Regionen und Wirtschaftszweigen auswirken, so dass Werkverträge auch dann nicht zugelassen werden können, wenn der inländische Vertragspartner die Kooperation im Rahmen von Werkverträgen mit anderen inländischen Unternehmen nicht fortsetzt

268 Grundlage für die Entscheidung ist die Anzeige nach § 17 KSchG.

269 Vgl. DAWVV 2.3.220 (1).

270 Zu diesen besonderen Voraussetzungen in den Dienstanweisungen der Bundesagentur für Arbeit ist allerdings kritisch anzumerken, dass sich diese Beschränkungen weder aus den Werkvertragsabkommen noch aus dem Arbeitsgenehmigungsrecht ergeben.

271 Vgl. Urteil des BayLSG vom 2. Juli 2002, – L 11 AL 155/00 –, nicht veröffentlicht.

und in Zusammenhang damit Arbeitnehmer bei diesen Unternehmen entlassen werden oder kurzarbeiten müssen. Anderenfalls könnte ein deutsches Unternehmen die Zahl seiner deutschen Beschäftigten durch betriebsbedingte Kündigungen auf ein Minimum reduzieren und den Geschäftsbetrieb allein über ausländische Werkvertragsarbeitnehmer aufrechterhalten. Es handelt sich hierbei um ein Verbot der Austauschkündigung als Genehmigungsvoraussetzung für den Werkvertrag.

4. Sonstige Arbeitsbedingungen nach § 284 Abs. 3 iVm § 39 Abs. 2, 2. Hs. AufenthG

Die Erteilung der Arbeitserlaubnis-EU setzt nach § 284 Abs. 3 SGB III ferner voraus, dass die sich aus dem Werkvertrag ergebende Entlohnung einschließlich des Teils, der wegen der auswärtigen Beschäftigung gezahlt wird, dem Lohn entspricht, welchen die deutschen Tarifverträge für eine *vergleichbare* Tätigkeit vorsehen (Art. 4 Ziffer b) WA iVm § 39 Abs. 2, 2. Hs. AufenthG). § 284 Abs. 3 SGB III findet auch auf die Erteilung einer Arbeitserlaubnis-EU für Werkvertragsarbeitnehmer Anwendung. Es handelt sich hierbei um ein gesetzliches Diskriminierungsverbot zur Herstellung einer Gleichheit der Entlohnung[272]. Die Vorschrift unterscheidet im Gegensatz zu § 284 Abs. 4 SGB III nicht zwischen einem Inlands- und einem Auslandsaufenthalt des Arbeitnehmers, so dass die Vorschrift auch auf Fälle einer vorübergehenden Entsendung in den von Ziffer 2.13 betroffenen Wirtschaftssektoren Anwendung findet[273]. Werkvertragsarbeitnehmer sind hinsichtlich der Entlohnung tarifgebundenen Arbeitnehmern gleichgestellt. Nicht in den Lohnvergleich einbezogen werden die für den Einsatz der Werkvertragsarbeitnehmer anfallenden Lohnnebenkosten, die ein deutscher Wettbewerber aufzubringen hat[274]. Das deutsche Sozialversicherungs- und Abgabenrecht bleibt folglich bei der Ermittlung des Lohnvergleichs unberücksichtigt. Im Hinblick auf die sonstigen Arbeitsbedingungen im Sinne des § 39 Abs. 2, 2. Hs. AufenthG ist ferner zu berücksichtigen, dass die zwingenden Arbeitsbedingungen bereits über § 7 AEntG und Art. 34 EGBGB Anwendung finden, so

---

272 So auch *Möschel*, „BB-Forum: Lohndumping und Entsendegesetz" in BB. 2005, S. 1164.

273 So ist wohl auch *Bieback* in *Gagel*, aaO (Fn. 94), § 284 SGB III, Rn. 120 zu verstehen, der darauf verweist, dass durch die Prüfungskompetenz der Bundesagentur für Arbeit in § 284 Abs. 3 SGB III iVm § 39 Abs. 2 Satz 1 Ziffer 1 lit. b) AufenthG eine noch lückenlosere Gleichstellung zwischen ausländischen und vergleichbaren deutschen Arbeitnehmern verlangt werden kann, als diese im AEntG und der Richtlinie 96/71 EG festgelegt wurde.

274 Vgl. *Ulber*, aaO (Fn. 24), Einleitung F, Rn. 76.

dass insoweit insbesondere die Berechnung des Lohnvergleichs Bedeutung erlangt.

5. Berechnung des Lohnvergleichs

Im Folgenden wird untersucht, wie der Lohnvergleich nach den Werkvertragsabkommen zu berechnen ist.

a) Allgemeine Grundlagen des Lohnvergleichs

Grundlage für den Lohnvergleich ist die Berechnung des Nettolohnes. Bei der Beantragung der Zusicherungsbescheide muss der ausländische Arbeitgeber die Löhne angeben, die den Arbeitnehmern nach Abzug der Steuern und Sozialversicherungsbeiträge für den Einsatz im Bundesgebiet tatsächlich gezahlt werden[275]. Während § 1 Abs. 1 AEntG nach der Allgemeinverbindlichkeit der Tarifverträge differenziert, ist nach den WA ein für die Tätigkeit des Werkvertragsarbeitnehmers *vergleichbarer* Lohn deutscher Arbeitnehmer zu zahlen. Die anzuwendenden Tarifverträge ergeben sich aus dem Tarifregister des Bundesministeriums für Wirtschaft und Arbeit[276], wobei ausweislich des Wortlauts der Werkvertragsabkommen regionale Tarifbereiche innerhalb des Bundesgebietes keine Berücksichtigung finden. Es wird lediglich ein Lohn verlangt, welchen *die deutschen Tarifverträge für vergleichbare Tätigkeiten* vorsehen. Zur Bestimmung des Tariflohns wird der so genannte Ecklohn für die vergleichbare Berufsgruppe zugrunde gelegt. Dieser entspricht in der Regel dem Lohn eines Facharbeiters. Soweit eine Arbeitserlaubnis-EU im Rahmen eines Werkvertrages für einen nichtqualifizierten Hilfsarbeiter nach § 284 Abs. 4 SGB III beantragt wird, ist für die Durchführung des Lohnvergleichs die jeweils unterste Lohn- bzw. Entgeltgruppe des entsprechenden Tarifvertrages zugrunde zu legen. Bezugsgröße für den Vergleich der Arbeitsbedingungen kann immer nur der Betrieb des deutschen Auftraggebers sein. Der räumlich-sachliche Bezug der zu vergleichenden Arbeitsbedingungen muss begrenzt werden, da sich die Arbeitsbedingungen nicht tarifgebundener Arbeitnehmer in der Bundesrepublik Deutschland erheblich unterscheiden können[277]. Die Tariftreuegesetze der einzelnen Bundesländer können demnach keine Anwendung finden[278]. Nach den so genannten Tariftreuegesetzen

---

275 Vgl. Merkblatt 16a der Bundesagentur für Arbeit, S. 9.

276 Abzurufen unter *www.bmwa.bund.de*.

277 Vgl. *Reim*, aaO (Fn. 27), S. 161.

278 Vgl. zur aktuellen Entwicklung der Tarifvertragstreuegesetze *Burgi/Waldhorst*, „Primärrechtliche Anforderungen an Bestimmtheit und Transparenz von Tariftreueverpflichtungen“ in RdA 2006, S. 85 ff..

wird ein öffentlicher Auftrag nur an Auftragnehmer erteilt, die eine schriftliche Erklärung abgeben, dass sie selbst und die von ihnen eingesetzten Subunternehmer die Mindestbedingungen der in den Anhängen zu den Tariftreuegesetzen aufgeführten Tarifverträge einhalten. Es handelt sich im Hinblick auf den *vergleichbaren* Lohn im Sinne der Werkvertragsabkommen um regionale Tarifbereiche, die bei der Berechnung des Lohnvergleichs nicht zu berücksichtigen sind.

b) Lohnvergleich bei Werkverträgen im Bausektor

Werkvertragsunternehmen, die überwiegend Bauleistungen im Sinne des § 175 Abs. 2 SGB III (§ 211 SGB III a.F.) erbringen und unter die Normen des AEntG fallen, müssen sowohl die Lohnbedingungen nach den Regierungsvereinbarungen (Nettolohn) als auch die Mindestlohnbedingungen nach dem AEntG (Mindestbruttolohn) erfüllen[279]. Der Berechnung des Bruttolohns nach dem AEntG ist der TV-Mindestlohn[280] des Baugewerbes zugrunde zu legen[281]. Auf Werkvertragsbasis entsandte Arbeitnehmer sind folglich wie inländische Arbeitnehmer zu entlohnen, so dass eine Gleichstellung über das Arbeitsgenehmigungs- und Tarifrecht erzielt wird. Gleichwohl sind deutsche Unternehmen gegenüber ausländischen Unternehmen benachteiligt, da bei der Berechnung des Lohns von Facharbeitern im Baugewerbe nach den Dienstanweisungen der Bundesagentur für Arbeit Abweichungen vom Ecklohn von bis zu 15 % zulässig sind[282]. Diese von der Arbeitsverwaltung zugelassene Unterschreitung des Lohns wird in der Praxis regelmäßig durch ausländische Unternehmen ausgenutzt, um kostengünstigere Angebote als deutsche Konkurrenten abgeben zu können. Sanktionsmöglichkeiten bestehen innerhalb dieses zulässigen Korridors nicht. Darüber hinaus findet das anteilige Urlaubsentgelt keine Berücksichtigung bei der Berechnung des Lohnvergleichs, so dass sich hieraus ein weiterer Kostenvorteil für ausländische Unternehmen ergibt. Dies gilt auch für ausländische Unternehmen die zur Teilnahme am Urlaubskassenverfahren der deutschen Bauwirtschaft verpflichtet sind, aber im Rahmen eines Werkvertrages Leistungen ausführen, die nicht dem Bau-

279 Vgl. *Möschel*, BB 2005, S. 1165.
280 Tarifvertrag zur Regelung der Mindestlöhne im Baugewerbe im Gebiet der Bundesrepublik Deutschland (TV Mindestlohn) vom 29. Juli 2005.
281 Berechnungsgrundlage sind die tatsächlich geleisteten Arbeitsstunden. Dies gilt auch dann, wenn ein Verstoß gegen das ArbZG vorliegt. Verstöße gegen öffentlichrechtliche Vorschriften sind auf der Ebene des Ordnungswidrigkeitenrechts zu sanktionieren. Anderenfalls könnten ausländische Arbeitgeber, wie es in der Praxis häufig geschieht, den zu zahlenden Mindestlohn durch eine Erhöhung der täglich zu erbringenden Arbeitszeit drücken.
282 Vgl. DAWVV 2.5.112.

bereich zuzuordnen sind. Die Berechnung des Lohnvergleichs erfolgt immer nur allein anhand des aktuellen Werkvertrages und den Lohnbedingungen des entsprechenden Wirtschaftsbereiches. Zur Vermeidung von Doppelzahlungen des Werkvertragsunternehmers sind für den Lohnvergleich die Löhne anderer Wirtschaftsbereiche ohne das anteilige Urlaubsentgelt zugrunde zu legen. Auch Aufwendungen für die Unterkunft in der Bundesrepublik sowie Verpflegungs- und Fahrkosten sind nicht als Lohnbestandteil zu berücksichtigen. Das Gleiche gilt für Beiträge zur betrieblichen Altersversorgung[283]. Dies folgt aus der Systematik der Entsenderichtlinie 96/71/EG. Nach Art. 3 Abs. 1 Unterabs. 1 lit. c und Absatz 7 Unterabs. 2 der Richtlinie 96/71/EG werden das Entgelt für Überstunden, die Beiträge für zusätzliche betriebliche Altersversorgungssysteme, die als Erstattung für infolge der Entsendung tatsächlich entstandene Kosten gezahlten Beträge und Pauschalbeträge, die nicht auf Stundenbasis berechnet werden, nicht als Bestandteile des Mindestlohns berücksichtigt, so dass sie auch bei dem Lohnvergleich nach Artikel 4 WA nicht zu berücksichtigen sind.

Fraglich ist, was für Zulagen und Zuschläge gilt. Der *EuGH*[284] hat mit Urteil vom 14. April 2005 entschieden, dass auch die von Arbeitgebern mit Sitz in anderen Mitgliedstaaten an ihre nach Deutschland entsandten Arbeitnehmer des Baugewerbes gezahlten Zulagen oder Zuschläge, die nicht das Verhältnis zwischen der Leistung des Arbeitnehmers und der von ihm erhaltenen Gegenleistung verändern, bei der Berechnung des Mindestlohns im Sinne des § 1 Abs. 1 AEntG zu berücksichtigen sind[285]. Es handelt sich bei den Zuschlägen um einen Ausgleich für ein Mehr an Arbeitsstunden des Arbeitnehmers oder um Qualitätsprämien, Schmutz-, Erschwernis- oder Gefahrenzulagen, die der Arbeitgeber freiwillig leistet. Diese Zuschläge finden bei der Berechnung des Lohnvergleichs nach den Regierungsabkommen aber keine Berücksichtigung, da es sich nicht um eine kollektivrechtliche, sondern eine individualvertragliche Abrede handelt, die das Verhältnis zwischen der Leistung des Arbeitnehmers und der von ihm erhaltenen Gegenleistung verändern[286]. Hieraus ergibt sich das nachfolgende von der Bundesagentur für Arbeit entwickelte Berechnungsschema[287]:

---

283 Vgl. DAWVV 2.5.150 zu Artikel 5.

284 EuGH, Rs. C-341/02, „***Kommission der Europäischen Gemeinschaften gegen Bundesrepublik Deutschland***“, Urteil vom 14. April 2005 in NZA 2005, S. 573.

285 Vgl. hierzu die Urteilsanmerkung von *Temming/Preis* in EzA § 1 Nr. 3 AEntG; *Junker/Aldea*, RIW 2006, S. 10.

286 So auch *Schlachter* in ErfK, aaO (Fn. 35), AEntG, § 2, Rn. 5.

287 Vgl. Information über die Nettolohnbedingungen bei der Beschäftigung ausländischer Arbeitnehmer auf der Grundlage von Werkverträgen – Lohnvergleich, Stand Mai 2007, abzurufen unter *www.arbeitsagentur.de*.

Tarifbereich: Branche/Wirtschaftszweig
Qualifikation: Facharbeiter

Stunden-Lohn (Ecklohn) lt. Tarif	**Xx,xx Euro**
+ anteiliges Urlaubsentgelt	+xx,xx Euro
+ anteiliges 13.Entgelt/Gratifikation	+xx,xx Euro
Stunden-Lohn Brutto	**=xx,xx Euro**
Wöchentliche Arbeitszeit:	Xx Std.
Monatliche Arbeitszeit (AZ x 13:3)	xxx Std.
Monatslohn brutto	**=x.xxx,xx Euro**
- xx,x % Sozialversicherung	xxx,xx Euro
- xx % Lohnsteuer	xxx,xx Euro
- x,x % Solidaritätszuschlag von Lohnsteuer	xxx,xx Euro
Summe Abzug	– **x.xxx,xx Euro**
Monatslohn netto	= xx,xx Euro
Stundenlohn netto	= **xx,xx Euro**

Grundlage für die Lohnberechnung sind die im laufenden Kalenderjahr geltenden Lohn- und Einkommenssteuertarife. Die Lohnsteuer wird unter Zugrundelegung des Steuersatzes der Klasse I individuell nach der Höhe der Bruttolohnsumme berechnet[288]. Auch wenn es sich bei dem vorzunehmenden Lohnvergleich um ein ausdifferenziertes System handelt, ist die Einhaltung der Lohnbedingungen in der Praxis kaum überprüfbar. Das Arbeitsvertragsstatut unterliegt regelmäßig ausländischem Recht[289], so dass Lohnbestandteile an den Arbeitnehmer regelmäßig im Ausland ausgezahlt werden. Dies ist insbesondere deswegen problematisch, weil der auszuzahlende Lohn nicht in Euro, sondern auch in einer ausländischen Währung ausgezahlt werden kann. Darüber hinaus ist zu berücksichtigen, dass der Mindestlohn durch ausländische Unternehmen immer wieder

288 Im Rahmen des Zusicherungsverfahrens müssen die Werkvertragsunternehmen die Löhne angeben, die sie ihren Arbeitnehmern nach Abzug der Steuern und Sozialversicherungsbeiträge für den Einsatz im Bundesgebiet tatsächlich zahlen. Dabei ist es unerheblich, wo – ob im Bundesgebiet oder im Heimatland – die Steuern und Sozialversicherungsbeiträge entrichtet werden, vgl. DA WVV Punkt 2.5.110 zu Artikel 5.

289 S.o. in der Einleitung unter Ziffer A. II..

versucht wird zu umgehen: So werden z.B. den Mitarbeitern von ihren Arbeitgebern angebliche Darlehen gewährt, die allerdings nie ausgezahlt und später mit dem Lohnanspruch wieder verrechnet werden. Eine andere beliebte Umgehungsform des Mindestlohns ist die überteuerte Vermietung von Wohnungen an die entsandten Arbeitnehmer in der Bundesrepublik Deutschland. Diese Miete wird direkt vom Lohn abgehalten, so dass den Arbeitnehmern ein Stundensatz verbleibt, der weit unter dem vorzunehmenden Lohnvergleich liegt[290].

Hinsichtlich der praktischen Durchführung des Lohnvergleichs muss man sich zudem vor Augen halten, dass die Entscheidung der Bundesagentur für Arbeit über die Genehmigungsfähigkeit des Werkvertrages nur auf einer Plausibilitätsprüfung basiert. Auf die Kalkulationsgrundlage der ausländischen Unternehmen kann die Bundesagentur für Arbeit keinen Einfluss nehmen. Eine Zusicherung ist aber nicht bereits dann zu versagen, wenn der Verdacht von Lohndumping besteht. Die Arbeitserlaubnis kann erst dann widerrufen werden, wenn sich nach einer Prüfung der tatsächlich ausgezahlten Löhne ergibt, dass die Voraussetzungen einer vergleichbaren Entlohnung nicht vorgelegen haben.

6. Arbeitserlaubnisgebühr nach § 287 SGB III

a) Einleitung

Liegen die vorgenannten Voraussetzungen vor, wird dem ausländischen Arbeitgeber eine Zusicherung nach § 34 SGB X für die Erteilung der Arbeitserlaubnis erteilt, wenn er die Gebühr nach § 287 SGB III bei der Bundesagentur für Arbeit eingezahlt hat. Nach § 287 Abs. 1 SGB III kann von dem Arbeitgeber der ausländischen Arbeitnehmer für die Aufwendungen, die der Bundesagentur und den Behörden der Zollverwaltung bei der Durchführung der zwischenstaatlichen Vereinbarungen über die Beschäftigung von Arbeitnehmern auf der Grundlage von Werkverträgen entstehen, eine Gebühr erhoben werden[291]. Der Arbeitgeber darf sich diese Gebühren nach § 287 Abs. 3 SGB III[292] nicht von dem Arbeitnehmer oder einem Dritten ganz oder teilweise erstatten lassen[293]. Durch diese Gebühr

290 Vgl. hierzu auch *Frankfurter Allgemeine Zeitung* vom 20. Juni 2007, Nr. 140, S. 12.

291 Vgl. *Düe* in *Niesel*, aaO (Fn. 249), § 287, Rn. 3.

292 § 287 Abs. 3 SGB III ist Schutzgesetz im Sinne des § 134 BGB, so dass entgegenstehende Vereinbarungen nichtig sind; vgl. *Bieback* in *Gagel*, aaO (Fn. 94), § 287 SGB III, Rn. 7.

293 Das Erstattungsverfahren führt zu einem erheblichem Verwaltungsaufwand, da sich Werkvertragsunternehmen in der Regel mehr Arbeitserlaubnisse für ihr Personal zusichern lassen, als letztlich für die Durchführung des Werkvertrages benötigt werden.

soll der Verwaltungsaufwand der Bundesagentur für Arbeit für die Durchführung des Werkvertragsverfahrens gedeckt werden. Die Höhe der Gebühren bestimmt sich nach Maßgabe der aufgrund der §§ 287 Abs. 2 Satz 2 iVm 372 Abs. 1 Satz 1 SGB III erlassenen Gebührenanordnung[294]. Für jeden Neuantrag fällt nach § 2 Abs. 1 a) der BfAGebAnO eine Gebühr in Höhe von € 200 an. Neben dieser Grundgebühr fällt nach § 2 Abs. 2 BfAGebAnO eine Laufzeitgebühr in Höhe von € 75 für jeden einzelnen Arbeitnehmer je angefangenen Kalendermonat an. Ferner fallen nach § 2 Abs. 1 b) der BfAGebAnO Gebühren in Höhe von € 100 für die Durchführung von Gewährleistungsarbeiten und Verlängerungsarbeiten an[295].

b) Verstoß gegen das Kostendeckungsprinzip

Die Erhebung der Gebühren nach §§ 287 Abs. 2 Satz 2, 376 Abs. 1 Satz 1 SGB III iVm BfAGebAnO in der derzeit geltenden Fassung könnte allerdings gegen das so genannte Kostendeckungsprinzip verstoßen.

(i) Normative Grundlagen des Kostendeckungsprinzips in § 287 SGB III

Über § 287 Abs. 4 SGB III finden die Vorschriften des Verwaltungskostengesetzes Anwendung[296]. Nach § 3 VwKostG sind die Gebührensätze so zu bemessen,

---

294 Anordnung des Verwaltungsrats der Bundesanstalt für Arbeit über die Entrichtung von Gebühren durch Arbeitgeber zur Durchführung der zwischenstaatlichen Vereinbarungen über die Beschäftigung von Arbeitnehmern auf der Grundlage von Werkverträgen vom 16. November 2001 (BfAGebAnO).

295 Im Hinblick auf die Höhe der Gebühren ist zu bedenken, dass durch die Verpflichtung zur Entrichtung einer Gebühr der finanzielle Handlungsspielraum ausländischer Werkvertragsunternehmen erheblich eingeschränkt wird. Gegenüber nationalen und mitgliedstaatlichen Mitkonkurrenten, die keine Arbeiterlaubnisgebühren entrichten müssen, stellt dies einen erheblichen Wettbewerbsnachteil dar. Ausländische Werkvertragsunternehmen sehen sich durch die Erhebung von Arbeitserlaubnisgebühren mit verschiedenen Nachteilen konfrontiert. Ein Nachteil ergibt sich aus dem Erfordernis, eine Genehmigung zu erhalten, die nicht leicht zu bewirken ist und die die Erledigung mehr oder weniger langwieriger, komplexer oder kostspieliger Verwaltungsformalitäten voraussetzt. Vielen Unternehmen ist es darüber hinaus nicht ohne weiteres möglich die insbesondere für kleinere Unternehmen verhältnismäßig hohen Gebühren aufzubringen, da sie für die Erteilung der Arbeitserlaubnisse in Vorleistung treten müssen, bevor auch nur € 1,00 umgesetzt werden konnte. Hierbei ist zu berücksichtigen, dass die ausländischen Unternehmen mit der Erbringung ihrer Arbeiten gegenüber dem Auftraggeber häufig in Vorleistung treten und nicht selten langwierige gerichtliche Auseinandersetzung zur Durchsetzung ihres Werklohnanspruchs führen müssen.

296 Vgl. *Düe* in *Niesel*, aaO (Fn. 249), § 287, Rn. 4.

dass zwischen der den Verwaltungsaufwand berücksichtigenden Höhe der Gebühr einerseits und der Bedeutung, dem wirtschaftlichen Wert oder dem sonstigen Nutzen der Amtshandlung andererseits ein angemessenes Verhältnis besteht. Ist gesetzlich vorgesehen, dass Gebühren nur zur Deckung des Verwaltungsaufwands erhoben werden, sind die Gebührensätze so zu bemessen, dass das geschätzte Gebührenaufkommen den auf die Amtshandlungen entfallenden durchschnittlichen Personal- und Sachaufwand für den betreffenden Verwaltungszweig nicht übersteigt. Nach § 287 Abs. 2 Satz 1 SGB III werden die Gebühren für die Aufwendungen erhoben, die im Zusammenhang mit dem Antragsverfahren und der Überwachung der Einhaltung der Vereinbarungen stehen, insbesondere der Überwachung der Einhaltung der für die Arbeitgeber nach den Vereinbarungen bei der Beschäftigung ihrer Arbeitnehmer bestehenden Pflichten einschließlich der Durchführung der dafür erforderlichen Prüfungen nach § 2 Abs. 1 des Schwarzarbeitsbekämpfungsgesetzes[297]. Darin liegt der Sache nach die einfach-

297 Nach *Bartz* (in *Wissing/Mutschler/Bartz/Schmidt- De Caluwe*, Praxiskommentar Sozialgesetzbuch III, 2. Aufl. 2004, § 287 SGB III, Rn. 7) ist es verfassungsrechtlich zulässig, dass durch § 287 SGB III neben der Erzielung von Einnahmen zum Zwecke der vollständigen oder teilweisen Kostendeckung noch weitere Zwecke verfolgt werden dürfen. Dieser Zweck bestand bis zum Beitritt der MOE-Staaten zur Europäischen Union darin, dem Arbeitgeber durch die Genehmigung der Werkverträge und der Zusicherung der Erteilung der benötigten Arbeitserlaubnisse die wirtschaftliche Betätigung in der Bundesrepublik Deutschland zu eröffnen (Integrations- und Kontrollkosten). Seit dem 1. Mai 2004 können Unternehmen aus den Beitrittsstaaten aber grundsätzlich die Dienstleistungsfreiheit nach Art. 49 Abs. 1 EG als subjektives Recht für sich in Anspruch nehmen. Dies ermöglicht ihnen eine wirtschaftliche Betätigung in der Bundesrepublik Deutschland mit eigenem Personal ohne das Erfordernis einer Arbeitsgenehmigung für das von ihnen in den Mitgliedstaat ihres Auftraggebers entsandte Personal. Die Beschränkungen nach Ziffer 2.13 führen zu einem vorübergehenden Entzug dieser Rechte von Arbeitgebern aus den Beitrittsstaaten in den nicht liberalisierten Wirtschaftssektoren. Durch die Erteilung einer Arbeitserlaubnis nach § 284 SGB III wird nur der Zustand hergestellt, der ohne die Übergangsbestimmungen in den Beitrittsakten bestehen würde, so dass keine zusätzliche Rechtsposition gewährt wird. Wenn also Unternehmen aus den Beitrittsstaaten schon in ihrem Recht zur unbeschränkten Ausübung der Dienstleistungsfreiheit aus Art. 49 Abs. 1 EG durch die Übergangsbestimmungen beschränkt werden, so kann ihnen dafür nicht zusätzlich noch eine Gebühr abverlangt werden. Gebühren sind öffentlich-rechtliche Geldleistungen, die aus Anlass individuell zurechenbarer öffentlicher Leistungen dem Gebührenschuldner durch eine öffentlich-rechtliche Norm oder eine sonstige hoheitliche Maßnahme auferlegt werden und dazu bestimmt sind, in Anknüpfung an diese Leistung deren Kosten ganz oder teilweise zu decken (BVerfG, Beschluss vom 11. August 1998, -1 BvR 1270/94- mit Hinweis auf BVerfGE 50, 217, 226) Aus den aufgebrachten Kosten für das Genehmigungsverfahren erlangt der Gebührenschuldner nunmehr keine Vorteile mehr. Sie korrespondieren nicht mehr mit einer Gegenleistung der öffentli-

gesetzliche Anordnung der Geltung des Kostendeckungsprinzips. Das Kostendeckungsprinzip ist eine Veranschlagungsmaxime. Das *Bayerische Landessozialgericht*[298] hat entschieden, dass die im Zeitpunkt des Satzungserlasses vorhersehbaren Gebühreneinnahmen nicht höher sein sollen als die zum gleichen Zeitpunkt vorhersehbaren Kosten. Das Kostendeckungsprinzip ist verletzt, wenn Kostenschätzung und Tarifgestaltung nicht auf das Ziel der Beschränkung der Gebühreneinnahmen auf die Höhe des Verwaltungsaufwands gerichtet werden, sei es, dass sie nicht sachgerecht geschehen, sei es in der Weise, dass von vornherein ein Gebührenüberschuss angestrebt wird. Ergibt sich hierbei eine Differenz, ist das Kostendeckungsprinzip verletzt[299].

(ii) Auswirkungen der Umstrukturierung der Zuständigkeiten für die Durchführung und Überwachung des Werkvertragsverfahrens auf das Kostendeckungsprinzip

Von diesen rechtlichen Vorgaben ausgehend, verstößt der Gebührentarif in der BfAGebAnO gegen das Kostendeckungsprinzip. Bis zur Einführung des Schwarzarbeitsbekämpfungsgesetzes[300] und der Übertragung der Überprüfung der Einhaltung der Werkvertragsabkommen auf die Zollverwaltung, führte die Bundesagentur für Arbeit sowohl das Genehmigungsverfahren, als auch das Überprüfungsverfahren mit eigenem Personal durch. Dies rechtfertigte die Erhebung von Gebühren sowohl für das Genehmigungsverfahren, als auch für das Überwachungsverfahren. Nunmehr ist die Bundesagentur für Arbeit nur noch für die Erteilung der Arbeitserlaubnisse nach den §§ 284 ff SGB III zuständig. Für die Überprüfung, ob ein Ausländer mit einer erforderlichen Genehmigung und nicht zu ungünstigeren Arbeitsbedingungen als vergleichbare deutsche Arbeitnehmer oder Arbeitnehmerinnen beschäftigt werden oder wurden, sind nach § 2 Abs. 1 Nr. 4 SchwarzArbG die Behörden der Zollverwaltung[301] zuständig. Die

---

chen Verwaltung. Man kann daher auch nicht mehr, wie es bis zum 30. April 2004 der Fall war, von einer so genannten "Verteilungsgerechtigkeit" sprechen. Jedenfalls dürfen die Gebühren wegen der Standstill-Klausel in Ziffer 2.13 der Beitrittsakte nach dem Zeitpunkt der Unterzeichnung der Beitrittsverträge nicht erhöht werden.

298 Bayerisches LSG, Urteil vom 23. Februar 1999, -L 10 AL 63/94-; -S 13 Al 478/93-, S. 17 der Entscheidungsgründe.

299 Vgl. BayLSG, aaO (Fn. 293), S. 20.

300 Gesetz zur Bekämpfung der Schwarzarbeit und illegalen Beschäftigung (Schwarzarbeitsbekämpfungsgesetz – SchwarzArbG) vom 23. Juli 2004 in BGBl. I 2004, S. 1842.

301 Behörden der Zollverwaltung sind die Hauptzollämter, sowie die über verschiedene Außenstellen tätigen Finanzkontrollen Schwarzarbeit (FKS). Materiell-rechtlich

Bundesagentur für Arbeit hat die Behörden der Zollverwaltung nach § 2 Abs. 2 Nr. 2 SchwarzArbG zu unterstützen. Hierbei anfallende Verwaltungskosten werden nach § 2 Abs. 2 Satz 4 SchwarzArbG aber nicht erstattet. Der Verwaltungsaufwand, der durch die Gebühren nach § 287 Abs. 3 SGB III iVm der BfAGebAnO abgedeckt werden soll, entsteht nunmehr allein bei den Behörden der Zollverwaltung. § 287 SGB III enthält allerdings keine dem § 2 Abs. 2 Satz 4 SchwarzArbG vergleichbare Regelung. Eine Erstattung der Verwaltungskosten der Behörden der Zollverwaltung für die Überwachung der durch die Bundesagentur für Arbeit genehmigten Werkverträge ist nicht vorgesehen.

Während die Bundesagentur für Arbeit als Bundesbehörde dem Ministerium für Wirtschaft, Arbeit und Soziales unterstellt ist, gehören die Behörden der Zollverwaltung nach Art. 108 GG der Finanzverwaltung des Bundes an. Beide verfügen über eigenes Personal und eigene finanzielle Mittel, die bei der Errechnung des Kostenaufwands mit zu berücksichtigen sind. Gleichwohl ordnet § 287 Abs. 2 Satz 3 SGB III an, dass die Bundesagentur ermächtigt wird, durch Anordnung (!) die gebührenpflichtigen Tatbestände zu bestimmen, für die Gebühr feste Sätze vorzusehen und den auf die Behörden der Zollverwaltung entfallenden Teil der Gebühren festzulegen und zu erheben. Diese Festlegung des auf die Behörden der Zollverwaltung entfallenden Teils der durch die Bundesagentur eingezogenen Gebühren ist in der BfAGebAnO nicht erfolgt. Dort heißt es nur, dass *"die Gebühren für .... zur Abdeckung aller Aufwendungen im Zusammenhang mit der Durchführung der in Abs. 1 genannten Vereinbarungen erhoben, einschließlich der Kosten, die in diesem Zusammenhang für die Bekämpfung der illegalen Beschäftigung entstehen."* Die Höhe der Gebühren nach § 2 BfAGebAnO orientiert sich immer noch an dem alten Aufgabenmonismus der Bundesanstalt für Arbeit, ohne den Gebührenaufwand in Verhältnis zu dem geänderten Personalaufwand zu setzen, der aus der Übertragung der Überwachung des Werkvertragsverfahrens auf die Behörden der Zollverwaltung erfolgt ist. Die Umstrukturierung der Verwaltungsaufgaben und des Personalaufwands hat keine Berücksichtigung in der BfAGebAnO gefunden. Weder in der BfAGebAnO, noch in § 287 SGB III findet sich eine Legitimation der Bundesagentur für Arbeit, Gebühren zur Deckung von Kosten, die Dritten, d.h. der Zollverwaltung entstanden sind, geltend zu machen[302]. Die Bundesagentur für Arbeit ist daher gehalten, ihren tatsächlichen Personalaufwand durch die Verschiebung der Zuständigkeitsbereiche zu den Behörden der Zollverwaltung bei der Bemessung der Gebühren zu berücksichtigen. Dies gilt darüber hinaus für die Erhebung der Verlängerungsge-

---

handelt es sich bei diesen Stellen um Polizeien des Bundes; vgl. *Berwanger* in *Fehn*, Schwarzarbeitsbekämpfungsgesetz, § 2, Rn. 4.

302 So im Ergebnis auch *Theuerkauf/Eicher* in *Henning*, SGB III, § 287 SGB III, Rn. 2.

bühr, da insoweit kein erneuter Prüfungsaufwand bei der Bundesagentur für Arbeit erfolgt[303].

7. Keine Vorrangprüfung nach § 284 SGB III iVm § 39 Abs. 2 Ziffer 1 lit. b) AufenthG

Liegen die vorgenannten Voraussetzungen vor, werden auf Grundlage der Werkvertragsabkommen entsandte Arbeitnehmer gegenüber Staatsangehörigen aus Drittstaaten privilegiert, indem keine Vorrangprüfung nach § 284 SGB III iVm § 39 Abs. 2 Ziffer 1 lit. b) AufenthG stattfindet[304]. Dies folgt aus der Systematik des AufenthG und der BeschV. Nach § 39 Abs. 1 Satz 1 AufenthG wird einem Ausländer ein Aufenthaltstitel, der zur Ausübung einer Beschäftigung berechtigt, nur mit Zustimmung der Bundesagentur für Arbeit erteilt, soweit nicht durch Rechtsverordnung etwas anderes bestimmt ist. Im Bereich der Entsendung von Arbeitnehmern ist durch Rechtsverordnung etwas anderes im Sinne des § 39 Abs. 1 AufenthG bestimmt. Das Bundesministerium für Wirtschaft und Arbeit hat von seiner Ermächtigung nach § 42 Abs. 1 und 2 AufenthG Gebrauch gemacht und aufgrund von Abs. 1 mit Zustimmung des Bundesrates die BeschV, sowie ohne Zustimmung des Bundesrates die BeschVerfV erlassen. Nach § 38 BeschV finden zwischenstaatliche Vereinbarungen vorrangig vor den Voraussetzungen der Erteilung der Zustimmung nach § 39 AufenthG und damit des Inländervorrangs Anwendung. Bei den Werkvertragsabkommen handelt es sich um eine zwischenstaatliche Vereinbarung im Sinne des § 38 BeschV, die die Voraussetzungen der Ausübung einer Beschäftigung regeln. Die Werkvertragsabkommen sehen keine Vorrangprüfung vor, so dass die weitergehenden Voraussetzungen des § 39 Abs. 2 AufenthG nicht zu prüfen sind.

8. Quotierung im Baugewerbe

Diese den Werkvertragsabkommen immanente partielle Auflösung des Inländervorrangs[305] wird durch eine zahlenmäßige Beschränkung der aufgrund der Werkertragsabkommen zugelassenen Arbeitnehmer nach § 39 Abs. 3 Satz 1 BeschV abgeschwächt. Nach § 3 Abs. 2 ASAV kann das Bundesministerium für Wirtschaft und Arbeit die Erteilung der Arbeitserlaubnis durch die Bundesagentur für Arbeit an Arbeitnehmer der Bauwirtschaft im Rahmen von Werkverträgen im

303 A.A. *Bieback* in *Gagel*, aaO (Fn. 94), § 287 SGB III, Rn. 9.

304 Vgl. etwa Art. 1 Abs. 1 WA Polen; vgl. hierzu *Bieback* in *Gagel*, aaO (Fn. 94), § 284 SGB III, Rn. 111.

305 Der Begriff stammt von *Reim*, aaO (Fn. 27), S. 64.

Verhältnis zu den beschäftigten gewerblichen Arbeitnehmern des im Inland ansässigen Unternehmens zahlenmäßig beschränken. Die Quotierung von Zusicherungsbescheiden für Arbeitserlaubnisse aufgrund der Werkvertragsabkommen wurde im Jahre 1993 durch § 3 Abs. 2 ASAV eingeführt[306]. Aufgrund dieser Klausel kann die Erteilung von Zusicherungsbescheiden an Werkvertragsarbeitnehmer im Verhältnis zu der Zahl der bei dem deutschen Auftraggeber beschäftigten gewerblichen Arbeitnehmer gestellt werden. Durch diese Klausel sollen kleine und mittelständische Betriebe geschützt werden. Für Werkverträge mit in der Bundesrepublik Deutschland ansässigen Unternehmen, die bis zu 50 gewerbliche Arbeitnehmer beschäftigen, darf die Arbeitserlaubnis-EU für bis zu 15 Werkvertragsarbeitnehmer erteilt werden, wobei die Zahl der Werkvertragsarbeitnehmer die Zahl der gewerblichen Arbeitnehmer des deutschen Betriebes nicht übersteigen darf. Beschäftigt das deutsche Unternehmen mehr als 50 gewerbliche Arbeitnehmer, darf die Arbeitserlaubnis-EU für bis zu 30 % der gewerblichen Arbeitnehmer des deutschen Betriebs, höchstens aber für 300 Werkvertragsarbeitnehmer erteilt werden[307].

VII. Vereinbarkeit der Erstreckung von tariflichen Mindestarbeitsbedingungen auf entsandte Arbeitnehmer am Beispiel des Urlaubskassenverfahrens der deutschen Bauwirtschaft

Im Wirtschaftssektor des Baugewerbes wurden nach § 4 Abs. 2 TVG die Sozialkassen des deutschen Baugewerbes gegründet, die durch eine kollektive Beitragsverpflichtung aller Arbeitgeber im Baugewerbe finanzielle Ansprüche der Arbeitnehmer, insbesondere Urlaubsgeld, Ausgleichszahlungen und Ansprüche aus einer zusätzlichen Altersversorgung absichern. Eine Abteilung bildet die Urlaubskasse des deutschen Baugewerbes (so genannte ULAK) mit Sitz in Wiesbaden, als gemeinsame Einrichtung der Tarifvertragsparteien des Baugewerbes nach § 4 Abs. 2 TVG. Sie hat die Aufgabe, die nach den Vorschriften des BRTV/Bau[308] und VTV/Bau[309] vorgesehene Urlaubsvergütung der Arbeitnehmer des Baugewerbes über ein Umlageverfahren zu sichern. Hintergrund dieses Ver-

---

306 Vgl. hierzu *Reim*, aaO (Fn. 27), S. 250.

307 Vgl. Merkblatt 16a der Bundesagentur für Arbeit, S. 6.

308 Bundesrahmentarifvertrag für das Baugewerbe vom 4. Juli 2002 in der Fassung vom 17. Dezember 2003.

309 Tarifvertrag über das Sozialkassenverfahren im Baugewerbe (VTV) vom 20. Dezember 1999 in der Fassung vom 1. Dezember 2000, 15. Mai 2001, 14. Dezember 2001 und 27. Februar 2002, 4. Juli 2002, 10. Dezember 2002, 17. Dezember 2003, 14. Dezember 2004 und 15. Dezember 2005.

fahren ist, dass im Baugewerbe Arbeitsverhältnisse oftmals nur befristet für ein Projekt begründet werden, oder witterungsbedingt während der Wintermonate enden. Die im Wirtschaftssektor des Baugewerbes tätigen Arbeitnehmer haben daher häufig keine Möglichkeit nach dem gesetzlichen Leitbild des § 7 Abs. 2 BUrlG Urlaubsansprüche zu erwerben, da diese Ansprüche erst nach einem Bestand des Arbeitsverhältnisses von 6 Monaten entstehen[310]. § 13 Abs. 1 Satz 1 BurlG ermöglicht es daher den Tarifvertragsparteien eine abweichende Regelung zur Sicherung der Urlaubsansprüche der Arbeitnehmer zu treffen[311]. Der BRTV/Bau und der hierzu ergangene VTV/Bau sehen daher ein Umlageverfahren vor, durch das alle Arbeitgeber verpflichtet werden, anteilig vom Bruttolohn der bei ihnen beschäftigten Arbeitnehmer monatliche Beiträge an die ULAK abzuführen. Diese Beiträge sichern nicht nur die Urlaubs- und Urlaubsabgeltungsansprüche der bei den zum Urlaubskassenverfahren teilnahmeverpflichteten, sondern aller im Baugewerbe beschäftigten Arbeitnehmer. Es handelt sich somit um eine umlagefinanzierte kollektivrechtliche Sicherung der sozialen Ansprüche der Arbeitnehmer, die unmittelbare Ansprüche gegen die Urlaubskasse erlangen[312]. Reflex dieses Arbeitnehmerschutzes ist die Sicherung gleicher Wettbewerbsbedingungen im Baugewerbe, da sich kein Arbeitgeber der Verpflichtung zur Absicherung der sozialen Schutzansprüche der Arbeitnehmer entziehen soll um einen Kostenvorteil gegenüber seinen Konkurrenten zu erlangen. Vor diesem wettbewerbsrechtlichen Hintergrund war lange Zeit fraglich, wie der Schutz eines fairen Wettbewerbs auch gegenüber ausländischen Arbeitgebern gesichert werden kann, die eigene Arbeitnehmer zur Ausführung von Werkverträgen in die Bundesrepublik Deutschland entsenden. Darüber hinaus wurde die gemeinschaftsrechtliche Vereinbarkeit der Werkvertragsabkommen mit Art. 39 EG angezweifelt[313]. Es wurde befürchtet, dass deutsche Unternehmen nur noch Kooperationen mit Unternehmen aus den MOE-Staaten abschließen. Dies wiederum könne zur Folge haben, dass Arbeitnehmern aus den Mitgliedstaaten der Europäischen Union der Zugang zu Arbeitsplätzen im Baugewerbe nicht mehr möglich sei[314]. Arbeitgeber aus den MOE-Staaten wären demnach besser gestellt als Arbeitgeber mit Sitz in einem EU-Mitgliedstaat. Eine solche Ungleichbehandlung wäre nach Art. 1 Abs. 4 der Richtlinie 96/71 EG verboten. Soweit ausländische Arbeitgeber nämlich nicht zur Teilnahme am Urlaubskassenverfahren der deutschen Bauwirt-

310 Vgl. hierzu auch *Koberski/Asshoff/Hold*, aaO (Fn. 143), § 1, Rn. 287.
311 Vgl. *Wank/Börgmann*, „Die Einbeziehung ausländischer Arbeitnehmer in das deutsche Urlaubskassenverfahren" in NZA 2001, S. 177.
312 Vgl. *Kempen* in *Kempen/Zachert*, TVG, 4. Aufl. 2006, § 4, Rn. 227.
313 Vgl. *Feuerborn* in *Schüren*, aaO (Fn. 144), Einleitung, Rn. 576.
314 Vgl. hierzu auch *Reim*, aaO (Fn. 27), S. 85.

schaft nach dem BRTV/Bau[315] und dem VTV/Bau verpflichtet sind, erlangen sie einen Lohnkosten- und damit einen Wettbewerbsvorteil gegenüber deutschen Unternehmen.

Das *BAG* und der *EuGH* haben sich dieser Bedenken angenommen und in mehreren Urteilen entschieden, dass auch ausländische Unternehmen zur Teilnahme am Urlaubskassenverfahren der deutschen Bauwirtschaft verpflichtet sind. Aufgrund der Bedeutung des Urlaubskassenverfahrens für das Werkvertragsverfahren im Wirtschaftssektor des Baugewerbes soll im Folgenden die Rechtsentwicklung aus Sicht des nationalen Rechts und des Gemeinschaftsrechts kurz nachvollzogen werden.

1. Teilnahmeverpflichtung osteuropäischer Subunternehmer am Urlaubskassenverfahren der deutschen Bauwirtschaft[316]

Ein wesentlicher Kostenvorteil osteuropäischer Unternehmen bei der grenzüberschreitenden Erbringung von Bauleistungen resultierte daraus, dass bis zum Jahr 1999[317] keine Verpflichtung zur Zahlung von Beiträgen an die *ULAK* bestand. Ausländische Arbeitgeber wurden von den Tarifverträgen des Baugewerbes nicht erfasst, da sie nicht in den räumlichen Anwendungsbereich der Tarifverträge fielen[318]. Die *IG Bau* befürchtete, dass durch die Werkvertragsabkommen Lohndumping Vorschub geleistet würde, da ausländische Unternehmen ohne Betriebsstätte in der Bundesrepublik Deutschland nicht von den deutschen Tarifverträgen erfasst werden[319]. Diese Bedenken beruhen insbesondere auf dem Umstand, dass in der Bundesrepublik Deutschland kein gesetzlicher Mindestlohn existiert, der

315 Bundesrahmentarifvertrag für das Baugewerbe vom 4. Juli 2002 in der Fassung vom 17. Dezember 2003, 14. Dezember 2004 und 29. Juli 2005.

316 An dieser Stelle soll nur ein kursorischer Überblick über das Urlaubskassenverfahren der deutschen Bauwirtschaft gegeben werden. Auf Detailfragen kann nicht eingegangen werden. Vgl. hierzu ausführlich allein *Preis/Temming*, „Die Urlaubs- und Lohnausgleichskasse im Kontext des Gemeinschaftsrechts", die die komplexe Materie des Urlaubskassenverfahrens im Kontext des Gemeinschaftsrechts erstmals im Gesamtkontext der Arbeitnehmerentsendung begutachtet haben. Einen Überblick über den Ablauf des Verfahrens gibt auch die von den Sozialkassen des deutschen Baugewerbes herausgegebene Broschüre, die auch über das Internet unter *www.soka-bau.de* zu beziehen ist.

317 Vgl. hierzu *Koberski/Asshoff/Hold*, aaO (Fn. 143), Einleitung, Rn. 50.

318 Vgl. ausführlich *Wank/Börgmann*, „Die Einbeziehung ausländischer Arbeitnehmer in das deutsche Urlaubskassenverfahren" in NZA 2001, S. 177 ff..

319 In der Diskussion um die Rechtmäßigkeit der Werkvertragsabkommen wurden daher wiederholt verfassungsrechtliche Bedenken im Hinblick auf eine Verletzung der durch Art. 9 Abs. 3 GG garantierten Tarifautonomie vorgebracht (Vgl. nur *Reim*, aaO (Fn. 27), S. 98 ff.).

als zwingende Eingriffsnorm über Art. 34 EGBGB auch auf entsandte Arbeitnehmer Anwendung finden würde, so dass der Möglichkeit der Lohnunterbietung der heimischen Arbeitskräfte Vorschub geleistet würde. Ein Lohnvergleich zwischen entsandten Arbeitnehmern und den vergleichbaren Arbeitnehmern des deutschen Baugewerbes lässt sich nämlich allein über das Arbeitsgenehmigungsrecht (§ 39 Abs. 2 AufenthG und die WA) erzielen, das dem Zugriffsbereich der Gewerkschaften entzogen ist. Mangels Tarifbindung konnten die ausländischen Arbeitgeber daher die Entlohnungsregelungen ihres Heimatstaates dem Vertragsstatut der entsandten Arbeitnehmer zugrunde legen. Erst mit der Umsetzung der Richtlinie 96/71 EG durch das AEntG[320] wurden die Tarifverträge des Baugewerbes auch auf ausländische Arbeitgeber erstreckt[321]. Gem. § 1 Abs. 1 AEntG finden die Rechtsnormen eines für allgemeinverbindlich erklärten Tarifvertrages des Bauhauptgewerbes oder des Baunebengewerbes im Sinne der §§ 1 und 2 der BaubetriebeVO, die die Mindestentgeltsätze einschließlich der Überstundensätze oder die Dauer des Erholungsurlaubs, das Urlaubsentgelt oder ein zusätzliches Urlaubsgeld zum Gegenstand haben, auch auf ein Arbeitsverhältnis zwischen einem Arbeitgeber mit Sitz im Ausland und seinem im räumlichen Geltungsbereich des Tarifvertrages beschäftigten Arbeitnehmer zwingend Anwendung, wenn der Betrieb in den fachlichen Geltungsbereich fällt, also überwiegend Bauleistungen gem. § 175 Abs. 2 SGB III (§ 211 SGB III a.F.) erbringt, und auch inländische Arbeitgeber ihren im räumlichen Geltungsbereich des Tarifvertrages beschäftigten Arbeitnehmern mindestens die am Arbeitsort geltenden tarifvertraglichen Arbeitsbedingungen gewähren müssen. Ausländische Unternehmen, die Bauleistungen im Sinne des § 175 Abs. 2 SGB III (§ 211 SGB III a.F.) erbringen, sind nunmehr nach § 1 Abs. 1 Nr. 2 AEntG iVm § 8 Nr. 6 BRTV/Bau und den Verfahrensbestimmungen des VTV/Bau zur Teilnahme am Urlaubskassenverfahren der Deutschen Bauwirtschaft gesetzlich verpflichtet[322]. Die Beitragsverpflichtung

320 Gesetz über zwingende Arbeitsbedingungen bei grenzüberschreitenden Dienstleistungen (Arbeitnehmer-Entsendegesetz-AEntG) vom 26. Februar 1996, veröffentlicht im BGBl. I, S. 227.

321 Vgl. hierzu ausführlich *Koberski/Asshoff/Hold*, aaO (Fn. 143), § 1, Rn. 6.

322 Die Verpflichtung zur Teilnahme am Urlaubskassenverfahren der deutschen Bauwirtschaft besteht nach § 1 Abs. 3 BRTV/Bau und VTV/Bau nur für gewerbliche Arbeitnehmer. Nicht erfasst werden Mitarbeiter, denen die Bauaufsicht übertragen wurde, sofern deren Mitarbeit an der Baustelle weitgehend ausgeschlossen ist (etwa Bauleiter und Poliere, die keine gewerblichen Arbeiten erbringen, sondern allein mit Aufsichtsarbeiten beauftragt sind). In der Praxis ergeben sich hierdurch Missbrauchsmöglichkeiten: So wurden Handwerker-GbR gegründet, die nicht als gewerbliche Arbeitnehmer auftreten. Das *Hessische LAG* hat mit Urteil vom 2. Juni 1995, -3 S 390/04- in EzA § 19 AFG Nr. 6 entschieden, dass solche Gesellschafterverträge als Umgehungsgeschäfte nach § 134 BGB iVm den arbeitserlaubnisrechtli-

ausländischer Unternehmen folgt unmittelbar aus § 1 Abs. 1 AEntG und nicht erst aus den tarifvertraglichen Vorschriften[323]. Somit gelangt deutsches Recht zur Anwendung, obwohl im Regelfall in allen Entsendekonstellationen bei objektiver Anknüpfung gem. Art. 30 Abs. 2 EGBGB das Heimatrecht des ausländischen Arbeitgebers Anwendung finden würde. Dies gilt ebenfalls für die Rechtswahl gem. Art. 27 Abs. 1 iVm Art. 30 Abs. 1 EGBGB, so dass die zwingende Teilnahmeverpflichtung am Urlaubskassenverfahren arbeitsvertraglich nicht mehr ausgeschlossen werden kann.

Die Erstreckung des Urlaubskassenverfahrens auf Arbeitgeber mit Sitz im Ausland setzt voraus, dass der ausländische Arbeitgeber in der Bundesrepublik Deutschland entweder einen Betrieb oder eine selbständige Betriebsabteilung im Sinne des § 175 Abs. § SGB III (§ 211 Abs. 1 Satz 4 SGB III a.F.) iVm § 1 Abs. 2 Abschnitt VI Satz 2 des BRTV/Bau unterhält. Nach diesen Tarifverträgen fallen Betriebe, die überwiegend Bauleistungen erbringen, grundsätzlich als Ganzes unter diesen Tarifvertrag. Dies bedeutet, dass die Verpflichtung zur Beitragszahlung auch dann besteht, wenn Unternehmen im Rahmen eines Werkvertrages Leistungen ausführen, die nicht dem Baubereich zuzuordnen sind. Nach ständiger Rechtsprechung versteht das *BAG* unter einem *Betrieb* im Sinne des § 1 Abs. 2 VTV/Bau eine organisatorische Einheit, innerhalb derer der Unternehmer in Gemeinschaft mit seinen Mitarbeitern mit Hilfe von sächlichen und immateriellen Mitteln bestimmte arbeitstechnische Zwecke fortgesetzt verfolgt, die sich nicht in der Befriedigung von Eigenbedarf erschöpfen[324]. Eine *Betriebsabteilung* definiert das *BAG* als einen personell und organisatorisch vom Gesamtbetrieb abgegrenzten Betrieb, der mit eigenen technischen Betriebsmitteln einen eigenen Betriebszweck verfolgt, der auch nur ein Hilfszweck sein kann[325]. Diese Betriebsabteilung muss selbständig, d.h. räumlich und organisatorisch abgegrenzt von dem Gesamtbetrieb sein, sowie einen ausgeprägten spezifischen arbeitstechnischen Zweck verfolgen[326].

Vor diesem Hintergrund war lange Zeit fraglich, ob auch Zweigniederlassungen ausländischer Unternehmen zur Teilnahme am Urlaubskassenverfahren der deutschen Bauwirtschaft verpflichtet sind. Im Ausland niedergelassene Unternehmen bedienen sich zur Abwicklung der Werkverträge in der Bundesrepublik

---

chen Vorschriften nichtig sind. Die Verträge seien allein darauf ausgerichtet, den vermeintlichen Gesellschaftern eine formelle Stellung einzuräumen, ohne dass sie ansonsten unternehmerisch tätig seien.

323 Vgl. *Koberski/Asshoff/Hold*, aaO (Fn. 143), § 1, Rn. 319.

324 Vgl. Urteil des BAG vom 3. Dezember 2003, -9 AZ 107/03-.

325 Vgl. BAG; Urteil vom 13. Mai 2004 in NZA 2004, S. 1120; zuletzt Urteil vom 25. Januar 2005, -9 AZR 146/04- zu I 3. e) aa) der Gründe.

326 Vgl. BAG, Urteil vom 25. Januar 2005, -9 AZR 146/04- zu I 3. e) aa) der Gründe.

Deutschland häufig kleinerer Büros, die als rechtlich unselbständige Zweigniederlassungen für die Abwicklung und Koordinierung der Arbeiten in der Bundesrepublik Deutschland eingesetzt werden. Das *BAG* hat mit Urteil vom 28. September 2005[327] entschieden, dass auch Zweigniederlassungen ausländischer Unternehmen selbständige Betriebsabteilungen im Sinne des § 1 Abs. 1 Satz 1 AEntG darstellen können, wenn die Bauarbeiten von dieser Zweigniederlassung aus geleitet und koordiniert werden. Weitere Voraussetzung ist eine für Außenstehende wahrnehmbare räumliche und organisatorische Abgrenzung vom Gesamtbetrieb. Das *BAG*[328] führte hierzu aus, dass eine Zweigniederlassung einen eigenen, von der Hauptniederlassung zu unterscheidenden selbständigen Mittelpunkt der Geschäfte bildet und ein abgesonderter Teil des Gesamtunternehmens ist.

Diese Ausweitung des sachlichen Anwendungsbereichs des AEntG verstößt nicht gegen die Dienstleistungsfreiheit nach Art. 49 EG vor. Ein in einem Mitgliedstaat der Europäischen Union niedergelassenes Unternehmen wird durch die Errichtung einer Zweigniederlassung in dem Mitgliedstaat, in dem es seine Dienstleistungen erbringt, nicht gegenüber inländischen Unternehmen benachteiligt. Auch inländische Unternehmen, die eine Zweigniederlassung in räumlicher Entfernung von ihrem Betriebssitz unterhalten, werden von den tariflichen Bestimmungen des BRTV/Bau und des VTV/Bau erfasst, so dass ausländische Arbeitgeber nicht schlechter gestellt werden als ihre deutschen Konkurrenten, mithin keine gemeinschaftsrechtlich nicht zu rechtfertigende Diskriminierung vorliegt. Die grenzüberschreitende Erbringung von Dienstleistungen durch ein in einem anderen Mitgliedstaat der Europäischen Union niedergelassenes Unternehmen wird auch nicht von der Errichtung einer Zweigniederlassung abhängig gemacht[329]. § 1 Abs. 1 Satz 1 AEntG enthält somit keinen eigenständigen Betriebsbegriff in Bezug auf Arbeitgeber mit Sitz in einem Mitgliedsstaat der EG.

---

327 10. Senat des BAG, Urteil vom 28. September 2005, -10 AZR 28/05-; Urteil vom 2. August 2006, – 10 AZR 348/05 -.

328 BAG, Urteil vom 25. Januar 2005 – 9 AZR 44/04 – , zu B I 2 b bb der Gründe.

329 Etwas anderes würde freilich dann gelten, wenn eine gesetzliche Verpflichtung über § 1 Abs. 1 AEntG zur Errichtung einer Zweigniederlassung in der Bundesrepublik Deutschland bestehen würde. Das Erfordernis einer Präsenzpflicht stellt einen Verstoß gegen die Dienstleistungsfreiheit dar. In der Rechtssache *van Binsbergen* (Rs. 33/74, *„Johannes Henricus* ***van Binsbergen*** *gegen Bestuur van de Bedrijfsvereiniging vorr de Metaalnijverheid"*, Urteil vom 3. Dezember 1974 in Slg. 1974, S. 1299) hatte der *EuGH* festgestellt, dass eine Präsenzpflicht des in einem anderen Mitgliedstaat niedergelassenen Unternehmens in dem Aufnahmestaat gerechtfertigt sein kann, wenn dies in Anbetracht der Besonderheiten der Dienstleistungen erforderlich ist. Die Erbringung von Bauleistungen in einem anderen Mitgliedstaat erfordert keine Präsenz in dem Aufnahmestaat. Die Dienstleistungen in einem andern

a) Verhältnis des AEntG zu den Werkvertragsabkommen

Das Verhältnis zwischen den Werkvertragsabkommen zum AEntG war seit jeher weitgehend unumstritten. Allein *Koberski/Sahl/Hold*[330] äußerten Bedenken hinsichtlich der Vereinbarkeit der Werkvertragsabkommen mit dem AEntG und dem Arbeitserlaubnisrecht. Nach ihrer Auffassung gingen sowohl das AEntG, als auch das Arbeitserlaubnisrecht den Werkvertrabkommen nach dem Grundsatz *lex posterior derogat legi prioi* vor. Diese Bedenken hat *Reim*[331] zutreffend mit dem Argument widerlegt, dass es sich bei den Werkvertragsabkommen um speziellere Reglungen zum AEntG handelt. Das AEntG verdrängt die Werkvertragsabkommen nicht, sondern ergänzt sie. Während das AEntG materielle Arbeitsbedingungen auf ausländische Arbeitgeber erstreckt, eröffnen die Werkvertragsabkommen erst den Zugang zum deutschen Arbeitsmarkt. Auch *Koberski/Asshoff/Hold*[332] äußern nunmehr keine Bedenken mehr an der parallelen Anwendbarkeit der Werkvertragsabkommen und des AEntG.

b) Entwicklung der Rechtsprechung des EuGH und des BAG zum Urlaubskassenverfahren

Seit dem Jahre 1999 sind nunmehr auch Werkvertragsunternehmen aus den MOE-Staaten zur Teilnahme am Urlaubskassenverfahren der Bauwirtschaft verpflichtet. Die oben beschriebenen Bedenken an einer Ungleichbehandlung von Unternehmen aus den alten Mitgliedstaaten gegenüber Unternehmen aus den MOE-Staaten waren aus Sicht der deutschen Unternehmen und der Gewerkschaften damit ausgeräumt. Angesichts des enormen finanziellen[333] und administrativen[334] Aufwands der aus der Verpflichtung zur Teilnahme am Urlaubskassenverfahren der deutschen Bauwirtschaft für ausländische Unternehmen folgt, waren die deutschen Arbeitsgerichte nunmehr aber mit einer Vielzahl von Klagen

---

Mitgliedstaat können auch von dem Betriebssitz aus dem Ausland abgewickelt werden, ohne dass eine Präsenz aus zwingenden Gründen des Allgemeininteresses in der Bundesrepublik Deutschland erforderlich wäre.

330 *Koberski/Sahl/Hold*, AEntG, 1. Aufl. 1997, § 1, Rn. 9 ff..

331 Vgl. *Reim*, aaO (Fn. 27), S. 166 f..

332 Vgl. *Koberski/Asshoff/Hold*, aaO (Fn. 143), § 1, Rn. 343 ff..

333 Nach § 8 Nr. 4.2 BRTV und § 18 Abs. 4 VTV/Bau beträgt die Beitragshöhe seit Januar 2006 14,70 % der monatlichen Bruttolöhne aller nach Deutschland entsandten Arbeitnehmer.

334 Vor Aufnahme einer baugewerblichen Tätigkeit ist jeder Arbeitgeber nach § 5 VTV/Bau verpflichtet, sich bei der für ihn zuständigen Kasse zu melden und Monatsmeldungen über die von ihm auf Baustellen in der Bundesrepublik Deutschland eingesetzten Arbeitnehmer zu machen.

ausländischer Unternehmen gegen das Urlaubskassenverfahren befasst. Arbeitgeber mit Sitz in den MOE-Staaten sahen in der Erstreckung des Urlaubskassenverfahrens auf Unternehmen, die in diesen Staaten niedergelassen sind, eine Ungleichbehandlung gegenüber Arbeitgebern aus den alten Mitgliedstaaten. Sowohl der *EuGH*, als auch das *BAG* hatten bereits die Möglichkeit, Stellung zur Vereinbarkeit der Teilnahmeverpflichtung ausländischer Unternehmer am Urlaubskassenverfahren der deutschen Bauwirtschaft mit dem Gemeinschaftsrecht und dem nationalen Recht zu nehmen.

(i) Rechtsprechung des EuGH

Gemeinschaftsrechtliche Bedenken gegen die Ausweitung tariflicher Mindestarbeitsbedingungen auf Unternehmen mit Sitz in einem anderen Mitgliedstaat der Europäischen Union hat der *EuGH* frühzeitig zurückgewiesen[335]. Der *Gerichtshof* hat festgestellt, dass es das Gemeinschaftsrecht einem Mitgliedstaat grundsätzlich nicht verwehre, einem Unternehmen mit Sitz in einem anderen Mitgliedstaat, das Dienstleistungen im erstgenannten Mitgliedstaat erbringt, die Verpflichtung aufzuerlegen, seinen Arbeitnehmern die durch die nationalen Vorschriften dieses Staates festgelegten Mindestlöhne zu zahlen[336]. Bereits in der Rechtssache *Guiot* führte der *EuGH* aus, dass allgemeinverbindlich erklärte Tarifverträge, die finanzielle Verpflichtungen des Aufnahmestaates (hier: Sonderabgaben im Baugewerbe für die sog. Schlechtwettergeld- und Betriebstreuekasse) auch auf ausländische Unternehmen erstrecken, nur dann mit der Dienstleistungsfreiheit nach Art. 49 vereinbar sind, wenn die entsandten Arbeitnehmer nicht bereits in ihrem Heimatstaat einen vergleichbaren Schutz genießen und durch Beiträge ihrer Arbeitgeber abgesichert sind. Dies stellt in der Sache nicht anderes als die gemeinschaftsrechtliche Ausprägung des Verhältnismäßigkeitsgrundsatzes dar[337], da eine Sicherung der sozialen Ansprüche entsandter Arbeitnehmer durch Vorschriften des Aufnahmestaates dann nicht erforderlich ist, wenn ein vergleichbarer Schutz bereits in dem Herkunftsstaat erreicht werden kann. Eine Doppelbelastung ausländischer Unternehmen würde daher eine gemeinschafts-

335 Vgl. hierzu auch *von Danwitz*, EuZW 2002, S. 237 ff.; *Bayreuther*, „Die Vereinbarkeit des Arbeitnehmerentsendegesetzes mit dem Europarecht“ in EuZW 2001, S. 764 ff.; ausführlich *Preis/Temming*, aaO (Fn. 18), S. 98 ff..

336 Vgl. EuGH, Rs. „***Seco und Desquenne & Giral***“ in NJW 1982, S. 1935 Rn. 14; Rs. „***Guiot***“, aaO (Fn. 49), Rn. 12; Rs. „***Arblade***“, aaO (Fn. 49); Rs. „***Mazzoleni und ISA***“ in NZBau 2001, S. 491 Rn. 28 f. und Rs. „***Portugaia Construções***“, aaO (Fn. 50), in EuZW 2002, S. 245.

337 Hierzu ausführlich *Jarass*, „Elemente einer Dogmatik der Grundfreiheiten II“ in EuR 2000, S. 721 ff..

rechtlich nicht zu rechtfertigende Diskriminierung darstellen[338]. Der *EuGH* erkannte damit zwar grundsätzlich das durch Art. 49 EG begründete sog. Herkunftslandprinzip an, macht aber eine Ausnahme zum Schutz der Arbeitnehmer.

Diese Rechtsprechung bestätigte der *EuGH* auch in der Folgezeit in der Rechtssache *Arblade und Leloup*, in der er wiederum über die Erstreckung von Beitragspflichten auf ausländische Unternehmen aufgrund allgemeinverbindlicher tariflicher, als auch gesetzlicher Vorschriften zu entscheiden hatte. In Fortbildung der Rechtssache *Guiot* erweiterte das Gericht den sozialen Schutz der entsandten Arbeitnehmer dahingehend, dass auch eine Verpflichtung aufgrund Rechtsvorschriften des Aufnahmestaates zur Bereithaltung von Unterlagen zur Kontrolle der Beitragsverpflichtung dem sozialen Schutz der entsandten Arbeitnehmer diene, die Beschränkung der Dienstleistungsfreiheit nach Art. 49 EG demnach gemeinschaftsrechtlich gerechtfertigt sei.

Auch in der Folgezeit hatte sich der *EuGH* wiederholt mit Beschränkungen der Dienstleistungsfreiheit nach Art. 49 EG durch die Erstreckung tariflicher und gesetzlicher Vorschriften auf Unternehmen mit Sitz in einem anderen Mitgliedstaat der Europäischen Union zu befassen. Der *EuGH* erweiterte die bisherige Kasuistik zur Entsenderechtsprechung dahingehend, dass eine Einbeziehung ausländischer Unternehmen in die sozialen Sicherungssysteme (etwa ein tarifvertraglicher Mindestlohn, Schlechtwettergeld) und deren verfahrensrechtlichen Absicherung (insb. Auskunftspflichten gegenüber den nationalen Behörden, Meldepflichten, Dokumentationspflichten) des Aufnahmestaates gemeinschaftsrechtlich gerechtfertigt sein können, wenn die Anwendung dieser Vorschriften geeignet ist, die Verwirklichung des mit ihnen verfolgten Zieles –dem Schutz der entsandten Arbeitnehmer- zu gewährleisten. Allerdings dürfen diese Maßnahmen nicht über das hinausgehen, was zur Erreichung dieses Zieles erforderlich ist[339]. Einen weiteren Rechtfertigungsgrund für Beschränkungen der Dienstleistungsfreiheit hat der *EuGH* in der Verhinderung eines unlauteren Wettbewerbs anerkannt[340].

Über die Anwendung dieser Grundsätze auf das Urlaubskassenverfahren konnte der *EuGH* im Jahre 2001 auf einen Vorlagebeschluss des *Arbeitsgerichts*

338 Vgl. hierzu *Schlachter*, NZA 2002, S. 1246 f..

339 Vgl. in diesem Sinne u.a. EuGH, Rs. „***Arblade***", aaO (Fn. 49), Rn. 35, Rs. „***Mazzoleni und ISA***", aaO (Fn. 330), Rn. 26; EuGH, Rs. „***Wolff & Müller***", aaO (Fn. 64), Rn. 34.

340 EuGH, Rs. „***Wolff & Müller***", aaO (Fn. 64), Rn. 34.

Wiesbaden[341] entscheiden[342]. Er hatte zur Frage der Vereinbarkeit der Erstreckung des Urlaubskassenverfahrens und der Zahlung von Beiträgen an die Urlaubskasse über § 1 Abs. 3 AEntG iVm § 8 BRTV/Bau auf ausländische Arbeitgeber mit dem Gemeinschaftsrecht Stellung zu nehmen. Diese Prüfung nahm der *EuGH* in Fortführung der Rechtsprechung in Sachen *Rush Portuguesa* und *Vander Elst* nicht am Maßstab der durch Art. 39 EG gewährleisteten Arbeitnehmerfreizügigkeit, sondern der Dienstleistungsfreiheit nach Art. 49 EG vor[343]. Der *Gerichtshof* stellte fest, dass die Verpflichtung ausländischer Arbeitgeber zur Teilnahme am Urlaubskassenverfahren der deutschen Bauwirtschaft eine Steigerung der Kosten und der administrativen und wirtschaftlichen Belastungen des die Dienstleistung erbringenden Unternehmens darstelle, so dass eine Beeinträchtigung der Dienstleistungsfreiheit vorläge[344]. Dieser Eingriff in die Dienstleistungsfreiheit ausländischer Unternehmen sei nach Auffassung des *EuGH* aber durch zwingende Gründe des Allgemeinwohls gerechtfertigt[345]. Das Urlaubskassenverfahren sei nicht allein aus wirtschaftlichen Gründen zum Schutz inländischer Unternehmen geschaffen worden, sondern sichere durch eine effektive Verfahrensweise die Urlaubsansprüche der entsandten Arbeitnehmer[346],

> *„sofern zum einen die Arbeitnehmer nach den Rechtsvorschriften des Niederlassungsmitgliedstaats ihres Arbeitgebers keinen im Wesentlichen vergleichbaren Schutz genießen, so dass die Anwendung der nationalen Regelung des ersten Mitgliedstaats ihnen einen tatsächlichen Vorteil verschafft, der deutlich zu ihrem sozialen Schutz beiträgt, und zum anderen die Anwendung dieser Regelung des ersten Mitgliedstaats im Hinblick auf das verfolgte im Allgemeininteresse liegende Ziel verhältnismäßig ist“*[347].

Allerdings stellte der *Gerichtshof* auch fest, dass der zum Zeitpunkt der Entscheidung geltende § 1 Abs. 4 AEntG unvereinbar mit den Art. 49, 50 EG sei. § 1 Abs. 4 AEntG enthielt eine Fiktion, wonach alle von einem außerhalb Deutschlands ansässigen Arbeitgeber nach Deutschland entsandten Arbeitnehmer – aber auch nur diese – als ein Betrieb gelten, obwohl für in Deutschland ansässige Arbeitgeber ein abweichender Betriebsbegriff gilt, der in bestimmten Fällen

---

341 Die Zuständigkeit des Arbeitsgerichts Wiesbaden für Streitigkeiten über die Verpflichtung zur Teilnahme (ausländischer)Arbeitgeber am Urlaubskassenverfahren folgt aus § 32 VTV/Bau; Vorlagebeschluss des Arbeitsgerichts Wiesbaden abgedruckt in NZA-RR 1998, S. 217.

342 Vgl. hierzu auch die Urteilsanmerkung von *Bayreuther*, EuZW 2001, S. 764 f..

343 EuGH, Rs. „***Finalarte***“, aaO (Fn. 50), Rn. 22.

344 EuGH, Rs. „***Finalarte***“, aaO (Fn. 50), Rn. 36.

345 EuGH, Rs. „***Finalarte***“, aaO (Fn. 50), Rn. 44.

346 EuGH, Rs. „***Finalarte***“, aaO (Fn. 50), Rn. 63.

347 EuGH, Rs. „***Finalarte***“, aaO (Fn. 50), Rn. 53 (Zitat).

zu einer abweichenden Abgrenzung der Betriebe führte, die unter den Geltungsbereich der Tarifverträge fielen. Dies führte nach Auffassung des *EuGH* dazu, dass Unternehmen, die in anderen Mitgliedstaaten ansässig sind und in Deutschland Dienstleistungen im Baugewerbe erbringen, im Unterschied zu den in der Bundesrepublik Deutschland ansässigen Unternehmen stets den Tarifverträgen für dieses Gewerbe und damit insbesondere der Verpflichtung unterliegen, Beiträge an die Urlaubskasse zu zahlen[348]. Dieser Eingriff in Art. 49, 50 EG sei gemeinschaftsrechtlich nicht durch zwingende Gründe des Allgemeinwohls gerechtfertigt[349].

Diese Rechtsprechung führte der *EuGH* in der Rechtssache *Portugaia Construçöes*[350] fort, ohne direkt auf das Urlaubskassenverfahren Bezug zu nehmen. Einschränkend führte der *Gerichtshof* in dieser Entscheidung aus, dass eine unzulässige Ungleichbehandlung von Arbeitgebern mit Sitz in Deutschland und in einem anderen Mitgliedsstaat niedergelassenem Unternehmen vorliegen kann, wenn sich zwar inländische, nicht jedoch ausländische Arbeitgeber den erstreckten Tarifverträgen durch speziellere tarifliche Regelungen entziehen können. Die Entscheidung des *EuGH* muss vor dem Hintergrund gesehen werden, dass im deutschen Recht nach der Rechtsprechung des *BAG* speziellere Tarifverträge solchen Tarifverträgen vorgehen, die für allgemeinverbindlich erklärt worden sind und eine gemeinsame Einrichtung der Tarifvertragsparteien betreffen[351]. Dies soll jedenfalls dann gelten, wenn diese spezielleren Tarifverträge tarifrechtlich auch das einzelne Arbeitsverhältnis erfassen, wobei die Tarifbindung des Arbeitgebers ausreicht[352]. Eine solche Ungleichbehandlung, wie sie der *EuGH* in der

---

348 Vgl. EuGH, Rs. „***Finalarte***“, aaO (Fn. 50), Rn. 83. Infolge dieser Entscheidung des *EuGH* hat der Gesetzgeber § 1 Abs. 4 AEntG aufgehoben und in § 1 Abs. 1 Satz 1 AEntG a.F. vor dem Wort “*überwiegend*” die Wörter “*oder die selbständige Betriebsabteilung im Sinne des fachlichen Geltungsbereichs des Tarifvertrages*” eingefügt (vgl. Art. 92 Nr. 1 Buchst. b und Nr. 1 Buchst. a des Dritten Gesetzes für moderne Dienstleistungen am Arbeitsmarkt vom 23. Dezember 2003 – BGBl. I, S. 2848).

349 Die Rechtsprechung des *EuGH* hatte allerdings bis zum Beitritt der MOE-Staaten zur Europäischen Union keine Auswirkungen auf Unternehmen aus den damaligen Drittstaaten. In der Rechtssache *Finalarte* hatte der *EuGH* keine Feststellungen über die Verpflichtung zur Teilnahme am Urlaubskassenverfahren von Unternehmen aus Staaten getroffen, die nicht Mitglied der Europäischen Union sind.

350 EuGH, Rs. „***Portugaia Construçöes***“, aaO (Fn. 50).

351 BAG, Urteil vom 4. Dezember 2002 – 10AZR 113/02 -; vgl. hierzu auch *Wendeling-Schröder* in *Kampen/Zachert*, TVG, aaO (Fn. 307), § 4, Rn. 153.

352 Vgl. BAG, Urteil vom 26. Januar 1994 in NZA 1994, S. 1038; BAG, Urteil vom 4. Dezember 2002 – 10AZR 113/02-. Dies gilt allerdings dann nicht, wenn der speziellere Tarifvertrag ohne Tarifbindung des Arbeitgebers lediglich einzelvertraglich vereinbart ist (BAG, Urteil vom 22. September 1993 – 10 AZR 207/92 –).

Rechtssache *Portugaia Construções* hervorhob, ist im Bereich des Urlaubskassenverfahrens allerdings nunmehr durch § 1 Abs. 1 Satz 3 AEntG ausgeschlossen. Danach findet die gesetzliche Erstreckung der Tarifvertragsnormen auf ausländische Arbeitgeber unabhängig davon Anwendung, ob der Tarifvertrag kraft Tarifbindung nach § 3 TVG oder aufgrund der Allgemeinverbindlicherklärung nach § 5 TVG Anwendung findet.

Zusammenfassend bleibt festzuhalten, dass nach der Rechtsprechung des *EuGH* die Verpflichtung von ausländischen Unternehmen zur Teilnahme am Urlaubskassenverfahren der deutschen Bauwirtschaft zwar eine Beeinträchtigung der Dienstleistungsfreiheit nach Art. 49 EG darstellt, diese aber zum Schutz der entsandten Arbeitnehmer und zur Sicherung eines fairen Wettbewerbs gemeinschaftsrechtlich gerechtfertigt ist[353].

(ii) Rechtsprechung des BAG

Mit Urteil vom 25. Juni 2002 hatte der für das Tarifrecht zuständige 9. Senat des *Bundesarbeitsgerichts*[354] die Möglichkeit, grundlegend zu der Vereinbarkeit der Teilnahmeverpflichtung am Urlaubskassenverfahren ausländischer Unternehmen aus den MOE-Staaten mit nationalem Recht Stellung zu nehmen[355]. Diese Rechtsprechung des BAG soll im Folgenden kurz nachvollzogen werden.

Das *BAG* stellte sich auf den Standpunkt, dass der Schutz entsandter Arbeitnehmer im Baugewerbe allein durch die Verpflichtung aller ausländischen Unternehmen zur Teilnahme am Werkvertragsverfahren zu erreichen sei. Die Ent-

---

353 Vgl. hierzu umfassend *Preis/Temming*, aaO (Fn. 18), S. 114 ff., die die Vereinbarkeit des Urlaubskassenverfahrens mit dem Gemeinschaftsrecht entgegen dem *EuGH* auch grundsätzlich an Art. 39 EG messen. Allerdings kommen auch sie zu dem Ergebnis, dass die gemeinschaftsrechtliche Rechtfertigung einer Beschränkung von Art. 39 EG nach den gleichen Grundsätzen wie bei der Prüfung einer Rechtfertigung eines Eingriffs nach Art. 49 EG erfolge. Die Vereinbarkeit der Erstreckung des Urlaubskassenverfahrens auf Arbeitgeber mit Sitz in einem anderen Mitgliedstaat der Europäischen Union aufgrund der Richtlinie 96/71 EG mit Art. 49 EG hält nach ihrer Auffassung einer Verhältnismäßigkeitsprüfung stand, vgl. hierzu die Ausführungen auf den S. 125 bis 130.

354 BAG, Urteil vom 25. Juni 2002, -9 AZR 405/00- in AP Nr. 12 zu § 1 AEntG und BAGE 102, S. 1 für slowakische, sowie in DB 2003, S. 2287, für rumänische Arbeitgeber. Das *BAG* hatte zur Frage der Teilnahmeverpflichtung am Urlaubskassenverfahren ausländischer Arbeitgeber trotz des Urteils des *EuGH* in Sachen *„Finalarte“* Stellung zu nehmen, da die vorangegangene Rechtsprechung des EuGH sich allein auf die Vereinbarkeit des Urlaubskassenverfahrens mit dem primären Gemeinschaftsrecht, nicht hingegen mit dem Assoziationsrecht mit den MOE-Staaten bezog.

355 Vgl. hierzu auch *Koberski/Asshoff/Hold*, aaO (Fn. 143), § 1, Rn. 343 ff..

scheidung des *BAG* muss vor dem Hintergrund lang anhaltender Arbeitslosigkeit und einer tiefen wirtschaftlichen Depression im Baugewerbe gesehen werden. Hierauf konnte das *BAG* in den Entscheidungsgründen natürlich nicht abstellen, da der *EuGH* bereits zuvor mehrfach entschieden hatte, dass eine Erstreckung tariflicher Mindestarbeitsbestimmungen auf ausländische Arbeitgeber nicht zum Schutz der nationalen Wirtschaft, sondern allein zum Schutz der im Wirtschaftssektor des Baugewerbes tätigen Arbeitnehmer zulässig ist[356]. In rechtlicher Hinsicht stellte das *BAG* klar, dass die Verpflichtung zur Teilnahme am Urlaubskassenverfahren aus § 1 Abs. 3 AEntG und damit kraft Gesetzes und nicht aufgrund der tariflichen Bestimmungen des BRTV/Bau und VTV/Bau folgt. Bei § 1 Abs. 3 AEntG handele es sich nach Auffassung des *BAG* um eine international zwingende Eingriffsnorm, so dass diese Bestimmung nach Art. 34 EGBGB auch dann anwendbar sei, wenn die Arbeitsverhältnisse der entsandten Arbeitnehmer ausländischem Arbeitsrecht unterliegen[357]. Hierdurch werde eine „Flucht in das Arbeitsrecht des Herkunftsstaates" verhindert. Dieser Schutz ließe sich über § 5 TVG nur punktuell erreichen. Nach der innerhalb der verschiedenen Senate des *BAG* umstrittenen Rechtsprechung kann es sich nur bei für allgemeinverbindlich erklärten Tarifverträgen nach § 5 TVG um Eingriffsnormen im Sinne des Art. 34 EGBGB handeln[358]. Einfache Tarifverträge haben nur individuell schützenden Charakter, so dass sie keine zwingenden Eingriffsnormen im Sinne des Art. 34 EGBGB sind[359]. Ein umfassender Schutz lässt sich demzufolge allein über die gesetzliche Erstreckung von Tarifverträgen über § 1 Abs. 1 AEntG erreichen, da nicht alle über § 1 Abs.1 AEntG in Bezug genommenen Tarifverträge für allgemeinverbindlich erklärt worden sind. Zum anderen setzt die Erweiterung des per-

---

356 Vgl. EuGH, Rs. „***Finalarte***", aaO (Fn. 50), Rn. 33.

357 BAG, aaO (Fn. 354), A. II. 1.a) der Urteilsgründe.

358 Nach der Rechtsprechung des 5. Senats des BAG handelt es sich z.B. bei § 16 BRTV/Bau um keine zwingende Eingriffsnorm iSd Art. 34 EGBGB, da diese Vorschrift keine Gemeinwohlinteressen verfolge, Urteil vom 6. Juli 2002, -5 AZR 617/01; so z.B. auch *Schlachter*, NZA 2000, S. 64; offen gelassen von *Wank/Borgmann*, NZA 2001, S, 178 mwN in Fn. 15. Anders kann der 10. Senat des BAG in seinem Urteil vom 9. Juli 2003 verstanden werden (-10 AZR 593/02-). Zwar verneint das *BAG* auch in diesem Urteil die zwingende Wirkung von § 24 BRTV/Bau, allerdings lässt das Gericht unter Hinweis auf ein Urteil des BAG vom BAG 4. Mai 1977 (- 4 AZR 10/76 -) offen, ob für allgemeinverbindlich erklärte Tarifverträge Eingriffsnormen iSd Art. 34 EGBGB sein können. Vgl. hierzu auch *Wank* in *Wiedemann*, TVG, 6. Aufl. 1999, § 5, Rn. 132; *Thüsing/Müller*, „Geklärtes und Ungeklärtes im internationalen Tarifrecht" in BB 2004, S. 1333 ff.; *Reim*, aaO (Fn. 27), S. 155.

359 Vgl. BAG 2. Senat, Urteil vom 24. August 1989, -2 AZR 3/89- in AP Nr. 30 zu IPR; zur Reichweite des § 1 AEntG *Hanau*, „Die Anwendung des Arbeitnehmer-Entsendegesetzes auf inländische Arbeitgeber" in NZA 1998, S. 1250.

sönlichen Anwendungsbereichs der Allgemeinverbindlichkeit nach § 5 TVG voraus, dass das ausländische Unternehmen einen Betriebssitz in der Bundesrepublik Deutschland unterhält. Von der Allgemeinverbindlicherklärung werden nach § 5 Abs. 4 TVG nur Arbeitgeber und Arbeitnehmer erfasst, die unter den räumlichen, betrieblichen, betrieblich-fachlichen und persönlichen Anwendungsbereich des Tarifvertrages fallen[360]. Werkvertragsunternehmen aus den MOE-Staaten fallen regelmäßig nicht in den räumlichen Anwendungsbereich, da während der vorübergehenden wirtschaftlichen Betätigung der Unternehmen der Firmensitz im Herkunftsstaat bestehen bleibt. Eine Erstreckung der Tarifverträge über die Allgemeinverbindlichkeit nach § 5 TVG läuft demzufolge häufig leer[361].

Ferner grenzte das *BAG* das arbeitsgenehmigungsrechtliche Kontrollinstrument des Arbeitserlaubnisverfahrens von dem aus den nationalen Tarifverträgen folgenden Schutz der entsandten Arbeitnehmer ab. Die Rechtsnormen der für das tarifliche Urlaubskassenverfahren anwendbaren Tarifverträge werden nicht durch das Arbeitserlaubnisrecht (§ 284 SGB III) verdrängt[362].

Das *BAG* sah es aus Gründen des Schutzes der entsandten Arbeitnehmer ferner als unproblematisch an, dass die in § 1 Abs. 3 AEntG geregelte Erstreckung auf ausländische Arbeitgeber Rechtsnormen einschließt, die von den Tarifvertragsparteien ausschließlich für Arbeitgeber mit Sitz außerhalb der Bundesrepublik Deutschland vereinbart worden sind[363]. Interessant sind an der Entscheidung des *BAG* ferner die Ausführungen zum Konkurrenzverhältnis zwischen den Werkvertragsabkommen und § 1 Abs. 3 AEntG. Entgegen der Auffassung des ausländischen Arbeitgebers sah das *BAG* § 1 Abs. 3 AEntG nicht durch das deutsch-polnische Werkvertragsabkommen verdrängt. Diese Ausführungen sind zutreffend, da die Werkvertragsabkommen allein freizügigkeitsrelevant sind. Das *BAG* ließ es sich ferner nicht nehmen, kurz Stellung zur Vereinbarkeit des Urlaubskassenverfahrens mit den Europa-Abkommen zu nehmen. Ohne weitere Begründung führte der 9. Senat aus, dass das Assoziationsabkommen mit Polen weder unmittelbare Rechte enthalte, noch innerstaatlich anwendbares Recht sei[364]. Dies entsprach, worauf noch näher einzugehen sein wird, im Zeitpunkt der Entscheidung der herrschenden Auffassung der Literatur. Obgleich der *EuGH* in der Rechtssache *Finalarte* entschieden hatte, dass § 1 Abs. 4 AEntG nicht mit der nach Art. 49 EG garantierten Dienstleistungsfreiheit in Einklang steht, ging der 9. Senat des *BAG* in den Entscheidungsgründen auf die gemeinschaftsrechtlichen Bedenken nicht näher ein und beschränkte die Prüfung auf die Vereinbarkeit von

360 Vgl. *Kempen* in *Kempen/Zachert*, aaO (Fn. 307), § 5, Rn. 41.
361 So im Ergebnis auch *Reim*, aaO (Fn. 27), S. 157.
362 BAG, aaO (Fn. 354), A. II. 1.b) der Urteilsgründe.
363 BAG, aaO (Fn. 354), A. II. 4.b) dd) der Urteilsgründe.
364 BAG, aaO (Fn. 354), A. II. 5.b) cc) der Urteilsgründe.

§ 1 Abs. 4 AEntG mit dem Grundgesetz[365]. Im Ergebnis verneinte das *BAG* einen Verstoß gegen Art. 3 Abs. 1 GG unter Hinweis auf § 1 Abs. 1 Satz 1 AEntG iVm § 175 Abs. 3 SGB III (§ 211 Abs. 1 Satz 4 SGB III a.F.) und § 1 Abs. 1 und Abs. 2 Einleitungssatz der Baubetriebe-Verordnung, wonach auch für inländische Arbeitgeber eine Betriebsabteilung als Betrieb gelte.

Das Urteil des *BAG* erfuhr in der Literatur[366] Zustimmung und ist maßgeblich für die nachfolgenden Entscheidungen des *BAG*. Nach anfänglichen Bedenken des 10. Senats des *BAG*[367] an der Rechtswirksamkeit von § 1 AEntG hat dieser auf Anfrage des 9. Senats des *BAG* vom 9. September 2003[368] mit Beschluss vom 13. Mai 2004[369] seine gegenteilige Auffassung aufgegeben und die Rechtswirksamkeit von § 1 AEntG anerkannt. Auch der 10. Senat des *BAG* geht nunmehr in stetiger Rechtsprechung von der Rechtmäßigkeit der Erstreckung der tariflichen Bestimmungen des Urlaubskassenverfahrens der deutschen Bauwirtschaft auf Arbeitgeber mit Sitz in den MOE-Staaten aus[370]. Mit Urteil vom 20. Juli 2004 setzte der 9. Senat des *BAG* seine bisherige Rechtsprechung fort und stellte fest, dass die Verpflichtung ausländischer Unternehmen aus den alten Mitgliedstaaten nicht gegen das primäre Gemeinschaftsrecht verstoße[371]. Der Eingriff in die durch Art. 49 EG gewährleistete Dienstleistungsfreiheit sei gerechtfertigt, da entsandte ausländische Arbeitnehmer durch die Verpflichtung ihrer Arbeitgeber zur Teilnahme am Urlaubskassenverfahren sozial geschützt werden. Sie haben einen Direktanspruch gegen die gemeinsame Einrichtung der Tarifvertragsparteien, so dass sie sich hinsichtlich der Gewährung des Arbeitsentgelts nicht mit ihrem Arbeitgeber auseinandersetzen müssen. Die bloße Möglichkeit der entsandten Arbeitnehmer, ihre materiellrechtlichen Ansprüche gerichtlich in ihrem Herkunftsland oder in Deutschland durchzusetzen, entspräche hinsichtlich ihrer einfachen, schnellen und kostenlosen Durchführbarkeit nicht dem Sozialkassenverfahren[372]. Mit mehreren Urteilen vom 25. Januar 2005 bestätigte der 9. Senat des *BAG* die Rechtswirksamkeit von § 1 AEntG und der Erstreckung des Urlaubskassenver-

---

365 BAG, aaO (Fn. 354), A. II. 5.d) bb) der Urteilsgründe.

366 Vgl. *Ulber*, Anmerkung zum Urteil des BAG vom 25. Juni 2002 in AP Nr. 12 zu § 1 AEntG.

367 Vgl. 10. Senat des BAG, Urteil vom 4. Dezember 2002, -10 AZR 113/02- in AP Nr. 28 zu TVG § 4 Tarifkonkurrenz.

368 Az.: 9 AZR 478/02 (A).

369 Az.: 10 AS 6/04.

370 Vgl. zuletzt 10. Senat des BAG, Urteil vom 28. September 2005, -10 AZR 28/05- in DB 2006, S. 397.

371 BAG, Urteil vom 20. Juli 2004, -9 AZR 343/03- in NZA 2005, S. 114 ff..

372 BAG, aaO (Fn. 354), B I 5 b) cc) der Urteilsgründe.

fahrens auf ausländische Arbeitgeber[373]. Nach weiteren Entscheidungen des *BAG*[374] kann nunmehr von einer gefestigten Rechtsprechung des *BAG* ausgegangen werden.

c) Zusammenfassung

Die Urlaubskasse der Deutschen Bauwirtschaft wurde geschaffen, um den Interessenwiderstreit zwischen dem sozialen Schutzanspruch der im Baugewerbe beschäftigten Arbeitnehmer und der aus der Verpflichtung zur Urlaubsgewährung folgenden wirtschaftlichen Belastung der Arbeitgeber durch ein Beitrags- und Ausgleichsystem für alle Arbeitgeber des Baugewerbes aufzulösen. Gemeinschaftsrechtlich ist die Erstreckung des Urlaubskassenverfahrens auf Arbeitgeber mit Sitz in einem anderen Mitgliedstaat mit Art. 49 EG vereinbar. Art. 50 Satz 3 EG-Vertrag schränkt die Dienstleistungsfreiheit dahingehend ein, dass sie in einem anderen Mitgliedstaat nur *„unter den Voraussetzungen, welche dieser Staat für seine eigenen Angehörigen vorschreibt"* ausgeübt werden kann. Hierin ist eine hinreichende gesetzliche Grundlage für die Erstreckung von allgemeinverbindlich erklärten Tarifverträgen auf entsandte Arbeitnehmer zu sehen. In nunmehr ständiger Rechtsprechung hat der *EuGH* anerkannt, dass Art. 49 EG die Beseitigung jedweder Diskriminierung des in einem anderen Mitgliedstaat ansässigen Unternehmens fordert, die die grenzüberschreitende Dienstleistungserbringung erschweren kann. Die Verpflichtung zur Teilnahme am Urlaubskassenverfahren aufgrund Art. 3 der Entsenderichtlinie 96/71 EG stellt zwar eine solche Beschränkung der Dienstleistungsfreiheit dar, da sie einen erheblichen finanziellen und administrativen Aufwand für die Dienstleistungserbringer darstellt. Allerdings ist diese Beschränkung von Art. 49 EG aus zwingenden Gründen des Allgemeinwohls gerechtfertigt. Das Urlaubskassenverfahren sichert den sozialen Schutz der entsandten Arbeitnehmer, indem sie ihre Urlaubsansprüche auch bei kurzfristigen Einsätzen in der Bundesrepublik Deutschland realisieren können und unmittelbare Ansprüche gegen die ULAK erlangen. Zugleich wird der faire Wettbewerb im Wirtschaftssektor des Baugewerbes durch die Einbeziehung aller Arbeitgeber in das Urlaubskassenverfahren gesichert.

373 BAG, Urteile vom 25. Januar 2005, -9 AZR 258/04- in NZA 2005, 1130 ff; -9 AZR 154/04-; -9 AZR 44/04- und -9 AZR 146/04.

374 Vgl. zuletzt 10. Senat des BAG, Urteil vom 28. September 2005, -10 AZR 28/05- in DB 2006, S. 397.

2. Verstöße gegen die Verpflichtung zur Teilnahme am Urlaubskassenverfahren

Verstöße gegen die Verpflichtung zur Teilnahme am Urlaubskassenverfahren sind an das arbeitsgenehmigungsrechtliche Werkvertragsverfahren gekoppelt[375]. Sie werden durch die zuständigen Regionaldirektionen bei der Neuzulassung von Werkverträgen und der Entscheidung über die Zusicherung von Arbeitserlaubnis aufgrund der Werkvertragsabkommen mit berücksichtigt[376]. Hierdurch soll sichergestellt werden, dass die ausländischen Werkvertragsunternehmen sich nicht ihrer arbeitsvertraglichen Verpflichtung zur Gewährung von Urlaub und Zahlung des Urlaubsgeldes gegenüber ihren Arbeitnehmern entziehen. Zur Sicherung dieses Verfahrens arbeiten die Bundesagentur für Arbeit und die ULAK eng zusammen und tauschen die erforderlichen Informationen zur Beurteilung der Genehmigungsfähigkeit der Werkverträge und Erteilung der Zusicherungen aus[377]. Beantragt ein Werkvertragsunternehmen einen Zusicherungsbescheid für die Durchführung eines Werkvertrages, holt die zuständige Dienststelle der Regionaldirektion bei der ULAK Auskunft darüber ein, ob das Unternehmen ordnungsgemäß am Urlaubskassenverfahren der deutschen Bauwirtschaft teilnimmt. Die Zusicherung wird danach von der zuständigen Regionaldirektion nach § 284 Abs. 4 SGB III iVm §§ 39 Abs. 6, Abs. 2 AufenthG iVm § 34 SGB X verweigert, wenn das Werkvertragsunternehmen von den insgesamt fälligen Beiträgen der letzten 12 Monate mehr als 15% schuldet oder in den letzten 2 Monaten überhaupt keine Zahlungen geleistet hat[378]. Es fehlt an der für die Erteilung der

---

375 Verstöße gegen die ordnungsgemäße Teilnahme am Urlaubskassenverfahren stellen zudem eine Ordnungswidrigkeit nach § 5 Abs. 1 AEntG dar. Darüber hinaus werden Werkvertragsunternehmen nach Art. 8 Abs. 3 WA vom Werkvertragsverfahren ausgeschlossen, wenn sie nicht ordnungsgemäß am Urlaubskassenverfahren teilnehmen. Vgl. zur Rechtsnatur einer „Verwarnung" der Bundesagentur für Arbeit als Verwaltungsakt iSd § 31 SGB X und nicht als Verwarnung iSd § 56 OWiG, nach der bei weiteren Verstößen gegen die Werkvertragsabkommen ein Ausschluss vom Werkvertragsverfahren erfolgen kann, BayLSG, Urteile vom 21. Juli 2005, – L 10 AL 111/05- und – L 10 AL 170/04 – beide nicht veröffentlicht.

376 Vgl. *Koberski/Asshoff/Hold*, aaO (Fn. 143), § 1, Rn. 355.

377 Grundlage für den Datenaustausch über Unternehmen, die aufgrund bilateraler Regierungsvereinbarungen über die Beschäftigung von Arbeitnehmern zur Ausführung von Werkverträgen in Deutschland tätig sind, ist § 6 Abs. 2 der Verordnung über Mitteilungen an die Finanzbehörden durch andere Behörden und öffentlich-rechtliche Rundfunkanstalten (Mitteilungsverordnung- MV) vom 7. September 1993, in der jeweils geltenden Fassung.

378 Vgl. DAVWV Nr. 2.5.154; Zahlt der Arbeitgeber die Beiträge zur Urlaubskasse unter Vorbehalt oder werden Beitragsansprüche der Urlaubskasse auf andere zugelassene Weise mit Zustimmung der ULAK sichergestellt (z.B. Einzahlung auf ein Notaranderkonto; nicht hingegen eine Hinterlegung nach §§ 372 ff. BGB-), so kön-

Zusicherung der Arbeitserlaubnis erforderlichen Voraussetzung, dass der ausländische Arbeitgeber den Arbeitnehmer nicht zu ungünstigeren Arbeitsbedingungen als vergleichbare deutsche Arbeitnehmer beschäftigt (Vgl. § 39 Abs. 2 Satz 1 AufenthG). Eine verbindliche Entscheidung über die Erteilung der Zusicherung kann die ULAK allerdings nicht treffen. Es handelt sich bei der ULAK um einen privatrechtlichen eingetragenen Verein ohne hoheitliche Handlungsbefugnisse. Die Bundesagentur darf daher auch nicht die Ermittlungen der ULAK ungeprüft übernehmen und ihrer Entscheidung über die Genehmigung eines Werkvertrages oder der Zusicherung von Arbeitserlaubnissen zugrunde legen.

---

nen die Zusicherung bzw. die Arbeitserlaubnis erteilt werden. Als Sicherungsmaßnahmen kommen nur Zahlungen in der Bundesrepublik Deutschland in Betracht.

2. Teil: Die Sozialversicherungspflicht ausländischer Subunternehmer nach der EU-Osterweiterung

Die Vergabe von Aufträgen an Fremdpersonal im Rahmen von Werkverträgen ist für deutsche Auftraggeber insbesondere dann attraktiv, wenn sie die in den Beitrittstaaten im Vergleich zur Bundesrepublik Deutschland geringeren Lohnnebenkosten als Wettbewerbsvorteil ausnutzen können. Dies ist dann der Fall, wenn die Sozialversicherungsbeiträge des entsandten Personals nicht in den Lohnnebenkosten enthalten sind und der ausländische Subunternehmer sein Angebot entsprechend günstig kalkuliert kann[379]. Der Einsatz osteuropäischen Personals auf Werkvertragsbasis ist für einen Auftraggeber daher nur dann vorteilhaft, wenn das Beschäftigungsverhältnis des entsandten Arbeitnehmers nicht der deutschen Sozialversicherungspflicht unterliegt[380]. Mit dem Beitritt der MOE-Staaten werden die bisherigen Sozialversicherungsabkommen[381] durch die supranationalen Bestimmungen über die Sozialversicherung abgelöst[382]. Für Subunternehmer aus Staaten außerhalb der Europäischen Union gelten die bilateralen Sozialversicherungsabkommen fort[383]. Ausländische Unternehmen kalkulieren ihre Angebote häufig unter Ausschluss der deutschen Sozialversicherungsbeiträge, so dass die Hinterziehung von Sozialversicherungsbeiträgen zu einem Hauptproblemfeld illegaler Beschäftigung wird[384].

379 Vgl. hierzu *Mayer*, „Inländische Sozialversicherungspflicht und Beschäftigung in einer ausländischen Zweitfirma innerhalb der Europäischen Union" in NZS 2001, S. 525 ff..

380 Vgl. zum polnischen Sozialversicherungsrecht *Major/Pietrzyk*, „Polnisches Arbeits- und Sozialversicherungsrecht aus Sicht ausländischer Investoren" in RIW 2001, S. 834 ff..

381 Zwischen der Bundesrepublik Deutschland und Polen bestand ein Sozialversicherungsabkommen vom 25. April 1973; BGBl. 1973 II, S. 926.

382 Vgl. *Fuchs*, „Die sozialrechtliche Stellung im EG-Ausland tätiger Arbeitnehmer und Selbständiger" in NZA Beilage 2/2005 S. 106; *Kühl*, „Sozialversicherungspflicht bei der Entsendung von Arbeitnehmern nach Tschechien", in WiRO 2005, S. 40 ff..

383 Vgl. zur Rechtsnatur von Sozialversicherungsabkommen ausführlich, *Petersen* in *v.Maydell/Ruland*, Sozialrechtshandbuch, 3. Aufl. 2003, S. 1701 ff.. Vgl. etwa das Abkommen zwischen der Bundesrepublik Deutschland und Rumänien über die Soziale Sicherheit vom 17. Dezember 1997 in BGBl. 1997 II, 2013.

384 Betroffen von möglichem Sozialversicherungsmissbrauch sind insbesondere die Berufsgenossenschaften, da sie als Träger der Unfallversicherung häufig Leistungen an entsandte Arbeitnehmer erbringen, ohne dass der Arbeitgeber Beiträge für diese

Aus wirtschaftlicher Sicht ist es zum Verständnis der grenzüberschreitenden Erbringung von Dienstleistungen auf Werkvertragsbasis unerlässlich, sich die Grundstrukturen des internationalen Sozialversicherungsrechts zu vergegenwärtigen. Durch den in den Vorschriften des internationalen Sozialversicherungsrechts enthaltenen Begriff der *Entsendung* soll die Dienstleistungsfreiheit von Unternehmen gefördert werden, die Arbeitnehmer in andere Mitgliedstaaten als den Staat ihrer Betriebsstätte entsenden[385]. Der Zweck des Entsendetatbestandes liegt allerdings nicht, wie *Cornelissen*[386] ausführt, allein in der Vereinfachung der Durchführung der Versicherung grenzüberschreitend tätig werdender Arbeitnehmer, sondern in der Sicherung der Beitragsfinanzierung der nationalen Sozialversicherungsträger[387]. Jede nationale Rechtsordnung regelt die Voraussetzungen der Sozialversicherungspflicht selbst, so dass die Gefahr von Mehrfachversicherungen mit entsprechenden Beitragslasten und potentieller Überversorgung bzw. einer völligen Schutzlosstellung besteht, wenn überhaupt kein Sozialversicherungsrecht anwendbar sein sollte[388]. Die supranationalen Bestimmungen des Sozialversicherungsrechts des Art. 42 EG iVm Art. 1408/71 EG verfolgen daher auch den Zweck, die Freizügigkeit der Arbeitnehmer innerhalb der Europäischen Gemeinschaft zu fördern und ihnen bei einer grenzüberschreitenden Beschäftigung die soziale Absicherung in einem Mitgliedstaat zu garantieren[389]. Erst diese Absicherung stellt einen Migrationsanreiz für Arbeitnehmer aus den Beitrittsstaaten dar, so dass der sozialpolitische Hintergrund zum entscheidenden Grund für die Aufnahme von Übergangsfristen im Bereich der Arbeitnehmerfreizügigkeit wird[390].

---

abführt. Abhilfe soll § 110 Abs. 1a SGB VII schaffen, der mit Wirkung vom 1. August 2004 durch Gesetz vom 23. Juli 2004 (BGBl. I S. 1842) eingefügt wurde; vgl. dazu *Rolfs* in ErfK, aaO (Fn. 35), SGB VII, § 110, Rn. 8; *Dahm* „Die Neufassung von § 110 SGB VII" in r + s 2004, S. 403.

385 Vgl. *Ulber*, aaO (Fn. 24), Einleitung F, Rn. 76.

386 Vgl. *Cornelissen*, „Die Entsendung von Arbeitnehmern innerhalb der Europäischen Gemeinschaft und die soziale Sicherheit“ in RdA 1996, 329, S. 332.

387 So ausführlich *Eichenhofer*, Sozialrecht der Europäischen Union, 3. Aufl. 2006, S. 74 ff.; *Joussen*, „Ausgewählte Probleme der Ausstrahlung im europäischen Sozialversicherungsrecht“ in NZS 2003, S. 20.

388 Vgl. *Klein*, „Das Verhältnis der Kollisionsnorm in der VO (EWG) 1408/71 zum Internationalen Arbeitsrecht in EGBGB und EVÜ“, S. 18.

389 So auch Nowak, EuZW 2003, S. 102; *Cornelissen*, RdA 1996, S. 330.

390 Vgl. *Sodan*, JZ 2003, S. 53 zu daraus resultierenden verfassungsrechtlichen Problemen; *Wollenschläger/Pietsch*, ZAR 2003, S. 262; *Fuchs*, ZESAR 2007, S. 103; kritisch hierzu *Wank* in Handbuch des Europäischen Arbeits- und Sozialrechts, § 30, Rn. 37 ff..

A. Kollisionsrechtliche Bestimmungen des internationalen Sozialversicherungsrechts

Primärrechtliche Grundlage des europäischen Sozialrechts ist Art. 42 EG, dessen Ziel in der Koordinierung der nationalen Sicherungssysteme zu sehen ist, um nachteilige Auswirkungen auf sozialrechtliche Ansprüche in Folge der durch Art. 39 EG wahrgenommenen Freizügigkeit zu vermeiden[391]. Die Grundnorm des internationalen Sozialversicherungsrechts bildet § 3 SGB IV, wonach auf den Wohnsitz oder den gewöhnlichen Aufenthalt der sozialversicherungspflichtigen Person abgestellt wird. Etwas anderes ergibt sich über § 6 SGB IV aus über- und zwischenstaatlichen Regelungen. Hierzu zählt insbesondere die Verordnung Nr. 1408/71 des Rates der Europäischen Gemeinschaft vom 14. Juni 1971 über die Anwendung der sozialen Sicherheit auf Wanderarbeitnehmer[392]. Diese Verordnung wird ergänzt durch die Durchführungsverordnung Nr. 574/72 des Rates der Europäischen Gemeinschaften vom 21. März 1972[393]. Diese Verordnungen stellen kollisionsrechtliche[394] Anknüpfungsnormen für die Zuordnung des Beschäftigungsverhältnisses des entsandten Arbeitnehmers dar[395]. Soweit die kollisionsrechtlichen Bestimmungen über § 6 SGB IV nicht zur Anwendung gelangen, finden die Grundsätze der Ein- und Ausstrahlung nach §§ 4, 5 SGB IV Anwendung. Aus dem Ausland entsandte Arbeitnehmer unterliegen während ihrer Tätigkeit in der Bundesrepublik Deutschland aufgrund der so genannten „Einstrahlung" nicht der deutschen Sozialversicherungspflicht, soweit sie im Rahmen eines im Ausland bestehenden Beschäftigungsverhältnisses in die Bundesrepublik Deutschland entsandt werden und die Entsendung infolge ihrer Eigenart oder vertraglich im Voraus zeitlich begrenzt ist[396]. Liegen diese Voraussetzungen vor,

---

391 Vgl. hierzu EuGH, Rs. 100/63, „***Van der Veen***" in Slg. 1964, S. 1213, 1232; seitdem stetige Rechtsprechung des EuGH.

392 Vgl. konsolidierte Fassung in ABl Nr. L 28 vom 30. Januar 1997, S. 1.

393 S. Fn. 21.

394 Der Begriff der *Kollisionsnorm* entstammt dem internationalen Privatrecht und ist von der *Sachnorm* abzugrenzen. Während die *Sachnorm* jede in einer Rechtsordnung enthaltene und für die Beurteilung einer Rechtsfrage maßgebende Norm bezeichnet, unter die der jeweilige Sachverhalt zu subsumieren ist, regelt die Kollisionsnorm, welcher Rechtsordnung die für einen Sachverhalt einschlägige Sachnorm zu entnehmen ist; nach *Steinmeyer* in *Fuchs*, Europäisches Sozialrecht, 4. Auflage 2005, Rn. 20; *Eichenhofer*, aaO (Fn. 382), S. 97; vgl. hierzu auch ausführlich in Abgrenzung zum Internationalen Privatrecht *Klein*, aaO (Fn. 383), S. 25.

395 Vgl. hierzu ausführlich, *Steinmeyer* in *Fuchs*, aaO (Fn. 394), Art. 14, Rn. 2.

396 Keine Anwendung findet § 5 SGB IV auf so genannte *Ortskräfte*, das heißt Arbeitskräfte, die am Arbeitsort für den Subunternehmer ansässig sind und dort eigens eingestellt wurden. Diese Ortskräfte unterstehen dem deutschen Sozialversicherungs-

unterliegt der entsandte Arbeitnehmer weiterhin der Sozialversicherungspflicht in seinem Heimatland.

I. Sozialversicherungsrechtlicher Begriff der Entsendung

Ob ein Arbeitnehmer dem deutschen oder ausländischen Sozialversicherungssystem unterliegt, bestimmt sich unter Anwendung des § 6 SGB IV und den Bestimmungen des supranationalen Sozialversicherungsrechts grundsätzlich nach dem Ort, an dem der Arbeitnehmer seine Arbeit tatsächlich ausübt (so genanntes „Arbeitsortprinzip", Art. 13 VO (EWG) 1408/71). Gemäß Art. 13 Abs. 2 Buchst. a der VO (EWG) Nr. 1408/71 unterliegt ein Arbeitnehmer grundsätzlich den Rechtsvorschriften des Beschäftigungsstaates. Es gilt also das Territorialitätsprinzip. Eine Ausnahme besteht für Personen, die im Gebiet eines Mitgliedstaates von einem Unternehmen, dem sie gewöhnlich angehören, im Lohn- oder Gehaltsverhältnis beschäftigt und von diesem Unternehmen zur Ausführung einer Arbeit für dessen Rechnung in das Gebiet eines anderen Mitgliedstaates entsandt werden.

Für entsandte Arbeitnehmer sieht Art. 14 Abs. 1 der VO (EWG) 1408/71 vor, dass sie weiterhin den Rechtsvorschriften ihres Heimatlandes unterliegen, sofern die Entsendezeit von 12 bzw. 24 Monaten nicht überschritten wird. Ergänzt wird diese Verordnung durch den Beschluss der Verwaltungskommission[397] der Europäischen Gemeinschaft für die soziale Sicherheit der Wanderarbeitnehmer Nr. 181 vom 13. Dezember 2000 zur Auslegung des Artikel 14 der VO (EWG) 1408/71[398]. Dieser Beschluss legt im Einzelnen die genauen Kriterien für das Vorliegen des Entsendetatbestandes fest.

1. Allgemeine Definition der Entsendung im sozialrechtlichen Sinne

Eine *Entsendung* im Sinne des Art. 14 Abs. 1 der VO (EWG) 1408/71 liegt vor, wenn sich ein Beschäftigter

- auf Weisung seines Arbeitgebers
- von seinem Heimatstaat in das Ausland begibt,
- um dort vorübergehend eine Beschäftigung für diesen Arbeitgeber auszuüben.

---

recht, da keine vorübergehende, sondern eine auf Dauer angelegte Beschäftigung in der Bundesrepublik Deutschland vorliegt.

397 Der Verwaltungskommission gehört ein Regierungsvertreter jedes Mitgliedstaats an. Sie ist insbesondere damit beauftragt, alle Verwaltungs- und Auslegungsfragen zu behandeln, die sich aus dieser Verordnung ergeben, und die Zusammenarbeit zwischen den Mitgliedstaaten zu fördern.

398 ABl. Nr. L 329 vom 14. Dezember 2001, S. 73 bis 77.

Dem steht nicht entgegen, dass der Beschäftigte eigens für eine Beschäftigung im Ausland eingestellt worden ist, also im Heimatstaat noch nicht für den entsendenden Arbeitgeber tätig gewesen ist. Maßgebliche Voraussetzung für das Vorliegen einer Entsendung ist, dass eine arbeitsrechtliche Bindung zwischen dem ausländischen Subunternehmer und dem entsandten Arbeitnehmer vorliegt[399]. Typisches Merkmal einer Entsendung ist demzufolge die fortbestehende Integration in den Arbeitsmarkt des Heimatstaates, das heißt das Fortbestehen des Beschäftigungsverhältnisses während der Dauer der Entsendung zu dem gleichen Arbeitgeber. Demzufolge muss sichergestellt sein, dass der Arbeitnehmer nach Abschluss des Werkvertrages in seinen Heimatstaat zurückkehrt und seine Beschäftigung bei dem ihn entsendenden Arbeitgeber wieder aufnimmt. Keine Entsendung liegt hingegen bei der Beschäftigung so genannter Ortskräfte[400] vor. Bei dieser Personengruppe fehlt es am Tatbestand der Entsendung bzw. dem Fortbestehen eines im Ausland begründeten Beschäftigungsverhältnisses[401].

Fraglich ist darüber hinaus, wie Konstellationen zu beurteilen sind, in denen auf Werkvertragsbasis entsandte Arbeitnehmer über eine unselbständige Niederlassung eines ausländischen Unternehmens in der Bundesrepublik Deutschland eingesetzt werden. In einer Entscheidung zu dem deutsch-polnischen Sozialversicherungsabkommen[402] hat das *Hessische LAG*[403] entschieden, dass eine Entsendung auch dann vorliegt, wenn die entsandten Arbeitskräfte über eine unselbständige Zweigniederlassung vor Ort koordiniert werden. Diese Auffassung ist auch für Entsendetatbestände im Anwendungsbereich der VO (EWG) 1408/71 zu übertragen, soweit der Arbeitsvertrag zwischen dem entsandten Arbeitnehmer und seinem Arbeitgeber im Herkunftsstaat geschlossen und das ausländische Unternehmen auch Schuldner des Entgeltsanspruchs bleibt. Der im Ausland niedergelassene Arbeitgeber kann sich hinsichtlich der Erfüllung des Entgeltsanspruchs des Arbeitnehmers insoweit auch der Zweigniederlassung als Zahlstelle gegenüber den von ihm entsandten Arbeitnehmern bedienen.

2. Erfordernis einer nennenswerten Geschäftstätigkeit des entsendenden Unternehmens im Herkunftsland

Von besonderer Bedeutung für den Tatbestand der „Entsendung“ ist ferner das Vorliegen einer „nennenswerten Geschäftstätigkeit“ des im Ausland ansässigen

---

399 Vgl. *Steinmeyer*, aaO (Fn. 390), Art. 14, Rn. 10; *Joussen*, NZS 2002, S. 23.
400 Vgl. *Steinmeyer* in *Fuchs*, aaO (Fn. 394), S. 187.
401 Vgl. *Fuchs/Preis*, Sozialversicherungsrecht, 1. Aufl. 2005, § 62, S. 1006.
402 Deutsch-polnisches Sozialversicherungsabkommen vom 8. Dezember 1990, BGBl II 1991, S 743.
403 Hessisches LAG, Urteil vom 12. Februar 2001, -Sa 585/00- (nicht veröffentlicht).

Unternehmens. Dies gilt insbesondere dann, wenn ein Arbeitnehmer im Herkunftsstaat zum Zwecke der Entsendung eingestellt wird. In dieser Fallkonstellation besteht die Gefahr, dass von einem Vermittlungsbüro aus dem Ausland unerlaubte Arbeitsvermittlung oder Arbeitnehmerüberlassung von Arbeitnehmern in die Bundesrepublik Deutschland betrieben wird. Die Rückkehr der Arbeitnehmer in ihr Heimatland und eine Weiterbeschäftigung sind nur dann gesichert, wenn das entsendende Unternehmen eine Geschäftstätigkeit im Heimatstaat entfaltet. Anderenfalls spricht eine Vermutung gegen das Vorliegen des Entsendetatbestandes, da bei Rückkehr des entsandten Arbeitnehmers eine Eingliederung in den Betrieb des Subunternehmers ausgeschlossen scheint.

a) Zuständigkeit der Verwaltungskommission für Auslegungsfragen

Aufgrund Art. 80 der VO (EWG) Nr. 1408/71 wurde eine Verwaltungskommission eingesetzt, die nach Art. 81 lit. a) der VO (EWG) Nr. 1408/71 unter anderem die Aufgabe hat, Auslegungsfragen der VO (EWG) Nr. 1408/71 zu klären. Zur Auslegung des Entsendetatbestandes in Art. 14 hat die Verwaltungskommission einen Beschluss gefasst, der die Auslegungsfragen zur VO (EWG) Nr. 1408/71 behandelt. Diese Beschlüsse der Verwaltungskommission werden im Amtsblatt veröffentlicht, haben allerdings lediglich empfehlenden, keinen normativ-verbindlichen Charakter. Sie verpflichten nicht rechtlich verbindlich dazu, bei der Anwendung des Gemeinschaftsrechts bestimmte Methoden anzuwenden, oder hierbei eine bestimmte Auslegung zugrunde zu legen[404].

b) Kriterien aufgrund des Beschlusses Nr. 181 des Rates vom 13. Dezember 2000

Der Beschluss Nr. 181 stellt ein Bündel von Kriterien zusammen, aufgrund derer der Nachweis einer nennenswerten Geschäftstätigkeit geführt werden kann. Um festzustellen, ob ein ausländisches Unternehmen gewöhnlich eine nennenswerte Geschäftstätigkeit im Mitgliedstaat seiner Betriebsstätte ausübt, muss der zuständige Träger dieses Staates in einer Gesamtschau sämtliche Tätigkeiten dieses Unternehmens würdigen. Dabei sind u. a.

- der Ort, an dem das Unternehmen seinen Sitz und seine Verwaltung hat,
- die Zahl der im Mitgliedstaat seiner Betriebsstätte bzw. in dem anderen Mitgliedstaat in der Verwaltung Beschäftigten,
- der Ort, an dem die entsandten Arbeitnehmer eingestellt werden,

404 Vgl. EuGH, Rs. 98/80 „***Romano***“ in Slg. 1981, S. 1241; *Schulte* in v. *Maydell/Ruland*, aaO (Fn. 379), S. 1656.

- der Ort, an dem der Großteil der Verträge mit den Kunden geschlossen wird, das Recht, dem die Verträge unterliegen, die das Unternehmen mit seinen Arbeitnehmern bzw. mit seinen Kunden schließt, sowie
- der während eines hinreichend charakteristischen Zeitraums im jeweiligen Mitgliedstaat erzielte Umsatz zu berücksichtigen.

Diese Auflistung ist nicht erschöpfend, da vom jeweiligen Einzelfall abhängt, welche Kriterien zu berücksichtigen sind. In der Rechtssache *Plum*[405] konkretisierte der *EuGH* diese Kriterien dahingehend, dass auch eine so genannte Zweitfirma grundsätzlich ein Entsendeunternehmen sein kann. Diese darf allerdings nicht lediglich Verwaltungstätigkeiten ausüben, sondern muss nach den vorgenannten Kriterien auch nennenswerte Geschäftstätigkeiten verrichten[406].

3. Rechtsqualität der Entsendebescheinigungen

Lässt sich aufgrund der vorgenannten Kriterien feststellen, dass der Tatbestand der Entsendung erfüllt ist, steht fest, dass der entsandte Arbeitnehmer allein der Sozialversicherungspflicht des Heimatstaates unterliegt. Der ausländische Arbeitgeber kann für die entsandten Arbeitnehmer nach Art. 11 der VO (EWG) Nr. 574/72 bei dem zuständigen Versicherungsträger seines Heimatstaates eine Bescheinigung darüber ausstellen lassen, dass und bis zu welchem Zeitpunkt die Sozialversicherungspflicht allein im Heimatstaat bestand (so genannte „E-101 Bescheinigung")[407]. Der Grundsatz der vertrauensvollen Zusammenarbeit nach Artikel 10 EG verpflichtet den zuständigen Träger, den Sachverhalt, der für die Bestimmung der im Bereich der sozialen Sicherheit anwendbaren Rechtsvorschriften maßgebend ist, ordnungsgemäß zu beurteilen und damit die Richtigkeit der in der E-101-Bescheinigung aufgeführten Angaben zu gewährleisten. *Die E-101-Bescheinigung begründet demnach eine Vermutung dafür, dass der Anschluss der entsandten Arbeitnehmer an das System der sozialen Sicherheit des Mitgliedstaats, in dem der ausländische Unternehmer seine Betriebsstätte hat, ordnungsgemäß ist*[408]. Ohne dieses kollisionsrechtliche System wäre ein in einem

---

405 Vgl. EuGH, Rs. C-404/98 „***Plum** gegen AOK Rheinland*", Urteil vom 9. November 2000 in ABl. EG 2001 Nr. C 45.

406 Vgl. hierzu auch *Mayer*, NZS 2001, S. 526.

407 Gleichlautende Entsendebescheinigungen wurden vor dem Beitritt der MOE-Staaten zur Europäischen Union aufgrund der bilateralen Sozialversicherungsabkommen ausgestellt. In Polen ist die *Zaklad Ubezpieczen Spoleznych* (ZUS) zuständig. Zu der Rechtslage vor dem Beitritt Polens zur Europäischen Union instruktiv *Reim*, aaO (Fn. 27), S. 191 ff..

408 Die Rechtsprechung des *EuGH* zur konstitutiven Wirkung der Entsendebescheinigung hat auch Auswirkung auf das deutsche Strafrecht. Der *BGH* hat jüngst mit Urteilen vom 24. Oktober 2006 (-1 StR 44/06-) und Beschluss vom 7. März 2007

Mitgliedstaat ansässiges Unternehmen verpflichtet, seine im übrigen dem System der sozialen Sicherheit dieses Staates unterliegenden Arbeitnehmer beim entsprechenden System eines anderen Mitgliedstaats anzumelden, wenn sie zur Verrichtung von Arbeiten von begrenzter Dauer in diesen entsandt würden. Dies stünde in Widerspruch zu der aufgrund primären Gemeinschaftsrechts gewährleisteten Dienstleistungsfreiheit und würde diese erschweren[409].

Nach der Rechtsprechung des EuGH kommt diesen Entsendebescheinigungen *konstitutive Wirkung* zu[410]. Nach Artikel 11 Absatz 1 Buchstabe a der VO (EWG) Nr. 574/72 über die Durchführung der Verordnung Nr. 1408/71 in ihrer durch die Verordnung Nr. 2001/83 kodifizierten Fassung bindet die E-101-Bescheinigung, die der von der zuständigen Behörde eines Mitgliedstaats bezeichnete Träger ausgestellt hat, die Träger der sozialen Sicherheit anderer Mit-

---

(-1 StR 301/06-) entschieden, dass das Vorliegen einer Entsendebescheinigung die Durchführung eines Strafverfahrens wegen Vorenthaltens von Sozialversicherungsbeiträgen (§ 266a StGB) hindere. Der BGH hat mit diesem Urteil die bisher in der deutschen Literatur und Rechtsprechung weitgehend ungeklärte Frage der Sozialrechtsakzessorietät von § 266a StGB dahingehend geklärt, dass § 266a StGB eine materielle Sozialversicherungspflicht in der Bundesrepublik Deutschland verlange. Solange aber eine Entsendebescheinigung nicht durch den ausstellenden Sozialversicherungsträger im Ausland zurückgenommen sei, liege selbst bei Zweifeln am Vorliegen des Entsendetatbestandes im Sinne des Art. 14 der VO (EWG) 1408/71 keine Sozialversicherungspflicht in der Bundesrepublik Deutschland vor, so dass eine Strafbarkeit nach § 266a StGB nicht in Betracht kommt. Es ermangele insoweit an einer erfüllbaren Rechtspflicht des Arbeitgebers. Offen gelassen hat der *BGH* hingegen, ob § 266a StGB allein die Nichtabführung von Beiträgen aufgrund einer inländischen Sozialversicherungspflicht betrifft oder aufgrund der Verknüpfung der europäischen Sozialsysteme auch das gesamteuropäische Beitragsaufkommen schützt. Die ausländischen Sozialversicherungsträger dürften durch das deutsche Strafrecht allerdings nicht geschützt werden. Offen gelassen hat der *BGH* ferner, ob bei erschlichenen Entsendebescheinigungen ein Betrug nach § 263 StGB zum Nachteil der deutschen Sozialversicherungsträger vorliegt. Vgl. hierzu auch *Ignor/Rixen*, „Europarechtliche Grenzen des § 266a Abs. 1 StGB“ in wistra 2001, S. 201 ff..

409 Vgl. EuGH, Rs. C-202/97, „***Fitzwilliam** Technical Services (FTS) gegen Bestuur van het Landelijk instituut sociale verzekeringen*", Urteil vom 10. Februar 2000, in Slg. 2000, S. I-883, Rn. 19.

410 Vgl. EuGH, Rs. C-178/97, „***Barry Banks** u.a. gegen Théâtre Royal de la Monnaie*“; Urteil vom 30.März 2000 in Slg. 2000, S. I- 2005, Rn. 38, 40; zuletzt EuGH, Rs. C-2/05 , „*Rijksdienst voor Sociale Zekerheid gegen Herbosch Kiere NV*“, Urteil vom 26. Januar 2006, Rn. 24. Die deutsche Rechtsprechung bejahte die konstitutive Wirkung aufgrund bilateraler Sozialversicherungsabkommen ausgestellter Entsendebescheinigungen teilweise bereits vor dem Beitritt der MOE-Staaten zur Europäischen Union, vgl. BSG, Urteil vom 16. September 1999, -B 14 KG 1/99 R-, SG Berlin, Beschluss vom 5. April 2000, -S 89 KR 182/00 R-.

gliedstaaten, soweit sie bescheinigt, dass von einem ausländischen Unternehmen entsandte Arbeitnehmer dem System der sozialen Sicherheit des Mitgliedstaats angeschlossen sind, in dem dieses Unternehmen seine Betriebsstätte hat. Machen die zuständigen Träger anderer Mitgliedstaaten an der Richtigkeit des der Bescheinigung zugrunde liegenden Sachverhalts oder an dessen rechtlicher Bewertung und demnach daran Zweifel geltend, ob die Angaben in dieser Bescheinigung mit der VO (EWG) Nr. 1408/71, insbesondere mit Artikel 14 Absatz 1 Buchstabe a, im Einklang stehen, können sie keine eigene Entscheidung über das Vorliegen des Entsendetatbestandes treffen, sondern müssen sich an den ausländischen Sozialversicherungsträger wenden. Dieser muss die Richtigkeit der Bescheinigung überprüfen und diese gegebenenfalls zurückziehen[411]. Für Werkvertragsunternehmen ist mit dem Beitritt der MOE-Staaten zur Europäischen Union insoweit eine Erleichterung hinsichtlich des Nachweises des Entsendetatbestandes im Sinne des Art. 14 der VO (EWG) 1408/71 eingetreten. Die deutschen Sozialversicherungsträger maßen den aufgrund des deutsch-polnischen Sozialversicherungsabkommens ausgestellten so genannten D/PL Entsendebescheinigungen nämlich oftmals keine konstitutive Wirkung zu[412]. Infolgedessen hatte das entsendende Unternehmen den Tatbestand der Entsendung nachzuweisen. Unter Hinweis auf das Urteil des *BSG* vom 30. Mai 1996[413] forderten die deutschen Sozialversicherungsträger in Anlehnung an die Auslegung des Entsendetatbestandes in § 4 SGB IV, dass das der entsandte Arbeitnehmer zu seinem Arbeitgeber in einem so genannten *„Rumpfarbeitsverhältnis"* stehen musste. Es musste demnach während des Auslandsaufenthalts ein Arbeitsverhältnis zwischen dem entsendenden Unternehmen und dem Arbeitnehmer fortbestehen, aus dem wechselseitige Rechte und Pflichten erwachsen und das nach Rückkehr des Arbeitnehmers in seinen Heimatstaat wieder auflebt[414]. Diesen Nachweis konnten die ausländischen Unternehmen im Regelfall nicht erbringen, da die Dienstleistungen in der Bundesrepublik Deutschland zumeist mir Arbeitnehmern erbracht wurden, die allein zum Zwecke der Entsendung eingestellt wurden. Eine dauerhafte arbeitsvertragliche Bindung bestand demnach zwischen den entsandten Arbeitneh-

---

411 Vgl. EuGH, Rs. **„*Fitzwilliam*"**, aaO (Fn. 409), Rn. 56. Lässt sich keine Einigung zwischen den beiden Trägern der Sozialversicherung erzielen, kann der Mitgliedstaat, in den die betreffenden Arbeitnehmer entsandt sind, ein Vertragsverletzungsverfahren nach Art. 227 EG zum EuGH einleiten.

412 So auch das Sozialgericht Mainz, Beschluss vom 9. Dezember 2002, -S 6 ER/U 27/02- unter Hinweis darauf, dass es –anders als innerhalb der Europäischen Union-keine Institution gäbe, die die Rechtmäßigkeit der Ausstellung der Bescheinigungen überprüfen und entsprechende Sanktionen verhängen könnte; anders das SG Berlin, s.o. Fn. 410.

413 Urteil des BSG vom 30. Mai 1996, -10 RKg 20/94-.

414 Vgl. hierzu auch *Jahn*, SGB IV, § 4, Rn. 14.

mern und ihrem Arbeitgeber gerade nicht, so dass auch keine Entsendung im Sinne der Sozialversicherungsabkommen vorlag.

4. Abgrenzung des Begriffes der Entsendung im sozialrechtlichen und im arbeitsgenehmigungsrechtlichen Sinne

Sowohl die Zuordnung des Arbeitsvertragsstatuts des entsandten Werkvertragsarbeitnehmers, als auch die sozialversicherungsrechtliche Zuordnung des Beschäftigungsverhältnisses sind geprägt durch den kollisionsrechtlichen Gedanken der Einstrahlung[415]. Art. 30 Abs. 2 Nr. 2 EGBGB und § 5 SGB IV ist der Rechtsgedanke zu entnehmen, dass im Falle einer vorübergehenden Entsendung das Arbeitsvertragsstatut bzw. das sozialversicherungsrechtliche Beschäftigungsverhältnis einen engen Sachzusammenhang zu dem Herkunftsland der entsandten Arbeitnehmer aufweisen. Ferner sehen die Werkvertragsabkommen eine zeitliche Höchstdauer der Befristung von 24 Monaten vor, so dass die Entsendung in die Bundesrepublik Deutschland *a priori* zeitlich begrenzt ist und das Beschäftigungsverhältnis auch während der Auslandstätigkeit einen engen Sachzusammenhang zu dem in dem Herkunftsstaat verbleibenden Arbeitsvertragsstatut aufweist. Darüber hinaus sind die Werkvertragsabkommen von dem so genannten Rotationsprinzip[416] geprägt, wonach die in der Bundesrepublik Deutschland tätigen Arbeitnehmer regelmäßig ausgetauscht werden müssen. Dies hat zur Konsequenz, dass während der Dauer der durch das Arbeitsgenehmigungsrecht zugelassenen Beschäftigung der Werkvertragsarbeitnehmer in der Bundesrepublik Deutschland die Sozialversicherungspflicht im Heimatstaat verbleibt.

Der sozialversicherungsrechtliche Entsendebegriff deckt sich allerdings nicht mit dem arbeitsgenehmigungsrechtlichen Begriff der *Entsendung* im Sinne der Werkvertragsabkommen. Überschreitet ein Werkvertragsarbeitnehmer die in einem von den Integrationsfristen erfassten Wirtschaftssektor von der Verordnung (EWG) 1408/71 vorgegebenen Höchstgrenzen der Entsendung, so hat dies keine Auswirkungen auf die erteilte Arbeitserlaubnis-EU nach § 284 SGB III, solange diese noch nicht abgelaufen ist. Für die grenzüberschreitende Erbringung außerhalb der von den Übergangsbestimmungen erfassten Wirtschaftssektoren bedeutet dies, dass nach Ablauf der für eine Entsendung im sozialversicherungsrechtlichen Sinne vorgegebenen Grenzen keine Arbeitsgenehmigungspflicht entsteht. Dies folgt aus Sinn und Zweck des (internationalen) Sozialrechts einerseits und dem Arbeitsgenehmigungsrecht andererseits. Während die Bestimmungen des internationalen Sozialversicherungsrechts eine Zuordnung des Beschäftigungs-

415 So auch *Reim*, aaO (Fn. 27), S. 190.
416 Vgl. Art. 6 WA Polen.

verhältnisses des entsandten Arbeitnehmers zu dem System der sozialen Sicherheit des Herkunfts- bzw. des Aufnahmestaates vornehmen, um den entsandten Arbeitnehmer nicht schutzlos zu stellen und zersplitterte Rentenbiografien zu vermeiden, soll durch das Arbeitsgenehmigungsrecht der Arbeitsmarktzugang ausländischer Arbeitnehmer kontrolliert und gesteuert werden[417]. Hierdurch soll dem Beschäftigungsanspruch deutscher und sonstiger privilegierter Staatsangehöriger Rechnung getragen[418] und Formen illegaler Ausländerbeschäftigung bereits durch das Erfordernis einer Arbeitserlaubnis im Rahmen eines Genehmigungsverfahrens begegnet werden. Der Anwendungsbereich des Arbeitsgenehmigungs- und Sozialversicherungsrechts ist somit nicht deckungsgleich. Den Werkvertragsabkommen kann keine Aussage entnommen werden, ob eine Entsendung im sozialversicherungsrechtlichen Sinne vorliegt. Überschneidungen der zeitlichen Grenzen des Entsendetatbestandes haben aus sozialversicherungsrechtlicher Sicht keine Auswirkungen auf die arbeitsgenehmigungsrechtliche Stellung entsandter Arbeitnehmer. Allerdings sind diese Arbeitnehmer nach Ablauf der Entsendung im sozialversicherungsrechtlichen Sinne in der Bundesrepublik Deutschland zur Sozialversicherung anzumelden.

II. Sozialversicherungsrechtliche Zuordnung des Beschäftigungsverhältnisses des entsandten Werkvertragsarbeitnehmers im Falle unerlaubter Arbeitnehmerüberlassung

Fraglich ist, wie das Beschäftigungsverhältnisses auf Werkvertragsbasis entsandter Arbeitnehmer sozialversicherungsrechtlich zuzuordnen ist, wenn sich bei der Ausführung eines genehmigten Werkvertrages herausstellt, dass es sich um unerlaubte Arbeitnehmerüberlassung handelt. Hierzu ist zunächst zu klären, wie das Beschäftigungsverhältnis entsandter Arbeitnehmer im Falle grenzüberschreitender (unerlaubter) Arbeitnehmerüberlassung nach den nationalen Rechtsvorschriften zu behandeln ist und ob die Bestimmungen des supranationalen Sozialversicherungsrechts auch bei der unerlaubten Arbeitnehmerüberlassung zur Anwendung gelangen.

1. Zuordnung des Beschäftigungsverhältnisses nach dem AÜG

Im Falle unerlaubter Arbeitnehmerüberlassung wird nach § 10 AÜG ein Arbeitsverhältnis zwischen dem Entleiher (dem deutschen Auftraggeber) und dem ent-

417 Vgl. BSG, Urteil vom 10. Oktober 1978, –7 Rar 39/77– in BSGE 47, S. 93.
418 Vgl. hierzu *Keßler*, AuA 1999, S. 306.

sandten Leiharbeitnehmer fingiert[419]. Diese Fiktionswirkung tritt auch bei der grenzüberschreitenden Überlassung von Arbeitnehmern ein, wenn das Arbeitsstatut ausländischem Recht unterliegt, da es sich bei § 10 AÜG um eine zwingende Vorschrift im Sinne des Art. 34 EGBGB handelt[420]. § 10 AÜG ist nicht allein Individualinteressen zu dienen bestimmt, sondern verfolgt auch sozial- und ordnungspolitische Zwecke[421]. Durch die Zuordnung des Beschäftigungsverhältnisses des illegal überlassenen Arbeitnehmers zu dem ihn entleihenden Auftraggeber sollen sowohl illegale Leiharbeit als auch Scheinwerkverträge bekämpft werden[422]. Das gesetzlich fingierte Arbeitsverhältnis tritt folglich nach § 10 Abs. 1 AÜG an die Stelle des im Ausland begründeten Arbeitsverhältnisses, so dass der deutsche Entleiher als Arbeitgeber des überlassenen Arbeitnehmers anzusehen ist.

2. *Zuordnung des Beschäftigungsverhältnisses nach den Grundsätzen des internationalen Sozialversicherungsrechts*

Fraglich ist nunmehr, ob dieses fingierte Beschäftigungsverhältnis der deutschen Sozialversicherungspflicht unterliegt, oder über Art. 14 Abs. 1 der VO (EWG) 1408/71 das Beschäftigungsverhältnis sozialversicherungspflichtig weiterhin zum ausländischen Verleiher besteht. Der *EuGH* hat in der Rechtssache *Manpower*[423] entschieden, dass im Falle der legalen gewerbsmäßigen Arbeitnehmerüberlassung Art. 14 Abs. 1 der VO (EWG) 1408/71 anwendbar ist. Allerdings handelt es sich bei den Entsendetatbeständen des internationalen Sozialversicherungsrechts um eng auszulegende Ausnahmevorschriften vom Grundprinzip der Veranlagung im Beschäftigungsstaat, die allein an das Beschäftigungsverhältnis anknüpfen. Wird das Beschäftigungsverhältnis des illegal überlassenen Werkvertragsarbeitnehmers aber gem. §§ 9, 10 AÜG zu dem deutschen Entleiher fingiert, kommen im Falle illegaler Arbeitnehmerüberlassung die Grundsätze des Art. 14 der VO

---

419 Die Verfassungsmäßigkeit des § 10 AÜG in der Fassung des Ersten Gesetzes für moderne Dienstleistungen am Arbeitsmarkt vom 23. Dezember 2002 (BGBl. I. 2002, S. 4607,4617) hat die 2. Kammer des Ersten Senats des BVerfG mit Beschluss vom 29. Dezember 2004, -1 BvR 2582/03-, -1 BvR 2283/03- und -1 BvR 2504/03- bejaht; abgedruckt in NZA 2005, S. 153 ff..

420 Vgl. *Riederer von Paar* in *Schüren*, aaO (Fn. 32), Einleitung, Rn. 646.

421 Vgl. zu den Voraussetzungen an Normen mit einem „kollisionsrechtlichen Eingriffsbefehl" *Magnus* in Staudinger, aaO (Fn. 35), EGBGB, Art. 34, Rn. 53 ff.; BAGE 63, S. 17, 31 f..

422 Vgl. *Ulber*, aaO (Fn. 24), § 10, Rn. 1; *Riederer von Paar* in *Schüren*, aaO (Fn. 32), Einleitung, Rn. 647; *Mengel* in *Thüsing*, AÜG, 1. Aufl. 2005, § 10 AÜG, Rn. 2.

423 Vgl. EuGH, Rs. 35/70 „***Manpower***", Urteil vom 17. Dezember 1970 in Slg. 1970, S. 1251 ff..

(EWG) 1408/71 nicht zur Anwendung[424]. *Der Entsendebegriff im Sinne Art. 14 VO (EWG) 1408/71 umfasst folglich nur die Fälle der legalen grenzüberschreitenden Entsendung, nicht hingegen illegale Beschäftigungsformen, wie eben die unerlaubte Arbeitnehmerüberlassung*[425]. Der Schwerpunkt des Beschäftigungsverhältnisses der entsandten, aber illegal überlassenen Arbeitnehmer besteht demnach in der Bundesrepublik Deutschland, so dass nach Art. 13 der VO (EWG) 1408/71 das Territorialitätsprinzip zur Anwendung gelangt[426]. Demzufolge wird sozialversicherungsrechtlich ein Beschäftigungsverhältnis im Sinne des § 3 Nr. 1 SGB IV zu dem deutschen Entleiher fingiert[427]. Dies rechtfertigt sich dadurch, dass der (illegal) überlassene Arbeitnehmer dem Betrieb des Entleihers wirtschaftlich zugeordnet wird[428]. Illegal überlassene Arbeitnehmer sind demnach nicht als im sozialversicherungsrechtlichen Sinne entsandte Arbeitnehmer anzusehen, so dass die Beschäftigung der entsandten Arbeitnehmer in der Bundesrepublik Deutschland zu versichern ist[429]. Das internationale Privatrecht verdrängt über Art. 34 EGBGB iVm § 10 AÜG die kollisionsrechtlichen Bestimmungen des supranationalen Sozialversicherungsrechts zugunsten des Schutzes der entsandten Arbeitnehmer[430].

B. Ausblick

Die Verordnung (EWG) Nr. 1408/71 des Rates vom 14. Juni 1971 ist mehrfach geändert und aktualisiert worden, um nicht nur den Entwicklungen auf Gemeinschaftsebene – einschließlich der Urteile des Gerichtshofes –, sondern auch den Änderungen der Rechtsvorschriften auf nationaler Ebene Rechnung zu tragen[431]. Dies hat dazu geführt, dass die gemeinschaftlichen Koordinierungsregeln äußerst umfangreich geworden sind. Zur Erreichung des Ziels des freien Personenverkehrs wird die Verordnung (EWG) Nr. 1408/71 durch die Verordnung (EG)

---

424 Vgl. Urteil des LSG Celle vom 16. September 1982 in EzAÜG, § 10 AÜG Fiktion Nr. 15; *Riederer von Paar* in *Schüren*, aaO (Fn. 32), Einleitung, Rn. 686 mwN; *Boemke*, AÜG, aaO (Fn. 198), Einleitung, Rn. 26.

425 So im Ergebnis *Koberski/Asshoff/Hold*, aaO (Fn. 143), § 1, Rn. 201; *Boemke*, AÜG, aaO (Fn. 198), Einleitung, Rn. 27.

426 In diesem Sinne, allerdings ohne Hinweis auf die illegale Arbeitnehmerüberlassung, *Jahn*, SGB IV, § 5, Rn. 4.

427 BSG, Urteil vom 25. Oktober 1988 in BSGE 64, S. 145.

428 Vgl. BSG, aaO.

429 So im Ergebnis auch *Reim*, aaO (Fn. 27), S. 294 im Hinblick auf die bilateralen Sozialversicherungsabkommen; *Boemke*, BB 2005, S. 272.

430 Vgl. *Ulber*, aaO (Fn. 24), Einleitung F, Rn. 31.

431 Vgl. *Steinmeyer* in *Fuchs*, aaO (Fn. 394), S. 169.

Nr. 883/2004[432] abgelöst und tritt mit Erlass der hierzu ergangenen Durchführungsverordnung ca. Ende 2007 in Kraft. Ziel der Verordnung (EG) Nr. 883/2004 ist die Aktualisierung und Vereinfachung der Vorschriften über die Koordinierung der Systeme der Sozialen Sicherheit[433]. Eine inhaltliche Änderung der materiell-rechtlichen Vorschriften zur Koordinierung der nationalen Systeme der sozialen Sicherheit geht damit nicht einher.

Nach Art. 12 der Verordnung (EG) Nr. 883/2004 unterliegt eine Person, die in einem Mitgliedstaat für Rechnung eines Arbeitgebers, der gewöhnlich dort tätig ist, eine Beschäftigung ausübt und die von diesem Arbeitgeber in einen anderen Mitgliedstaat entsandt wird, um dort eine Arbeit für dessen Rechnung auszuführen, weiterhin den Rechtsvorschriften des ersten Mitgliedstaats, sofern die voraussichtliche Dauer dieser Arbeit vierundzwanzig Monate nicht überschreitet und diese Person nicht eine andere Person ablöst. Art 12 der Verordnung (EG) Nr. 883/2004 übernimmt somit den durch den EuGH in der Auslegung des Beschlusses Nr. 181 der Verwaltungskommission gefundenen sozialrechtlichen Entsendebegriff in Art. 14 der Verordnung (EWG) Nr. 1408/71[434]. Zusätzlich sieht Art. 12 der Verordnung (EG) Nr. 883/2004 nunmehr vor, dass Kettenentsendungen unzulässig sind[435]. In Zukunft lässt sich hierdurch das im Rahmen der Entsendung auf Werkvertragsbasis auftretende Problem der turnusmäßigen Ablösung von Werkvertragsarbeitnehmern bei Ablauf der Entsendefrist aufgrund der Werkvertragsabkommen vermeiden.

432 Verordnung (EG) Nr. 883/2004 des Europäischen Parlaments und des Rates vom 29. April 2004 zur Koordinierung der Systeme der sozialen Sicherheit; ABl. Nr. 166 vom 29. April 2004.

433 Vgl. Erwägungen unter Ziffer 3 der Verordnung (EG) Nr. 883/2004.

434 So auch *Fuchs*, NZA Beilage 2/2005, S. 100; *Steinmeyer* in *Fuchs*, aaO (Fn. 394), S. 189.

435 Vgl. *Steinmeyer* in *Fuchs*, aaO (Fn. 394), S. 189.

3. Teil: Zusammenfassung der Ergebnisse des ersten Kapitels

1.

Deutsche Unternehmen nutzen zur Kostensenkung die aufgrund der Werkvertragsabkommen eingeräumte Kooperationsmöglichkeit, ausländische Werkvertragsarbeitnehmer als Fremdpersonal einzusetzen. Nach den Werkvertragsabkommen sind nur echte Werkverträge im Sinne des § 631 BGB genehmigungsfähig. Die Werkvertragskooperation ist von der unerlaubten Arbeitnehmerüberlassung abzugrenzen. Liegt ein echter Werkvertrag vor, erteilen die zuständigen Regionaldirektionen der Bundesagentur für Arbeit einen Zusicherungsbescheid im Sinne des § 34 SGB X, aufgrund dessen den entsandten Arbeitnehmern eine Arbeitserlaubnis nach § 284 Abs. 4 SGB III erteilt wird. Die für die Erteilung der Zusicherungsbescheide zuständigen Regionaldirektionen prüfen vor Erteilung der Zusicherungsbescheide ferner, ob dem ausländischen Arbeitgeber Kontingente zur Ausführung von Werkverträgen zur Verfügung stehen. Im Baubereich ist der Einsatz von Werkvertragsarbeitnehmern darüber hinaus quotiert. Die Lohn- und Arbeitsbedingungen der entsandten Arbeitnehmer dürfen nicht ungünstiger sein als die vergleichbarer deutscher Arbeitnehmer. Hierbei sind im Baugewerbe die Mindestlohnbedingungen nach § 1 AEntG zu beachten. Die Bundesagentur für Arbeit prüft ferner, ob keine Versagungsgründe nach der Arbeitsmarktschutzklausel nach Art. 4 WA vorliegen und die Höchstdauer der Beschäftigung nicht überschritten ist. Bei Werkverträgen über Bauleistungen im Sinne des § 175 Abs. 2 SGB III (§ 211 SGB III a.F.) muss das ausländische Unternehmen eine Erklärung über die Teilnahme am Urlaubskassenverfahren der Bauwirtschaft nach § 8 BRTV/Bau und dem VTV/Bau vorlegen.

2.

Das *BAG* hat die Verpflichtung osteuropäischer Arbeitgeber zur Teilnahme am Urlaubskassenverfahren der Bauwirtschaft, wenn auch mit fraglicher Begründung, nunmehr in stetiger Rechtsprechung bejaht. Liegen die vorgenannten Voraussetzungen vor, erteilt die zuständige Regionaldirektion der Bundesagentur für Arbeit den entsandten Arbeitnehmern eine Arbeitserlaubnis nach § 284 Abs. 4 SGB III, sobald die Gebühr nach § 287 SGB III entrichtet wurde. Die nach der derzeit geltenden BfAGebAnO zu erhebenden Gebühren verstoßen allerdings gegen das Kostendeckungsprinzip.

3.

Wank[436] weist zu Recht darauf hin, dass die in der Bundesrepublik Deutschland geschürte Befürchtung der Substituierung deutscher Arbeitnehmer durch Werkvertragsarbeitnehmer bei richtiger Anwendung der Werkvertragsabkommen nicht begründet ist. Er übersieht allerdings, dass aufgrund der Dienstanweisungen der Bundesagentur für Arbeit ein Entlohnungskorridor Abweichungen von bis zu 15% des Lohnes eines vergleichbaren deutschen Arbeitnehmers im Baugewerbe zulässt. Die Werkvertragsabkommen ermöglichen somit sanktionslos eine untertarifliche Entlohnung der entsandten Arbeitnehmer. Die Höhe und die Zahl der ausgenutzten Kontingente zeigen, dass das Werkvertragsverfahren in seinen praktischen Auswirkungen nicht überbewertet werden darf. Bei der richtigen Anwendung der Werkvertragsabkommen und der darin enthaltenen Arbeitsmarktschutzklauseln werden Arbeitsplätze in der Bundesrepublik Deutschland nur in denjenigen Bereichen von Werkvertragsarbeitnehmern besetzt, in denen keine deutschen Arbeitskräfte zur Verfügung stehen. Insbesondere besteht nicht die Gefahr, dass deutsche Arbeitnehmer im Wege einer Austauschkündigung durch Werkvertragsarbeitnehmer ersetzt werden. Gleichwohl sind die Werkvertragsabkommen dann missbrauchsanfällig, wenn sie von den Beteiligten umgangen und zur grenzüberschreitenden Arbeitnehmerüberlassung genutzt werden.

4.

Aus sozialversicherungsrechtlicher Sicht beurteilt sich die grenzüberschreitende Entsendung von Arbeitnehmern zur Ausführung von Werkverträgen auf Basis der Werkvertragsabkommen nach dem Beitritt der MOE-Staaten zur Europäischen Union nach dem supranationalen Sozialversicherungsrecht. Die bilateralen Sozialversicherungsabkommen werden abgelöst die VO (EWG) 1408/71. Liegen die Voraussetzungen einer Entsendung nach Art. 14 Abs. 1 der VO (EWG) 1408/71 vor, bleibt der entsandte Arbeitnehmer während der Dauer der vorübergehenden Beschäftigung in der Bundesrepublik Deutschland in den Systemen der Sozialen Sicherheit des Herkunftsstaates versichert. Nach Art. 11 der VO (EWG) 574/72 stellt der ausländische Sozialversicherungsträger auf Antrag eine Be-

436 *Wank*, NZA Beilage 2/2005, S. 96.

scheinigung über das Fortbestehen der Sozialversicherung im Herkunftsstaat aus. Diese so genannten E-101 Entsendebescheinigungen binden die Sozialversicherungsträger des Aufnahmestaates an die Feststellungen des ausländischen Sozialversicherungsträgers, bis die Entscheidung zurückgenommen ist. Aus dieser Zuordnung des sozialversicherungsrechtlichen Beschäftigungsverhältnisses folgt ein weiterer Wettbewerbsvorteil ausländischer Unternehmer. Sie können Aufträge in der Bundesrepublik Deutschland anbieten, ohne die von ihnen entsandten Arbeitnehmer in der Bundesrepublik Deutschland der deutschen Sozialversicherung unterstellen zu müssen. Ausländische Unternehmen können ihre Dienstleistungen daher im Vergleich zu Unternehmen, die deutsche Arbeitnehmer beschäftigen, zu günstigeren Bedingungen unter Ausschluss der hohen deutschen Lohnnebenkosten anbieten. Auch über die Werkvertragsabkommen wird dieser wirtschaftliche Vorteil nicht ausgeglichen, da sich der Lohnvergleich allein nach den den Arbeitnehmern nach Abzug der Steuern und Sozialversicherungsbeiträge für den Einsatz in der Bundesrepublik Deutschland gezahlten Löhnen berechnet.

Zweites Kapitel

1. Teil: Die Ausführung von Werkverträgen im Kontext der Europa-Abkommen

Bis zum Beitritt der MOE-Staaten zur Europäischen Union konnten sich Unternehmen aus den MOE-Staaten nicht auf die Dienstleistungsfreiheit aus dem EG-Vertrag berufen. Ihre Rechtsstellung leitete sich völkerrechtlich ausschließlich aus den zu Anfang der 90-er Jahre zwischen der Europäischen Union und den MOE-Staaten geschlossenen Europa-Abkommen ab. Ähnlich dem EGV enthalten diese Abkommen Bestimmungen über den Zugang von Arbeitskräften aus den Beitrittsstaaten zu den Arbeitsmärkten der ehemaligen Mitgliedstaaten (Arbeitnehmerfreizügigkeit), über die Gründung von Niederlassungen innerhalb der Europäischen Union (Niederlassungsfreiheit) und über grenzüberschreitende Dienstleistungserbringungen eines in den MOE-Staaten niedergelassenen Unternehmens in einen Mitgliedstaat der EU (Dienstleistungsfreiheit). Im Hinblick auf die EU-Osterweiterung handelt es sich bei den Europa-Abkommen mit den MOE-Staaten nach der von *Becker*[437] mitbegründeten These der externen und internen Differenzierung um eine *externe Differenzierung*[438], durch die der Beitritt der Abkommensstaaten zur Europäischen Union vorbereitet wurde. Die Assoziierungsabkommen beinhalten den Grundfreiheiten des EG-Vertrages angelehnte Rechte, durch die die vollständige Anwendung des Gemeinschaftsrechts mit dem Beitritt vorbereitet wurde. Es handelt sich um eine teilweise Integration in das Gemeinschaftsrecht ohne institutionelle Einbeziehung der Beitrittsstaaten.

Nach Art. 300 EG sind die völkerrechtlichen Verträge auch nach einem Beitritt für die alten Mitgliedstaaten verbindlich, so dass sie als Teil des *acquis* übernommen werden[439]. Soweit sich den Bestimmungen der Europa-Abkommen daher unmittelbare Rechte im Hinblick auf die Freizügigkeit der Staatsangehörigen der Beitrittsstaaten entnehmen lassen, ist eine Suspendierung dieser Rechte

---

437 Vgl. *Becker*, „EU-Erweiterung und differenzierte Integration. Zu beitrittbedingten Übergangsregelungen am Beispiel der Arbeitnehmerfreizügigkeit", 1. Aufl. 1999, S. 47 ff; vgl. hierzu auch *Hatje*, „Grenzen der Flexibilität einer erweiterten Europäischen Union" in EuR 2005, S. 148, 154 ff..

438 Unter *externer Differenzierung* wird eine Form der Kooperation verstanden, durch die die Anwendung gemeinschaftsrechtlicher Vorschriften unter Beteiligung der Gemeinschaften der Europäischen Union vereinbart wird.

439 Vgl. *Lopian*, „Übergangsrégime für Mitgliedstaaten der Europäischen Gemeinschaften", S. 64.

nach dem erfolgten Beitritt wegen des Verschlechterungsverbots unzulässig[440]. Im Folgenden wird die Entsendung von Arbeitnehmern auf Werkvertragsbasis im Kontext der Europa-Abkommen untersucht.

A. Historische Entwicklung und Bedeutung der Europa-Abkommen

Bereits mit der Gründung der Europäischen Wirtschaftsgemeinschaft im Jahre 1957 bemühte sich die Europäische Gemeinschaft, wirtschaftliche und politische Beziehungen zu den Staaten Osteuropas aufzunehmen. Erste Bemühungen scheiterten an der Nichtanerkennungspolitik des damaligen „Rates für gegenseitige Wirtschaftshilfe" (RGW) gegenüber der EG. Erst im Jahre 1988 kamen mit einzelnen MOE-Staaten Handels- und Kooperationsabkommen[441] zustande, nachdem die EG und der RGW offiziell in politische Beziehungen traten. Mit Auflösung des RWG am 28. Juni 1991 spitzte sich die wirtschaftliche Lage in den MOE-Staaten zu. Die Staats- und Regierungschefs beschlossen daraufhin auf einem Sondergipfel am 28. April 1990 in Dublin, ihr bisheriges Kooperationsangebot durch EA mit den MOE-Staaten zu ersetzen[442]. Mit allen nunmehr zur Europäischen Union beigetretenen MOE-Staaten bestanden EA[443]. Diese Assoziierungsabkommen sind dauerhafter und umfassender als die bis dahin bestehenden Handels- und Kooperationsabkommen nach Art. 133 EGV[444]. Sie privilegieren die Assoziierungsstaaten und bestimmen in ihrer Präambel als Ziel die Teilnahme

440 Vgl. *Becker*, aaO (Fn. 437), S. 86.

441 Ungarn (September 1988), ABl. EG 1988 L 372/2; CSFR (Dezember 1988), ABl.EG 1989 L 88/2, ABL.EG 1990 L 291/29; Polen (September 1989), ABl.EG 1989 L 339/2; Bulgarien (September 1990), ABl.EG L 291/9; Rumänien (März 1991), ABl.EG 1992 L 79/13.

442 Vgl. Bulletin BReg. Nr. 51 vom 4. Mai 1990; Sondertagung des Europa-Rates, in Europa-Archiv, Dokumente, D 286.

443 Polen und Ungarn, Abkommen vom 16. Dezember 1991 (ABl. 1993 Nr. L 348/1 bzw. Nr. L 347/1), der Slowakei und der tschechischen Republik, Abkommen vom 4. Oktober 1993 (ABl. 1994 Nr. L 359/1 bzw. Nr. L 360/1), mit Bulgarien, Abkommen vom 8. März 1993 (ABl. 1994 Nr. 358/1), Rumänien, Abkommen vom 1. Februar 1993, (ABl. 1994 Nr. L 357/1), sowie mit den baltischen Staaten Estland, Lettland und Litauen, Abkommen vom 12. Juni 1995 (ABl. 1998 Nr. L 68/1, Nr. L 26/1 bzw. Nr. L 51/1) und zuletzt Slowenien, Abkommen vom 10. Juni 1996 (ABl. 1999 N3. L 51/3). Inhalt und Struktur der Abkommen entsprechen einander weitgehend, so dass hier allein auf das Abkommen mit Polen eingegangen wird: vgl. hierzu die Begründung in BT-Drucksache 12/475, S. 2 ff..

444 Vgl. *Reim*, aaO (Fn. 27), S. 73.

am europäischen Integrationsprozess[445]. Dieses Ziel soll durch eine Intensivierung der wirtschaftlichen Beziehungen, sowie der wirtschaftlichen, sozialen und kulturellen Entwicklung der Assoziierungsstaaten unterstützt werden. Hierdurch sollen die jungen Demokratien an die Europäische Union herangeführt werden[446]. Sie enthalten allerdings keinen Anspruch der assoziierten Staaten auf Beitritt zur Europäischen Union[447]. Die Voraussetzungen des Beitritts richten sich allein nach Art. 49 EUV. Der Europäische Rat bestimmte 1993 in Kopenhagen die zu erfüllenden Kriterien, die über eine Assoziierung der beitrittswilligen Staaten zur vollen Mitgliedschaft in der Europäischen Union führen sollten (so genannte „Kopenhager Kriterien")[448].

Die EA zielen vielmehr auf eine Vollmitgliedschaft der assoziierten Staaten in der Europäischen Gemeinschaft, gehen daher in ihrer Zielsetzung weiter als die bisherigen Assoziationsabkommen[449]. Es handelt sich um gemischte Abkommen[450] auf Grundlage von Art. 310 EG[451], die grundsätzlich auf unbestimmte Zeit geschlossen sind. Sie sehen im Kern eine Kooperation für die Bereiche des Handels und der Wirtschaft vor, die durch eine vollständige Liberalisierung des

---

445 Präambel des Europaabkommens mit Polen: *„Daß die Gemeinschaft und Polen diese Bindungen stärker auf der Grundlage der Gegenseitigkeit enge und dauerhafte Beziehungen aufnehmen wollen, die die Teilnahme Polens an dem europäischen Integrationsprozeß ermöglichen werden... ."* Vgl. *Schmalenbach* in *Callies/Ruffert*, aaO (Fn. 54), Art. 310 EGV, Rn. 38.

446 Vgl. *Dauses*, „Osterweiterung der EU: MOE-Staaten ante portas" in EuZW 1996, S. 353.

447 Vgl. *Dauses*, EuZW 1996, S. 353. Die Abkommen beschränken sich darauf, in den Präambeln das Streben der MOE-Staaten nach einer Vollmitgliedschaft in der Europäischen Union zur Kenntnis zu nehmen und den MOE-Staaten bei der Verwirklichung dieses Zieles zu helfen. Dies ist vor dem Hintergrund zu sehen, dass der Türkei in dem Assoziierungsabkommen vom 12. September 1963 (in ABl. 1964, S. 3687 ff.) bereits eine Vollmitgliedschaft in Aussicht gestellt wurde. In der Präambel des Abkommens heißt es: *„Daß die Hilfe, welche die Europäische Wirtschaftsgemeinschaft dem türkischen Volk zuteil werden lässt, später den Beitritt der Türkei zur Gemeinschaft erleichtern wird."*

448 Vgl. *Sieveking*, ZAR 2003, S. 342; vgl. auch *Renner*, ZAR 2002, S. 380 ff. und *Wollenschläger/Pietsch*, ZAR 2003, aaO, S. 259.

449 Vgl. hierzu *Gargulla*, „Die arbeits- und aufenthaltsrechtlichen Begünstigungen für osteuropäische Arbeitnehmer und Selbständige durch die Europa-Abkommen-Sein oder Schein?" in InfAuslR 1995, S. 181.

450 Gemischte Abkommen zeichnen sich dadurch aus, dass neben der Gemeinschaft selbst auch die Mitgliedstaaten die Verträge unterzeichnen; vgl. hierzu *Streinz*, Europarecht, 7. Aufl. 2005, § 5 IV 4, Rn. 486. Dadurch können vertragliche Bestimmungen auch in Bereichen, in denen keine ausdrückliche Zuständigkeit der Gemeinschaften besteht Rechtsverbindlichkeit erlangen.

451 Vgl. *Schmalenbach* in *Callies/Ruffert*, aaO (Fn. 54), Art. 310 EGV, Rn. 38.

Handels mit der Gemeinschaft durch die Errichtung einer bilateralen Freihandelszone erreicht werden soll[452]. Die Bundesrepublik Deutschland hat die Europa-Abkommen vollumfänglich durch Zustimmungsgesetze ratifiziert, so dass sie im Verhältnis zwischen den Assoziierungsstaaten und der Bundesrepublik Deutschland geltendes Völkerrecht sind[453]. Die EA sehen zwar keine Übernahme des geltenden *acquis* vor, werden aber selbst Bestandteil des *acquis* und mit Beitritt zur Europäischen Union integraler Bestandteil des zu übernehmenden Gemeinschaftsrechts.

B. Auslegung der EA nach der Rechtsprechung des EuGH

Europa-Abkommen sind völkerrechtliche Verträge der Gemeinschaft, die zum integralen Bestandteil der Gemeinschaftsrechtsordnung gehören[454]. Als solche sind auch völkerrechtliche Verträge grundsätzlich geeignet, unmittelbare Wirkung zu entfalten. Aus dem Prinzip der unmittelbaren Wirkung folgt, dass der Einzelne ihn begünstigende Regelungen des Gemeinschaftsrechts vor den nationalen Gerichten geltend machen kann[455]. Bestimmungen in Beitrittsabkommen gewähren nach der ständigen Rechtsprechung des *EuGH,* wie sie in den Rechtssachen *Demirel*[456] und *Sürül*[457] zu den Assoziierungsabkommen mit der Türkei entwickelt wurde, nur dann unmittelbar subjektive Rechte, wenn sie unter Berücksichtigung ihres Wortlauts und im Hinblick auf den Sinn und Zweck des Abkommens eine klare und eindeutige Verpflichtung enthalten, deren Erfüllung nicht vom Erlass eines weiteren Aktes abhängig ist. Der *EuGH* legt – geleitet vom Gedanken des *effet utile-* die Bestimmungen in Europa-Abkommen in der Regel großzügig zugunsten einer unmittelbaren Wirkung aus[458]. Allerdings weist

---

452 Vgl. *Schwarze*, EU-Kommentar, Art. 310 EGV, Rn. 10.

453 Vgl. für die Republik Polen, BGBl. II 1993, S. 1316 ff..

454 Vgl. EuGH, Rs. 181/73, „*R. & V.* ***Haegemann*** *gegen Belgischer Staat*“, Urteil vom 30. April 1974 in Slg. 1974, S. 449 ff., Rn. 2/6; Rs. C-161/96, „*A.* ***Racke*** *GmbH & Co. KG gegen Hauptzollamt Mainz*“, Urteil vom 16. Juni 1998 in Slg. 1998, S. I-3655, Rn. 41; *Hirsch*, Die Rechtsprechung des EuGH zu Assoziierungsabkommen“ in BayVBl. 1997, S. 449, 450.

455 Vgl. EuGH, Rs. 26/62, „*Algemene Transport – en Expeditie Onderneming* ***Van Gend & Loos***“, Urteil vom 5. Februar 1964 in Slg. 1963, S. 1 ff.

456 EuGH Rs. 12/86, „*Meryem* ***Demirel*** *gegen Stadt Schwäbisch Gmünd*“, Urteil vom 30. September 1987 in Slg. 1987, S. 3747 ff., Rn. 15.

457 EuGH, Rs. C-262/96, „*Sema* ***Sürül*** *gegen Bundesanstalt für Arbeit*“, Urteil vom 4. Mai 1999 in Slg. 1999, S. I-2685 ff.; Rn. 60.

458 Vgl. EuGH, Rs. 17/81, „***Pabst & Richarz*** *KG gegen Hauptzollamt Oldenburg*“, Urteil vom 29. April 1982 in Slg. 1982, S. 1331, Rn. 27 f. zu Art. 53 des Abkom-

der EuGH auch darauf hin, dass die die Bestimmungen in den EA nicht lediglich Programmcharakter beinhalten dürfen, sondern unbedingte, hinreichend genaue Verpflichtungen der Gemeinschaft konkretisieren müssen[459].

C. Die in den EA gewährleisteten Freiheiten

Fraglich ist, ob Unternehmen aus den MOE-Staaten aus den Europa-Abkommen ein subjektives Recht zur grenzüberschreitenden Erbringung von Dienstleistungen mit eigenem Personal in einem anderen Mitgliedstaat herleiten konnten.

I. Dienstleistungsfreiheit

Zur Frage der unmittelbaren Wirkung der Bestimmungen über die Dienstleistungsfreiheit in den Europa-Abkommen[460] hat der *EuGH* noch keine Ent-

---

mens EWG/Griechenland; Rs. 104/81, „*Hauptzollamt Mainz gegen C.A.* ***Kupferberg*** *& Cie. KG a.A.*“, Slg. 1982, S. 3641, Rn. 13 zu Art. 21 des Freihandelsabkommens EWG/Portugal; *Schmalenbach* in *Callies/Ruffert*, aaO (Fn. 54), Art. 300 EGV, Rn. 58; *Schwarze*, aaO (Fn. 452), Art. 310 EGV, Rn. 17.

459 Vgl. EuGH Rs. C-161/96, „***Racke***“, aaO (Fn. 428), Rn. 31; *Hirsch*, BayVBl. 1997, S. 450.

460 Das EA Polen hat in Art. 55 folgenden Wortlaut:
(1)
Die Vertragsparteien verpflichten sich, im Einklang mit den Bestimmungen dieses Kapitels und unter Berücksichtigung der Entwicklung des Dienstleistungssektors in den Vertragsparteien die erforderlichen Maßnahmen zu treffen, um schrittweise die Erbringung von Dienstleistungen durch Gesellschaften oder Staatsangehörige der Gemeinschaft oder Polens zu erlauben, die in einer anderen Vertragspartei als derjenigen des Leistungsempfängers niedergelassen sind.
(2)
Im Einklang mit der in Absatz 1 genannten Liberalisierung und vorbehaltlich des Artikel 58 Absatz 1 gestatten die Vertragsparteien die vorübergehende Einreise der natürlichen Personen, die die Dienstleistung erbringen oder von dem Leistungserbringer als Personal in Schlüsselpositionen im Sinne des Artikel 52 Absatz 2 beschäftigt werden; dazu gehören auch natürliche Personen, die Vertreter von Gesellschaften oder Staatsangehörige der Gemeinschaft oder Polens sind und um vorübergehende Einreise zwecks Aushandlung oder Abschluss von Dienstleistungsaufträgen für diesen Leistungserbringer ersuchen, sofern diese Vertreter nicht im direkten Verkauf beschäftigt sind oder selbst Dienstleistungen erbringen.
(3)
Der Assoziationsrat trifft die erforderlichen Maßnahmen zur schrittweisen Durchführung von Absatz 1.

scheidung getroffen. Diese Frage ist in der deutschen Rechtsprechung und Literatur umstritten. Folgte bereits aus den Europa-Abkommen das Recht osteuropäischer Unternehmen, Dienstleistungen mit eigenem Personal in der Bundesrepublik Deutschland oder einem anderen Mitgliedstaat der Europäischen Union zu erbringen, darf dieses Recht nach dem Beitritt durch Übergangsbestimmungen nicht verschlechtert werden.

1. Auffassung in der deutschen Rechtsprechung

Der 9. Senat des *BAG*[461] hat in einer Klage eines polnischen Unternehmens gegen dessen Teilnahmeverpflichtung am Urlaubskassenverfahren der deutschen Bauwirtschaft entschieden, dass Unternehmen aus den Assoziierungsstaaten aus dem Europa-Abkommen mit Polen keine unmittelbaren Rechte herleiten können. Nach Auffassung des *BAG* hängen die in dem Europaabkommen enthaltenen Bestimmungen über den Dienstleistungsverkehr (Art. 55) und die Freizügigkeit der Arbeitnehmer (Art. 42) von weiteren- bis zum Zeitpunkt der Entscheidung nicht getroffenen- Umsetzungsakten des Assoziationsrates ab. Diese Auffassung hat zuletzt der 10. Senat des *BAG* mit Urteil vom 28. September 2005 bestätigt[462] und entspricht der unterinstanzlichen deutschen Rechtsprechung[463]. Das *Hessische LAG*[464] entschied in einem Rechtsstreit über die Verpflichtung eines Unternehmens aus den MOE-Staaten zur Teilnahme am Urlaubskassenverfahren, dass sich diese nicht auf Bestimmungen des EG-Vertrages oder europäisches Sekundärrecht berufen können und die Bestimmungen über die Dienstleistungsfreiheit in den Europa-Abkommen unter dem Beschränkungsvorbehalt des Art. 58 EA stehen.

---

461 BAG, Urteil vom 25. Juni 2002, 9 -AZR 106/01-.

462 10. Senat des BAG, Urteil vom 28. September 2005, -10 AZR 28/05-, Rn. 19 der Entscheidungsgründe.

463 Vgl. Amtsgericht Köln, Urteil vom 28. Juni 2002, -529 OWi 643/01-; OLG Köln, Beschluss vom 11. Oktober 2002, -SS 401/02-; beide nicht veröffentlicht.

464 Urteil des Hessischen LAG -16 Sa 1858/99;- nicht veröffentlicht: „*...Denn durch die Erstreckung der für Urlaubsregelungen im Baugewerbe geltenden für allgemeinverbindlich erklärten Tarifverträge werden polnische Arbeitnehmer gegenüber den eigenen Staatsangehörigen der Bundesrepublik Deutschland schon deshalb nicht benachteiligt, weil lediglich die gleichen Regelungen auch für sie gelten.... Ein Verstoß [gegen die Dienstleistungsfreiheit] scheidet schließlich schon deshalb aus, weil die Vertragsparteien des Abkommens nach Art. 58 nicht gehindert sind, u.a. ihre Verwaltungs- und Rechtsvorschriften über die Beschäftigungsbedingungen und die Erbringung von Dienstleistungen anzuwenden, sofern sie dies nicht in einer Weise tun, durch die Vorteile, die eine Vertragspartei aus einer Abkommensbestimmung erwachsen, zunichte gemacht oder verringert werden, was nicht erkennbar ist.*"

2. Auffassung in der deutschen Literatur

In der deutschen Literatur ist die Frage der unmittelbaren Wirkung der Dienstleistungsfreiheit in den Europa-Abkommen hingegen umstritten. Während *Randelzhofer/Forsthoff*[465] ohne weitere Begründung davon ausgehen, dass die Bestimmungen in den Europa-Abkommen unbedingt und ausreichend seien, vertritt *von Danwitz*[466] die Auffassung, dass die Bestimmungen des Art. 55 unter dem Vorbehalt noch zu fassender Assoziationsratsbeschlüsse stehen. *Troberg/ Tiedje*[467] gehen ebenfalls davon aus, dass die Europa-Abkommen lediglich die Möglichkeit vorsehen, durch Beschlüsse des jeweiligen Assoziierungsrates schrittweise Erleichterungen des freien Dienstleistungsverkehrs einzuführen. Solche Beschlüsse seien bis heute nicht gefasst worden, so dass eine unmittelbare Wirkung der Dienstleistungsfreiheit in den Europa-Abkommen abzulehnen sei.

Dieser Auffassung folgen auch *Gargulla*[468] und *Husmann*[469] mit ähnlicher Begründung wie *von Danwitz*. *Koberski/Asshoff/Hold*[470] vertreten im Zusammenhang mit der Erstreckung des Urlaubskassenverfahrens auf Unternehmen aus den MOE-Staaten die Auffassung, dass die Abkommensparteien nicht daran gehindert seien, ihre nationalen Rechts- und Verwaltungsvorschriften über Beschäftigung und Beschäftigungsbedingungen sowie die Erbringung von Dienstleistungen anzuwenden, sofern sie dies nicht in einer Weise tun, durch die Vorteile, die einer Vertragspartei aus einer Abkommensbestimmung erwachsen, zunichte gemacht oder verringert werden. Dieser Auffassung folgt auch Generalanwalt *Alber* in den Rechtssachen *Gloszczuk* und *Kondova* zur Auslegung des Niederlassungsrechts in den Europa-Abkommen mit Polen[471]. *Bieback*[472] schließlich ver-

465 *Randelzhofer/Forsthoff* in *Grabitz/Hilf*, aaO (Fn. 8), vor. Art. 39-55, Rn. 37f.

466 Vgl. *v. Danwitz*, EuZW 2002, S. 237, 240.

467 Vgl. *Troberg/Tiedje* in *von der Groeben/Schwarze*, Kommentar zum Vertrag über die Europäische Union und zur Gründung der Europäischen Gemeinschaft, Band 1, 6. Aufl. 2003, Vorb. zu den Artikeln 49 bis 55 EG, Rn. 34.

468 *Gargulla*, InfAuslR 1995, S. 189.

469 *Husmann*, ZfS 1998, S. 128, 129.

470 *Koberski/Asshoff/Hold*, aaO (Fn. 143), § 1 Rn. 351.

471 Generalanwalt *Alber*, Schlussanträge vom 14. September 2000, – Rs. C 63/99 Rn. 43 und C-235/99 Rn. 52:
„Im Vergleich zu anderen Bestimmungen dieses Abkommens handelt es sich hier nicht um eine Regelung, die nur einen reinen Programmcharakter hat und zur unmittelbaren Anwendbarkeit von noch zu fällenden Assoziationsratbeschlüssen abhängig ist. Dies ist beispielsweise für die Bereiche Freizügigkeit der Arbeitnehmer nach Art. 40 Abs. 1 und Dienstleistungsverkehr nach Art. 56 Abs. 3 des EA der Fall, da dort ausdrücklich von noch zu treffenden Maßnahmen die Rede ist.“

472 Vgl. *Bieback* in *Gagel*, aaO (Fn. 94), § 284 SGB III, Rn. 19.

weist auf die Rechtsprechung des *EuGH* in Sachen *Demirel*[473], wonach das Assoziationsabkommen mit der Türkei keine unmittelbare Wirkung entfalte, so dass auch der Dienstleistungsfreiheit in den Europa-Abkommen mit den MOE-Staaten keine unmittelbare Wirkung zukomme.

3. Eigene Stellungnahme

Ein völkerrechtlicher Vertrag ist nach seinem Wortlaut und im Lichte seiner Ziele auszulegen[474]. Art. 31 des Wiener Übereinkommens vom 23. Mai 1969 über das Recht der Verträge bestimmt dazu, dass ein Vertrag nach Treu und Glauben in Übereinstimmung mit der gewöhnlichen, seinen Bestimmungen in ihrem Zusammenhang zukommenden Bedeutung und im Lichte seines Zieles und Zweckes auszulegen ist[475]. Die Auslegung der Bestimmung über die Dienstleistungsfreiheit nach Art. 55 EA ergibt nach diesen Grundsätzen, dass ausländische Unternehmen und die entsandten Werkvertragsarbeitnehmer hieraus keine unmittelbaren subjektiven Rechte herleiten konnten:

Für eine unmittelbare Wirkung der Dienstleistungsfreiheit aus den Europa-Abkommen ließe sich zunächst die *Systematik* der Vorschrift anführen. Art. 55 des EA steht zwar im Kapitel III. über den „Dienstleistungsverkehr zwischen der Gemeinschaft und Polen", ohne eigene Beschränkungsmöglichkeiten zu eröffnen. Über Art. 57 EA wird allerdings auf die für das Niederlassungsrecht geltenden Beschränkungsmöglichkeiten verwiesen. Die Eröffnung einer Beschränkungsmöglichkeit setzt aber voraus, dass in ein subjektives Individualrecht eines der in Art. 53 EA genannten überwiegenden Allgemeininteressen eingegriffen wird. Schranken für die Ausübung eines Rechts bedarf es nur dann, wenn der unmittelbare Anwendungsbereich einer Norm eröffnet ist und ihr auch unmittelbare Wirkung zukommt. Anderenfalls wäre eine Schrankenregelung überflüssig. Es wäre daher unsystematisch, wenn ausgerechnet der Dienstleistungsfreiheit keine unmittelbare Wirkung zukommen würde. Die Dienstleistungsfreiheit stellt im Verhältnis zu den anderen Freiheiten in den EA kein Recht minderer Wirkung dar.

Gegen die aus der Systematik der Vorschrift folgende *unmittelbare Wirkung der Dienstleistungsfreiheit* sprechen allerdings sowohl der *Wortlaut* als auch *Sinn und Zweck der Bestimmung.* Nach Art. 55 Abs. 2 und 3 EA stehen die Bestimmungen über die Dienstleistungsfreiheit unter dem Vorbehalt noch zu fas-

473 EuGH, Urteil vom 30. September 1987, Rs. 12/86, *„Meryem **Demirel** gegen Stadt Schwäbisch Gmünd"* in Slg. 1987, S. 3719.

474 Vgl. *Ipsen*, Völkerrecht, 4. Aufl. 2004, § 11, Rn. 11.

475 Vgl. EuGH, Slg. 1991, S. I-6079- Gutachten 1/91; EuGH, Rs. C-312/91, *„Zwischenverfahren betreffend eine Beschlagnahme bei der **Metalsa** Srl"* in Slg. 1993, S. I-3751, Rn. 12.

sender Assoziationsratsbeschlüsse und dem Vorbehalt des nationalen Rechts. Nach der Rechtsprechung des *EuGH* spricht dies für den bloßen Programmcharakter der Vorschrift, so dass Art. 55 EA keine subjektiven Rechte begründet. Zum anderen ist dem Assoziationsrat gemäß Artikel 55 Abs. 3 EA die Aufgabe zuerkannt, die erforderlichen Maßnahmen zur schrittweisen Durchführung der Dienstleistungsfreiheit zu treffen. Solche Maßnahem wurden bis zum Beitritt der MOE-Staaten zur Europäischen Union nicht getroffen. Aus den Bestimmungen über die Dienstleistungsfreiheit folgt kein Diskriminierungsverbot. Gegen eine unmittelbare Wirkung der Dienstleistungsfreiheit spricht auch Sinn und Zweck der Vorschrift. Das Europa-Abkommen Polen wurde geschlossen, um Polen schrittweise in die Europäische Union zu integrieren. Nach Art. 1 Abs. 2 EA ist es unter anderem Ziel dieses Abkommens, einen geeigneten Rahmen für den politischen Dialog zwischen den Vertragsparteien zu schaffen, um die Ausweitung des Handels und ausgewogene Wirtschaftsbeziehungen zwischen den Vertragsparteien zu fördern. Hierdurch soll die dynamische wirtschaftliche Entwicklung und der Wohlstand in Polen begünstigt werden. Ein Anspruch auf Beitritt folgt aus dem EA allerdings nicht. Die Voraussetzungen eines Beitritts zur Europäischen Union bestimmen sich allein nach Artikel 6 und 49 EUV. Seit Unterzeichnung des Abkommens am 31. Dezember 1993 wurden zwar Maßnahmen der Republik Polen im Bereich der Wirtschaft, Kultur- und Rechtsordnung getroffen, um eine schrittweise Integration der Republik Polen in die Europäische Gemeinschaft herbeizuführen[476]. Hieraus lassen sich allerdings keine Verpflichtungen der Europäischen Gemeinschaft zur unmittelbaren Anwendung der Dienstleistungsfreiheit herleiten. Die Assoziationsabkommen erfordern eine *formelle* Handlung durch Beschlüsse des Assoziationsrates, nicht hingegen *tatsächliche Maßnahmen* zur Verwirklichung der Assoziierung. Da formelle Beschlüsse des Assoziationsrates nicht getroffen wurden, können Rechtssubjekte aus den MOE-Staaten keine subjektiven Rechte aus der Bestimmung über die Dienstleistungsfreiheit herleiten.

II. Arbeitnehmerfreizügigkeit

Der Titel in den Europa-Abkommen über die *Freizügigkeit der Arbeitnehmer* darf nicht darüber hinwegtäuschen, dass sich die Vorschriften über die Arbeitnehmerrechte inhaltlich allein auf das Recht auf Gleichbehandlung in Bezug auf Arbeitsbedingungen, Entlohnung und Kündigung von Arbeitnehmern, die bereits

---

476 Vgl. Regelmäßiger Bericht 2002 über die Fortschritte Polens auf dem Weg zum Beitritt (KOM/2002/700 endg.), abzurufen unter *http://europa.eu.int/comm/enlargement.*

rechtmäßig beschäftigt sind, beschränken[477]. Hinsichtlich der Arbeitnehmerfreizügigkeit hatte sich die Gemeinschaft zu keiner quantitativen Zulassung von Arbeitnehmern aus den Beitrittsstaaten auf die Arbeitsmärkte der Mitgliedstaaten verpflichtet, sondern in Art. 41 Abs. 1, 1. Spiegelstrich EA darauf beschränkt, bestehende Erleichterungen für den Zugang zur Beschäftigung von Arbeitnehmern aus Polen zu den Arbeitsmärkten der Mitgliedstaaten zu erhalten und nach Möglichkeit zu verbessern[478]. Ein Recht auf Zugang zu den nationalen Arbeitsmärkten lässt sich hieraus nicht ohne weiteres herleiten[479]. Unmittelbare Rechte konnten osteuropäische Arbeitnehmer aus den Bestimmungen über die Arbeitnehmerfreizügigkeit aus den EA nach der Rechtsprechung des *EuGH* in Sachen *Pokrzeptowicz/Meyer* und *Kolpak*[480] nur herleiten, soweit es um das Recht auf Gleichbehandlung hinsichtlich der Arbeitsbedingungen mit Staatsangehörigen der Mitgliedstaaten geht[481]. Art. 37 EA greift folglich erst ein, wenn der Arbeitnehmer Zugang zum deutschen Arbeitsmarkt erlangt hat[482]. Die Umsetzung der EA ist den einzelnen Mitgliedstaaten im Rahmen des nationalen Rechts und der bilateralen Regierungsvereinbarungen überlassen[483]. Die Bestimmungen über die Arbeitnehmerfreizügigkeit in den EA legen folglich allein allgemeine Ziele der Assoziierung fest und haben ausschließlich Programmcharakter. Eine unmittelbar wirksame völkerrechtliche Verbindlichkeit für die Mitgliedstaaten wird durch sie nicht begründet[484]. Werkvertragsarbeitnehmer konnten aus den Bestimmungen über die Arbeitnehmerfreizügigkeit über die Gleichbehandlung hinsichtlich der Arbeitsbedingungen hinaus keine subjektiven Rechte im Hinblick auf die Freizügigkeit herleiten[485]. Die Regelungen über die Einreise, den Aufenthalt und den Zugang zur Beschäftigung richtete sich nach dem nationalen Recht und den Werkvertragsabkommen. Grundlage für die Erteilung einer Arbeitserlaubnis für

---

477 Vgl. *Sieveking*, ZAR 2003, S. 345.

478 Vgl. BT-Drucksache 12/4275 vom 4. Februar 1993, S. 1 ff..

479 So im Ergebnis auch *Peters*, ZAR 2005, S. 92.

480 Vgl. EuGH, Rs. C-438/00, „*Deutscher Handballbund e.V. gegen **Maros Kolpak***“, Urteil vom 8. Mai 2003 in Slg. 2003, S. I-4135, Rn. 24.

481 Vgl. EuGH, Rs. C-162/00 „*Land Nordrhein-Westfalen gegen Beata **Pokrzeptowicz-Meyer***“, Urteil vom 29. Januar 2002 in Slg. 2002, S. I-1049, Rn. 41. Kritisch zu dieser Rechtsprechung zu Recht *Franzen* in *Streinz*, aaO (Fn. 15), Art. 39 EG, Rn. 70, der darauf hinweist, dass das Gebot zur Gleichbehandlung der Arbeitnehmer ausdrücklich unter dem allgemeinen Vorbehalt mitgliedstaatlicher Rechtsvorschriften steht und nicht die Anforderungen erfüllt, welche üblicherweise an die unmittelbare Anwendbarkeit von völkerrechtlichen Bestimmungen im innerstaatlichen Rechtsraum gestellt werden.

482 Vgl. *Höller* in *Fuchs*, aaO (Fn. 394), S. 708.

483 So auch BSG, Urteil vom 24. April 2003, -B 10 EG 4/11 R-, Rn. 17.

484 Vgl. hierzu auch *Gargulla*, InfAuslR 1995, S. 189.

485 So im Ergebnis auch *Reim*, aaO (Fn. 27), S. 81.

einen Arbeitnehmer im Rahmen einer Werkvertragsvereinbarung war bereits vor dem Beitritt der MOE-Staaten zur Europäischen Union eine Genehmigung nach der Anwerbestoppausnahmeverordnung (ASAV).

Unabhängig von der Frage, ob Werkvertragsarbeitnehmer aus den Bestimmungen über die Freizügigkeit der Arbeitnehmer überhaupt subjektive Rechte herleiten konnten, ist problematisch, ob die durch die Europa-Abkommen gewährleistete Arbeitnehmerfreizügigkeit überhaupt auf Werkvertragsarbeitnehmer Anwendung findet. Wie auch im Verhältnis der gemeinschaftsrechtlichen Grundfreiheiten ist die Arbeitnehmerfreizügigkeit von der Dienstleistungsfreiheit abzugrenzen. *Hanau*[486] hat herausgearbeitet, dass die Systematik der Europa-Abkommen derjenigen des EG-Vertrages entspricht und die Erbringung von Dienstleistungen im Rahmen von Werkverträgen nicht der Freizügigkeit der Arbeitnehmer, sondern dem Dienstleistungsverkehr zuzuordnen sind, wie er in Art. 49 EG und den Artikeln 55 des Europaabkommens geregelt ist. *Reim*[487] geht auf diese Abgrenzungsproblematik nicht ein, sondern stellt allein darauf ab, dass Angehörige der MOE-Staaten aus den Bestimmungen über die Freizügigkeit in den Europa-Abkommen keine unmittelbaren Rechte herleiten konnten. Der zutreffenden Auffassung *Hanaus* folgend, ist eine identische Auslegung und Rechtsfortbildung des Gemeinschaftsrechts und der Europa-Abkommen nach der Rechtsprechung des *EuGH* nur möglich, wenn ein Vergleich zwischen den Zielen und dem Zusammenhang des Abkommens besondere Bedeutung hat[488]. Nach ständiger Rechtsprechung des *EuGH* genügt eine schlicht ähnliche Fassung einer Bestimmung eines Gründungsvertrags der Gemeinschaften und eines völkerrechtlichen Vertrages zwischen der Gemeinschaft und einem Drittland nicht, um der Bestimmung des völkerrechtlichen Vertrages die Bedeutung zu geben, die der Bestimmung des Gründungsvertrages zukommt[489]. *Peters*[490] führt unter Bezugnahme auf die Rechtsprechung des *EuGH* zutreffend aus, dass völkerrechtlichen Regelungen, die in Wortlaut oder inhaltlicher Zielsetzung solchen des Gemeinschaftsrechts ähnlich sind, dieselbe Bedeutung zukommen kann, wie den entsprechenden Normen im Gemeinschaftsrecht und damit eine Parallelität zwischen den

---

486 *Hanau*, aaO (Fn. 96), S. 419.

487 *Reim*, aaO (Fn. 27), S. 81.

488 Vgl. zur Rechtsprechung des EuGH, Rs. „***Metalsa***", aaO (Fn. 471), Rn. 10 f.; Rs. C-469/93, „*Amministrazione delle finanze delle Stato gegen* ***Chiquita*** *Italia SpA*", Urteil vom 12. Dezember 1995 in Slg 1995, S. I-4533, Rn. 26 ff. zur Auslegung des GATT-Abkommens.

489 Vgl. EuGH, Rs. „***Pokrzeptowicz-Meyer***", aaO (Fn. 481), Rn. 32 mwN zur Rechtsprechung.

490 Vgl. *Peters*, „Arbeitsberechtigung nachziehender Familienangehöriger von Wanderarbeitnehmern aus mittel- und osteuropäischen Staaten" in ZAR 2005, S. 87, 91.

Rechten und Pflichten begründen, die nach den Europa-Abkommen und dem Gemeinschaftsrecht zu beachten sind. Bei der Auslegung des Europa-Abkommens kann zur Abgrenzung zwischen der Arbeitnehmerfreizügigkeit und der Dienstleistungsfreiheit auf die Rechtsprechung des EuGH in der Rechtssache *Rush Portuguesa* zurückgegriffen werden, wonach entsandte Arbeitnehmer der Dienstleistungsfreiheit und nicht der Arbeitnehmerfreizügigkeit zuzuordnen sind. Diese zu Art. 49 EG ergangene Rechtsprechung muss auch für die Auslegung des Verhältnisses zwischen der durch die Europa-Abkommen gewährleisteten Grundfreiheiten der Arbeitnehmerfreizügigkeit und der Dienstleistungsfreiheit gelten. Die Entsendung von Arbeitnehmern aus den ehemaligen Assoziierungsstaaten unterschied sich in ihrer tatsächlichen und rechtlichen Ausgestaltung nicht von der Entsendung innerhalb der damaligen Mitgliedstaaten. Hieraus folgt, dass Werkvertragsarbeitnehmer nicht der durch die Europa-Abkommen gewährleisteten Arbeitnehmerfreizügigkeit, sondern der Dienstleistungsfreiheit nach Art. 55 EA zuzuordnen waren. Ein Aufenthalts- und Arbeitserlaubnisrecht der Werkvertragsarbeitnehmer kann demzufolge nicht unmittelbar aus den Bestimmungen über die Arbeitnehmerfreizügigkeit in Art. 38 ff. des Europa-Abkommens folgen. Auch *Sieveking*[491] weist darauf hin, dass Werkvertragsarbeitnehmer nicht unter die Abkommensregelungen fallen. Bei der Bestimmung der sozialen Rechte der Werkvertragsarbeitnehmer ist allein auf das anzuwendende Recht des entsendenden Staates Bezug zu nehmen. Der Zustrom von Arbeitnehmern aus den assoziierten Staaten sollte vermieden werden, so dass die Bestimmungen über die Freizügigkeit der Arbeitnehmer nur unverbindliche Empfehlungen an die Mitgliedstaaten enthielten[492]. Infolgedessen ging auch die Bundesregierung in den Ratifizierungsverträgen zu den Beitrittsverträgen davon aus, dass Werkvertragsarbeitnehmer nicht unter die EA fallen[493].

III. Niederlassungsfreiheit

Letztlich könnte der Anspruch osteuropäischer Werkvertragsarbeitnehmer auf Zugang zum deutschen Arbeitsmarkt aus den Bestimmungen über das Niederlassungsrecht folgen. Das Niederlassungsrecht in den Europa-Abkommen enthält ein Diskriminierungsverbot gegenüber Unternehmen aus den bisherigen Mitgliedstaaten[494]. Für das Einreise-, Aufenthalts- und Niederlassungsrecht nach Ar-

491 Vgl. *Sieveking*, ZAR 2003, S. 344.
492 So auch *Reim*, aaO (Fn. 27), S. 80.
493 BT-Drucks. 12/4275, S. 2.
494 Vgl. *Reim*, aaO (Fn. 27), S. 82 mwN in Fn. 209.

tikel 44 Abs.3 des Europa-Abkommens mit Polen[495] hat der *EuGH* eine unmittelbare Wirkung anerkannt. Im Jahre 2001 hatte der EuGH Gelegenheit zur unmittelbaren Wirkung der Niederlassungsfreiheit in den EA Stellung zu nehmen. In den Rechtssachen *Barkoci*[496], *Glosczuk*[497] und *Kondova*[498] ging es um die

---

495 Das Assoziierungsabkommen bestimmt in Art. 44 Abs. 3 und 4, der zu Titel IV Kapitel II, „Niederlassungsrecht" gehört:
Art. 44 Abs. 3
Die Mitgliedstaaten gewähren vom In-Kraft-Treten dieses Abkommens an die für die Niederlassung polnischer Gesellschaften und Staatsangehöriger im sinne des Art. 48 eine Behandlung, die nicht weniger günstig ist als die Behandlung ihrer eigenen Gesellschaften und Staatsangehörigen, und für die Geschäftstätigkeit der in ihrem Gebiet niedergelassenen n polnischen Gesellschaften und Staatsangehörigen eine Behandlung, die nicht weniger günstig ist als die Behandlung ihrer eigenen Gesellschaften und Staatsangehörigen.
Art. 44 Abs. 4
Im Sinne dieses Abkommens
a) bedeutet Niederlassung:
i) im Fall der Staatsangehörigen das Recht auf Aufnahme und Ausübung selbständiger Erwerbstätigkeiten sowie auf Gründung und Leitung von Unternehmen, insbesondere von Gesellschaften, die sie tatsächlich kontrollieren. Die Ausübung einer selbständigen Tätigkeit und einer Geschäftstätigkeit durch Staatsangehörige umfasst nicht die Suche oder Annahme einer Beschäftigung auf dem Arbeitsmarkt und verleiht nicht das Recht auf Zugang zum Arbeitsmarkt der anderen Vertragspartei. Die Bestimmungen dieses Kapitels gelten nicht für diejenigen, die nicht ausschließlich eine selbstständige Erwerbstätigkeit ausüben;...
c) umfassen Erwerbstätigkeiten: insbesondere gewerbliche Tätigkeiten, kaufmännische Tätigkeiten, handwerkliche Tätigkeiten und freiberufliche Tätigkeiten.
Art. 53 Abs. 1 des Assoziierungsabkommens lautet:
Dieses Kapitel gilt vorbehaltlich der Beschränkungen, die aus Gründen der öffentlichen Ordnung, Sicherheit oder Gesundheit gerechtfertigt sind.
In Art. 58 Abs. 1 des Assoziierungsabkommens, der zu Titel IV Kapitel IV „Allgemeine Bestimmungen" gehört, heißt es:
Für die Zwecke des Titels IV dieses Abkommens werden die Vertragsparteien durch keine Bestimmung dieses Abkommens daran gehindert, ihre Rechts- und Verwaltungsvorschriften über Einreise und Aufenthalt, Beschäftigung, Beschäftigungsbedingungen, Niederlassung von natürlichen Personen und Erbringung von Dienstleistungen anzuwenden, sofern sie dies nicht in einer Weise tun, durch die die Vorteile, die einer Vertragspartei aus einer Abkommensbestimmung erwachsen, zunichte gemacht oder verringert wird.

496 EuGH, Rs. C-257/99, „*The Queen/Secretary of State for the Home Department, ex parte: Julius **Barkoci** und Marcel Malik*" in EuZW 2001, S. 696 ff..

497 EuGH, Rs. C-63/99, „*Wieslaw Gloszczuk und Elzbieta **Gloszczuk** gegen Secretary of State for the Home. Department*", Urteil vom 27. September 2001 in Slg. 2001, S. I-6369.

498 EuGH, Rs. C-235/99, „*The Queen/Secretary of State for the Home Department, ex parte: Eleanora Ivanova **Kondova***" in EuZW 2001, S. 696 ff..

Frage, ob das in den EA enthaltene Niederlassungsrecht ein Einreise- und Aufenthaltsrecht für Selbständige aus den MOE-Staaten in den Mitgliedstaaten der Europäischen Gemeinschaft gewährt. In der Rechtssache *Jany*[499] hatte sich der *EuGH* ferner mit der Frage der Geltung des Niederlassungsrechts für Prostituierte auseinanderzusetzen. Ausgehend von Art. 44 Abs. 3 des EA-Polen[500] entschied der *EuGH*, dass diese Vorschrift die Mitgliedstaaten verpflichtet, für die Niederlassung polnischer Gesellschaften und Staatsangehöriger eine Behandlung zu gewährleisten, die nicht ungünstiger ist, als die Behandlung ihrer eigenen Gesellschaften und Staatsangehörigen. Es handelt sich demnach um Verbotstatbestände, die es den Mitgliedstaaten verbieten, polnische Selbständige aufgrund ihrer Staatsangehörigkeit zu diskriminieren, wenn sie im Hoheitsgebiet eines Mitgliedstaates tätig sind. Diese Verbotstatbestände sind von nationalen Behörden und Gerichten zu berücksichtigen und können von Rechtssubjekten aus den assoziierten Staaten geltend gemacht werden. Sie entfalten demnach unmittelbare Wirkung. Als Nebenrecht beinhaltet das Niederlassungsrecht der EA nach der Rechtsprechung des *EuGH* ein Einreise- und Aufenthaltsrecht[501]. Den mitgliedstaatlichen ausländerrechtlichen Vorbehalt in Art. 58 EA sah der *EuGH* in den zitierten Entscheidungen nicht als das Niederlassungsrecht in seiner Reichweite beschränkende Vorschrift, sondern als Schranke des Niederlassungsrechts. Die Mitgliedstaaten waren bereits aufgrund der Bestimmungen über das Niederlassungsrecht in den EA nicht daran gehindert, in formeller Hinsicht zu überprüfen, ob die Bestimmungen des Niederlassungsrechts eingehalten werden. Hierzu gehört das Recht der Mitgliedstaaten im Sinne eines präventiven Verbots mit Erlaubnisvorbehalt zu überprüfen, ob der Antragsteller, der eine selbständige Tätigkeit in einem Mitgliedstaat ausüben will, über hinreichende Mittel und vernünftige Erfolgsaussichten verfügt[502]. Einschränkend führte der *EuGH* aber aus, dass Art. 44 Abs. 3 des Europa-Abkommens mit Polen lediglich ein Niederlas-

499 EuGH, Rs. C-268/99, „*Aldona **Malgorzata** u.a. gegen Staatssecretaris van Justitie*“ in EuZW 2002, S. 123 ff..

500 Gleichlautende Vorschriften finden sich in Art. 45 Abs. 3 des EA-Tschechien und Art. 45 Abs. 1 EA-Bulgarien.

501 Vgl. EuGH Rs. „***Barkoci***“, aaO (Fn. 496), Rn. 50; Rs. „***Kondova***“, aaO (Fn. 498), Rn. 53; Rs. „***Gloszczuk***“, aaO (Fn. 497), Rn. 50.

502 Vgl. EuGH Rs. „***Barkoci***“, aaO (Fn. 496), Rn. 61 ff.; Rs. „***Kondova***“, aaO (Fn. 498), Rn. 60 f.; Rs. „***Gloszczuk***“, aaO (Fn. 497), Rn. 57 ff.. Der Umfang des Erlaubnisvorbehalts richtete sich bereits vor der EU-Erweiterung nach den nationalen ausländerrechtlichen Bestimmungen. Das deutsche Ausländerrecht sah in den §§ 11 Abs. 1 Nr. 2, 12 DVAuslG und § 69 Abs. 3 AuslG vor, dass ein Ausländer, der sich länger als 3 Monate im Bundesgebiet aufhalten oder eine Erwerbstätigkeit ausüben will, eines Visums der für den vorgesehenen Aufenthaltsorts zuständigen Ausländerbehörde bedurfte.

sungsrecht zur Ausübung einer selbstständigen Erwerbstätigkeit gewährleistet, nicht hingegen die Möglichkeit der Aufnahme einer unselbständigen Beschäftigung in der Bundesrepublik Deutschland.

Dies hatte zur Konsequenz, dass sich die Mitnahme eigenen Personals auf das so genannte *Schlüsselpersonal* beschränkte, also leitende Mitarbeiter oder Verwaltungspersonal mit betriebsspezifischen Kenntnissen[503]. Dies ist nach Art. 52 Abs. 2 EA in Schlüsselpositionen beschäftigtes Personal der Begünstigten der Niederlassungsrechte, und zwar Führungskräfte, die mit Leitungs- und Führungsaufgaben betraut sind[504]. Diese Auslegung entspricht ferner der Rechtsprechung des *EuGH*[505] zu Art. 43 EG, wonach unter die Niederlassungsfreiheit und nicht unter Arbeitnehmerfreizügigkeit das Leitungspersonal von Unternehmen zu rechnen ist, soweit sie mit der Gründung und Leitung des Unternehmens im Sinne des Art. 43 Abs. 2 EG befasst sind[506]. Für Niederlassungsleiter – sofern nicht nach § 9 Nr. 1 ArGV Arbeitsgenehmigungsfreiheit besteht –, für Personen, die mit der Überwachung der Werkverträge oder der Bauleitung beauftragt sind und für das in Schlüsselpositionen beschäftige Personal wurde die Arbeitserlaubnis nach § 3 Abs. 3 ASAV bundesweit für eine Gesamtdauer bis zu vier Jahren erteilt. Für das übrige Büropersonal war der Geltungsbereich der Arbeitserlaubnis räumlich auf den Bezirk der Agentur für Arbeit zu beschränken, in deren Bezirk die Niederlassung ihren Sitz hat. Andere abhängig Beschäftigte eines Unternehmens aus einem assoziierten Staat ohne die außerordentlichen Qualifikationen und Führungsqualitäten fielen nicht unter das Niederlassungsrecht der Europa-Abkommen. Der Einsatz dieses Personals war nur nach Maßgabe des nationalen Aufenthalts- und Arbeitserlaubnisrechts möglich[507].

---

503 Vgl. § 9 Nr. 1 Arbeitsgenehmigungsverordnung.

504 Die genaue Aufgabenumschreibung ergibt sich aus Art. 52 Abs. 2 EA.

505 Vgl. EuGH, Rs. C-107/94, *„P.H.* ***Ascher*** *gegen Staatssecretaris van Financien*", Urteil vom 27. Juni 1996 in Slg. 1996, S. I-3089, Rn. 26. Es ist zu fragen, ob die Tätigkeit schwerpunktmäßig unternehmerisch, also weisungsfrei oder in Abhängigkeit zum Dienstherrn erfolgt.

506 Vgl. auch *Müller-Graff* in *Streinz,* aaO (Fn. 15), Art. 43 EG, Rn. 15; ***Bröhmer*** in *Callies/Ruffert*, aaO (Fn. 54), Art. 43 EGV, Rn. 10.

507 Dies führte zu einem Missbrauch der Werkvertragsabkommen. Ausländische Arbeitnehmer traten als Scheingesellschafter von im Ausland gegründeten Gesellschaften bürgerlichen Rechts auf, die durch Vorlage eines Gesellschafterausweises vorgaben, keine Arbeitsgenehmigung zu benötigen. Tatsächlich handelte es sich bei diesen „Gesellschaftern" allerdings um stetig wechselndes abhängig beschäftigtes Personal, das sowohl eine Aufenthaltsgenehmigung als auch eine Arbeitserlaubnis benötigt hätte. Zum anderen wurde durch die Erteilung einer Generalvollmacht oder Prokura an von dem durch den Anwerbestopp erfassten Arbeitnehmer versucht, die Kontingentregelungen aus den Werkvertragsabkommen zu umgehen. Durch diesen Trick wurde einfaches Personal zu leitenden Angestellten im Sinne des § 9 Nr. 1

D. Zwischenergebnis

Im Bereich der Freizügigkeit für Arbeitnehmer aus den über die EA assoziierten Staaten wurden durch die EA lediglich die Rechte bereits im Gebiet eines Mitgliedstaats rechtmäßig angestellter oder selbständig tätiger Bürger sowie ihrer Familien vertraglich gesichert. Vertraglich ungesichert und somit bis zum Zeitpunkt der EU-Osterweiterung nicht garantiert blieben der Zugang zu den EU-Arbeitsmärkten sowie die eigentliche Aufnahme eines Arbeitsverhältnisses.

Das Recht von Unternehmen aus den Beitrittsstaaten zur Erbringung von grenzüberschreitenden Dienstleistungen mit eigenem Personal zur Ausführung von Werkverträgen in der Bundesrepublik Deutschland folgte bis zum Beitritt zur Europäischen Union nicht unmittelbar aus den Europa-Abkommen. Es bestand kein genuin primärrechtlicher Anspruch von Dienstleistungsunternehmen aus den Beitrittsstaaten zur Entsendung eigenen Personals in die Bundesrepublik Deutschland. Das von dem *EuGH* in den Rechtssachen *Rush Portuguesa* und *Vander Elst* aus der Dienstleistungsfreiheit entwickelte Recht von Unternehmen zur Erbringung von Dienstleistungen mit eigenem Personal oder Personal aus Drittstaaten galt demnach nicht für Unternehmen aus den assoziierten Staaten. Die Europa-Abkommen gestatteten zwar nach Art. 55 Abs. 2 die Einreise von Personen, die als Vertreter von Gesellschaften oder von Staatsangehörigen einer vertragsschließenden Seite Vertragsverhandlungen oder Vertragsabschlüsse tätigen. Die Einreise wurde allerdings nur vorbehaltlich der nationalen Rechts- und Verwaltungsvorschriften über den Dienstleistungsverkehr gestattet. Der Aufenthalt und die Erwerbstätigkeit des entsandten Personals richteten sich nach dem deutschen Arbeitsgenehmigungs- und Aufenthaltsrecht[508]. Auch wenn Staatsangehörigen bereits vor der EU-Erweiterung faktisch die Dienstleistungs- und Niederlassungsfreiheit gewährt wurde, ließ sich ein Rechtsanspruch auf Arbeitsaufnahme bzw. Aufenthalt des entsandten Personals aus den Vorschriften über die

ArGV „befördert", im Innenverhältnis die Generalvollmacht oder Prokura wiederum ausgeschlossen. Sobald die Kontingente des ausländischen Unternehmers ausgeschöpft waren, war eine Aufstockung des Personals zur Ausführung der Werkverträge nicht mehr möglich. Dies stellte sich insbesondere dann als problematisch dar, wenn absehbar wurde, dass der Werkvertrag nicht innerhalb des vereinbarten Zeitraums erfüllt werden kann. Aufgrund drohender Schadensersatzforderungen des Auftraggebers und der aufgrund der verzögerten Ausführung des Vertrages verbundenen Gefahr der Kündigung des Werkvertrages wurde durch Nachträge zu den Werkverträgen und den Einsatz vermeintlicher Führungskräfte versucht, die Kontingentierung zu umgehen; Vgl. auch *Becker*, aaO (Fn. 437), Rn. 147 mwN in Fn. 121.

508 So auch *Reim*, aaO (Fn. 27), S. 80.

Dienstleistungsfreiheit in den Europa-Abkommen nicht herleiten[509]. Die Entsendung des eigenen Personals war allein nach Maßgabe des nationalen Aufenthalts- und Arbeitsgenehmigungsrechts und der bilateralen Werkvertragsabkommen möglich und beschränkte sich auf das so genannte Schlüsselpersonal[510].

Abhängig beschäftigte Arbeitnehmer konnten im Rahmen der durch die Europa-Abkommen gewährleisteten Niederlassungsfreiheit nur in sehr begrenztem Maße zur Ausführung von Werkverträgen in die Bundesrepublik Deutschland entsandt werden[511]. Drittstaatsangehörige konnten durch in den MOE-Staaten niedergelassene Unternehmen nur eingesetzt werden, soweit diese Personen keine Arbeitserlaubnis nach § 9 Nr. 1 ArgV benötigten[512]. Etwas anderes gilt für die Beschäftigung unselbständiger polnischer Arbeitnehmer durch in der Europäischen Union niedergelassene Unternehmen. Diese Arbeitnehmer unterliegen weiterhin den Beschränkungen des Beitrittsvertrages, da nach Ziffer 2.2 der Beitrittsakte die Artikel 1 bis 6 der Verordnung (EWG) Nr. 1612/68 bis zum Ablauf der Übergangsfristen keine Anwendung finden[513]. Die in den Europa-Abkommen gewährleistete Niederlassungsfreiheit entfaltete vor dem Beitritt der MOE-Staaten zur Europäischen Union unmittelbare Wirkung und begründete subjektive Rechte. Das Niederlassungsrecht konnte durch Beitrittsakten nicht eingeschränkt werden[514]. Integrationsfristen im Bereich der Niederlassungsfreiheit sind daher nicht gemeinschaftskonform[515].

509 So zuletzt auch *Ulber*, aaO (Fn. 24), Einleitung F, Rn. 64.

510 Vgl. zu diesem Ergebnis auch die Antwort der Bundesregierung auf die Kleine Anfrage der Abgeordneten Albert Rupprecht, Dr. Georg Nüßlein, Peter Hintze, weiterer Abgeordneter und der Fraktion der CDU/CSU (BT-Drucksache 15/5407) vom 27. Mai 2005 in BT-Drucksache 15/5546, S. 3. So auch die Stellungnahme von *Rudolf Kraus* in der Fragestunde des Deutschen Bundestages am 9./10. März 1994, zitiert von *Hanau*, aaO (Fn. 96), S. 421.

511 So im Ergebnis auch *Reim*, aaO (Fn. 27), S. 82.

512 Vgl. *Reim*, aaO (Fn. 27), S. 60.

513 Vgl. dazu *Becker*, aaO (Fn. 437), Rn. 148.

514 Vgl. auch *Temming*, RdA 2005, in Fn. 10; *Langer*, NZA Beilage 2/2005, S. 87.

515 Vgl. auch *Dauck*, InfAuslR 2002, S. 169; *Thym*, aaO, S. 313.

2. Teil: Der Beitritt der MOE-Staaten zur Europäischen Union

Im zweiten Teil des zweiten Kapitels werden die rechtlichen Auswirkungen des Beitritts der MOE-Staaten zur Europäischen Union untersucht, um die Notwendigkeit für die Aufnahme von Integrationsfristen in den Beitrittsakten zu klären. Allein vor diesem Hintergrund wird verständlich, warum das Werkvertragsverfahren den Beitrittsprozeß „überlebt" hat und in welchen Wirtschaftssektoren es weiterhin zur Anwendung kommt[516].

A. Bisherige Beitrittsprozesse

In der Geschichte der Europäischen Union gab es bisher drei große Erweiterungsprozesse[517]. Die erste Erweiterung erfolgte zum 1. Januar 1973 mit dem Beitritt des Königreich Großbritanniens, Dänemarks und Irlands (so genannte *Norderweiterung*[518])[519]. Die *Süderweiterung* erfolgte in zwei Etappen. Griechenland trat zum 1. Januar 1981[520], Spanien und Portugal zum 1. Januar 1986 bei[521]. Die letzte große Erweiterung erfolgt durch die *Nordosterweiterung* zum 1. Januar 1995 mit dem Beitritt Österreichs, Finnlands und Schwedens[522].

Von den bisherigen Erweiterungsprozessen waren allein die Modelle der Süderweiterung durch Integrationsfristen im Rahmen der Arbeitnehmerfreizügigkeit

---

516 An dieser Stelle soll keine vertiefte Auseinandersetzung mit den einzelnen Problemen bei der Integration neuer Mitgliedstaaten in die Europäische Gemeinschaft erfolgen. Aufgezeigt werden nur die relevanten Grundzüge, die für das Verständnis der Auslegung der Übergangsbestimmungen in den Beitrittsakten mit den MOE-Staaten erforderlich sind. Fragen der Integration werden ausführlich behandelt von *Becker*, aaO (Fn. 437) und *Lopian*, aaO (Fn. 439).

517 Einen ausführlichen Überblick über die bisherigen Erweiterungsprozesse verschaffen *Vedder* in *Grabitz/Hilf*, aaO (Fn. 8), Art. 49 EUV, Rn. 49 ff und *Pechstein* in *Streinz*, aaO (Fn. 15), Art. 49 EUV, Rn. 13.

518 ABl. 1972 L 73/1.

519 Vgl. hierzu *Nass*, „Der Beitrittsvertrag – Erste Bemerkungen zur Erweiterung der Gemeinschaft" in EuR 1972, S. 103 ff..

520 ABl. 1979 L 291/1; vgl. hierzu *Dagtoglou*, „Die Süderweiterung der Europäischen Gemeinschaft – Insbesondere der Beitritt Griechenlands" in EuR 1980, S. 1 ff..

521 ABl. 1985 L 302/1.

522 ABl. 1994 C 251/1; im Internet abzurufen unter http://europa.eu.int/eur-lex/lex/de/treaties/treaties_accession.htm.

gekennzeichnet[523]. Art. 45 der Beitrittsakte mit Griechenland sah vor, dass die Art. 1 bis 6 und 13 bis 25 der VO (EWG) 1612/68 in den damaligen Mitgliedstaaten gegenüber griechischen Staatsangehörigen erst mit Ablauf der Integrationsfristen am 1. Januar 1988 zur unmittelbaren Anwendung gelangen sollten[524]. Nach Art. 55 ff. der Beitrittsakte für Spanien bzw. Art. 215 ff der Beitrittsakte für Portugal war die Freizügigkeit von Staatsangehörigen aus den Beitrittsstaaten nach Art. 48 EWG nur vorbehaltlich der Übergangsbestimmungen der Beitrittsakte anwendbar. Auch in den damaligen Beitrittsakten fanden sich Klauseln, wonach die alten Mitgliedstaaten berechtigt waren, gegenüber spanischen oder portugiesischen Staatsangehörigen innerstaatliche oder auf bilaterale Abkommen zurückgehende Bestimmungen beizubehalten, die die Einreise zum Zwecke einer Tätigkeit im Lohn- oder Gehaltsverhältnis und/oder den Zugang zu einer solchen Tätigkeit von einer vorherigen Genehmigung abhängig machen. Die Beitrittsakten sahen siebenjährige Übergangsfristen vor. Nachdem sich herausstellte, dass die begrenzten Wanderungsbewegungen der Wirtschaftsentwicklung im Allgemeinen dienlich[525] waren und die mit dem Beitritt erwarteten negativen Auswirkungen auf die Arbeitsmärkte der alten Mitgliedstaaten nicht eintraten[526], wurden die Übergangsfristen aufgrund einer Anpassungsermächtigung des Europäischen Rates zum 1. Januar 1992 um ein Jahr verkürzt. Gemein ist den bisherigen Beitrittsprozessen, dass nur die Arbeitnehmerfreizügigkeit, nicht aber die Dienstleistungsfreiheit Integrationsfristen unterstellt worden ist. Allerdings unterscheidet sich die Süderweiterung der Europäischen Union von der EU-Osterweiterung durch ein erheblich größeres Wohlstandsgefälle. Die wirtschaftliche Lage in den MOE-Staaten ist schlechter als in den Staaten der Süderweiterung[527]. Zum anderen haben die MOE-Staaten den politischen Wechsel von einem sozialistischen System zu einer Demokratie zu vollziehen sowie den Weg in eine neue Marktordnung zu finden.

B. Rechtliche Auswirkungen des Beitritts der MOE-Staaten zur Europäischen Union

Nachdem Polen und Ungarn in April 1994 Beitrittsanträge gestellt hatten, sind ihnen die anderen mittel- und osteuropäischen Staaten im Laufe der Jahre 1995

523 Vgl. hierzu *Becker*, aaO (Fn. 437), S. 15 ff.; *Fuchs*, ZESAR 2007, S. 98 f..
524 Vgl. hierzu auch *Dienelt*, aaO (Fn. 96), Rn. 155 bis 157.
525 Vgl. *Oppermann*, aaO (Fn. 4), § 25, Rn. 39.
526 Vgl. hierzu *Sieveking*, ECLJ 2005, S. 7; ders. ZAR 2003, S. 346.
527 Vgl. *Wollenschläger/Pietsch*, ZAR 2003, S. 265.

und 1996 gefolgt[528]. Der mit den Beitrittsstaaten geschlossene Beitrittsvertrag ist mit dem Tag seiner Unterzeichnung am 16. März 2003 in Kraft getreten. Der Beitrittsvertrag regelt neben dem Beitritt als solchem (Art. 1) das In-Kraft-Treten des Vertrages (Art. 2) sowie die Vertragssprachen. Hinsichtlich der Einzelheiten der Aufnahmebedingungen und der aufgrund der erforderlichen Anpassungen der die Union begründenden Verträge wird auf die Beitrittsakte verwiesen, die gemäß Artikel 1 Abs. 2 Satz 2 Bestandteil des Vertrages wird. Die Beitrittsakte mit ihren Anhängen und Protokollen enthält die vertraglich vereinbarten materiellen Anpassungen und Änderungen des Gemeinschaftsrechts und genießt als integraler Bestandteil des Beitrittsvertrages den gleichen Rang wie die Gründungsverträge[529]. Das Beitrittsübereinkommen selbst wird von den EU-Mitgliedstaaten und dem antragstellenden Staat geschlossen und bedarf sodann der Ratifizierung durch alle Vertragsstaaten[530]. Zu diesen im Beitrittsabkommen festgelegten Aufnahmebedingungen gehört auch die mit dem Beitritt wirksam werdende Verpflichtung zur Übernahme des *acquis communautaire*[531], das heißt des gesamten bisherigen geschriebenen und ungeschriebenen Gemeinschaftsrechts (einschließlich des Sekundärrechts) in seiner durch den *EuGH* erfahrenen Auslegung und Fortbildung[532].

I. Art. 49 EUV als Ausgangsnorm

Die Gemeinschaft der Europäischen Union war von Anfang an darauf ausgerichtet, sich zu einer gesamteuropäischen Organisation zu entwickeln[533]. Nach Art. 49 Abs. 1 EUV kann daher jeder Europäische Staat[534], der die in Artikel 6 Abs. 1 EUV genannten Grundsätze achtet und erfüllt, beantragen, Mitglied in der Euro-

---

528 Vgl. hierzu ausführlich *Höland*, aaO (Fn. 27), S. 559 f..
529 Vgl. *Dienelt*, aaO (Fn. 96), Rn. 11; *Zimmermnann-Kreher* in *Storr/Eberle/Albrecht/Zimmermann-Kreher*, aaO (Fn. 72), § 13 FreizügG/EU, Rn. 3.
530 Vgl. *Herrnfeld*, „Rechtsform und Rechtsangleichung in den Beitrittsstaaten Mittel- und Osteuropas" in EuR 2000, S. 459.
531 Vgl. zu dem Erfordernis der Übernahme des acquis *Becker*, aaO (Fn. 437), S. 60; *Šarčević*, EuR 2002, S. 468, der hierunter die Fähigkeit zur Teilnahme an der zweiten und dritten Säule der Union versteht.
532 *Cremer in Callies/Ruffert*, aaO (Fn. 54), Art. 49 EUV, Rn. 4 mwN in Fn. 13.
533 Vgl. *Oppermann*, aaO (Fn. 4), § 32, Rn.1.
534 Vgl. hierzu ausführlich *Šarčević*, „EU-Erweiterung nach Art. 49 EUV: Ermessensentscheidung und Beitrittsrecht" in EuR 2002, S. 465 ff..

päischen Union zu werden[535]. Die Aufnahmebedingungen und die durch eine Aufnahme erforderlich werdenden Anpassungen der Verträge, auf denen die Union beruht, werden nach Art. 49 Abs. 2 EUV durch ein Abkommen zwischen den Mitgliedstaaten und dem antragstellenden Staat geregelt[536]. Diese Aufnahmebedingungen stehen allerdings unter dem Vorbehalt der Übergangsregelungen, als gegenüber dem Gemeinschaftsrecht vorrangigem materiellem Recht[537]. Art. 49 EUV stellt demnach selbst keine Voraussetzungen für die unmittelbare Wirkung des Gemeinschaftsrechts, insbesondere der hier in Frage stehenden Grundfreiheiten auf. In Ermangelung einer in Art. 49 EUV verankerten Verpflichtung zur Übernahme des Primärrechts mit dem Beitritt, ist ein politischer Spielraum zur Aufnahme von Übergangsbestimmungen eröffnet[538], so dass der Inhalt des Beitrittsvertrages das Ergebnis eines langen politischen Prozesses ist[539], bei denen neben wirtschaftlichen Fragen auch geopolitische und strategische Gesichtspunkte berücksichtigt werden mussten. Ferner war das mit Art. 49 Abs. 1 EUV verfolgte Erweiterungsziel mit dem Integrationsschutz in Ausgleich zu bringen. Dies lässt nach der Rechtsprechung des *EuGH*[540] grundsätzlich weitgehende, die Grundfreiheiten beschränkende, Integrationsbestimmungen zu[541]. Diese politische Entscheidung findet ihre Grenze nicht in Art. 49 EUV, da diese Vorschrift auch keine Ermächtigungsgrundlage für Einschränkungen des primären und sekundären Gemeinschaftsrechts eröffnet. Zu berücksichtigen sind aber die aus den Zielen der Gemeinschaftsverträge, aus allgemeinen Rechtsgrundsätzen des Gemeinschaftsrechts und dem allgemeinen Völkerrecht gezogenen Ermessensschranken[542]. Den Beitrittsvoraussetzungen kommt somit politisch-programmatische[543] Qualität zu, die inhaltlich durch die Union und die Mitgliedstaaten vor dem Hintergrund des Art. 6 Abs. 1 EUV konkretisiert werden. Jede Beschrän-

---

535 Aus Art. 49 Abs. 1 EG lässt sich nach fast unbestrittener Auffassung allerdings keine Recht auf Beitritt zur Europäischen Union herleiten; vgl. *Oppermann*, aaO (Fn. 2), § 32, Rn. 6.

536 Vgl. zu den politischen und wirtschaftlichen Voraussetzungen des Beitritts zur Europäischen Union ausführlich *Richter*, „Die Erweiterung der Europäischen Union" (Dissertation Berlin 1997).

537 Vgl. *Oppermann*, aaO (Fn. 4), § 32, Rn. 19.

538 Vgl. *Šarčević*, EuR 2002, S. 467; *Becker*, aaO (Fn. 437), S. 60.

539 Vgl. zum politischen Willensbildungsprozess bei der Entwicklung der Beitrittsbedingungen im Allgemeinen: *Richter*, aaO (Fn. 532), S. 57 ff..

540 EuGH, Verbundene Rs. 31 und 35/86, *„Levantina Agricola Industial SA (LAISA) und CPC Espana SA gegen Rat der Europäischen Gemeinschaften"*, in Slg. 1988, S. 2285, Rn. 15.

541 Vgl. auch *Dienelt*, aaO (Fn. 96), Rn. 76.

542 Vgl. hierzu ausführlich *Šarčević*, EuR 2002, S. 474.

543 Vgl. *Šarčević*, EuR 2002, S. 472.

kung des Gemeinschaftsrechts durch Übergangsbestimmungen in den Beitrittsakten bedarf ihrerseits der Rechtfertigung[544] und ist nur innerhalb der durch das Gemeinschaftsrecht gezogenen Schranken-Schranken zulässig. Beschränkungen der Grundfreiheiten wie eben der Arbeitnehmerfreizügigkeit und der Dienstleistungsfreiheit können sich folglich allein aus dem mit Beitritt zur Europäischen Union übernommenen primären und sekundären Gemeinschaftsrecht oder aus den Übergangsbestimmungen in den Beitrittsabkommen ergeben.

II. Rechtsnatur und Struktur der Beitrittsverträge

Die Gesamtverträge bestehen aus dem Vertrag über den Beitritt zur EU (Beitrittsvertrag), der beigefügten Beitrittsakte einschließlich Anhängen und Protokollen sowie der Schlussakte. Die Vertragsgestaltung erfolgte entsprechend den früheren Beitrittsverträgen der Erweiterung der Europäischen Gemeinschaft. Der Vertrag umfasst neben einer Präambel drei weitere Artikel, in denen der Beitritt selbst, das Inkrafttreten und die Sprachfassungen der Urschrift geregelt sind. Der Regelungsgehalt ist auf das für den Beitritt der neuen Mitgliedstaaten unabdingbar Erforderliche beschränkt. Die Aufnahmebedingungen und die erforderlichen Anpassungen der bisherigen Verträge sind in der beigefügten Beitrittsakte geregelt, die selbst Bestandteil des Vertrages ist. Der Beitrittsakte sind diverse Anhänge samt Anlagen und Protokolle beigefügt, die gem. Art. 60 der Beitrittsakte ihrerseits wiederum Bestandteile der Beitrittsakte sind. Durch diese Form der Vertragsgestaltung wird zum einen die Übersichtlichkeit und Transparenz der Aufnahmebedingungen gefördert. Zum anderen wird durch diese Regelungstechnik sichergestellt, dass alle Bestandteile des Beitrittsvertrages rechtlich gleichwertig sind[545]. Den Übergangsbestimmungen in der Beitrittsakte kommt demzufolge die gleiche Rechtsqualität zu wie dem Beitrittsvertrag selbst.

1. Beitrittsvertrag

Der Beitrittsvertrag ist das in Art. 49 Abs. 2 EUV vorgesehene Abkommen zwischen den Mitgliedstaaten der EU und den den Beitritt beantragenden Staaten. Art. 1 sieht vor, dass Tschechien, Estland, Zypern, Lettland, Litauen, Ungarn, Malta, Polen, Slowenien und die Slowakei Mitglieder der EU werden. Mit dem Beitritt werden sie Vertragsparteien der die Union begründenden Verträge in ih-

544 Vgl. *Dienelt*, aaO (Fn. 96), Rn. 75.
545 Vgl. *Niedobitek*, „Völker- und europarechtliche Grundfragen des EU-Beitrittsvertrages“ in JZ 2004, S. 370.

rer jeweiligen geänderten oder ergänzten Fassung. Die Aufnahmebedingungen und die auf Grund der Aufnahme erforderlichen Anpassungen der die Union begründenden Verträge sind in der dem Beitrittsvertrag beigefügten Beitrittsakte festgelegt, die Bestandteil des Vertrags ist[546]. Auf völkerrechtlicher Ebene entscheidet allein der Beitrittsvertrag über das Ob und das Wie des Beitritts[547].

2. Beitrittsakte

Die Beitrittsakte mit ihren Anhängen und Protokollen enthält die vereinbarten materiellen Anpassungen und Änderungen des Rechts aller Komponenten des Vertrages. Sie enthalten jeweils fünf Abschnitte: Grundsätze, Anpassung der Verträge, Anpassung der Rechtsakte der Organe, Übergangsmaßnahmen und Bestimmungen über die Durchführung der Akte. Die Beitrittsakte ist Bestandteil des völkerrechtlichen Beitrittsvertrages und zugleich Bestandteil des primären Gemeinschaftsrechts[548]. Sekundärrecht wird durch die Beitrittsakten als *lex superior* abgelöst[549].

a) Grundsätze

Nach Art. 49 Abs. 2 EUV hat ein Beitrittsvertrag die Aufnahmebedingungen und die durch eine Aufnahme erforderlich werdenden Anpassungen der Verträge, auf denen die Union beruht, zu regeln. Die Aufnahmebedingungen sind Regelungen über die Übernahme des gemeinschaftlichen Besitzstands der EU durch die Beitrittsstaaten und damit als integraler Bestandteil des Beitrittsvertrages gleichrangig zu den Gründungsverträgen selbst[550]. Dazu zählen auch die Beitrittsakte und die Übergangsbestimmungen als elementarer Bestandteil des Beitrittsvertrages. Die in der Beitrittsakte geregelten Aufnahmebedingungen sind durch den in Art. 2 niedergelegten Grundsatz bestimmt, dass ab dem Tag des Beitritts die ursprünglichen Verträge und die vor dem Beitritt erlassenen Rechtsakte der Organe der Europäischen Union für die neuen Mitgliedstaaten verbindlich werden und in diesen Staaten nach Maßgabe der genannten Verträge und der Beitrittsakte gelten. Die hiervon erfassten Gründungsverträge (EU-, EG- und Euratom-Vertrag) und das Sekundärrecht sind dabei in der Auslegung anzuwenden, die sie in der

546 Art. 1 III begründet die Zuständigkeit der Organe der EU für den Beitrittsvertrag, so dass etwa der *EuGH* auch für Auslegungsfragen im Hinblick auf den Beitrittsvertrag zuständig ist.
547 Vgl. *Niedobitek*, JZ 2004, S. 372.
548 Vgl. *Lopian*, aaO (Fn. 439), S. 51; *Becker*, aaO (Fn. 437), S. 24 mwN in Fn. 72.
549 Vgl. hierzu *Lopian*, aaO (Fn. 439), S. 51.
550 Vgl. *Meng*, in *Groeben/Thiesing/Ehlermann*, Art. 49 EUV, Rn. 115.

Rechtsprechung des *EuGH* gefunden haben[551]. Neben den in Art. 2 der Beitrittsakte bezeichneten Rechtsquellen gehören zu dem von den neuen Mitgliedstaaten anzuwendenden gemeinschaftlichen Besitzstand auch die Bestimmungen des Schengen-Besitzstands (Art. 3 der Beitrittsakte), Regelungen für das Funktionieren der Union (Art. 5 der Beitrittsakte) sowie von der Union geschlossene internationale Abkommen (Art. 6 der Beitrittsakte)[552]. Der in den Art. 2 bis 6 der Beitrittsakte bestimmte gemeinschaftliche Besitzstand ist hinsichtlich seines Umfangs durch die Beitrittsakte selbst eingeschränkt. Die Beitrittsakte kann also durchaus Abweichungen vom durch die Beitrittsstaaten zu übernehmenden Primär- und Sekundärrecht bestimmen und enthält hierzu mit Art. 10 der Beitrittsakte auch eine ausdrückliche Ermächtigungsgrundlage. Danach gelten für die Anwendung der ursprünglichen Verträge und der Rechtsakte der Organe vorübergehend die in dieser Akte vorgesehenen abweichenden Bestimmungen. Änderungen des sekundären Gemeinschaftsrechts haben nach Art. 9 der Beitrittsakte „denselben Rechtscharakter wie die durch sie aufgehobenen oder geänderten Bestimmungen und unterliegen denselben Regeln wie diese." Der *EuGH* hat in der Rechtssache *LAISA*[553] hieraus gefolgert, dass die Bestimmungen der Beitrittsakte die Beitrittsverhandlungen niederlegen, die einen Gesamtkomplex zur Lösung der mit dem Beitritt verbundenen Schwierigkeiten darstellen. Es handele sich bei den Beitrittsakten daher nicht um Rechtsakte des Rates, sondern um primärrechtliche Bestimmungen, die nach den Bestimmungen des Beitrittsvertrages, soweit darin nichts anderes vorgesehen ist, nur nach den für die Revision der ursprünglichen Verträge vorgesehenen Verfahren ausgesetzt, geändert oder aufgehoben werden können[554]. Nach Art. 9 der Beitrittsakte kann das durch die Beitrittsakte geänderte sekundäre Gemeinschaftsrecht seinerseits von den Gemeinschaftsorganen im vertraglich vorgesehenen Rechtssetzungsverfahren abgeändert werden. Die in der Beitrittsakte enthaltenen Änderungen des sekundären Gemeinschaftsrechts beruhen allerdings auf einer Änderung durch die Mitgliedstaaten und gehören damit nach der Rechtsprechung des *EuGH* zum primären Gemeinschaftsrecht[555].

---

551 Vgl. EuGH, Rs. 231/87 „***Kommission gegen Vereinigtes Königreich***", Urteil vom 29. März 1979 in Slg. 1974, S. 1447, Rn. 11; *Meng*, aaO (Fn. 550), Art. 49 EUV, Rn. 115.

552 Vgl. zur Struktur auch *Lopian*, aaO (Fn. 439), S. 56 ff..

553 EuGH, Verbundene Rs. 31 und 35/86, „***LAISA***", aaO (Fn. 540), S. 2285.

554 Der *EuGH* hat damit die Auffassung der Verfahrensbeteiligten des Rechtsstreits verworfen, die die Beitrittsverträge lediglich als Verfahrensregelungen betrachteten; abgedruckt in Slg. 1988, S. 2295, 2296.

555 Vgl. hierzu auch *Niedobitek*, JZ 2004, S. 375 unter Hinweis auf die in der Literatur erfolgte Kritik an der Rechtsprechung des *EuGH*.

b) Übergangsbestimmungen

In dem Vierten Teil der Beitrittsakte ist unter der Überschrift „Bestimmungen mit begrenzter Geltungsdauer" in Art. 24 bestimmt, dass die in den Anhängen V bis XIV zu dieser Akte aufgeführten Maßnahmen auf die neuen Mitgliedstaaten unter den in diesen Anhängen festgelegten Bedingungen Anwendung finden. Für jeden neuen Mitgliedstaat ist ein eigener Anhang erstellt worden, in dem die für ihn vorgesehenen Übergangsregelungen festgelegt sind. Die Übergangsbestimmungen selbst finden sich nicht in der Beitrittsakte, sondern in den Anhängen zu der Beitrittsakte und sehen u.a. besondere Vorschriften für die Freizügigkeit der Staatsangehörigen aus den Beitrittsstaaten vor. Darüber hinaus finden sich Übergangsvorschriften für weitere als zwischen den Vertragsparteien sensibel betrachtete Bereiche des durch die Beitrittsstaaten zu übernehmenden Gemeinschaftsrechts, die schrittweise dem Gemeinschaftsrecht angepasst werden sollen.

(i) Inhalt, Struktur und zeitliche Geltungsdauer der Übergangsbestimmungen

Durch die Übergangsbestimmungen soll eine stufenweise Marktöffnung zur Vermeidung struktureller und wirtschaftlicher Krisen bei den alten Mitgliedstaaten einerseits und bei den Beitrittsstaaten andererseits geschaffen werden. Die alten Mitgliedstaaten sollen insbesondere vor unkontrollierten Migrationen, die Beitrittsstaaten vor einer nicht zu bewältigenden Übernahme des im Zeitpunkt des Beitritts geltenden aquis geschützt werden. *Lopian*[556] stellt sehr pragmatisch darauf ab, dass die sofortige und vollständige Übernahme des Gemeinschaftsrechts ohne die Aufnahme von Übergangsbestimmungen eine Vielzahl von Vertragsverletzungsverfahren gegen die beitretenden Mitgliedstaaten zur Folge hätte, da sie noch nicht alle Verpflichtungen aus der Übernahme des vollständigen acquis communautaire erfüllt haben könnten. Die MOE-Staaten werden aus diesem Grund durch die Übergangsbestimmungen von der Anwendung einer Verpflichtung oder Regelung des Gemeinschaftsrechts temporär freigestellt. Diese Wirkung kann erzielt werden, da es sich bei den Übergangsbestimmungen um materielles Gemeinschaftsrecht handelt, das nach Ziffer 2 und 10 der Beitrittsakte eine zeitlich befristete Abweichung von dem primären und sekundären Gemeinschaftsrecht ermöglicht und diesem vorgeht[557]. Die alten Mitgliedstaaten werden andererseits im Bereich der Freizügigkeit vor Migrationen aus den Beitrittsstaaten geschützt, die eine Überforderung der Arbeitsmärkte und der Systeme der sozialen Sicherheit zur Folge haben könnten. Bei dieser Interessenlage waren Strei-

556 Vgl. *Lopian*, aaO (Fn. 439), S. 73.
557 Vgl. *Vedder* in *Grabitz/Hilf*, aaO (Fn. 8), Art. 49 EUV, Rn. 46.

tigkeiten zwischen den Vertragsparteien vorprogrammiert, da die alten Mitgliedstaaten einerseits natürlich ein Interesse an einer schnellen und umfassenden Rechtsangleichung der nationalen Rechtsordnungen der Beitrittsstaaten haben, während diese durch die Öffnung der neuen Märkte in den alten Mitgliedstaaten wirtschaftliche Interessen und eine schnellstmögliche vollständige Freizügigkeit ihrer Staatsangehörigen verfolgen[558]. Der Umfang der Übergangsbestimmungen bildete daher auch den Schwerpunkt bei den Beitrittsverhandlungen, in denen ein Zeitpunkt festgelegt wurde, zu dem die Beitrittsstaaten den Integrationsprozess abgeschlossen und den Besitzstand des Gemeinschaftsrechts übernommen haben müssen[559]. Mit Ablauf der bereits in den Verhandlungen über die Aufnahme der Übergangsbestimmungen festgelegten zeitlichen Höchstdauer ist die stufenweise durchgeführte Integration automatisch beendet, ohne dass es eines Beschlusses der Kommission oder der Mitgliedstaaten bedarf[560]. Darüber hinaus finden sich in den Übergangsbestimmungen umfassende Ausnahmen von der sofortigen Anwendbarkeit der Arbeitnehmerfreizügigkeit und sektorale Ausnahmen von der Dienstleistungsfreiheit, in den Übergangsbestimmungen zusammengefasst unter der Überschrift „Freizügigkeit".

Diese Übergangsbestimmungen finden sich in den Anhängen zu der Beitrittsakte gesondert für jeden einzelnen Mitgliedstaat. Durch diese Regelungstechnik wird eine starre Integration vermieden, wie sie noch bei der ersten Erweiterungsphase der Europäischen Union offen zu Tage trat[561]. Eine harmonische Eingliederung der Beitrittsstaaten in die Europäische Union kann nur erfolgen, wenn auf die rechtlichen und wirtschaftlichen Besonderheiten jedes einzelnen neuen Mitgliedstaates eingegangen wird und sich differenzierte Übergangsbestimmungen für alle Gemeinschaftszuständigkeiten, wie eben die Arbeitnehmerfreizügigkeit und die Dienstleistungsfreiheit, finden. Während die Arbeitnehmerfreizügigkeit *ipso iure* mit dem Beitritt der MOE-Staaten vorläufig suspendiert ist, tritt diese Wirkung für die Dienstleistungsfreiheit nach Ziffer 2.13 der Beitrittsakte erst nach Unterrichtung der Kommission ein. Die Mitgliedstaaten haben es im Bereich der Dienstleistungsfreiheit daher selbst in der Hand, ab wann und

558 Vgl. zu den Motiven in den alten Mitgliedstaaten zur Beschränkung bzw. Nichtbeschränkung des Arbeitsmarktzugangs *Fuchs*, ZESAR 2007, S. 102 ff..

559 Man hat sich bewusst gegen die Aufnahme einer auflösenden Bedingung entschieden. Diese hätte darin bestehen können, dass mit Wegfall der Anpassungsschwierigkeiten die Übergangsbestimmungen geendet hätten. Eine solche Regelungstechnik wäre allerdings einer erheblichen Rechtsunsicherheit ausgesetzt gewesen, da Streit über die Erreichung der Integration vorprogrammiert gewesen wäre; vgl. hierzu *Lopian*, aaO (Fn. 439), S. 79.

560 Vgl. *Nass*, „Der Beitrittsvertrag – Erste Bemerkungen zur Erweiterung der Gemeinschaft" in EuR 1972, S. 114.

561 Vgl. hierzu *Lopian*, aaO (Fn. 439), S. 76.

für wie lange sie die vorübergehende Dienstleistungserbringung aus den Beitrittsstaaten innerhalb der durch die Beitrittsakte festgelegten Höchstdauer vorläufig beschränken wollen. Diese Entscheidung kann jeder Mitgliedstaat individuell und abhängig von der Lage seines Arbeitsmarktes treffen, so dass durch diese Form der Vertragsgestaltung eine höchstmögliche Flexibilisierung und politische Anerkennung durch die Mitgliedstaaten erzielt wird. Solange ein Mitgliedstaat von seiner Befugnis zur Suspendierung des Gemeinschaftsrechts nicht Gebrauch gemacht hat, findet bis zu diesem Zeitpunkt das Gemeinschaftsrecht bereits unmittelbar Anwendung. Eine Rückwirkung vom Zeitpunkt der Unterrichtung der Kommission auf den Zeitpunkt des Beitritts ist in den Beitrittsakten nicht vorgesehen und damit gemeinschaftsrechtlich unzulässig. Abweichungen von der Dienstleistungsfreiheit treten damit nicht *ipso iure*, sondern erst nach förmlicher Bekanntgabe ein. Dies setzt als formellen Akt eine Veröffentlichung der durch die Bundesregierung beabsichtigten Beschränkungen im Bundesanzeiger voraus. Im Bundesanzeiger vom 20. Dezember 2004[562] veröffentlichte die Bundesregierung die Beschränkungen der Dienstleistungsfreiheit nach den Beitrittsakten. Das Bundesministerium für Wirtschaft und Arbeit gibt darin wie folgt bekannt:

> *„Mit der Veröffentlichung der Mitteilung der Bundesregierung ist beabsichtigt, dem Gebot der Rechtsicherheit nachzukommen und eine breite Öffentlichkeit über die Maßnahmen hinsichtlich der Freizügigkeit der Arbeitnehmer im Rahmen der EU-Erweiterung, die die Bundesrepublik Deutschland aufgrund der vertraglichen Beitrittsregelungen treffen wird, zu informieren."*

Ferner hat die Bundesrepublik Deutschland die Kommission darüber unterrichtet, von allen in Ziffer 2.13 der Beitrittsakte aufgeführten Dienstleistungssektoren, für die Deutschland nach der Beitrittsakte Ausnahmen vorsehen kann, Abweichungen von der Dienstleistungsfreiheit vorzunehmen. Österreich hingegen hat die zulässigen Beschränkungen der Dienstleistungsfreiheit durch Gesetz geregelt[563].

(ii) Inhaltliche Ausgestaltung der Übergangsbestimmungen im Bereich der Arbeitnehmerfreizügigkeit und der Dienstleistungsfreiheit

Bei der inhaltlichen Ausgestaltung der Übergangsbestimmungen besteht grundsätzlich ein weiter Gestaltungsspielraum der alten und neuen Mitgliedstaaten, der

562 Bundesanzeiger Nr. 9 vom 20. Dezember 2004, S. 2231.

563 EU-Erweiterungs-Anpassungsgesetz, BGBl-Österreich I Nr. 28 vom 27. April 2004.

Folge eines politischen Verhandlungsprozesses ist[564]. Die Möglichkeit der vorübergehenden Suspendierung der unmittelbaren und sofortigen Anwendbarkeit des primären Gemeinschaftsrechts wie der Arbeitnehmerfreizügigkeit und der Dienstleistungsfreiheit ist von dieser politischen Entscheidung der Mitgliedstaaten und der Beitrittsstaaten gedeckt. Die Arbeitnehmerfreizügigkeit und die Dienstleistungsfreiheit genießen nämlich keine Ewigkeitsgarantie im EG-Vertrag, so dass von ihrer unmittelbaren Anwendbarkeit nach einem erfolgten Beitritt temporär abgewichen werden kann. Im Gemeinschaftsrecht findet sich – wie *Becker* bereits herausgearbeitet hat – kein Bestandsschutz der Grundfreiheiten, wie er etwa in Art. 79 Abs. 3 GG festgelegt ist. Demzufolge handelt es sich auch lediglich um Bestimmungen mit begrenzter Dauer, die unter dem Vorbehalt stehen, dass nach Abschluss der Übergangsphase die Einheitlichkeit der Grundprinzipien des Gemeinschaftsrechts innerhalb der Europäischen Gemeinschaft auch für die neuen Beitrittsstaaten gewährleistet ist[565]. Jede Abweichung vom Gemeinschaftsrecht stellt nämlich eine Änderung des Vertrages dar[566], so dass die äußersten Grenzen der Abweichung vom Gemeinschaftsrecht nur die Grenzen einer Änderung des EUV sein können[567]. *Nowak* führt in Anknüpfung an die von *Ulrich Becker* begründete These zur Reichweite der Beschränkung des Gemeinschaftsrechts durch Beitrittsverträge aus, dass

> *„die Grundlagen der EU und der EG im Fall der Erweiterung der EU gewahrt bleiben müssen"*[568].

Es darf demzufolge durch die Übergangsbestimmungen nicht zu einer Abschaffung oder wesentlichen Verkürzung dieser Grundfreiheiten durch eine Erweiterung der Europäischen Union kommen. Bei der Bestimmung der Reichweite der Übergangsbestimmungen sind daher insbesondere auch die Grundlagen und das System der Gemeinschaft zu berücksichtigen[569]. Die Grundprinzipien der

---

564 Vgl. hierzu *Sadurski*, „Accession's Democracy Dividend: The Impact of the EU Enlargement upon Democracy in the New Member States of Central and Eastern Europe" in European Law Journal 2004, Vol. 10, S. 374 ff..

565 Vgl. *Dienelt*, aaO (Fn. 96), Rn. 78.

566 Vgl. *Becker*, aaO (Fn. 437), S. 51.

567 Vgl. hierzu ausführlich *Becker*, aaO (Fn. 437), S. 64 ff..

568 *Nowak*, EuZW 2003, S. 105.

569 So kann auch Ziffer 10 der Stellungnahme der Kommission vom 19. Februar 2003 zu den Anträgen der Tschechischen Republik, der Republik Estland, der Republik Zypern, der Republik Lettland, der Republik Litauen, der Republik Ungarn, der Republik Malta, der Republik Polen, der Republik Slowenien, der Slowakischen Republik auf Beitritt zur Europäischen Union (in Abl. Nr. L 236 vom 23. September 2003) verstanden werden, die ausdrücklich darauf abstellt, dass der Beitritt zur Eu-

Gemeinschaft dürfen durch die Aufnahme von Übergangsbestimmungen nicht berührt werden.

Bei den vorläufig außer Kraft gesetzten Grundfreiheiten der Arbeitnehmerfreizügigkeit und der Dienstleistungsfreiheit handelt es sich um einen elementaren Eingriff in die Wirtschaftsverfassung der Europäischen Gemeinschaften und damit in einen Eingriff in eben diese Grundprinzipien der Gemeinschaft[570]. Diese Grundfreiheiten sind Gemeinschaftsrechte, die dem Einzelnen subjektive Rechte gewähren und damit zu einem Rechtmäßigkeitsmaßstab zur Regulierung mitgliedstaatlicher Eingriffe im Bereich der Freizügigkeit und des grenzüberschreitenden Wettbewerbs werden.

Übergangsbestimmungen in den Bereichen der Arbeitnehmerfreizügigkeit und der Dienstleistungsfreiheit in den Beitrittsverträgen können demnach als der schrittweisen Erweiterung der Europäischen Union dienendes Recht bezeichnet werden, die nur durch sachliche Gründe vorläufig suspendiert werden können[571].

Sachliche Gründe liegen vor, wenn mit ihnen der Schutz der ursprünglichen Mitgliedstaaten einerseits und der Beitrittsstaaten andererseits bezweckt wird. Durch Übergangsbestimmungen im Bereich der Arbeitnehmerfreizügigkeit und der Dienstleistungsfreiheit werden die alten Mitgliedstaaten bis zum Ablauf der Integrationsfristen vor unkontrollierter Wirtschaftsmigration und einer damit einhergehenden Destabilisierung der Systeme der sozialen Sicherheit geschützt, während die Beitrittsstaaten im Wege einer gestuften Integration an die rechtlichen und wirtschaftlichen Standards der Europäischen Union herangeführt werden. Dies stellt einen sachlichen Grund zur Beschränkung des Gemeinschaftsrechts im Bereich der Freizügigkeit dar, der nicht bereits durch das Gemeinschaftsrecht selbst gewährleistet wird[572]. Freizügigkeitsrelevante Integrationsbestimmungen dürfen darüber hinaus aber nur temporären Charakter haben und nicht über das Maß hinausgehen, was dem Ziel der an sich zulässigen (schrittweisen) Integration dient. Nur so lässt sich der von dem *EuGH* herausgearbeitete Grundsatz der sofortigen und einheitlichen Geltung des Gemeinschaftsrechts und der Gleichheit der Mitgliedstaaten vor dem Gemeinschaftsrecht wahren. Anderenfalls könnte der Freizügigkeit der Beitrittsstaatsangehörigen durch die Vertragsparteien der Übergangsbestimmungen jegliche Wirkung genommen werden,

---

ropäischen Union die Anerkennung des bindenden Charakters des Gemeinschaftsrechts voraussetzt, deren Einhaltung für die Gewährleistung der Wirksamkeit und Einheit des Gemeinschaftsrechts unabdingbar ist.

570 Vgl. hierzu *Nowak*, EuZW 2003, S. 104.

571 Vgl. hierzu auch *Lopian*, aaO (Fn. 439), S. 110 ff..

572 Dazu unten unter C I.

was wiederum zu einer gemeinschaftsrechtlich unzulässigen Änderung des EUV führen würde, zu der die Vertragsparteien nicht befugt sind. Eine Beschränkung des Gemeinschaftsrechts und daher auch der vorläufig suspendierten Arbeitnehmerfreizügigkeit und der Dienstleistungsfreiheit kann daher nicht absolut gelten, sondern nur unter Berücksichtigung des auch im Gemeinschaftsrecht geltenden Grundsatzes der Verhältnismäßigkeit[573] gerechtfertigt sein[574], wenn ein die Beschränkung rechtfertigender Grund vorliegt[575].

Diese Abweichungen müssen in der Beitrittsakte ausdrücklich vorgesehen sein und dürfen nicht einseitig zu Lasten einer der Vertragsparteien wirken. In den Übergangsbestimmungen zur Freizügigkeit ist diese sog. „Reziprozität des Übergangsrechts“ dergestalt geregelt, dass den vertragsschließenden Parteien wechselseitige Rechte und Pflichten auferlegt werden, die nicht als Vorzugsregel zugunsten der einen oder der anderen Partei ausgelegt werden dürfen. Die Wechselseitigkeit der gegenseitigen Maßnahmen folgt aus Ziffer 2.13, 3. Abs. des Anhangs XII der Liste nach Artikel 24 der Beitrittsakte, wonach Polen in dem Maße, wie Deutschland oder Österreich nach Maßgabe dieses Anhangs von Art. 49 EG abweichen, nach Unterrichtung der Kommission gleichwertige Maßnahmen ergreifen darf[576].

Unter Beachtung dieser Grundsätze bestehen an der gemeinschaftsrechtlichen Zulässigkeit von Übergangsbestimmungen keine Zweifel. Der *EuGH* musste über die grundsätzliche Gemeinschaftsrechtskonformität von Übergangsbestimmungen daher auch noch nicht entscheiden[577].

(iii) Auslegung der Übergangsbestimmungen

Anhand der bisherigen Erweiterungsprozesse hat der *EuGH* Grundsätze zur Auslegung von Übergangsbestimmungen in Beitrittsverträgen entwickelt. Bereits im Jahre 1979 hatte der *EuGH* in der Rechtssache *Kommission der Europäischen Gemeinschaften gegen Vereinigtes Königreich Großbritannien und Nordir-*

---

573 Vgl. EuGH, Rs. C-426/93, „***Unternehmensregister*** *(Bundesrepublik Deutschland gegen Rat)*“, Urteil vom 9. November 1995 in Slg. 1995, S. I-3723.

574 So auch *Nowak*, EuZW 2003, S. 105 mwN in Fn. 75; *Lopian*, aaO (Fn. 439), S. 112 ff..

575 Vgl. *Becker*, aaO (Fn. 437), S. 75.

576 Die Republik Polen hat von dieser Möglichkeit Gebrauch gemacht: Verordnung des Ministers für Wirtschaft, Arbeit und Sozialpolitik über die Bereiche, in denen bei der Ausübung von Arbeit durch Ausländer auf dem Territorium der Republik Polen Beschränkungen bestehen in Dz. U. 2004 Nr. 96, Pos. 961.

577 Zu möglichen Angriffspunkten gegen die gemeinschaftsrechtliche Zulässigkeit von Übergangsbestimmungen *Nowak*, EuZW 2003, S. 106.

land[578] Gelegenheit zu der Auslegung von Bestimmungen in Beitrittsakten zur Erweiterung der Europäischen Union Stellung zu nehmen, in der der Gerichtshof Kriterien für die Auslegung der Beitrittsakten aufstellte, die maßgeblich für die weitere Entwicklung der Rechtsprechung sind. Im Kern der Entscheidung ging es um die Frage, wie nationale Einfuhrbeschränkungen zu Übergangsbestimmungen in der Beitrittsakte stehen, die eine Beseitigung mengenmäßiger Einfuhrbeschränkungen vorsehen. Das Vereinigte Königreich hatte trotz der Verpflichtung in den Beitrittsakten zur Beseitigung dieser Beschränkungen auch nach Ablauf der Übergangsbestimmungen in den Beitrittsverträgen Kontrollen gegenüber den alten Mitgliedstaaten aufrechterhalten. Der *EuGH* führte in den Entscheidungsgründen aus, dass grundlegendes Ziel der Beitrittsakte die Integration der neuen Mitgliedstaaten in die Gemeinschaft sei[579]. Dies folge bereits aus der Verpflichtung der neuen Mitgliedstaaten zur Übernahme des zum Zeitpunkt des Beitritts geltenden aquis[580]. Bestimmungen in Beitrittsakten müssten daher unter Berücksichtigung der Grundlagen und des Systems der Gemeinschaft eng ausgelegt werden und entziehen sich jeglicher extensiven Auslegung[581].

Die Entscheidung des *EuGH* in der Rechtssache *Kommission der Europäischen Gemeinschaften gegen Republik Griechenland*[582] bestätigte die vorangegangene Rechtsprechung des *EuGH*. Auch diesem Rechtsstreit lag eine Bestimmung in den Akten zum Beitritt Griechenlands zur Europäischen Gemeinschaft zugrunde, die eine mengenmäßige Einfuhrbeschränkung vorsah, indem die Republik Griechenland für die Einfuhr bestimmter Erzeugnisse aus den übrigen Mitgliedstaaten die Entrichtung von Barbeträgen in Höhe des vollen Wertes dieser Erzeugnisse vorgesehen hat. Der *EuGH* wiederholte in dieser Entscheidung, dass Ausnahmevorschriften in Beitrittsverträgen eng auszulegen seien[583].

---

578 Vgl. EuGH, Rs. 231/78, „***Kommission der Europäischen Gemeinschaften gegen Vereinigtes Königreich Großbritannien und Nordirland***", Urteil vom 29. März 1979 in Slg. 1979, S. 1447.

579 Vgl. EuGH, Rs. „***Kommission der Europäischen Gemeinschaften gegen Vereinigtes Königreich Großbritannien und Nordirland***", aaO (Fn. 578), Rn. 11.

580 Artikel 2 der Beitrittsakte bestimmt, „*dass vom Zeitpunkt des Beitritts an die ursprünglichen Verträge und die Rechtsakte der Organe der Gemeinschaft für die neuen Mitgliedstaaten verbindlich sind und in diesen Staaten in Übereinstimmung mit den genannten Verträgen dieser Akte gelten.*"

581 Vgl. EuGH, Rs. „***Kommission der Europäischen Gemeinschaften gegen Vereinigtes Königreich Großbritannien und Nordirland***", aaO (Fn. 578), Rn. 12.

582 Vgl. EuGH, Rs. 58/83, „***Kommission der Europäischen Gemeinschaften gegen Republik Griechenland***", Urteil vom 10. Mai 1984 in Slg. 1986, S. 1741.

583 Vgl. EuGH, Rs. „***Kommission der Europäischen Gemeinschaften gegen Republik Griechenland***", aaO (Fn. 582), Rn. 9.

Aus dieser Rechtsprechung des *EuGH* wird ersichtlich, dass Übergangsbestimmungen in Beitrittsverträgen eigentlich einen Fremdkörper im Gemeinschaftsrecht darstellen. Von dem Grundsatz der einheitlichen Anwendung des Gemeinschaftsrechts auf alle Mitgliedstaaten wird eine Ausnahme gemacht, um eine schrittweise Integration der Beitrittsstaaten in die Europäische Gemeinschaft zu ermöglichen. Dieses Ziel kann aber nur erreicht werden, wenn Übergangsbestimmungen in den Beitrittsverträgen eng ausgelegt werden. Anderenfalls könnten die Mitgliedstaaten durch eine extensive Auslegung der Übergangsbestimmungen die gemeinschaftsrechtlichen Grundfreiheiten der Beitrittsstaaten weiter beschränken, als es in den Beitrittsverträgen vorgesehen und zwischen Vertragsstaaten ausgehandelt worden ist.

c) Protokolle

Neben den Anhängen mit dem anzupassenden Sekundärrecht (Art. 20 der Beitrittsakte iVm Anh. II) und den staatenspezifisch vereinbarten Übergangsregelungen (Art. 24 der Beitrittsakte iVm Anh. V bis XIV) gehören zur Beitrittsakte auch zehn Protokolle. Sie sind nach Art. 60 Bestandteil der Beitrittsakte und rechtlich verbindlich. Im Rahmen von Beitrittsverträgen werden Protokolle zur Regelung von Bereichen verwendet, in denen es keinen gemeinschaftlichen Besitzstand gibt und diese Rechtsfragen sich deshalb nicht in die Struktur der Beitrittsakte einpassen lassen. Für das Werkvertragsverfahren finden sich allerdings keine entsprechenden Protokolle, da die Bestimmungen über die Arbeitnehmerfreizügigkeit in Nr. 2 des Anhangs XII der Liste nach Artikel 24 der Beitrittsakte zu Polen detailliert geregelt sind. Die Protokolle werden bei dieser Untersuchung daher nicht weiter berücksichtigt.

III. Rechtsfolgen des Beitritts

Im Folgenden sollen die Rechtsfolgen des Beitritts der MOE-Staaten zur Europäischen Union im Hinblick auf die Anwendung des Gemeinschaftsrechts untersucht werden.

1. Unmittelbare Anwendung des primären und sekundären Gemeinschaftsrechts

Der *Europäische Gerichtshof* hat bereits frühzeitig mit der ersten großen Phase der EU-Erweiterung durch das Vereinigte Königreich Großbritannien entschieden, dass das Gemeinschaftsrecht mit dem Beitritt eines Staates zur Europäischen Gemeinschaft sofort und unmittelbar in den neuen Mitgliedstaaten anwendbar ist.

In den Vorabentscheidungsverfahren *Centrafarm B.V. und Adriaan De Peijper gegen Sterling Drug Inc.*[584] und *Centrafarm B.V.* und *Adriaan De Peijper/Winthrop B.V.*[585] hatte der *EuGH* erstmals Gelegenheit, Stellung zu Übergangsbestimmungen in Beitrittsakten im Prozess der Erweiterung der Europäischen Gemeinschaft zu nehmen. Den Entscheidungen lagen Bestimmungen in Artikel 42 der Akte über den Beitritt und die Anpassung der Verträge zugrunde, wonach mengenmäßige Ein- und Ausfuhrbeschränkungen zwischen der Gemeinschaft in ihrer ursprünglichen Zusammensetzung und den neuen Mitgliedstaaten mit dem Beitritt beseitigt werden. Nach Artikel 42 Abs. 2 der Beitrittsakte werden *„die Maßnahmen mit gleicher Wirkung wie diese Beschränkungen spätestens am 1. Januar 1975 beseitigt."* Der *EuGH* führte in den Urteilsgründen aus, dass sowohl dem Gemeinschaftsrecht, als auch der Beitrittsakte der Gedanke zugrunde liege, dass die Bestimmungen der Verträge zur Gründung der Europäischen Gemeinschaften vorbehaltlich abweichender Regelungen mit dem Beitritt auf die neuen Mitgliedstaaten unmittelbar Anwendung finden. Zugleich ist der Entscheidung zu entnehmen, dass Übergangsbestimmungen unter Berücksichtigung des mit ihnen verfolgten Zwecks auszulegen sind[586]. In der Rechtssache *Metallurgiki Halyps A.E.*[587] bestätigte der *Gerichtshof* seine Rechtsprechung, wonach die Beitrittsakte (hier: Griechenland) auf dem Grundsatz der sofortigen und vollständigen Anwendung der Bestimmungen des Gemeinschaftsrechts auf die neuen Mitgliedstaaten beruht. Abweichungen hiervon seien nur zulässig, soweit sie in den Übergangsbestimmungen ausdrücklich vorgesehen sind[588]. In dem durch den *Court du Travail Brüssel* dem *Gerichtshof* zur Entscheidung vorgelegten Vorabentscheidungsverfahren *Defrenne*[589] hatte der *EuGH* über die unmittelbare Anwendbarkeit des in dem damals geltenden Artikel 119 (EWG-Vertrag) aufgestellten Grundsatz der Gleichheit des Arbeitsentgelts männlicher und weiblicher Arbeitnehmer mit Beitritt des Vereinigten Königreichs Großbritannien und der Republik Irland zu entscheiden. In diesen Akten fanden sich – ebenso wie in den Akten zum Beitritt der MOE-Staaten zur Europäischen Union- Übergangsregelungen zur Arbeitnehmerfreizügigkeit. Nach Auffassung des *Gerichtshofs* ist unter Berücksichtigung der Zweckbestimmung des Gemeinschaftsrechts *von der unmittelbaren Wirkung des gesamten Gemeinschaftsrechts bereits vor Ablauf der*

---

584 Vgl. EuGH, Rs. 15/74, *„**Centrafarm B.V.** und Adriaan De **Peijper** gegen Sterling Drug Inc."*, Urteil vom 31. Oktober 1974 in Slg. 1974, S. 1147 ff..

585 Vgl. EuGH, Rs. *„**Centrafarm**"*, aaO (Fn. 578), S. 1183 ff..

586 EuGH, Rs. *„**Centrafarm**"*, aaO (Fn. 578), Rn. 29.

587 Vgl. EuGH, Rs. *„**Metallurgiki Halyps**"*, aaO (Fn. 52), S. 4261.

588 Vgl. EuGH, Rs. *„**Metallurgiki Halyps**"*, aaO (Fn. 52), Rn. 8.

589 Vgl. EuGH, Rs. 43/54, *„Gabrielle **Defrenne** gegen Société anonyme belge de navigation aérienne Sabena"*, Urteil vom 8. April 1976 in Slg. 1976, S. 455 ff..

Übergangsbestimmungen in den Beitrittsverträgen auszugehen[590]. Die von den Bestimmungen des primären Gemeinschaftsrechts Begünstigten können sich hierauf vor den innerstaatlichen Gerichten berufen, die verpflichtet sind, die Unionsbürger aus den Beitrittsstaaten vor Diskriminierungen zu schützen. Erst Recht muss dies für die unmittelbare Anwendung von Grundfreiheiten gelten, für die keine Übergangsbestimmungen in den Beitrittsakten vorgesehen sind. Am Beispiel der freien Ausübung des Niederlassungsrechts entschied der *EuGH* folgerichtig ohne weiteren Begründungsaufwand in der Rechtssache *Richard Hugh Patrick gegen Minister für kulturelle Angelegenheiten*[591], dass ein Angehöriger eines neuen Mitgliedstaates sich mit dem Beitritt seines Heimatlandes zur Europäischen Gemeinschaft unmittelbar auf die Niederlassungsfreiheit berufen kann[592].

Diese durch den *Europäischen Gerichtshof* entwickelten Grundsätze zur unmittelbaren Anwendung des Gemeinschaftsrechts sind nunmehr auch in den Aufnahmebedingungen der Beitrittsakte nach Art. 2 geregelt. Danach werden ab dem Tag des Beitritts die ursprünglichen Verträge und die vor dem Beitritt erlassenen Rechtsakte der Organe der Europäischen Union für die neuen Mitgliedstaaten verbindlich und gelten in diesen Staaten nach Maßgabe der genannten Verträge und der Beitrittsakte. In Ziffer 2.1 des Anhangs zur Beitrittsakte heißt es sodann, dass *hinsichtlich der Freizügigkeit von Arbeitnehmern und der Dienstleistungsfreiheit mit vorübergehender Entsendung von Arbeitskräften im Sinne des Artikels 1 der Richtlinie 96/71 EG die Artikel 39 und Artikel 49 Abs. 1 des EG-Vertrages in vollem Umfang nur vorbehaltlich der Übergangsbestimmungen der Nummern 2 bis 14 gelten.* Aus der Formulierung „nur vorbehaltlich ... in **vollem** Umfang gelten" folgt im Umkehrschluss, dass das primäre Gemeinschaftsrecht mit Beitritt der MOE-Staaten unmittelbar Anwendung findet. Damit findet auch das allgemeine Diskriminierungsverbot nach Art. 12 EG bereits mit dem Beitritt zur Europäischen Union Anwendung, unabhängig davon, dass einzelne Grundfreiheiten vorübergehend suspendiert sind.

Mit dem Inkrafttreten des Beitrittsvertrages wird das gesamte primäre und sekundäre Gemeinschaftsrecht nach Maßgabe der (Übergangs-)Bestimmungen wirksam. Der beitretende Mitgliedstaat muss sich, wie aus Art. 2 Spiegelstrich 5 EUV folgt, in den gesamten Besitzstand einfügen[593]. Rechtssubjekte aus den Beitrittsstaaten können aus dem Gemeinschaftsrecht unmittelbare Rechte nach Maßgabe der Übergangsbestimmungen herleiten, die vor dem *EuGH* justiziabel

---

590 Vgl. EuGH, Rs. "***Defrenne***", aaO (Fn. 589), Rn. 7 und 13.

591 Vgl. EuGH, Rs. 11/77, *„Richard* ***Hugh*** *Patrick/Minister für kulturelle Angelegenheiten"*, Urteil vom 28. Juni 1977 in Slg. 1977, S. 1199 ff.

592 Vgl. EuGH, Rs. ***„Hugh"***, aaO (Fn. 591), Rn. 18.

593 Vgl. hierzu nur *Meng*, aaO (Fn. 550), Art. 49, Rn 79.

sind. Das nationale Recht ist aufgrund des Vorrangs des Gemeinschaftsrechts anhand der gemeinschaftsrechtlichen Vorgaben auszulegen und verbietet Diskriminierungen der Beitrittsstaatsangehörigen, soweit die speziellen Diskriminierungsverbote der Art. 39 EG und Art. 49 EG keinen Übergangsbestimmungen unterliegen.

2. Acquis Communautaire

Unter dem Begriff *acquis communautaire* versteht man das gesamte geschriebene und ungeschriebene Gemeinschaftsrecht in seiner Auslegung und Fortbildung durch den *EuGH* und sonstiger unionsbezogener rechtlicher und nichtrechtlicher Bindungen[594]. Der acquis umfasst ausnahmslos das gesamte primäre und sekundäre Gemeinschaftsrecht[595].

a) Allgemeine Bedeutung des acquis für den Beitritt

Während die Europa-Abkommen die Assoziierungsstaaten nur in begrenztem Umfang auf die Übernahme von Vorschriften des Europäischen Gemeinschaftsrechts in die nationale Rechtsordnung verpflichten und das so genannte Weißbuch der Europäischen Kommission nur unverbindliche Empfehlungen zur Übernahme einzelner zentraler Richtlinien und Verordnungen aus dem Bereich des Binnenmarktrechts enthält, erfordert ein Beitritt zur Europäischen Union die Übernahme des gesamten acquis communautaire. Die Verpflichtung zur Übernahme des acquis erfolgte bei allen bisherigen Beitrittsprozessen und stand nie dem Erfordernis der Aufnahme von Übergangsbestimmungen entgegen[596]. Durch die Übernahme des acquis soll die rechtliche Identität der Gemeinschaft gewahrt

---

594 Vgl. *Cremer* in *Callies/Ruffert*, aaO (Fn. 54), Art. 49 EUV, Rn. 4.

595 Vgl. *Herrnfeld*, aaO, S. 460. Von den europäischen Institutionen wird als zum *acquis* gehörend betrachtet:
Inhalt, Prinzipien und politische Ziele des primären Gemeinschaftsrechts;
- das gesamte auf der Basis der Verträge gesetzte Gemeinschaftsrecht sowie die Auslegung und Rechtsfortbildung des primären und sekundären Gemeinschaftsrechts durch den EuGH;
- Gemeinsame Aktionen, Standpunkte, Erklärungen, Schlussfolgerungen und andere Akte, die im Rahmen der Gemeinsamen Außen- und Sicherheitspolitik erlassen wurden bzw. auf die sich die Mitgliedstaaten im Rahmen der Innen- und Rechtspolitik geeinigt haben;
- Von der Gemeinschaft oder den Mitgliedstaaten untereinander geschlossene Internationale Abkommen.

596 Vgl. *Becker*, aaO (Fn. 437), S. 21.

bleiben[597]. Die Beitrittsstaaten bringen damit zum Ausdruck, die räumlichen, rechtlichen, wirtschaftlichen und politischen Grundlagen der Gemeinschaft anzuerkennen und fortzuführen. Die Rechtsangleichung hat insbesondere in den Bereichen Arbeitsrecht, Gleichbehandlung, Arbeits- und Gesundheitsschutz, Sozialer Dialog, Beschäftigung und sozialer Schutz zu erfolgen[598]. Der Beitritt der MOE-Staaten zur Europäischen Union erfordert demnach die vollständige Vereinbarkeit der innerstaatlichen Rechtsvorschriften der Beitrittsstaaten sowie deren praktische Anwendung an das Vertragswerk der Europäischen Union[599]. Die Übernahme des acquis verpflichtet die Beitrittsstaaten zur Umsetzung des sekundären Gemeinschaftsrechts in nationales Recht und die Anwendung des primären und sekundären Gemeinschaftsrechts[600].

b) Die Bedeutung des acquis für die Aufnahme von Beschränkungsmöglichkeiten in den Beitrittsakten

Darüber hinaus hat die Übernahme des acquis Bedeutung für die Aufnahme von Beschränkungsmöglichkeiten des Gemeinschaftsrechts in den Beitrittsverträgen. Die Übernahme des gemeinschaftsrechtlichen Besitzstandes hat zur Folge, dass auch die aus den Europa-Abkommen resultierenden subjektiven Rechte Teil des zu wahrenden gemeinschaftlichen Besitzstandes werden. Das Gemeinschaftsrecht ist damit ab dem Zeitpunkt des Beitritts einheitlich anzuwenden, soweit zwischen den Beitrittsstaaten und der Europäischen Gemeinschaft nichts anderes bestimmt ist. Hierdurch soll der Gefahr vorgebeugt werden, dass einzelne Mitgliedstaaten die gemeinschaftsrechtlichen Vorgaben zum Anlass nehmen, ihren nationalen Interessen bei der Umsetzung des Gemeinschaftsrechts den Vorrang zu geben[601]. Das Gemeinschaftsrecht umfasst daher auch die Europa-Abkommen als integralen Bestandteil des Gemeinschaftsrechts[602]. Auf der anderen Seite werden auch die durch Europa-Abkommen den Beitrittsstaaten bereits eingeräumten Rechte Bestandteil des zu übernehmenden Rechts. Der *EuGH* hat in den Rechtssachen

---

597 Vgl. hierzu ausführlich *Lopian*, aaO (Fn. 439), S. 63 ff..

598 Einen Überblick über den Stand der arbeitsrechtlichen Gesetzgebung in den neuen Mitgliedstaaten gibt *Höland*, aaO (Fn. 27), S. 563 ff..

599 Vgl. hierzu den regelmäßigen Bericht über die Fortschritte Polens auf dem Weg zum Beitritt (KOM/2002/700).

600 Vgl. *Oppermann*, aaO (Fn. 4), § 32, Rn. 13.

601 Vgl. *Becker*, aaO (Fn. 437), S. 22.

602 Vgl. EuGH, Rs. 181/73, „*R. & V.* ***Hagemann*** *gegen Belgischer Staat*“, Urteil vom 30. April 1974 in Slg. 1974, S. 460, Rn. 2/6.

Kupferberg[603] und *Parfums Christian Dior SA*[604] festgestellt, dass Europa-Abkommen unmittelbar subjektive Rechte gewähren und über Art. 300 EG Bestandteil des übernommenen Gemeinschaftsrechts werden können. Sie nehmen daher an der unmittelbaren Wirkung in den nationalen Rechtsordnungen teil[605]. Übergangsbestimmungen von der unmittelbaren Anwendung der Verbotstatbestände des primären Gemeinschaftsrechts sind demnach unwirksam. Anderenfalls stünden die Rechtssubjekte der Beitrittsstaaten nach dem Beitritt schlechter als vor dem Beitritt zur Europäischen Union. Dies folgt ferner aus dem bereits herausgearbeiteten Sinn und Zweck der Übergangsbestimmungen. Wenn diese nach der Rechtsprechung des *EuGH*[606] dazu dienen, den Beitrittsstaaten die Möglichkeit der Anpassung an die rechtlichen und wirtschaftlichen Rahmenbedingungen der Europäischen Gemeinschaft zu geben, ist ein Entzug des vor dem Beitritt zur Europäischen Union bestehenden *status quo* durch Übergangsbestimmungen gemeinschaftsrechtlich unzulässig. Eine abgestufte Integration der Beitrittsstaaten in die Europäische Union kann daher nicht zu einem vollständigen Entzug des bisherigen Besitzstandes, sondern nur zu einer Anpassung des nationalen Rechts an das Gemeinschaftsrecht führen[607]. Eine Integration ist nur erforderlich, soweit überhaupt Anpassungsbedarf besteht. Die Europa-Abkommen sollen zu einer schrittweisen Integration der Beitrittsstaaten in die Europäische Gemeinschaft führen[608]. Die Früchte der langjährigen Assoziierungsphase können durch Übergangsbestimmungen in den Beitrittsverträgen nicht zunichte gemacht werden[609]. Dieser Grundsatz ist in den Ziffern 2.13[610] und 2.14[611] der Beitrittsakte nieder-

603 Vgl. EuGH, Rs. 104/81, „***Kupferberg***“, aaO (Fn. 458), Rn 22 f..

604 Vgl. EuGH, Rs. C-300 und 392/98, „***Parfums Christian Dior*** *SA gegen TUK Consultancy BV und Assco Gerüste GmbH und Rob van Dijk*“, Urteil vom 14. Dezember 2000 in Slg. 2000, S. I-11307, Rn. 42.

605 Vgl. *Schmalenbach* in *Callies/Ruffert*, aaO (Fn. 54), Art. 300 EGV, Rn. 59 ff..

606 Vgl. EuGH, Rs. „***Kommission gegen Großbritannien und Nordirland***“, aaO (Fn. 578), Rn. 11.

607 So auch *Dauck*, InfAuslR 2002, S. 165, 169.

608 Siehe oben Zweites Kapitel Erster Teil.

609 So im Ergebnis auch *Dienelt*, aaO (Fn. 96), Rn. 131.

610 *„Die Anwendung dieser Nummer darf nicht zu Bedingungen für die zeitweilige Freizügigkeit von Arbeitnehmern im Rahmen der länderübergreifenden Erbringung von Dienstleistungen zwischen Deutschland bzw. Österreich und Polen führen, die restriktiver sind als die zum Zeitpunkt der Unterzeichnung des Beitrittsvertrags geltenden Bedingungen.“*

611 *„Die Anwendung der Nummern 2 bis 5 und 7 bis 12 darf nicht zu Bedingungen für den Zugang polnischer Staatsangehöriger zu den Arbeitsmärkten der derzeitigen Mitgliedstaaten führen, die restriktiver sind, als die zum Zeitpunkt der Unterzeichnung des Beitrittsvertrags geltenden Bedingungen.“*

gelegt[612]. Mit diesen so genannten „Standstill-Klauseln“ wird die Rechtsstellung der Angehörigen aus den Beitrittsstaaten vor nachteiligen Änderungen durch die Übergangsregelungen in den Beitrittsverträgen gesichert[613]. Aus den Europa-Abkommen folgten lediglich für die Niederlassungsfreiheit unmittelbare Rechte, so dass Einschränkungen aufgrund der Beitrittsakte nicht zulässig und auch nicht Bestandteil der Beitrittsverhandlungen waren[614]. Die Artikel in den Europa-Abkommen über die Arbeitnehmerfreizügigkeit und die Dienstleistungsfreiheit verbürgten hingegen keine unmittelbaren Rechte. Beschränkungen aufgrund der Beitrittsakte sind in diesen Teilbereichen des Gemeinschaftsrechts demnach grundsätzlich zulässig.

IV. Verhältnis zwischen den Werkvertragsabkommen und dem primären Gemeinschaftsrecht

Nach dem auch im Völkerrecht geltenden Grundsatz *pacta sunt servanda*[615] werden die Rechte von Drittstaaten und die Pflichten von Mitgliedstaaten aus vorgemeinschaftlichen Verträgen durch den EG-Vertrag nicht berührt und die Mitgliedstaaten dadurch vor einem gemeinschaftsrechtlich verursachten Völkerrechtsbruch geschützt (Vgl. Art. 34 ff. WVK). Art. 307 EG lässt die Rechte und Pflichten der Mitgliedstaaten aus vorgemeinschaftlichen Übereinkünften unberührt. Gemeinschaftsbestimmungen haben im Kollisionsfall hinter innerstaatlichen Maßnahmen einschließlich Gesetzen zurückzutreten, wenn dies der Erfüllung der fraglichen völkerrechtlichen Verpflichtung dient[616]. Zugleich lässt sich diesem Artikel eine Ausnahme vom Grundsatz des Anwendungsvorrangs des Gemeinschaftsrechts entnehmen[617]. Der *EuGH* hat in den Rechtssachen *Bur-*

---

612 „Stand-Still Klauseln“ sind ein bewährtes Instrumentarium zur Sicherung der Rechte der Vertragsparteien im Hinblick auf eine Assoziierung mit der Europäischen Union. Eine vergleichbare Regelung findet sich auch in Art. 13 des Abkommens zwischen der Schweizerischen Eidgenossenschaft einerseits und der Europäischen Gemeinschaft und ihren Mitgliedstaaten andererseits über die Freizügigkeit vom 21. Juni 1999.

613 Vgl. *Dienelt*, aaO (Fn. 96), Rn. 131.

614 Siehe oben Zweites Kapitel Erster Teil.

615 Vgl. *Ipsen*, aaO (Fn. 448), § 15, Rn. 2.

616 Vgl. *Kokott* in *Streinz*, aaO (Fn. 15), Art. 307 EGV; EuGH, Rs. 10/61, „*Kommission der Europäischen Wirtschaftsgemeinschaft gegen Regierung der Italienischen Republik* (***Rundfunkgeräte***)“, Urteil vom 27. Februar 1962 in Slg. 1962, S.1.

617 *Pache/Bielitz*, „Das Verhältnis der EG zu den völkerrechtlichen Verträgen ihrer Mitgliedstaaten“ in EuR 2006, S. 328.

goa[618], *Deserbais*[619], *Evans*[620] und *Centro-Com*[621] festgestellt, dass völkerrechtliche Verträge, die vor dem Beitritt eines Staates zur Europäischen Gemeinschaft zwischen zwei Staaten geschlossen wurden, durch den EG-Vertrag nicht berührt werden. Hierdurch soll klargestellt werden, dass die Geltung des Vertrags die Verpflichtung des betreffenden Mitgliedstaats, die aus einem früheren völkerrechtlichen Vertrag resultierenden Rechte dritter Länder zu achten und die ihnen entsprechenden Pflichten zu erfüllen, nicht berührt. Bei den Werkvertragsabkommen zwischen der Bundesrepublik Deutschland und den Vertragspartnern aus den MOE-Staaten handelt es sich um völkerrechtliche Verträge, die allesamt vor der EU-Osterweiterung abgeschlossen wurden. Nach Artikel 5 Abs. 1 der Beitrittsakte ist Artikel 307 EG auf die mit den Beitrittsstaaten geschlossenen Abkommen anwendbar. Dies hat zur Konsequenz, dass die Werkvertragsabkommen auch nach dem EU-Beitritt der MOE-Staaten in den durch die Beitrittsakten nicht liberalisierten Wirtschaftssektoren fortgelten. In den liberalisierten Wirtschaftssektoren ist die vorübergehende grenzüberschreitende Erbringung von Dienstleistungen hingegen außerhalb der Werkvertragsabkommen und des nationalen Arbeitsgenehmigungsrechts möglich. Die Werkvertragsabkommen werden insoweit vollständig durch das Gemeinschaftsrecht verdrängt.

V. Zwischenergebnis

Mit Beitritt der MOE-Staaten zur Europäischen Union findet das primäre und sekundäre Gemeinschaftsrecht sofort und unmittelbar auf die Rechtssubjekte der Beitrittsstaaten Anwendung. Eine Ausnahme von diesem Grundsatz gilt allein in den durch die Integrationsfristen in den Beitrittsakten erfassten Wirtschaftssektoren. Das primäre und sekundäre Gemeinschaftsrecht erlangt nur in dem dort – noch näher zu bestimmenden – Umfang Geltung. Allerdings findet das allgemeine Diskriminierungsverbot nach Art. 12 EG bereits mit dem Beitritt zur Europäischen Union Anwendung, unabhängig davon, dass einzelne Grundfreiheiten vorübergehend suspendiert sind. Das allgemeine Diskriminierungsverbot wurde

---

618 EuGH, Rs. 812/79, „*Strafverfahren gegen Juan C.* ***Burgoa***", Urteil vom 14. Oktober 1980 in Slg. 1980, S. 2787, Rn. 6.

619 EuGH, Rs. 286/86, „*Minestere public gegen Gérard* ***Derbais***", Urteil vom 22. September 1988 in Slg. 1988, S. 4907.

620 EuGH, Rs. 324/93, „*The Queen gegen Secretary of State for the Home Department, ex parte:* ***Evans Medial Ltd und Macfarlan Smith Ltd***", Urteil vom 28. März 1995 in Slg. 1995, S. I-563, Rn. 27.

621 EuGH, Rs. 124/95, „*The Queen, ex parte:* ***Cenro-Com*** *Srl gegen HM Treasury und Bank of England*", Urteil vom 14. Januar 1997 in Slg. 1997, S. I-81, Rn. 56.

durch die Übergangsbestimmungen nicht beschränkt. Die Ausgestaltung dieser Übergangsbestimmungen selbst beruht auf einem politischen Willensbildungsprozess der Mitgliedsstaaten, der gerichtlich nicht überprüfbar ist. In diesen sektoralen Bereichsausnahmen kommen die Werkvertragsabkommen zur Anwendung. Die Werkvertragsabkommen als völkerrechtliche Verträge sind nach dem Grundsatz *pacta sunt servanda* auch nach der Integration der Beitrittsstaaten in die Europäische Union weiterhin anwendbar.

C. Zulässigkeit und Grenzen primärrechtlicher Beschränkungen durch Übergangsbestimmungen und deren Umsetzung in den Beitrittsverträgen mit den MOE-Staaten

Nachdem die Grundsätze und die Systematik des Beitritts dargestellt wurden, ist im Folgenden zu untersuchen, ob primärrechtliche Übergangsbestimmungen in den Beitrittsverträgen überhaupt gemeinschaftsrechtlich zulässig und welche Grenzen der vertragsrechtlichen Gestaltungsfreiheit bei der Aufnahme der Übergangsbestimmungen vorgegeben sind. Diese sind nach *Becker*[622] eine Form der differenzierten Integration, die helfen sollen, Unterschiede der einzelnen Rechtsordnungen zwischen den einzelnen Beitrittsstaaten und den alten Mitgliedstaaten während der Eingliederungsphase anzugleichen. Eine beitrittsbezogene Anpassung des Gemeinschaftsrechts durch Integrationsbestimmungen ist aber nur dann zulässig, wenn nicht bereits das Gemeinschaftsrecht selbst zulässige Formen der Integration eröffnet. Diese Frage muss vor dem Hintergrund der Rechtsprechung des *EuGH* zur unmittelbaren Anwendbarkeit des Gemeinschaftsrechts mit dem vollzogenen Beitritt zur Europäischen Union beantwortet werden. Eröffnet bereits das primäre Gemeinschaftsrecht oder das nationale Recht Gestaltungsspielräume bei der Ausgestaltung der primärrechtlich gewährleisteten Arbeitnehmerfreizügigkeit und Dienstleistungsfreiheit, wären Integrationsbestimmungen unzulässig[623]. Der Überführung der Beitrittsstaaten in die Europäische Union ließe sich bereits durch den Vollzug und die Anwendung des Gemeinschaftsrechts mit seinen Bereichsausnahmen realisieren.

622 Vgl. *Becker*, aaO (Fn. 437), S. 27.
623 So auch *Dienelt*, aaO (Fn. 96), Rn. 60.

I. Beschränkungsmöglichkeiten aufgrund des Gemeinschaftsrechts

Im Folgenden wird untersucht, ob sich der Zugang von Staatsangehörigen aus den Beitrittsstaaten zu den Arbeitmärkten der alten Mitgliedstaaten aufgrund des Gemeinschaftsrechts kontrollieren lässt.

1. Arbeitnehmerfreizügigkeit

Mit der durch Art. 39 EG gewährleisteten Freizügigkeit der Arbeitnehmer ist das Recht der Angehörigen der Mitgliedstaaten gewährleistet, in für sie jeweils fremden Mitgliedstaaten einer unselbständigen Erwerbstätigkeit nachzugehen. Die Arbeitnehmerfreizügigkeit setzt ein Inlandsarbeitsverhältnis voraus und begründet auch ein Aufenthaltsrecht für die Dauer der Beschäftigung. Dieses Aufenthaltsrecht von Wanderarbeitnehmern folgt originär aus dem Vertrag[624].

a) Ordre-Public Vorbehalt, Art. 39 EG iVm RL 64/221

Die Freizügigkeit der Wanderarbeitnehmer nach Art. 39 Abs. 3 EG ist allerdings nicht vorbehaltlos gewährleistet, sondern nur „vorbehaltlich aus Gründen der öffentlichen Ordnung, Sicherheit und Gesundheit gerechtfertigten Beschränkungen“ zulässig[625]. Dieser ordre public Vorbehalt bietet den Mitgliedstaaten eine Handhabe für unmittelbare Beschränkungen im Einzelfall[626].

(i) Der ordre public Vorbehalt in der Rechtsprechung des EuGH

Der *EuGH*[627] hat die Möglichkeit der Beschränkung der Arbeitnehmerfreizügigkeit aus Gründen der öffentlichen Ordnung eng ausgelegt. Danach setzt eine mitgliedstaatliche Beschränkung der Freizügigkeit von Wanderarbeitnehmern auf der Grundlage des ordre public Vorbehalts voraus, „dass außer der Störung der öffentlichen Ordnung, die bereits (jede) Gesetzverletzung darstellt, eine tatsächliche und hinreichend schwere Gefährdung vorliegt, die ein Grundinteresse der

---

624 Vgl. dazu ausführlich *Randelzhofer/Forsthoff* in *Grabitz/Hilf*, aaO (Fn. 8), Art. 39 EGV, Rn. 195 ff..

625 Vgl. hierzu *Scheuing*, „Freizügigkeit als Unionsbürgerrecht” in EuR 2003, S. 744 ff..

626 Vgl. EuGH, Rs. 48/75, „***Royer***“, Urteil vom 8. April 1976 in Slg. 1976, S. 497, Rn. 29; Rs. 157/79, „*Strafverfahren gegen Stanislaus **Pieck***“, Urteil vom 3. Juli 1980 in Slg. 1980, S. 2171, Rn. 9.

627 Vgl. EuGH, Rs. 30/77, „*Pierre **Boucherau***“, Urteil vom 27. Oktober 1977 in Slg. 1977, S. 1999, Rn. 34.

Gesellschaft berührt"[628]. Sekundärrechtlich wurde Art. 39 EG bis zum maßgeblichen Zeitpunkt des Beitritts der MOE-Staaten zur Europäischen Union durch die Richtlinie (EWG) 64/221[629] flankiert. Eine Beschränkung der Arbeitnehmerfreizügigkeit aus wirtschaftspolitischen Gründen (wie etwa der Erhalt von Arbeitsplätzen für Inländer) war nach Art. 2 Abs. 2 der Richtlinie 64/221 nicht möglich. Diese Richtlinie ist nunmehr durch die Richtlinie 2004/38/EG[630] vom 29. April 2004 mit Wirkung zum 30. April 2006 aufgehoben worden. Auch nach Art. 27 Abs. 1 Satz 2 der Richtlinie 2004/38/EG ist eine Beschränkung der Arbeitnehmerfreizügigkeit aus wirtschaftlichen Zwecken unzulässig[631].

(1) Rechtssache Kommission gegen Spanien

In der Rechtssache *Kommission gegen Spanien* hatte der *EuGH*[632] über ein Vertragsverletzungsverfahren gegen das Königreich Spanien zu entscheiden. Spanien hatte ein Gesetz zur Reglementierung privater Sicherheitsdienste erlassen. Dieses Gesetz schrieb die spanische Nationalität derjenigen Unternehmen vor, die diese Sicherheitsdienste erbringen wollten. Ferner mussten Geschäftsführer und Direktoren in dem Mitgliedstaat wohnen und das Sicherheitspersonal die spanische Staatsangehörigkeit haben. Der *EuGH* sah hierin einen Verstoß gegen Art. 39 (ex Art. 48) des EG-Vertrages. Ein allgemeiner Ausschluss vom Zugang zu bestimmten beruflichen Tätigkeiten lasse sich nicht aus Gründen der öffentlichen Ordnung, Sicherheit und Gesundheit im Sinne des Art. 39 Abs. 3 EG (ex. Art. 48 Abs. 3 EG) rechtfertigen. Beschränkungen aufgrund Art. 39 EG Abs. 3 EG aus Gründen der öffentlichen Ordnung, Sicherheit und Gesundheit seien nur bei in der Person des Betroffenen liegenden Gründen möglich. Der *ordre public* Vor-

628 Vgl. EuGH, Rs. 30/77, „***Boucherau***", aaO (Fn. 627), S. 1999, Rn. 34.

629 Richtlinie 64/221/EWG des Rates vom 25. Februar 1964 zur Koordinierung der Sondervorschriften für die Einreise und den Aufenthalt von Ausländern, soweit sie aus Gründen der öffentlichen Ordnung, Sicherheit oder Gesundheit gerechtfertigt sind, ABl. EG 1964, S. 850.

630 Vgl. Richtlinie 2004/38/EG des Europäischen Parlaments und des Rates vom 29. April 2004 über das Recht der Unionsbürger und ihrer Familienangehörigen, sich im Hoheitsgebiet der Mitgliedstaaten frei zu bewegen und aufzuhalten, ABl. Nr. L 158 vom 30. April 204 mit Berichtigungen in vom 29. April 2004 in ABl. Nr. L 229 vom 29. Juni 2004.

631 Auf nationaler Ebene ist der ordre public Vorbehalt im Bereich der Freizügigkeit durch § 6 Abs. 2 FreizügG/EU konkretisiert. Danach muss durch das persönliche Verhalten des Unionsbürgers eine gegenwärtige, tatsächliche und hinreichend schwere Gefährdung der öffentlichen Ordnung und Sicherheit verursacht worden sein, die ein Grundinteresse der Gesellschaft berührt.

632 EuGH Rs. C-114/97, „***Kommission gegen Spanien***", Urteil vom 29. Oktober 1998 in Slg. 1998, S. I-6717.

behalt in Art. 39 Abs. 3 EG ermögliche keinen abstrakt generellen Ausschluss von Arbeitnehmern zum Arbeitsmarkt eines Mitgliedstaates[633].

(2) Rechtssache Kommission gegen Belgien

In der Rechtssache *Kommission gegen Belgien*[634] hatte der EuGH über die Vereinbarkeit eines belgischen Gesetzes über Bewachungsunternehmen mit der Arbeitnehmerfreizügigkeit und der Dienstleistungsfreiheit zu entscheiden. Das Gesetz sah unter anderem vor, dass Bewachungsunternehmen als juristische Personen nach dem Recht eines Mitgliedstaates errichtet werden können, jedoch eine Betriebsniederlassung in Belgien haben müssen. Darüber hinaus mussten Personen, die mit der Leitung eines Bewachungsunternehmens oder eines internen Bewachungsdienstes betraut sind, sowie Vorstandsmitglieder von Bewachungsunternehmen mit tatsächlicher Leitungsfunktion ihren Wohnsitz oder gewöhnlichen Aufenthalt in Belgien haben. Der *EuGH* sieht in der nationalen Regelung eine Beschränkung der Dienstleistungsfreiheit die nicht durch den ordre public Vorbehalt gerechtfertigt sei.

(3) Rechtssachen van Duyn, Rutili, Adoui und Orfanopoulos

Auch in den Rechtssachen *van Duyn*[635], Rutili[636], *Adoui*[637] und *Orfanopoulos*[638] bestätigte der *EuGH* seine Rechtsprechung, dass Artikel 3 Absatz 1 der Richtlinie 62/221 allein das den Behörden bei der Einreise und Ausweisung von Ausländern nach den innerstaatlichen Rechtsvorschriften zustehende Ermessen begrenzt. Der Begriff der *öffentlichen Ordnung* ist im Gemeinschaftsrecht, wenn er eine Ausnahme von den wesentlichen Grundsätzen der Gleichbehandlung und der Freizügigkeit der Arbeitnehmer rechtfertigt, eng zu verstehen, so dass seine Tragweite nicht von jedem Mitgliedstaat einseitig ohne Nachprüfung durch die

---

633 Vgl. *Troberg/Tiedje* in *von der Groeben/Schwarze*, aaO (Fn. 467), Art. 46, Rn. 11.

634 EuGH Rs. C-355/98, „***Kommission gegen Belgien***", Urteil vom 9. März 2000 in Slg. 2000, S. I-1221, Rn. 29.

635 EuGH, Rs. 41/74, „*Yvonne **van Duyn** gegen Home Office*", Urteil vom 4. Dezember 1974 in Slg. 1974, S. 1337.

636 EuGH, Rs. 36/5, „*Roland **Rutili** gegen Minister des Innern*", Urteil vom 28. Oktober 1975 in Slg. 1975, S. 1219.

637 EuGH, Rs. 115 und 116/81, „*Rezguia **Adoui** gegen Belgischen Staat und Stadt Lüttlich; Dominique Cornuaille gegen Belgischen Staat*", Urteil vom 18. Mai 1982 in Slg. 1982, S. 1665.

638 EuGH, Rs. C-482/01 und C-493/01, „*Georgios **Orfanopoulos** und andere sowie Olivieri gegen Land Baden-Württemberg*", Urteil vom 29. April 2004 in NVwZ 2004, S. 1099.

Organe der Gemeinschaft bestimmt werden darf[639]. Zusammenfassend bleibt festzuhalten, dass das Recht der Angehörigen der Mitgliedstaaten, ins Hoheitsgebiet eines anderen Mitgliedstaates einzureisen, sich dort frei zu bewegen und eine Arbeit aufzunehmen, nur beschränkt werden darf, wenn ihre Anwesenheit oder ihr Verhalten eine tatsächliche und hinreichend schwerwiegende Gefährdung der öffentlichen Ordnung darstellt. Eine Beschränkung aus rein wirtschaftlichen Interessen ist hingegen nicht möglich.

(ii) Zwischenergebnis

Aus der Rechtsprechung des EuGH zu dem *ordre public* Vorbehalt in Art. 39 Abs. 3 EG und Art. 55 EG folgt, dass keine Möglichkeit der abstrakt generellen Beschränkung der Arbeitnehmerfreizügigkeit besteht. Mit den Regelungsinstrumentarien des primären und sekundären Gemeinschaftsrechts kann die Arbeitnehmerfreizügigkeit allein aufgrund konkret-individueller Verhaltensweisen beschränkt werden[640]. Beschränkungen der Grundfreiheiten dürfen nicht auf wirtschaftliche Gründe gestützt werden[641]. Die Übergangsregelungen in den Beitrittsverträgen stellen hingegen abstrakt-generelle Beschränkungen des Zugangs zum nationalen Arbeitsmarkt dar. Es wird kein Zusammenhang zu dem persönlichen Verhalten der Arbeitnehmer hergestellt. Sie sind auch aus arbeitsmarktpolitischen Gesichtspunkten kein geeignetes Kriterium, ausländische Werkvertragsarbeitnehmer aus den Beitrittsstaaten von dem nationalen Arbeitsmarkt partiell auszuschließen. Der *ordre public* Vorbehalt in Art. 39 Abs. 3 EG ist demnach ungeeignet, Beschränkungen des Arbeitsmarktzugangs von Arbeitnehmern aus den Beitrittsstaaten zu rechtfertigen.

b) Ergebnis

Beschränkungen der Arbeitnehmerfreizügigkeit für Staatsangehörige aus den Beitrittsstaaten aufgrund nationalen Rechts sind nicht möglich. Das Erfordernis einer Arbeitserlaubnis als Kontrollinstrumentarium der alten Mitgliedstaaten kann nicht aus zwingenden Gründen des Allgemeininteresses eingeführt werden. Nach *Becker*[642] würde die Kontrolle des Zugangs zu den Arbeitsmärkten eine die Staatsangehörigen der Beitrittsstaaten diskriminierende Maßnahme darstellen. Es käme zu einer gemeinschaftsrechtlich nicht zu rechtfertigenden Ungleichbe-

639 Vgl. EuGH, Rs. „***Rutili***", aaO (Fn. 636), Rn. 26 und 28.
640 Vgl. hierzu auch *Oppermann*, aaO (Fn. 4), § 25, Rn. 29.
641 So auch *Becker*, aaO (Fn. 437), S. 35.
642 Vgl. *Becker*, aaO (Fn. 437), S. 36.

handlung zwischen den Staatsangehörigen der alten und neuen Mitgliedstaaten, die allein an die Staatsangehörigkeit anknüpfen würde. Die Möglichkeit einer Arbeitsaufnahme in einem Mitgliedstaat würde folglich davon abhängen, ob es sich um einen Staatsangehörigen aus den alten Mitgliedstaaten oder einen Beitrittsstaatsangehörigen handelt. Die Arbeitnehmerfreizügigkeit kann aber nicht durch zwingende Allgemeininteressen beschränkt werden, die allein an die Staatsangehörigkeit anknüpfen[643]. Es sind nur solche Maßnahmen zulässig, die unterschiedslos anwendbar sind. Als Zwischenergebnis bleibt festzuhalten, dass das Primärrecht keine Beschränkungsmöglichkeiten im Hinblick auf die Regulierung des Arbeitsmarktzugangs eröffnet, so dass Übergangsbestimmungen in den Beitrittsverträgen grundsätzlich erforderlich sind.

2. Dienstleistungsfreiheit

Die Ausführungen zur Arbeitnehmerfreizügigkeit sind entsprechend auf die Beschränkungsmöglichkeit der Dienstleistungsfreiheit durch nationale Maßnahmen zu übertragen. Im Gegensatz zur Arbeitnehmerfreizügigkeit wird das Arbeitsverhältnis nicht im Beschäftigungsstaat selbst begründet, sondern verbleibt auch während der Dauer der vorübergehenden Entsendung im Herkunftsstaat des Arbeitnehmers. Es wird demnach kein Inlandsarbeitsverhältnis begründet. Der *EuGH* hat die aktive Dienstleistungsfreiheit in den Rechtssachen *Rush Portuguesa* und *Vander Elst* dahingehend ausgelegt, dass sie das Recht umfasst, das für die Ausführung von Werkverträgen benötigte Personal mitzunehmen. Aus diesem „Mitnahmerecht" folgt das Verbot des Einreisestaates, den Zugang des durch den Dienstleistungserbringer entsandten Personals zum Arbeitsmarkt durch das Erfordernis von Arbeitserlaubnissen zu beschränken. Eine Beschränkung der durch Art. 49 EG gewährleisteten Dienstleistungsfreiheit ist nur unter den Voraussetzungen des Art. 55 EG iVm Art. 46 Abs. EG und des dazu ergangenen Sekundärrechts nach Art. 8 der Richtlinie 73/148 möglich. Es müssen zwingende Gründe des Allgemeinwohls der öffentlichen Ordnung, der Sicherheit oder Gesundheit vorliegen. Aufgrund des Verweises von Art. 55 EG auf Art. 46 EG und der Richtlinie 73/149 auf die Richtlinie 64/221[644] kann auf die Ausführungen zur Arbeitnehmerfreizügigkeit verwiesen werden. Bei dem Ausschluss von Staatsangehörigen von der Arbeitsaufnahme in einem anderen Beitrittsstaat handelt es sich nicht um eine zwingende Maßnahme des Allgemeininteresses, da die Beschränkung des Arbeitsmarktzugangs nicht von der Staatsangehörigkeit unterschiedslos

643 Vgl. hierzu *Müller-Graff* in *Streinz*, aaO (Fn. 15), Art. 46 EG, Rn. 3.

644 Die Richtlinien 73/149 und 64/221 wurden zum 30. April 2006 ebenfalls durch die Richtlinie 2004/38/EG abgelöst.

wirkt[645]. Darüber hinaus ist eine Beschränkung der Dienstleistungsfreiheit aufgrund nationaler Maßnahmen nicht möglich, da diese lediglich konkret-individuelle nicht hingegen abstrakt generelle Beschränkungen zulassen[646]. Nur solche Gefährdungen der öffentlichen Sicherheit und Ordnung vermögen einen Eingriff in die Dienstleistungsfreiheit zu rechtfertigen, die von der betroffenen Einzelperson ausgehen[647]. Der ordre public Vorbehalt ist für Beschränkungen der Dienstleistungsfreiheit demnach kein geeignetes Instrumentarium zur Steuerung des Zugangs entsandter Arbeitnehmer aus den MOE-Staaten.

3. Zwischenergebnis

Beschränkungen der Arbeitnehmerfreizügigkeit und der Dienstleistungsfreiheit aufgrund nationaler Maßnahmen sind nicht möglich. Der ordre public in Art. 55 Abs. 3 iVm Art. 46 EG eröffnet keine Möglichkeit zur Steuerung des Arbeitsmarktzugangs aus generalpräventiven Gesichtspunkten. Nur durch Übergangsbestimmungen in den Beitrittsakten kann der Zugang von Staatsangehörigen aus den MOE-Staaten aus abstrakt-generellen Gründen vorübergehend beschränkt werden. Durch die Werkvertragsabkommen wird in den nicht liberalisierten Wirtschaftssektoren der vorübergehende Zugang von Staatsangehörigen zum Arbeitsmarkt aufgrund abstrakt-genereller Gründe beschränkt.

II. Inhalt und Grenzen der Übergangsbestimmungen in den Beitrittsverträgen

Im Folgenden sollen Inhalt und Grenzen von Übergangsbestimmungen in den bisherigen Beitrittsverträgen anhand der zu früheren Erweiterungsprozessen der Europäischen Union ergangenen Rechtsprechung des *Europäischen Gerichtshofs* in seiner historischen Entwicklung aufgezeigt (sub 1.) werden. In einem zweiten Schritt wird die Umsetzung dieser Vorgaben des *EuGH* in den Beitrittsverträgen mit den MOE-Staaten analysiert (sub 2.).

---

645 Vgl. *Becker*, aaO (Fn. 437), S. 43.

646 So im Ergebnis auch *Dienelt*, aaO (Fn. 96), Rn. 59.

647 Vgl. auch *Bröhmer* in *Callies/Ruffert*, aaO (Fn. 54), Art. 46 EGV, Rn. 4 und *Kluth* in *Callies/Ruffert*, aaO (Fn. 54), Art. 55 EGV, Rn. 3; *Tiedje/Troberg* in *von der Groeben/Schwarze*, aaO (Fn. 467), Art. 46, Rn. 11 und Art. 55, Rn. 7.

1. Die Rechtsprechung des EuGH zur Auslegung von Übergangsbestimmungen in den bisherigen Erweiterungsprozessen

Bei der Analyse der Rechtsprechung des *EuGH* zu den bisherigen Beitrittsprozessen ist zu berücksichtigen, dass die bisherigen Beitrittsakten allein temporäre Übergangsbestimmungen hinsichtlich der Arbeitnehmerfreizügigkeit, nicht hingegen der Dienstleistungsfreiheit vorsahen. Die Rechtsprechung des *EuGH* zu den bisherigen Beitrittsakten kann daher nicht ohne weiteres auf die Übergangsbestimmungen zu den Beitrittsakten der MOE-Staaten im Bereich der Dienstleistungsfreiheit übertragen werden. Gleichwohl lassen sich anhand der bisherigen Rechtsprechung des *EuGH* Leitlinien für die Auslegung der Übergangsbestimmungen in den Beitrittsverträgen der MOE-Staaten zusammenfassen.

a) Rechtssache Peskeloglou

In der Rechtssache *Peskeloglou*[648] hatte der *Gerichtshof* über die Auslegung der Reichweite der Beschränkungsmöglichkeit der Arbeitnehmerfreizügigkeit durch die Akte über den Beitritt Griechenlands zur Europäischen Union zu entscheiden.

Die griechische Staatsangehörige *Peskeloglou* reiste am 28. November 1980 in die Bundesrepublik Deutschland zu ihrem dort arbeitenden Ehemann ein und beantragte am 31. Mai 1981 vor dem Beitritt Griechenlands zur Europäischen Union eine Arbeitserlaubnis für eine Anstellung als Küchenhilfe in einem Unternehmen in der Bundesrepublik Deutschland. Das der Erteilung der Arbeitserlaubnis zugrunde liegende Arbeitsförderungsgesetz[649] wurde nach dem Beitritt Griechenlands zur Europäischen Union zum Nachteil von Frau *Peskeloglou* verschärfend geändert: Ursprünglich wurde eine Arbeitserlaubnis nach Lage und Entwicklung des Arbeitsmarktes unter Berücksichtigung der Verhältnisse des Einzelfalles erteilt. Nach dem Arbeitsförderungsgesetz in der Fassung vom 3. August 1981[650] in Verbindung mit der sechsten Verordnung zur Änderung der Arbeitserlaubnisverordnung vom 24. September 1981[651] wurde die erstmalige Erteilung einer Arbeitserlaubnis nunmehr zusätzlich von der Erfüllung einer Wartezeit von mindestens zwei Jahren abhängig gemacht.

---

648 Vgl. EuGH, Rs. 77/82, „*Anastasia* ***Peskeloglou*** *gegen Bundesanstalt für Arbeit*“, Urteil vom 23. März 1983 in Slg. 1983, S. 1085, 1092.

649 § 19 Arbeitsförderungsgesetz in der Fassung vom 19. Juni 1969 (BGBl. I, S. 582).

650 BGBl. I, S. 802.

651 BGBl. I, S. 1042.

Art. 45 Abs. 1[652] der Akte über die Bedingungen des Beitritts der Republik Griechenland und die Anpassung der Verträge[653] bestimmte, dass die Artikel 1 bis 6 und 13 bis 23 der Verordnung EWG Nr. 1612/68 über die Freizügigkeit der Arbeitnehmer innerhalb der Gemeinschaft in anderen Mitgliedstaaten gegenüber griechischen Staatsangehörigen erst ab dem 1. Januar 1988 anwendbar seien. Das Sozialgericht Stuttgart legte dem *EuGH* die Frage vor, ob eine Verschärfung der innerstaatlichen Bestimmungen über die Aufnahme einer Erwerbstätigkeit von Staatsangehörigen aus den Beitrittsstaaten mit den Beitrittsverträgen vereinbar ist.

Generalanwalt *Sir Gordon Slynn* führte in den Schlussanträgen vom 23. Februar 1983[654] hierzu aus, dass das Wort *„beibehalten"* in Art. 45 der Akte gerade deshalb gewählt worden sei, um den Mitgliedstaaten die Beibehaltung des *status quo* während der Übergangszeit zu ermöglichen. Daraus folge zugleich, dass aus der Beitrittsakte kein Ermessen der nationalen Behörden folge, bestehenden (innerstaatliche) Vorschriften weitere Einschränkungen hinzuzufügen. Der *Europäische Gerichtshof* folgte der Auffassung des Generalanwalts und entschied, dass die Übergangsbestimmungen des Artikels 45 Abs. 1 Unterabsatz 2 der Akte über die Bedingungen des Beitritts der Republik Griechenland und die Anpassungen der Verträge eine Ausnahmen von dem in Artikel 48 des EWG-Vertrages (Art. 39 EG aktuelle Fassung) aufgestellten Grundsatz der Freizügigkeit der Arbeitnehmer darstellen. Als Ausnahmevorschrift sei sie eng auszulegen, wie sich aus Artikel 44 der Beitrittsakte ergäbe, der vorbehaltlich der Übergangsbestimmungen- unter anderem des Artikel 45 der Beitrittsakte- die sofortige Anwendbarkeit des Art. 45 des Vertrages zum Grundsatz mache. Sinn und Zweck des Art. 45 der Beitrittsakte sei es, nach dem Beitritt Griechenlands durch plötzliche und umfangreiche Wanderbewegungen von Arbeitnehmern verursachte Arbeitsmarktstörungen in dem Beitrittsstaat (hier: Griechenland) und in den anderen Mitgliedstaaten zu vermeiden[655]. Im Ergebnis folge hieraus, dass Artikel 45 der Beitrittsakte dahin auszulegen sei, dass er es nicht zulasse, innerstaatliche Regelungen über die erstmalige Erteilung einer Arbeitserlaubnis an einen Staatsange-

---

652 Art. 45 Absatz 1 Unterabsatz 2 der Akte bestimmte sodann folgendes:
„Die derzeitigen Mitgliedstaaten und die Republik Griechenland können bis zum 1.Januar 1988 gegenüber den griechischen Staatsangehörigen beziehungsweise gegenüber Staatsangehörigen der derzeitigen Mitgliedstaaten die innerstaatlichen Vorschriften beibehalten, welche de Einreise zum Zweck einer Beschäftigung im Lohn- oder Gehaltsverhältnis und/oder den Zugang zu einer solchen Beschäftigung von einer vorherigen Genehmigung abhängig macht."

653 ABl. L 291 vom 19. November 1979, S. 17.

654 Schlussanträge des Generalanwalts *Sir Gordon Slynn*, abgedruckt in Slg. 1983, S. 1096 f..

655 Vgl. EuGH, Rs. ***„Peskeloglou"***, aaO (Fn. 648), Rn. 12.

hörigen aus einem Beitrittsstaat nach dem Inkrafttreten der Beitrittsakte zu verschärfen. Es dürfen lediglich bereits bestehende Einschränkungen der Arbeitnehmerfreizügigkeit beibehalten werden.

b) Rechtssache Mário Lopes da Veiga

In der Rechtssache *Lopes da Veiga*[656] hatte der *EuGH* über die Reichweite der Beschränkungen der Anwendbarkeit der Verordnung EWG Nr. 1612/68 in Artikel 216 Abs. 1 der Akte über den Beitritt Portugals zu entscheiden.

Der portugiesische Staatsangehörige *Mário Lopes da Veiga* arbeitete seit 1974 für verschiedene in den Niederlanden niedergelassene Reedereien auf unter niederländischer Flagge fahrenden Schiffen. Die von seinem Lohn einbehaltenen Steuern und Sozialversicherungsbeiträge wurden in den Niederlanden abgeführt. Im März 1983 ließ sich *da Veiga* in das Einwohnerregister der Gemeinde Den Haag eintragen. Sein Antrag auf Erteilung einer Aufenthaltserlaubnis wurde mit Bescheid vom 28. August 1985 mit der Begründung abgelehnt, er habe niemals im niederländischen Hoheitsgebiet gearbeitet. Diese Ablehnung wurde durch Entscheidung des *Staatssecretaris van Justitie* bestätigt.

Hinsichtlich der hier interessierenden Problematik hat der mit der Sache befasste *Raad van State* dem *EuGH* unter anderem die Frage vorgelegt, ob Artikel 216 der Beitrittsakte so zu verstehen sei, dass die Artikel 7 ff. der Verordnung (EWG) Nr. 1612/68 für einen Arbeitnehmer aus einem Beitrittsstaat gelten, der an Bord eines niederländischen Schiffes als Arbeitnehmer bei einem in den Niederlanden niedergelassenen Arbeitgeber beschäftigt ist und weder aufgrund der für Ausländer im allgemeinen geltenden Zulassungspolitik noch aus einem anderen Grund im Besitz einer Aufenthaltserlaubnis zur Ausübung einer Tätigkeit im Lohn- oder Gehaltsverhältnis in niederländischen Hoheitsgebiet ist. Im Kern geht es um die Frage, ob sich ein Arbeitnehmer aus einem Beitrittsstaat trotz der in der Art. 216 Abs. 1 der Beitrittsakte[657] vorgesehenen Übergangsregelung auf die Arbeitnehmerfreizügigkeit berufen kann und inwieweit diese Einschränkungen unterliegt.

Der *EuGH* führte in Fortsetzung der Rechtssache *Peskeloglou* aus, dass die VO (EWG) Nr. 1612/68, soweit sie nicht von der Ausnahmeregelung der Beitrittsverträge erfasst ist, auf Staatsangehörige aus den Beitrittsstaaten unmittelbar anwendbar sei. Dies ergebe sich aus einem Umkehrschluss aus dem Wortlaut des Artikels 216 der Beitrittsakte, wonach allein die Artikel 1 bis 6 der Verordnung

---

656 Vgl. EuGH, Rs. 9/88, „***Lopes da Veiga*** *gegen Staatssecretaris van Justitie*“, Urteil vom 27. September 1988 in Slg. 1989, S. 2989.

657 ABl. L 302, S. 9.

Nr. 1612/68 nicht anwendbar seien. Zur Begründung greift der *EuGH* auf Sinn und Zweck der Übergangsregelung zurück. Diese solle allein Störungen auf den Arbeitsmärkten der alten Mitgliedstaaten durch den massenhaften Zustrom von Arbeitnehmern aus den Beitrittsstaaten verhindern. Demgegenüber läge jedoch kein Grund vor, Arbeitnehmern aus den Beitrittsstaaten, die bereits im Hoheitsgebiet eines der alten Mitgliedstaaten beschäftigt sind, die Vorteile aus den Bestimmungen des Titels II der Verordnung (EWG) Nr. 1612/68 über die Beschäftigung und Gleichbehandlung vorzuenthalten[658].

Dies hat zur Konsequenz, dass sich *Arbeitnehmer aus den neuen Beitrittsstaaten, die bereits vor dem Beitritt in einem alten Mitgliedstaat der Europäischen Union beschäftigt waren und nach dem Beitritt ihres Heimatstaates weiter beschäftigt sind, auf die nicht von den Ausnahmebestimmungen der Beitrittsverträge betroffenen Bestimmungen über die Arbeitnehmerfreizügigkeit berufen können.* Erforderlich ist allerdings, dass das Arbeitsverhältnis eine hinreichend enge Verbindung mit dem Hoheitsgebiet dieses Mitgliedstaates aufweist[659]. Beschränkungen in den Übergangsregelungen der Beitrittsverträge gelten daher nicht für Staatsangehörige aus den Beitrittsstaaten, die in einem anderen Mitgliedstaat bereits als Arbeitnehmer im Sinne des Art. 39 EG beschäftigt sind.

c) Rechtssachen Tsiotras und Mora Romero

In den Rechtssachen *Tsiotras*[660] und *Mora Romero*[661] führte der Gerichtshof in Erweiterung der Rechtsprechung in Sachen *Peskeloglou* und *Veiga* aus, dass ein Staatsangehöriger eines Mitgliedstaats sich auf die Vorschriften über die Freizügigkeit der Arbeitnehmer nicht berufen könne, wenn er im Zeitpunkt des Beitritts seines Landes zur Gemeinschaft und nach dem Beitritt im Aufnahmemitgliedstaat keine Tätigkeit als Arbeitnehmer ausübte oder ausgeübt habe. *Ohne ausdrückliche Bestimmung in den Beitrittsakten wirken Zeiten, in denen ein Arbeitnehmer aus einem Beitrittsstaat bereits vor dem Beitritt in der Gemeinschaft beschäftigt war, nicht anspruchsbegründend.*

---

658 EuGH, Rs. „***Lopes da Veiga***", aaO (Fn. 656), Rn. 10.

659 EuGH, Rs. „***Lopes da Veiga***", aaO (Fn. 656), Rn. 19.

660 EuGH, Rs. C-171/91, „*Dimitrios* ***Tsiortas*** *gegen Landeshauptstadt Stuttgart*", Urteil vom 26. Mai 1993 in Slg. 1993, S. I-2925.

661 EuGH, Rs. C-131/96, „*Carlos Mora* ***Romero*** *gegen Landesversicherungsanstalt Rheinprovinz*", Urteil vom 25. Juni 1997 in Slg. 1997, S. I-3659.

d) Rechtssache Aggegate

Auch in der Rechtssache *Aggegate*[662] ging es um die Auslegung der Art. 55 und 56 der Beitrittsakte zu Spanien. Der *EuGH* stellte in den Urteilsgründen fest, dass der Begriff des Arbeitnehmers in der Beitrittsakte mit dem Arbeitnehmerbegriff des Artikels 48 EWG (nun Art. 39 EG) identisch sei. Zugleich setzte sich der Gerichtshof mit dem Begriff des Arbeitnehmers auseinander und stellte fest, dass

> *„das wesentliche Merkmal des Arbeitsverhältnisses darin besteht, dass jemand während einer bestimmten Zeit für einen anderen nach dessen Weisung Leistungen erbringt, für die er als Gegenleistung einer Vergütung erhält"*[663].

Erfülle ein Staatsangehöriger aus den Beitrittsstaaten diese Voraussetzungen, *dürfen gegenüber diesem Arbeitnehmer während der Übergangszeit in den Beitrittsakten die Voraussetzungen für den Zugang zu einer Beschäftigung durch die Einführung neuer einschränkender Maßnahmen nicht verschärft werden*[664].

2. Zusammenfassung der Rechtsprechung des EuGH und deren Umsetzung in den Übergangsbestimmungen mit den MOE-Staaten

Im Folgenden wird die Rechtsprechung des *EuGH* zu den Auswirkungen der Übergangsbestimmungen im Bereich der Arbeitnehmerfreizügigkeit auf das Gemeinschaftsrecht nochmals zusammengefasst und deren Umsetzung in den Übergangsbestimmungen mit den MOE-Staaten aufgezeigt.

a) Integrationsfristen im Bereich der Arbeitnehmerfreizügigkeit

Im Hinblick auf die von den Integrationsfristen erfasste Arbeitnehmerfreizügigkeit in den bisherigen Beitrittsakten sah der *EuGH* das Erfordernis einer schrittweisen Integration in der Vermeidung von durch umfangreichen Wanderbewegungen verursachten Arbeitsmarktstörungen in den alten Mitgliedstaaten als Aufnahmestaaten für Staatsangehörige aus den neuen Mitgliedstaaten. Aus der Formulierung in den bisherigen Beitrittsakten („beibehalten") folgte, dass allein bereits bestehende Einschränkungen der Arbeitnehmerfreizügigkeit aufgrund nationaler Regelungen aufrechterhalten werden durften. Eine Verschärfung des erstmaligen Arbeitsmarktzugangs für Staatsangehörige aus den Beitrittsstaaten

---

662 EuGH, Rs. C 3/87, „*The Queen gegen Ministry of Agriculture, Fisheries and Food, ex parte* ***Aggegate*** *Ltd.*", Urteil vom 14. Dezember 1989 in Slg. 1989, S. 4459.

663 EuGH, Rs. „***Aggegate***", aaO (Fn. 662), Rn. 35.

664 EuGH, Rs. „***Aggegate***", aaO (Fn. 662), Rn. 39.

war nicht möglich. Die Möglichkeit von Staatsangehörigen aus den Beitrittsstaaten in den Genuss des Schutzes der Arbeitnehmerfreizügigkeit zu gelangen ist nach der Rechtsprechung des *EuGH* davon abhängig, wie der Begriff des Arbeitnehmers in den Beitrittsakten auszulegen ist. Mangels Definition in den Beitrittsakten führte der *EuGH* aus, dass der Begriff des Arbeitnehmers in den Beitrittsakten identisch mit dem Begriff des Arbeitnehmers im gemeinschaftsrechtlichen Sinne sei. Staatsangehörige aus den Beitrittsstaaten kamen daher nur dann in den Genuss der Arbeitnehmerfreizügigkeit, wenn sie die Voraussetzungen des Arbeitnehmerbegriffes in der durch die Rechtsprechung zu Art. 39 EG gefundenen Auslegung erfüllten. Waren diese Voraussetzungen erfüllt und die Arbeitnehmerfreizügigkeit nicht durch die Beitrittsakten beschränkt, konnten sich Staatsangehörige aus den Beitrittsstaaten, die bereits vor dem Beitritt in einem alten Mitgliedstaat beschäftigt waren, unmittelbar auf die Arbeitnehmerfreizügigkeit berufen. Waren diese Voraussetzungen hingegen nicht erfüllt waren, konnten aus der Arbeitnehmerfreizügigkeit nach Art. 39 EG bis zum Ablauf der Übergangsbestimmungen keine Rechte hergeleitet werden. Einschränkungen fanden sich insoweit allerdings zu den Grundsätzen der Gleichbehandlung der Arbeitnehmer nach der VO 1612/68. Diese Bestimmungen waren in den bisherigen Beitrittsprozessen nicht vollständig außer Kraft gesetzt, so dass Staatsangehörige aus den Beitrittsstaaten zwar keinen Anspruch auf Zugang zu den Arbeitsmärkten der alten Mitgliedstaaten hatten, im Hinblick auf Entlohnung, Kündigung, berufliche Wiedereingliederung oder Wiedereinstellung den einheimischen Arbeitnehmern aber gleichgestellt waren. Dieser Anspruch auf Gleichbehandlung bei einem bestehenden Beschäftigungsverhältnis zielte auch während der Übergangszeit auf eine Gleichbehandlung mit den Staatsangehörigen des Beschäftigungsstaates. Der Anspruch auf Zugang zum Arbeitsmarkt folgt hingegen nicht aus den Art. 7 ff., sondern allein aus Art. 1 der VO (EWG) 1612/68. Arbeitnehmer aus den bisherigen Beitrittsstaaten konnten demzufolge während der Übergangszeiten keinen Zugang zum deutschen Arbeitsmarkt beanspruchen. Die Bundesrepublik Deutschland hatte aber, wie vor dem Beitritt, die Möglichkeit, Arbeitnehmern aus den Beitrittsstaaten den Zutritt zum deutschen Arbeitsmarkt zu eröffnen. Nur wenn dieser Zugang gewährt wurde, kamen die Beitrittsstaatsangehörigen in den Genuss der Gleichbehandlung nach den Art. 7 ff. VO (EWG) 1612/68. Ohne ausdrückliche Bestimmung in den Beitrittsakten wirkten Zeiten, in denen ein Arbeitnehmer aus den Beitrittsstaaten bereits vor dem Beitritt in der Gemeinschaft beschäftigt war, allerdings nicht anspruchsbegründend. Dies hatte zur Folge, dass Staatsangehörige, die bereits in der Gemeinschaft beschäftigt waren nur dann ein verfestigtes Aufenthaltsrecht aus Art. 39 EG erlangen konnten, wenn dies in den Beitrittsakten vorgesehen war und sie auch tatsächlich als Arbeitnehmer in den Aufnahmestaat tätig waren.

b) Integrationsfristen im Bereich der Dienstleistungsfreiheit

Übergangsbestimmungen zur Dienstleistungsfreiheit fanden sich in den bisherigen Beitrittsakten nicht. Die Rechtsprechung des *EuGH* zur vorübergehenden grenzüberschreitenden Entsendung von Arbeitnehmern, insbesondere in Sachen *Rush Portuguesa,* wurde erst aufgrund der Beitrittsprozesse der Süderweiterung entwickelt. Übergangsbestimmungen zur Dienstleistungsfreiheit in den Beitrittsakten bei der Norderweiterung waren nicht erforderlich, da keine Wirtschaftsmigrationen aus diesen Ländern in die alten Mitgliedstaaten zu befürchten waren. Aus der Rechtsprechung des *EuGH* in Sachen *Rush Portuguesa* folgt allerdings auch, dass eine vorübergehende Beschränkung der Dienstleistungsfreiheit erforderlich ist, um den Zugang von Arbeitnehmern aus den Beitrittsstaaten durch das nationale Arbeitsgenehmigungsrecht zu kontrollieren. Die derivative Teilhabe der Arbeitnehmer an der Dienstleistungsfreiheit ist ebenfalls den Übergangsbestimmungen zu unterstellen, um einen vollumfänglichen Schutz der mitgliedstaatlichen Arbeitsmärkte zu erreichen. Das mit den Übergangsbestimmungen verfolgte Ziel der gestuften Integration der Arbeitnehmer aus den Beitrittsstaaten kann somit grundsätzlich eine zulässige Bereichsausnahme der Freizügigkeiten des EG-Vertrages darstellen und die Aufnahme von Übergangsbestimmungen rechtfertigen.

c) Umsetzung dieser Vorgaben in den Übergangsbestimmungen mit den MOE-Staaten

Die Beitrittsakten mit den MOE-Staaten haben diese Vorgaben des *EuGH* umgesetzt und zugleich Änderungen zu den bisherigen Beitrittsprozessen vorgenommen, um auch die grenzüberschreitende Erbringung von Dienstleistungen in ausgewählten Wirtschaftssektoren weiterhin vorübergehend dem nationalen Arbeitsgenehmigungsrecht und den zwischenstaatlichen Vereinbarungen unterstellen zu können. Mit den Integrationsfristen werden in einem mit dem Gemeinschaftsrecht identischen Anwendungsbereich materiell-rechtliche Bestimmungen eingeführt, die von den primärrechtlichen Verbotstatbeständen des Gemeinschaftsrechts als *lex superior* abweichen. Durch die Aufnahme von Integrationsfristen als temporäre, bereichspezifische Ausnahme der unmittelbaren Anwendbarkeit der Arbeitnehmerfreizügigkeit und der Dienstleistungsfreiheit sollen für die Übergangszeit nur bestimmte sich aus dem Gemeinschaftsrecht ergebende subjektiv-öffentliche Rechte versagt werden[665]. Wie bereits aus Artikel 2 der Akte über die Bedingun-

---

665 Vgl. *Randelzhofer/Forsthoff* in *Grabitz/Hilf,* aaO (Fn. 8), vor Art. 39-55 EG, Rn. 22.

gen des Beitritts der MOE-Staaten zur Europäischen Union folgt, ist ein vollständiger Ausschluss der Grundfreiheiten durch Übergangsbestimmungen nämlich nicht möglich[666]. Soweit die Beitrittsakten keine Ausnahmevorschriften enthalten, hat das Gemeinschaftsrecht Vorrang vor den Integrationsbestimmungen[667].

Diese Systematisierung findet sich nun auch in den Beitrittsakten mit den MOE-Staaten wieder. Ziffer 2.13, nach der eine Beschränkung der Dienstleistungsfreiheit bei der Ausführung von Werkverträgen zulässig ist, findet sich in dem 2. Abschnitt unter der Überschrift „Freizügigkeit“. Der freie Dienstleistungsverkehr hat hingegen ein eigenes Kapitel im 3. Abschnitt unter der Überschrift „Freier Dienstleistungsverkehr“. Hieraus folgt, dass die Dienstleistungserbringung durch Unternehmen aus den Beitrittsstaaten nur beschränkt werden kann, soweit es um die grenzüberschreitende Erbringung von Dienstleistungen mit eigenem Personal geht. In den in Ziffer 2.13 aufgelisteten Wirtschaftssektoren soll der vorübergehende Zugang von Staatsangehörigen der Beitrittsstaaten zum deutschen Arbeitsmarkt bis zum Ablauf der Integrationsfristen weiter durch das nationale Arbeitsgenehmigungsrecht kontrolliert werden. Während der Übergangsphase darf das Recht auf Freizügigkeit im Verhältnis zwischen den ursprünglichen Mitgliedsstaaten und dem neuen Mitgliedsstaat eingeschränkt werden, wobei es sich allerdings nur um eine zeitlich befristete und inhaltlich auf das zur Erreichung des mit der Integration verfolgte Ziel unbedingt Erforderliche beschränkende Übergangsregelung handeln darf[668]. Ein Zugangsanspruch entsandter Arbeitnehmer aus den MOE-Staaten zu dem deutschen Arbeitsmarkt besteht nur nach Maßgabe des nationalen Rechts. Aus Art. 49 EG lässt sich hingegen kein gemeinschaftsrechtlicher Anspruch auf Freizügigkeit herleiten, da das primäre Gemeinschaftsrecht durch die Beitrittsakten bis zum Ablauf der Integrationsfristen suspendiert ist. Die Bundesrepublik Deutschland ist insoweit berechtigt, bereits bestehende Beschränkungen beizubehalten, darf sie aber keinesfalls während der Übergangszeit gegenüber Staatsangehörigen aus den Beitrittsstaaten durch die Einführung neuer einschränkender Vorschriften verschärfen. Diese differenzierte Aufnahme von Übergangsbestimmungen sowohl im Bereich der Arbeitnehmerfreizügigkeit, als auch im Bereich der Dienst-

---

666 Vgl. Artikel 2 der Akte über die Bedingungen des Beitritts der Tschechischen Republik, der Republik Estland, der Republik Zypern, der Republik Lettland, der Republik Litauen, der Republik Ungarn, der Republik Malta, der Republik Polen, der Republik Slowenien und der Slowakischen Republik und die Anpassungen der die Europäische Union begründenden Verträge; *Randelzhofer/Fortshoff* in *Grabitz/Hilf*, aaO (Fn. 8), vor Art. 39-55 EG, Rn. 22.

667 So auch *Zimmermann-Kreher* in *Storr/Wenger/Eberle/Albrecht/Zimmermann-Kreher*, aaO (Fn. 72), § 13 FreizügG/EU, Rn. 4.

668 Vgl. EuGH, Rs. „***Peskeloglou***“, aaO (Fn. 648), S. 1085, 1092.

leistungsfreiheit ist Ausdruck des Abwägungsprozesses und des Verhältnismäßigkeitsgrundsatzes bei der Aushandlung der Übergangsbestimmungen. Gesetzessystematisch erfolgt die Vernetzung zwischen der Arbeitnehmerfreizügigkeit und der Dienstleistungsfreiheit über eine im zweiten Abschnitt über die *Freizügigkeit* vorweg genommenen Klausel. Darin ist in einem Allgemeinen Teil folgendes bestimmt:

> *„Hinsichtlich der Freizügigkeit von Arbeitnehmern und der Dienstleistungsfreiheit mit vorübergehender Entsendung von Arbeitskräften im Sinne des Artikels 1 der Richtlinie 96/71/EG gelte Artikel 39 und Artikel 49 Absatz 1 des EG-Vertrages zwischen Polen einerseits und .... [den alten Mitgliedstaaten][669] andererseits in vollem Umfang nur vorbehaltlich der Übergangsbestimmungen der Nummern 2 bis 14."*

Durch diese Klausel wird eine Beschränkung sowohl der Arbeitnehmerfreizügigkeit, als auch der grenzüberschreitenden Dienstleistungserbringung mit eigenem Personal ermöglicht. Eine solche Bestimmung enthielten die bisherigen Beitrittsverträge nicht. Diese ermöglichten lediglich bereits bestehende Beschränkungen „beizubehalten". Im Hinblick auf die Freizügigkeit von Staatsangehörigen aus den Beitrittsstaaten enthielten die bisherigen Beitrittsakten auch keine der Ziffer 2.2 der Beitrittsakten mit den MOE-Staaten vergleichbare Klausel, wonach ein verfestigtes Aufenthaltsrecht nur unter den beiden Voraussetzungen besteht, dass der Staatsangehörige aus den Beitrittsstaaten bereits am Tage des Beitritts rechtmäßig in einem derzeitigen Mitgliedstaat arbeitete und für einen ununterbrochenen Zeitraum von 12 Monaten zum Arbeitsmarkt zugelassen war. Der *EuGH* konnte in den Rechtssachen *Lopes da Veiga* und *Aggegate* daher auch ohne weiteres feststellen, dass sich Staatsangehörige aus den neuen Beitrittsstaaten, die bereits vor dem Beitritt in einem alten Mitgliedstaat der Europäischen Union beschäftigt waren und nach dem Beitritt ihres Heimatstaates weiter beschäftigt sind, auf die nicht von den Ausnahmebestimmungen der Beitrittsverträge betroffenen Bestimmungen über die Arbeitnehmerfreizügigkeit berufen können. Voraussetzung war jedoch, dass der Staatsangehörige aus den Beitrittsstaaten als Arbeitnehmer beschäftigt war. Diese Beschäftigungszeiten wurden sodann anspruchsbegründend im Hinblick auf die Freizügigkeit für Zeiten nach dem Beitritt berücksichtigt. Die Rechtsstellung von Staatsangehörigen der MOE-Staaten ist demgegenüber schlechter, da Beschäftigungszeiten vor dem Beitritt nach Ziffer 2.2 erst nach Erfüllung einer Wartezeit von zwölf Monaten anspruchsbegründend wirken[670]. Allerdings kann nach Ziffer 2.2 der Beitrittsakte

669 Ergänzung des Verfassers.
670 So im Ergebnis auch *Dienelt*, aaO (Fn. 96), Rn. 192; dazu ausführlich unten im Dritten Kapitel, 1. Teil unter A. II.

nur von den Art. 1 bis 6 der VO (EWG) 1612/68 abgewichen werden, so dass das Diskriminierungsverbot auch für Angehörige der Beitrittsstaaten von Anfang an uneingeschränkt gilt[671]. Angehörige der Arbeitnehmer kommen unbeschadet etwaiger Beschränkungen der Freizügigkeit in den Übergangsbestimmungen in den Genuss der Rechte nach den Art. 10 ff. der VO (EWG) Nr. 1612/68, das heißt der sozialen Sicherheitssysteme des Aufnahmestaates[672], soweit keine Beschränkungen in den Beitrittsakten aufgenommen wurden[673]. Zugleich haben sie nach Art. 11 der VO (EWG) Nr. 1612/68 ein von dem zum deutschen Arbeitsmarkt zugelassenen Arbeitnehmer im Sinne der Beitrittsbestimmungen abgeleitetes Aufenthaltsrecht zur Arbeitsaufnahme[674]. Ziffer 8 der Beitrittsakte schränkt diese Rechte Familienangehöriger von Arbeitnehmern im Sinne der Beitrittsakte allerdings ein, indem nach Spiegelstrich 1 Satz 2 diese aus den Art. 10 und 11 der VO (EWG) Nr. 1612/68 folgenden Rechte erst zur Anwendung gelangen, wenn der Arbeitnehmer im Sinne der Beitrittsakte länger als 12 Monate zum Arbeitsmarkt des Aufnahmestaates zugelassen war.

Im Bereich der Dienstleistungsfreiheit finden sich im Hinblick auf die Freizügigkeit hingegen keine weiteren Einschränkungen. Beschränkungen der Dienstleistungsfreiheit können gem. Ziffer 2.13 aber solange aufrecht erhalten bleiben, wie auch die Arbeitnehmerfreizügigkeit nach den Ziffern 2.2 bis 2.12 beschränkt werden kann. Die Übergangsbestimmungen zur Dienstleistungsfreiheit korrespondieren damit mit den Ausnahmetatbeständen der Arbeitnehmerfreizügigkeit. Eine isolierte Aufrechterhaltung der Ausnahmetatbestände von Ziffer 2.13 ist hingegen nicht möglich. Dies folgt aus der Konnexität zwischen den Beschränkungen der Arbeitnehmerfreizügigkeit und der Dienstleistungsfreiheit, wie sie zum einen in Ziffer 2.1 („Hinsichtlich der Freizügigkeit von Arbeitnehmern **und** der Dienstleistungsfreiheit...“), zum anderen in Ziffer 2.13 („Um tatsächlichen oder drohenden schwerwiegenden Störungen in bestimmten empfindlichen Wirtschaftssektoren .... können Deutschland und Österreich, **solange** sie gemäß den vorstehend festgelegten Übergangsbestimmungen...“) hervorgehoben wird. Bei der Bestimmung der Reichweite der Beschränkungsmöglichkeit der Dienstleistungsfreiheit sind Sinn und Zweck der Integrationsfristen zu berücksichtigen. Die Grundfreiheiten der Arbeitnehmerfreizügigkeit und der Dienstleistungsfreiheit dienen unter anderem der Entwicklung des Wirtschaftslebens und der Erreichung eines hohen Beschäftigungsniveaus auf einem sozialen Mindeststandard in

671 So auch *Wißmann* in ErfK, aaO (Fn. 35), Art. 39 EG, Rn. 20.

672 Vgl. EuGH, Rs. C-279/89, „***Kommission gegen Vereinigtes Königreich***“ in Slg. 1992, S. I-5785, 5828, Rn. 37-39.

673 Vgl. *Randelzhofer/Fortshoff* in *Grabitz/Hilf*, aaO (Fn. 8), vor Art. 39-55 EG, Rn. 22.

674 Vgl. hierzu *Peters*, ZAR 2005, S. 87 ff..

der Europäischen Union. Die Inanspruchnahme der Freizügigkeit dient der Verwirklichung dieser Ziele, steht aber unter dem Vorbehalt der übergangsweisen Suspendierung, soweit eine mit der Erweiterung notwendige Integrationsphase erforderlich ist. Das Recht des freien Dienstleistungsverkehrs darf daher nicht in einem Maße beeinträchtigt werden, dass die Wettbewerbsfähigkeit des die Dienstleistung erbringenden Unternehmens übermäßig behindert und so seine praktische Wirksamkeit genommen werden würde. Eine Übergangsregelung, die die stufenweise Angleichung unterschiedlicher rechtlicher und wirtschaftlicher Bedingungen ermöglichen soll, darf daher nicht dazu führen, dass die Unterschiede zwischen den beiden betroffenen Rechtsordnungen vergrößert werden[675]. In diesem Zusammenhang ist auch das in Ziffer 2.13 der Beitrittsakte enthaltene Verschlechterungsverbot zu sehen. Danach darf die Anwendung der Übergangsbestimmungen nicht zu Bedingungen für die zeitweilige Freizügigkeit von Arbeitnehmern im Rahmen der länderübergreifenden Erbringung von Dienstleistungen zwischen Deutschland bzw. Österreich und Polen führen, die restriktiver sind als die zum Zeitpunkt der Unterzeichnung des Beitrittsvertrages geltenden Bedingungen. Die Beschränkungen für den Zugang zum deutschen Arbeitsmarkt dürfen gegenüber den im Verhältnis zum jeweiligen Staat vor dem Beitritt bestehenden Einschränkungen nicht verschärft werden[676]. Diese Standstill-Klausel kommt zur Anwendung, wenn sich durch einen Vergleich der Änderungen des Arbeitserlaubnisrechts im Zeitpunkt der Unterzeichnung der Beitrittsverträge zu einem späteren Zeitpunkt ergibt, dass die Voraussetzungen für die Erlangung von Arbeitsgenehmigungen verschärft wurden. War eine Tätigkeit demnach im Zeitpunkt der Unterzeichnung der Beitrittsverträge arbeitserlaubnisfrei und wird zu einem späteren Zeitpunkt eine Arbeitserlaubnis benötigt, so ist eine solche Verschärfung gegenüber Staatsangehörigen aus den Beitrittsstaaten unzulässig[677]. Der im nationalen Recht bis zum Zeitpunkt der Unterzeichnung des Beitrittsvertrages erreichte Stand muss in Bezug auf das Recht von Staatsangehörigen aus den Beitrittsstaaten zum Arbeitsmarktzugang erhalten bleiben, was die Fortgeltung der die Erteilung von Arbeitsgenehmigungen im Sinne begünstigender Ausnahmen bedingt[678]. Aufgrund des Verschlechterungsverbots in Ziffer 2.13 der Beitrittsakte gelten folglich die die Werkvertragsarbeitnehmer begünstigenden nationalen Rechtsverordnungen (ArGV, ASAV) gegenüber den aufgrund § 42 AufenthG erlassenen Verordnungen fort und dürfen ab Unterzeichnung der Bei-

675 So wohl auch *Becker*, aaO (Fn. 437), S. 77.

676 Vgl. *Wißmann* in ErfK, aaO (Fn. 35), Art. 39 EG, Rn. 20.

677 Vgl. zu der Wirkung von Standstill-Klauseln *Gutmann*, „Die Standstill-Klausel im Assoziationsrecht" in InfAuslR 2000, S. 318, 321; dazu ausführlich unten im dritten Kapitel im 1. Teil unter A. I. 1. d).

678 Vgl. *Düe* in *Niesel*, aaO (Fn. 249), § 284, Rn. 7.

trittsverträge bis zum Ablauf der Integrationsfristen nicht verschlechtert werden. Diese Bestimmungen gelten somit vorrangig gegenüber der BeschV und der BeschVerfV, soweit diese günstigere Bestimmungen enthalten[679].

D. Zusammenfassung der Ergebnisse des zweiten Kapitels

1.

Integrationsfristen in den Beitrittsverträgen mit den MOE-Staaten zur zeitlich befristeten Kontrolle des Zugangs von Staatsangehörigen aus den Beitrittsstaaten zum Arbeitsmarkt der Bundesrepublik Deutschland bei der grenzüberschreitenden Erbringung von Dienstleistungen eines in einem Beitrittsstaat niedergelassenen Unternehmens sind gemeinschaftsrechtlich zulässig. Die Europa-Abkommen mit den MOE-Staaten enthielten keine subjektiv-öffentlichen Rechte in den Bereichen der Arbeitnehmerfreizügigkeit und der Dienstleistungsfreiheit, so dass das mit unmittelbarer und sofortiger Wirkung auf Rechtssubjekte aus den Beitrittsstaaten anwendbare primäre und sekundäre Gemeinschaftsrecht temporär suspendiert werden kann.

2.

Diese aufschiebende Wirkung des Gemeinschaftsrechts wird durch die Aufnahme von Übergangsbestimmungen in den Beitrittsverträgen erzielt. Solche Übergangsbestimmungen sind zur Erreichung des mit ihnen verfolgten Ziels der Migrationskontrolle erforderlich, da weder das Gemeinschaftsrecht, noch das nationale Recht abstrakt-generelle Beschränkungsmöglichkeiten des Arbeitsmarktzugangs eröffnen. Das Gemeinschaftsrecht eröffnet eine Beschränkungsmöglichkeiten der Arbeitnehmerfreizügigkeit und der Dienstleistungsfreiheit lediglich aus konkret-individuellen Gründen, zu denen nicht der Schutz der Arbeitsmärkte der Mitgliedstaaten gehört. Solche Beschränkungen zugunsten der Arbeitsmärkte der alten Mitgliedstaaten finden sich hingegen in Ziffer 2.2 und 2.13 der Beitrittsakte, aufgrund derer der Zugang von Staatsangehörigen aus den Beitrittsstaaten während der Integrationsphase nur nach Maßgabe des nationalen Rechts möglich ist.

---

679 Vgl. *Storr* in *Storr/Wenger/Eberle/Albrecht/Zimmermann-Kreher*, aaO (Fn. 72), § 18, Rn. 26.

3.

Diese Beschränkungen sind allerdings nur zulässig, soweit sie in den Beitrittsverträgen und den dazugehörigen Beitrittsakten auch ausdrücklich genannt sind. Daher sind Integrationsbestimmungen eng auszulegen und dürfen als dienendes Recht nur ein mit der gestuften Integration beabsichtigtes zulässiges Ziel verfolgen. Diese Einschränkungen dürfen nicht dazu führen, dass Staatsangehörige aus den Beitrittsstaaten nach dem Zeitpunkt der Unterzeichnung der Beitrittsverträge schlechter stehen, als vor der Unterzeichnung (so genanntes Verschlechterungsverbot, Ziffer 2.13, 3. Absatz). Hinsichtlich der Beschäftigung von Werkvertragsarbeitnehmern, die keine qualifizierte Berufsausbildung voraussetzen, sind die ArgV und die ASAV weiter anzuwenden, soweit die aufgrund § 42 AufenthG erlassenen Rechtsverordnungen keine günstigeren Bestimmungen enthalten.

4.

Die Übergangsbestimmungen im Bereich der Arbeitnehmerfreizügigkeit sind restriktiver als vergleichbare Bestimmungen bisheriger Erweiterungsprozesse. Während Beschäftigungszeiten von Staatsangehörigen aus den bisherigen Erweiterungsphasen in einem „alten“ Mitgliedstaat im Hinblick auf die Freizügigkeit anspruchsbegründend berücksichtigt werden konnten, wenn sie als Arbeitnehmer zu diesem Arbeitsmarkt des Aufnahmestaates zugelassen waren, ist nach Ziffer 2.2. nunmehr eine Vorbeschäftigungszeit von 12 Monaten erforderlich.

Drittes Kapitel

Dienstleistungserbringung im Kontext der Übergangs- bestimmungen – Auslegung von Ziffer 2.13 der Beitrittsakte –

Die Systematisierung der grenzüberschreitenden Dienstleistungserbringung im Kontext der Übergangsbestimmungen ist Gegenstand des dritten Kapitels. Das nationale Arbeitsgenehmigungsrecht und die Werkvertragsabkommen finden allein in den von Ziffer 2.13 der Beitrittsakte festgelegten Ausnahmen Anwendung. In Ziff. 2.13 des Anhang XII der Beitrittsakte vom 16. April 2003 sind diejenigen Dienstleistungssektoren aufgeführt, die von der Abweichung der unmittelbaren Anwendbarkeit der Arbeitnehmerfreizügigkeit und der Dienstleistungsfreiheit betroffen sein können. Der so genannte NACE-Code[680] und die in den Beitrittsakten in Bezug genommene Richtlinie 96/71 EG definieren, welche Wirtschaftssektoren von der Ausnahme der unmittelbaren und sofortigen Anwendbarkeit des Gemeinschaftsrechts betroffen sind. Es handelt sich im Einzelnen um folgende Wirtschaftssektoren:

Sektor	**NACE-Code, sofern nicht anders angegeben**
Baugewerbe, einschließlich verwandte Wirtschaftszweige	45.1 bis 4; Im Anhang zur Richtlinie 96/71/EG aufgeführte Tätigkeiten
Reinigung von Gebäuden, Inventar und Verkehrsmitteln	74.70 Reinigung von Gebäuden, Inventar und Verkehrsmitteln
Sonstige Dienstleistungen	74.87 Nur Tätigkeiten von Innendekorateuren

680 Der NACE-Code geht zurück auf die Verordnung (EWG) Nr. 3037/90 des Rates vom 9. Oktober 1990, die die statistische Systematik der Wirtschaftszweige in der Europäischen Gemeinschaft betrifft (ABl. L 293 vom 24. Oktober 1990, S. 1, zuletzt geändert durch 32002 R 0029); Verordnung (EG) Nr. 29/2002 der Kommission vom 19. Dezember 2001; ABl. L 6 vom 10. Januar 2002, S. 3.

Annhand der nachfolgenden Beispiele wird untersucht, wie sich die grenzüberschreitende Dienstleistungserbringung nach Maßgabe der Übergangsbestimmungen darstellt.

Beispiel 1: Der polnische Unternehmer P will Bauinstallationsarbeiten (Ziffer 45.3 NACE-Code) mit dem deutschen Auftraggeber B ausführen. Für die termingerechte Fertigstellung des Gewerks sind mindestens 10 Fachkräfte erforderlich. P verfügt zwar noch über Kontingente, allerdings stehen ihm zurzeit nur noch 5 polnische Fachkräfte zur Verfügung. Da er seit einem Jahr auch russische Fachkräfte in seinem Unternehmen beschäftigt, will er 5 dieser Fachkräfte zur Ausführung des Werkvertrages in die Bundesrepublik Deutschland entsenden.

Beispiel 2: P hat bereits seit 13 Monaten zur Ausführung von Bauinstallationsarbeiten 5 Fachkräfte in die Bundesrepublik Deutschland entsandt. Bei 3 von diesen Fachkräften handelt es sich um Personen, die über besondere Fähigkeiten verfügen (so genanntes Schlüsselpersonal). Er erhält einen Auftrag, für den 10 Fachkräfte benötigt werden. Die Ausführung der Arbeiten soll mit 5 Arbeitern aus der Republik Polen, sowie 5 sich bereits in der Bundesrepublik Deutschland befindlichen 5 Fachkräfte erfolgen.

Beispiel 3: P will wiederum Bauinstallationsarbeiten mit B ausführen. Ihm stehen keine Kontingente mehr zur Verfügung. Er will daher eine so genannte *Limited* nach britischem Recht in Großbritannien gründen, dort polnische Arbeitskräfte einsetzen und diese zur Ausführung des Werkvertrages in die Bundesrepublik Deutschland entsenden.

Beispiel 4: Der polnische Handwerker H will Bauinstallationsarbeiten in der Bundesrepublik Deutschland ausführen. Er unterhält in der Republik Polen keinen Geschäftsbetrieb. Er mietet in der Bundesrepublik Deutschland eine 10 m² Wohnung an, die er lediglich zum Schlafen benutzt. Nach Abschluss der Arbeiten kehrt er in die Republik Polen zurück. Gegenüber dem polnischen Sozialversicherungsträger gibt er an, eine selbständige Tätigkeit auszuüben. Die polnische Behörde überprüft die Angaben des H nicht und stellt ihm auf Antrag eine E-101-Bescheinigung aus.

Beispiel 5: H hat eine kleine Werkstatt in der Republik Polen im Grenzgebiet zur Bundesrepublik Deutschland. Er erhält von dem deutschen Auftraggeber Y gelegentlich Aufträge zur Ausführung von Bauinstallationsarbeiten in der Bundesrepublik Deutschland. Diese Arbeiten führt er selbst ohne eigene Mitarbeiter aus, kehrt danach aber wieder in seinen Heimatstaat zurück.

Beispiel 6: Die Kooperation zwischen H und Y läuft so gut, dass Y weitere Aufträge an H vergeben möchte. H will keine eigenen Mitarbeiter einstellen, sondern schließt sich mit den selbständigen Handwerkern H2, H3 und H4 zusammen. Gemeinsam führen sie die Aufträge des Y aus. Sie befürchten nun, unter die Werkvertragsabkommen zu fallen.

Beispiel 7: Ein deutsches Unternehmen bietet dem in der Republik Polen niedergelassenem P einen lukrativen Auftrag an, auf seinen Baustellen Gerüste aufzustellen.

Beispiel 8: Das in der Republik Polen niedergelassene Unternehmen P ist ausschließlich im Wirtschaftssektor Bergbau tätig. Er bekommt von einem deutschen Auftraggeber den Auftrag mehrere Flöze aufzufahren und zu sichern. P verfügt über keine Kontingente nach den Werkvertragsabkommen.

Beispiel 9: Das polnische Unternehmen P unterhält in der Republik Polen eine Produktionsstätte, in der es Stahl herstellt und vertreibt. Den Stahl liefert es weltweit, überwiegend in die Bundesrepublik Deutschland. Die Produktion und der Vertrieb des Stahls machen arbeitszeitlich 80 % der Gesamttätigkeit des P aus. P transportiert die fertigen Produkte mit eigenem Personal zu dem Käufer in der Bundesrepublik Deutschland. Bei kleineren Aufträgen führt P auch Stahlflechtarbeiten aus. Hierfür hat es 2 Spezialisten in seinem Unternehmen beschäftigt, deren Anteil an der Gesamtarbeitszeit des P nur 5 % ausmacht.

1. Teil: Persönlicher Anwendungsbereich von Ziffer 2.13 der Beitrittsakte

Im Folgenden soll geklärt werden, was (sub. A.) unter dem Begriff des Arbeitnehmers und (sub B.) unter dem Begriff des Unternehmens im Sinne der Beitrittsakte zu verstehen ist. Der Beitrittsvertrag und die Beitrittsakte selbst definieren den Begriff des Arbeitnehmers und des Unternehmens nicht, so dass eine Definition anhand der Rechtsprechung des *EuGH* zu den bisherigen Beitrittsprozessen und der gemeinschaftsrechtlichen Auslegung dieser Begriffe unter Berücksichtigung von Sinn und Zweck der Integrationsfristen in Ziffer 2.13 erfolgt.

A. Begriff des Arbeitnehmers

Nach der Rechtsprechung des *EuGH* in der Rechtssache *Aggegate*[681] ist der Begriff des *Arbeitnehmers* in den Beitrittsakten im gemeinschaftsrechtlichen Sinne zu verstehen. Zur Definition des Arbeitnehmerbegriffes kann folglich auf die zu Art. 39 EG und zur VO (EWG) 1612/68 ergangene Rechtsprechung des *EuGH* zurückgegriffen werden[682]. Der Begriff des Arbeitnehmers ist autonom und einheitlich für das Gemeinschaftsrecht auszulegen[683] und steht nicht zur Disposition der Mitgliedstaaten. Anderenfalls könnten die einzelnen Mitgliedstaaten durch eine enge Definition des Begriffes des Arbeitnehmers ihre Arbeitsmärkte teilweise abschotten und die Übergangsbestimmungen unzulässig erweitern[684].

I. Rechtsprechung des EuGH zur Auslegung des Begriffs des Arbeitnehmers

Im gemeinschaftsrechtlichen Sinne ist der Begriff des Arbeitnehmers weder in Art. 39 EG, noch dem hierzu ergangenen Sekundärrecht, den VO (EWG) Nr. 1612/68, Nr. 1408/71 und Nr. 574/72 bzw. der VO (EG) 883/2004 definiert.

---

681 EuGH, Rs. „***Aggegate***", aaO (Fn. 662), S. 4459.
682 So auch *Dienelt*, aaO (Fn. 96), Rn. 158.
683 Vgl. *Franzen* in *Streinz,* aaO (Fn. 15), Art. 39, Rn. 17.
684 Vgl. *Hailbronner*, ZAR 2004, S. 259; so auch *Wank*, NZA Beilage 2/2005, S. 88; *Fuchs/Marhold*, Europäisches Arbeitsrecht, 2. Aufl. 2006, S. 28.

Nach der Rechtsprechung des *EuGH*[685] ist ein *Arbeitnehmer im gemeinschaftsrechtlichen Sinne* eine Person,

- die während einer bestimmten Zeit für einen anderen
- nach dessen Weisungen Leistungen erbringt,
- für die dieser eine Vergütung erhält.

Aus der grundlegenden Bedeutung der Arbeitnehmerfreizügigkeit für die Verwirklichung der in Art. 3 EG genannten Vertragsziele[686] legt der *EuGH* den Begriff des Arbeitnehmers weit aus[687]. Im Gegensatz zu einer selbständigen Tätigkeit erbringt der Arbeitnehmer grundsätzlich wirtschaftliche[688] Leistungen nach den Weisungen seines Arbeitgebers[689]. Ob das Unternehmen, in dessen Dienst die Arbeit geleistet wird, auch in anderen Mitgliedstaaten tätig ist, oder seinen Sitz in dem Mitgliedstaat hat, in dem die Arbeit geleistet wird, ist nicht von Bedeutung[690]. Für die Arbeitnehmereigenschaft im Sinne des Art. 39 EG ist ferner ohne Bedeutung, dass das Beschäftigungsverhältnis nach nationalem Recht ein Rechtsverhältnis *sui generis* sein kann, wie hoch die Produktivität des Betreffenden ist, woher die Mittel für die Vergütung stammen oder dass sich die Höhe der Vergütung in Grenzen hält[691].

---

685 Vgl. EuGH, Rs. 66/85, „*Deborah* ***Lawrie-Blum*** *gegen Land Baden-Württemberg*", Urteil vom 3. Juli 1986 in Slg. 1986, S. 2121; Rn. 17; Rs. C-357/89, „*V.J.M.* ***Raulin*** *gegen Minister van Onderwijs en Wetenschappen*", Urteil vom 26. Februar 1992 in Slg. 1992, S. I-1027, Rn. 10; EuGH Rs. 75/63, „*Frau M.K.H.* ***Unger*** *gegen Bedrijfsverenigung voor Detailhandel en Ambachten*", Urteil vom 19. März 1964 in Slg. 1964, S. 379, 396 f.; Rs. 53/81, „*D.M.* ***Levin*** *gegen Staatssecretaris van Justitie*", Urteil vom 23. März 1982 in Slg. 1982, S. 1035, 1049, Rn. 11-13; Rs. C-85/96, „***María Sala*** *gegen Freistaat Bayern*", Urteil vom 12. Mai 1988 in Slg. 1998, S. I-2691, 2719, Rn. 32; Rs. C-33//97, „*C.P.M.* ***Meussen*** *gegen Hoofdirectie van de Informatie Beheer Groep*", Urteil vom 8. Juni 1999 in Slg. 1999, S. I-3289, 3310 f.; Rn. 13.; *Franzen* in *Streinz,* aaO (Fn. 15), Art. 39 EG, Rn. 18; *Dienelt,* aaO (Fn. 96), Rn. 117; *Randelzhofer/Forsthoff* in *Grabitz/Hilf,* aaO (Fn. 8), Art. 39, Rn. 10.

686 Vgl. hierzu *Oppermann,* aaO (Fn. 4), § 25, Rn. 15.

687 Vgl. hierzu die Rechtsprechungsnachweise in Fn. 679.

688 Vgl. zum Kriterium der Wirtschaftlichkeit der Leistung *Becker* in *Ehlers,* Europäische Grundrechte und Grundfreiheiten, 2. Aufl. 2005, § 9, Rn. 7.

689 Vgl. EuGH, Rs. 53/81, „***Levin***", aaO (Fn. 685), S. 1035.

690 Vgl. *Dienelt,* aaO (Fn. 96), Rn. 117.

691 Vgl. EuGH, Rs. „***Levin***", aaO (Fn. 685), S. 1035, Rn. 16; EuGH, Rs. „**Bettray** gegen Staatssecretatis van Justitie" in Slg. 1982, S. 1035, Rn. 15 und 16; sowie EuGH, Rs. „*Bülent* ***Kurz*** *gegen Land Baden-Württemberg*", Urteil vom 19. November 2002 in Slg. 2002, S. I-10691, Rn. 32.

1. Begriff des Arbeitnehmers im Sinne der Beitrittsakte

Vor diesem gemeinschaftsrechtlichen Hintergrund ist der Begriff des Arbeitnehmers in Ziffer 2.13 der Beitrittsakte zu bestimmen. Nach dem Wortlaut von Ziffer 2.13 kann nur die zeitweilige grenzüberschreitende Beschäftigung von Arbeitnehmern eingeschränkt werden. Der Begriff des Arbeitnehmers ist in der Beitrittsakte selbst nicht näher definiert. Man könnte daher zunächst auf Idee kommen, den Begriff des Arbeitnehmers identisch mit dem Begriff des Arbeitnehmers im Sinne der Entsenderichtlinie 96/71 EG auszulegen. Als Arbeitnehmer im Sinne der Entsenderichtlinie gilt nach Art. 2 Abs. 2 der Entsendrichtlinie 96/71 EG derjenige, der nach dem Recht des Staates, in den er entsandt wird, als Arbeitnehmer gilt. Diese Auslegung des Begriffs des Arbeitnehmers im nationalen Sinne erfolgt, um den entsandten Arbeitnehmer den Schutznormen des Aufnahmestaates in Entsendungsfällen zu unterstellen. Anderenfalls könnte ein entsandter Arbeitnehmer nämlich nach dem Verständnis des nationalen Rechts des Entsendestaates als Selbständiger anzusehen sein, während er nach dem Begriffsverständnis des Aufnahmestaates als Arbeitnehmer anzusehen wäre. Der Schutzzweck der Entsenderichtlinie würde unterlaufen werden, da der entsandte „Arbeitnehmer" nach dem Recht des Herkunftsstaates nicht als Arbeitnehmer im Sinne der Entsenderichtlinie anzusehen wäre, demnach nicht dem in nationales Recht transformierten Entsendegesetz unterliegen würde. Würde man diesen Begriff des Arbeitnehmer auch dem Begriff des Arbeitnehmers im Sinne des Beitrittsakte zugrunde legen, so würde es allein auf die Definition des Begriffs des Arbeitnehmers im Sinne des deutschen Rechts ankommen. Gegen diese Auslegung spricht aber folgendes:

Ziffer 1 der Beitrittsakte verweist allein auf die *Freizügigkeit von Arbeitnehmern* und die *Dienstleistungsfreiheit mit vorübergehender Entsendung von Arbeitskräften im Sinne des Artikels 1 der Richtlinie 96/71/EG.* Die gleiche Systematik findet sich in Ziffer 2.13 der Beitrittsakte. In Art. 1 der Richtlinie 96/71 EG ist aber allein der sachliche Anwendungsbereich der Entsenderichtlinie definiert, während sich eine Definition des Begriffs des Arbeitnehmers zur Einschränkung des persönlichen Anwendungsbereichs erst in Art. 2 der Entsenderichtlinie findet. Demzufolge korrespondiert der Begriff des Arbeitnehmers im Sinne von Ziffer 2.13 der Beitrittsakte nicht mit dem Arbeitnehmerbegriff im Sinne von Art. 2 der Entsenderichtlinie 97/71 EG, so dass die Auslegung des Begriffs des Arbeitnehmers nicht nach dem Recht der Bundesrepublik Deutschland erfolgen kann, sondern allein im gemeinschaftsrechtlichen Sinne.

a) Abgrenzung zu einer selbständigen Tätigkeit

Aus der Definition des Arbeitnehmers folgt, dass die selbständige, das heißt nicht weisungsabhängige, Erbringung von Dienstleistungen auch in den von den Integrationsfristen erfassten Wirtschaftssektoren möglich ist[692]. Eine Beschäftigung setzt voraus, dass der Arbeitnehmer in einem Abhängigkeitsverhältnis zu seinem Arbeitgeber steht, mithin eine weisungsabhängige Tätigkeit ausübt[693]. Die Übergangsbestimmungen gelten demnach nicht für selbständige Dienstleistungserbringer und Erwerbstätige[694]. Ein persönlich handelnder, selbständiger Handwerker aus den Beitrittsstaaten, der keine unselbständigen Arbeitnehmer entsendet oder mitnimmt, unterliegt keinerlei Übergangsfristen[695]. Er kann von der Dienstleistungsfreiheit gemäß den allgemeinen gemeinschaftsrechtlichen Bedingungen ab dem 1. Mai 2004 uneingeschränkt ohne das Erfordernis einer Arbeitsgenehmigung nach § 284 SGB III Gebrauch machen[696]. Mitinhaber des Betriebs, die selbst die Qualifikationsvoraussetzungen erfüllen, dürfen mitarbeiten. Die Spezifikationen des Baugewerbes nach dem NACE-Code und der Arbeitnehmerentsenderichtlinie 96/71 EG spielen folglich für diese Gruppe von Staatsangehörigen aus den Beitrittsstaaten, die eine selbständige Erwerbstätigkeit ausüben, keine Rolle[697]. Für neu einreisende Angehörige aus den Beitrittsstaaten, die als

---

692 Vgl. auch *Fehrenbacher*, ZAR 2004, S. 23.

693 Vgl. *Wölker/Grill* in *von der Groeben/Schwarze*, aaO (Fn. 467), Vorbem. zu den Artikeln 39 bis 41 EG, Rn. 27 mwN zur Rechtsprechung des EuGH.

694 So auch *Husemann*, BArBl. 1/2002, S. 15; ders. BArBl. 3/2002, S. 10; *Sieveking*, ZAR 2003, S. 348.

695 Vgl. auch *Oppermann*, aaO (Fn. 4), § 26, Rn. 7; *Strick*, NJW 2005, S. 2186 scheint hingegen eine Einschränkung dahingehend vorzunehmen, dass eine selbständige Dienstleistungserbringung nur in den liberalisierten Wirtschaftssektoren möglich ist.

696 Vgl. *Düe* in *Niesel*, aaO (Fn. 249), § 284, Rn. 15. Zeigt sich allerdings, dass es sich in Wirklichkeit um ein abhängiges Beschäftigungsverhältnis handelte und eine Arbeitserlaubnis nach § 284 SGB III erforderlich war, so begeht der Arbeitgeber, der einen ausländischen Arbeitnehmer (den Scheinselbständigen) ohne den entsprechenden Aufenthaltstitel mit Arbeitsmarktzugang oder ohne die erforderliche Arbeitsgenehmigung nach § 284 Abs. 1 SGB III beschäftigt, eine Ordnungswidrigkeit nach § 404 Abs. 2 Nr. 3 SGB III. Ferner kann sogar eine Straftat nach §§ 10, 11 SchwarzArbG vorliegen, wenn der Arbeitgeber vorsätzlich handelt und die Beschäftigung von ausländischen Arbeitnehmern in größerem Umfang und/oder zu Arbeitsbedingungen erfolgt, die in einem auffälligen Missverhältnis zu den Arbeitsbedingungen vergleichbarer deutscher Arbeitnehmer stehen. Der Scheinselbständige begeht bei einer Beschäftigung ohne die vorherige Einholung eines geeigneten Aufenthaltstitels oder ohne erforderliche Arbeitsgenehmigung nach § 284 Abs. 1 SGB III ebenfalls eine Ordnungswidrigkeit nach § 404 Abs. 2 Nr. 4 SGB III.

697 Vgl. *Pechstein/Kubicki*, EuzW 2004, S. 168.

Selbständige in der Bundesrepublik Deutschland tätig werden wollen, finden die § 39 Abs. 2 bis 4 und 6, sowie die ArgV, BeschV und ASAV keine Anwendung[698]. Als Begleitrecht folgt aus der Dienstleistungsfreiheit darüber hinaus ein Aufenthaltsrecht[699].

Nicht erfasst wird darüber hinaus das Schlüsselpersonal[700] von Unternehmen aus den Beitrittsstaaten, das unter Berufung auf die Niederlassungsfreiheit ohne Aufenthaltstitel in der Bundesrepublik Deutschland über eine Zweigniederlassung des ausländischen Arbeitgebers eingesetzt werden kann[701]. Auch diese Personen fallen unter § 2 Abs. 2 Nr. 2 FreizügG/EU und bedürfen keines Aufenthaltstitels.

b) Abgrenzung der selbständigen Tätigkeit von der unselbständigen Beschäftigung

Die Öffnung des Marktzugangs für selbständige Erwerbstätige aus den Beitrittsstaaten bietet ein Einfallstor zu illegalen Beschäftigungsformen. In Form von Scheingesellschaften bürgerlichen Rechts treten Handwerker auf dem deutschen Arbeitsmarkt unter Umgehung der Werkvertragsabkommen und des Aufenthaltsrechts im Rahmen der nicht von den Integrationsfristen erfassten und durch Art. 43 EG garantierten Niederlassungsfreiheit auf, ohne eine auf Dauer angelegte selbständige Tätigkeit in der Bundesrepublik Deutschland auszuüben[702]. Selbständige können ihre Dienstleistungen auch in den von den Integrationsfristen erfassten Wirtschaftssektoren in der Bundesrepublik Deutschland anbieten, ohne dass es eines Rückgriffs auf das aufwändige Werkvertragsverfahren bedarf[703]. Umgehungen der Werkvertragsabkommen durch scheinselbständige Dienst-

---

698 Vgl. *Storr* in *Storr/Wenger/Eberle/Albrecht/Zimmermann-Kreher*, aaO (Fn. 72), § 18, Rn. 27.

699 Für Ausländer wurde mit dem Zuwanderungsgesetz § 21 AufenthG neu in das AufenthG eingefügt, der eine eigenständige Grundlage für die Zulassung ausländischer Selbständiger schafft. Diese Vorschrift findet auf Staatsangehörige aus den noch nicht der EU beigetretenen MOE-Staatsangehörigen keine Anwendung (vgl. *Renner*, AuslR, 8. Aufl. 2005, § 21, Rn. 15). Insoweit gehen die in den Europa-Abkommen gewährten Rechte über die Niederlassungsfreiheit dem Aufenthaltsgesetz vor.

700 In **Beispiel 2** kann das Schlüsselpersonal daher ohne das Erfordernis einer Arbeitserlaubnis und eines Aufenthaltstitels außerhalb der Kontingentierung zur Ausführung des Werkvertrages eingesetzt werden.

701 Vgl. *Wank*, NZA Beilage 2/205, S. 95.

702 Auf diese Missbrauchsvariante hat *Reim* bereits frühzeitig hingewiesen; *Reim*, aaO (Fn. 27), S. 252; So auch *Thym*, „Zur Ausweitung der Niederlassungsfreiheit auf die EU-Beitrittskandidaten" in NVwZ 2002, S. 311 und *Dauck*, InfAuslR 2002, S. 165.

703 Vgl. *Temming*, RdA 2005, S. 189.

leistungserbringer sind somit vorprogrammiert, auch wenn es sich bei dieser Form der wirtschaftlichen Betätigung um keine rechtlich unzulässige sondern politisch hingenommene Umgehung der Integrationsfristen in den Beitrittsakten handelt.

Ist der Selbständige hingegen nur vorübergehend in der Bundesrepublik Deutschland tätig, so erbringt er seine Leistungen im Anwendungsbereich der Dienstleistungsfreiheit, die auch nicht von den Integrationsfristen erfasst wird, da es sich bei einem Selbständigen aufgrund seiner Weisungsfreiheit nicht um einen Arbeitnehmer im Sinne der Übergangsbestimmungen handelt[704]. Darüber hinaus ist zu bedenken, dass in Abgrenzung zur auf Dauer angelegten Niederlassungsfreiheit nach der Rechtsprechung des *EuGH* die Erbringung von Dienstleistungen nicht von der Einhaltung aller Voraussetzungen abhängig gemacht werden darf, die bereits in einem Mitgliedstaat gelten. Dies hat zur Konsequenz, dass für die Dienstleistungserbringung eines Selbständigen aus den MOE-Staaten nicht die berufsständischen Regeln verlangt dürfen, die in der Bundesrepublik Deutschland an die Niederlassung des Dienstleistungserbringers geknüpft sind[705].

Die selbständige Erwerbstätigkeit im gemeinschaftsrechtlichen und mitgliedstaatlichen Sinne muss folglich von der unselbständigen Beschäftigung im Sinne der Übergangsbestimmungen in den Beitrittsakten abgegrenzt werden[706]. Handelt es sich jedoch in Wirklichkeit um einen Scheinselbständigen, ist gem. § 284 Abs. 3 SGB III iVm § 39 Abs. 6 iVm Abs. 2 AufenthG eine Arbeits- und Aufenthaltserlaubnis erforderlich. Die Abgrenzung zwischen der Niederlassungsfreiheit und der Arbeitnehmerfreizügigkeit bzw. der Dienstleistungsfreiheit ist darüber hinaus im Hinblick auf die Europa-Abkommen relevant. Soweit aus den Bestimmungen über das Niederlassungsrecht aus den Europa-Abkommen ein Einreise- und Aufenthaltsrecht folgt, können sich Selbständige und Personen, die mit der Gründung oder Leitung eines Unternehmens beauftragt sind, nach dem Beitritt der MOE-Staaten unmittelbar auf diese Rechte berufen[707].

(i) Voraussetzungen einer selbständigen Tätigkeit nach dem Gemeinschaftsrecht im Anwendungsbereich von Art. 49 und Art. 43 EG

Die gemeinschaftsrechtliche Grundfreiheit der selbständigen Erwerbstätigkeit folgt sowohl aus Art. 43 Abs. 1 EG, als auch aus Art. 49 Abs. 1 EG, wobei Art.

704 So im Ergebnis auch *Dienelt*, aaO (Fn. 96), Rn. 128; *Westphal/Stoppa*, InfAuslR 2004, S. 133.

705 EuGH, Urteil vom 25. Juli 1991, Rs. C-76/90, *„Säger"* in Slg. 1991, I-4221, Rn. 13.

706 Vgl. hierzu auch *Becker* in *Ehlers*, aaO (Fn. 688), § 9, Rn. 35.

707 Vgl. hierzu auch *Tietje* in *Ehlers*, aaO (Fn. 688), § 10, Rn. 8; *Frenz*, aaO (Fn. 14), Rn. 2102.

49 Abs. 1 EG gegenüber Art. 43 Abs. 1 EG nur subsidiär zur Anwendung gelangt[708]. Während die vorübergehende oder gelegentliche, nicht stabile Erwerbstätigkeit in einem anderen Mitgliedstaat der Dienstleistungsfreiheit unterfällt (vgl. Art. 50 Abs. 3 EG)[709], ist die auf Dauer angelegte selbständige Erwerbstätigkeit Art. 43 EG zuzuordnen[710]. Nach der Rechtsprechung des *EuGH* kommt es für die Abgrenzung auf eine *Gesamtbewertung der objektiven Merkmale* an, wobei eine dauerhafte Erwerbstätigkeit, namentlich der Sitznahme, der Präsenz in Form einer Zweigniederlassung oder der Tätigkeit auf unbestimmte Zeit vorliegt[711]. Auch kurzfristige Tätigkeiten in einem anderen Mitgliedstaat können Teil einer tatsächlichen und schwerpunktmäßig auf diesen Mitgliedstaat ausgerichteten Erwerbstätigkeit sein, wenn diese im Anwendungsbereich des Art. 43 EG ausgeübt und zur Niederlassung werden[712]. Dem Begriff der selbständigen Erwerbstätigkeit im Sinne von Art. 43 Abs. 1 und Art. 49 Abs. 1 EG ist in Abgrenzung zur Arbeitnehmerfreizügigkeit nach Art. 39 EG gemein, dass unter Erwerbstätigkeit jede Art der wirtschaftlichen, d.h. grundsätzlich entgeltlichen Tätigkeit zu verstehen ist, die in eigener Verantwortung und weisungsfrei erfolgt[713]. Die Abgrenzung zwischen einer Erwerbstätigkeit im Bereich der Niederlassungs- und im Bereich der Dienstleistungsfreiheit ist von einer wirtschaftlichen Betrachtungsweise aus vorzunehmen. *Tiedje/Troberg*[714] haben hierfür unter Bezugnahme auf die Stellungnahme des Generalanwalts *Darmon*[715] in der Rechtssache *Daily Mail* folgende Formel entwickelt, anhand derer im Folgenden die gemeinschaftsrecht-

708 Vgl. EuGH, Rs. C-55/94, „*Reinhard **Gebhard** gegen Consiglio dell'ordine degli avvocati e procuratori di Milano*", Urteil vom 30. November 1995, Rn. 22; *Müller-Graff* in *Streinz,* aaO (Fn. 15), Art. 49, Rn. 27; *Kluth* in *Callies/Ruffert,* aaO (Fn. 54), Art. 50 EGV, Rn. 13.

709 So etwa **Beispiel 5**; vgl. zu den Voraussetzungen der Aufnahme einerselbständigen Erwerbstätigkeit im polnischen Recht *Dzienisiuk,* NZA Beilage 2/2005, S. 113.

710 So etwa **Beispiel 4**; vgl. zur Abgrenzung EuGH, Rs. „*Udo **Steymann** gegen Staatssecretaris van Justitie*", Urteil vom 5. Oktober 1988 in Slg. 1988, S. 6159, Rn. 16; EuGH, Rs. 215/01 „*Bruno **Schnitzer***", Urteil vom 11. Dezember 2003 in EuZW 2004, S. 95, Rn. 29; vgl. zur Abgrenzung *Müller-Graff* in *Streinz,* aaO (Fn. 15), Art. 43, Rn. 17 ff.; *Oppermann,* aaO (Fn. 4), § 26, Rn. 19; vgl. hierzu auch *Mankowski*, „Ausländische Scheinselbständige und Internationales Privatrecht" in BB 1997, S. 467.

711 Vgl. EuGH, Rs. C-221/89, „*The Queen gegen Secretary of State for Transport, ex parte **Factortame** Ltd u.a.*", Urteil vom 25. Juli 1991 in Slg. 1991, S. I-3905, Rn. 20.

712 Vgl. EuGH, Rs. „***van Binsbergen***", aaO (Fn. 329), Rn. 13; Rs. 205/84, „***Kommission gegen Deutschland***" in Slg. 1986, S. 3755, Rn. 22.

713 Vgl. *Bröhmer* in *Callies/Ruffert,* aaO (Fn. 54), Art. 43 EGV, Rn. 10.

714 Vgl. *Tiedje/Troberg* in *von der Groeben/Schwarze,* aaO (Fn. 467), Art. 43, Rn. 17.

715 Vgl. Stellungnahme des Generalanwalts *Darmon* in Slg. 1988, S. 5483, Rn. 3.

liche Zulässigkeit einer selbständigen Erwerbstätigkeit in den von Ziffer 2.13 der Beitrittsakte beschränkten Wirtschaftssektoren aufgezeigt wird:

„Es ist danach zu unterscheiden, ob der Unternehmer durch eine Standortveränderung die Produktionsfaktoren und sonstigen Kostenelemente einer fremden Volkswirtschaft nutzen will, oder ob er lediglich die Leistung seines Betriebes, nicht diesen selbst, in die fremde Volkswirtschaft einbringt."

Erforderlich ist demzufolge eine Eingliederung des Leistungserbringers in die nationale Volkswirtschaft des Aufnahmestaates[716]. Zur Abgrenzung zwischen einer selbständigen und einer unselbständigen Tätigkeit kann hingegen nicht auf die sozialrechtlichen Kriterien nach Art. 14 lit. a der VO (EWG) 1408/71 abgestellt werden. Die Zuordnung des sozialversicherungspflichtigen Beschäftigungsverhältnisses bestimmt sich allein nach dem Recht der sozialen Sicherheit des Mitgliedstaates, aus dem die Dienstleistungserbringung erfolgt[717]. Ob hingegen eine selbständige Tätigkeit im Sinne der Beitrittsakte vorliegt, ist allein nach dem Gemeinschaftsrecht zu bestimmen[718].

(1) Selbständige Erwerbstätigkeit im Anwendungsbereich des Art. 43 Abs. 1 EG

Auch wenn das Niederlassungsrecht als Niederlassungs*freiheit* keine ausdrückliche Erwähnung im EGV findet, lässt es sich aufgrund der Systematik in Titel III des EGV zu den Personenverkehrsfreiheiten zählen[719]. Die selbständige Erwerbstätigkeit im Anwendungsbereich des Art. 43 Abs.1 EG erfordert das Vor-

716 So auch *Tietje* in *Ehlers*, *Ehlers*, aaO (Fn. 688), § 10, Rn. 30.

717 Vgl. nur *Fuchs*, NZA Beilage 2/2005, S. 103.

718 Anderenfalls könnte sich, wie es teilweise praktiziert wurde, der scheinselbständige Dienstleistungserbringer eine E-101-Entsendebescheinigung unter Hinweis darauf ausstellen lassen, dass es sich um eine gemeinschaftsrechtlich zulässige Tätigkeit handelt. Die Behörden des Herkunftsstaates können allerdings mangels Kenntnis der Voraussetzungen der Aufnahme einer selbständigen Tätigkeit nach den deutschen sozialversicherungsrechtlichen Vorschriften nicht darüber bestimmen, ob eine selbständige Tätigkeit im Sinne des Gemeinschaftsrechts vorliegt. Aufgrund der den Entsendebescheinigungen zukommenden konstitutiven Wirkung stünde bereits nach den mitgliedstaatlichen Vorschriften des Herkunftsstaats das Vorliegen einer selbständigen Tätigkeit fest. Der Begriff des *Arbeitnehmers* im Sinne der Beitrittsakte ist allerdings nach dem Gemeinschaftsrecht auszulegen. Die Entsendebescheinigung in **Beispiel 4** nützt dem H daher nichts. Nach § 284 Abs. 3 SGB III iVm § 39 Abs. 6, 2 AufenthG iVm § 13 FreizügG/EU ist eine Arbeits- und Aufenthaltserlaubnis erforderlich; so auch *Preis/Temming*, aaO (Fn. 18), S. 146.

719 Vgl. *Tiedje* in *Ehlers*, aaO (Fn. 688), § 10, Rn. 1; *Müller-Graff* in *Streinz*, aaO (Fn. 15), Art. 43, Rn. 2.

liegen einer Niederlassung[720]. Der *EuGH* hat den *Begriff der Niederlassung* in der Rechtssache *Factortame*[721] definiert als

- tatsächliche Ausübung einer wirtschaftlichen Tätigkeit
- mittels einer festen Einrichtung
- in einem anderen Mitgliedstaat
- auf unbestimmte Zeit.

Erforderlich für eine dauerhafte Tätigkeit ist eine feste Einrichtung in dem Aufnahmestaat, wie etwa Büroräume oder eine Produktionsstätte[722]. In der Rechtssache *Gebhard*[723] forderte der *EuGH* als weiteres Kriterium, dass die Tätigkeit auf eine stabile und kontinuierliche Teilnahme am Wirtschaftsverkehr im Niederlassungsstaat ausgerichtet sein muss. Bezugnehmend auf die Rechtsprechung des *EuGH* in Sachen *Gebhard* merkt *Lackhoff*[724] zutreffend an, dass das Bestehen einer festen Einrichtung zur Abgrenzung der selbständigen Erwerbstätigkeit von der aktiven Dienstleistungsfreiheit zwar hilfreich, nicht aber konstituierend sein kann. In den Rechtssachen *Gebhard* und *Van Binsbergen* hat der *EuGH* bereits ausgeführt, dass die aktive Dienstleistungsfreiheit nicht von dem Erfordernis einer Zweigniederlassung, d.h. einer Betriebsstätte in dem Aufnahmestaat abhängig gemacht werden darf[725]. Das Erfordernis einer Betriebsstätte kann daher nicht das einzige Kriterium zur Abgrenzung einer Dienstleistungserbringung und einer selbständigen Erwerbstätigkeit im Sinne des Niederlassungsrechts sein. Gleichwohl ist es im Sinne des Niederlassungsrechts nicht ausreichend, wenn Staatsangehörige aus den Beitrittsstaaten sich ein Zimmer als Übernachtungsmöglichkeit mieten und dieses als Büro deklarieren[726]. Einer solchen „Einrichtung“ fehlt die notwendige Infrastruktur, um am Wirtschaftsleben teil-

---

720 Vgl. hierzu auch *Wank*, NZA Beilage 2/2005, S. 95 ff.. Hierbei ist zwischen der sog. *primären* (Art. 43 Abs. 1 Satz 1 EG) und *sekundären* Niederlassungsfreiheit (Art. 43 Abs. 1 Satz 2 EG) zu unterscheiden. Die primäre Niederlassungsfreiheit knüpft allein an die Staatsangehörigkeit an. Für die Gründung einer Zweigniederlassung oder Tochtergesellschaft als Ausübung des sekundären Niederlassungsrechts ist hingegen die Ansässigkeit im Hoheitsgebiet eines anderen Mitgliedstaates erforderlich (vgl. hierzu *Frenz*, aaO (Fn. 14), Rn. 2026).

721 Vgl. EuGH, Rs. ***„Factortame“***, aaO (Fn. 711), S. I-3905, Rn. 20.

722 Vgl. *Böhmer* in *Callies/Ruffert*, aaO (Fn. 54), Art. 43 EGV, Rn. 12.

723 Vgl. EuGH, Rs. ***„Gebhard“***, aaO (Fn. 708), Rn. 25.

724 Vgl. *Lackhoff*, „Die Niederlassungsfreiheit des EGV – nur ein Gleichheits- oder auch ein Freiheitsrecht“, S. 134.

725 Vgl. hierzu auch *Classen*, „Die Grundfreiheiten im Spannungsfeld von europäischer Marktfreiheit und mitgliedstaatlichen Gestaltungskompetenzen“ in EuR 2004, S. 424, 425.

726 So im **Beispiel 4**.

nehmen zu können[727]. Dieser Ansicht lässt sich natürlich entgegenhalten, dass ein selbständiger Handwerker außer seinen Werkzeugen im Zweifel nicht mehr für eine wirtschaftliche Betätigung benötigt und diese Materialien auch in einem kleinen Zimmer untergebracht werden können. Bei einer wertenden Betrachtung ist als weiteres Abgrenzungskriterium auf den Umfang und den Schwerpunkt der Tätigkeit des Leistungserbringers abzustellen. Dies gilt, wie *Bröhmer*[728] herausgearbeitet hat, insbesondere für die Fälle so genannter Grenzpendler, wie sie in den Grenzgebieten zu den MOE-Staaten anzutreffen sind. Er stellt allerdings unzutreffend darauf ab, dass Grenzpendler durchaus ihre Niederlassung in einem anderen Mitgliedstaat als ihrem Wohnort haben können. Diese weite Auslegung *Bröhmers* nivelliert das Erfordernis einer festen Einrichtung vollständig. Gerade in den Grenzregionen zu den Beitrittsstaaten ist es zur Vermeidung illegaler wirtschaftlicher Betätigungsformen erforderlich, das Kriterium der festen Einrichtung als konstituierendes Merkmal einer Niederlassung eng auszulegen[729]. Bei einer wertenden Gesamtbetrachtung, wie sie der *EuGH* fordert, dürften die Fälle des „selbständigen" Handwerkers, der lediglich eine Wohnung in der Bundesrepublik Deutschland anmietet ohne über weitergehende Infrastruktur zu verfügen, daher nicht mehr dem Niederlassungsrecht zuzuordnen sein.

Liegen die Voraussetzungen einer Niederlassung im gemeinschaftsrechtlichen Sinne hingegen vor, folgt aus dem Niederlassungsrecht als Begleitrecht das Recht auf Einreise und Aufenthalt[730]. Diese Rechte sind Voraussetzung für die Errichtung einer Niederlassung in einem anderen Mitgliedstaat[731]. Zwar bestanden diese Rechte bereits nach den Europa-Abkommen, doch konnte die Niederlassungsabsicht bis dahin in einem Visumsverfahren überprüft werden. Diese Visums-

727 In diesem Sinne ist wohl auch *Dienelt*, aaO (Fn. 96), Rn. 141 zu verstehen, der auf die Dauerhaftigkeit der Ansiedlung abstellt.

728 Vgl. *Bröhmer* in *Callies/Ruffert*, aaO (Fn. 54), Art. 43 EGV, Rn. 15.

729 In **Beispiel 4** erfüllt H die Anforderungen des gemeinschaftsrechtlichen Niederlassungsrechts nicht. H ist nach § 2 Abs. 2 Nr. 2 FreizügG/EU nicht freizügigkeitsberechtigt. Dies bedeutet allerdings nicht den automatischen Verlust des Aufenthaltsrechts. Nach § 6 FreizügG/EU muss durch das persönliche Verhalten des Unionsbürgers eine gegenwärtige, tatsächliche und hinreichend schwere Gefährdung der öffentlichen Ordnung und Sicherheit eintreten, die ein Grundinteresse der Gesellschaft berührt. Hierfür reicht weder eine strafrechtliche noch Verurteilung noch eine Ordnungswidrigkeit aus. Vielmehr muss eine aktuelle Gefährdung dahingehend vorliegen, dass eine erneute Verletzung der öffentlichen Ordnung und Sicherheit für die Zukunft zu erwarten steht; s. hierzu ausführlich im Vierten Kapitel.

730 Vgl. *Lackhoff*, aaO (Fn. 724), S. 46; *Scheuer* in *Lenz/Borchardt*, EUV/EGV, 3. Aufl. 2003, Art. 43, Rn. 15.

731 So im Ergebnis auch *Dienelt*, aaO (Fn. 96), Rn. 146.

pflicht ist nunmehr entfallen[732]. Der selbständige Dienstleistungserbringer kann sich sodann auch eine E-101-Entsendebescheinigung nach Art. 11 der VO (EWG) 574/72 ausstellen lassen[733]. Sind hingegen die gemeinschaftsrechtlichen Anforderungen des Niederlassungsrechts nicht erfüllt, haben die deutschen Gewerbeaufsichtsämter die Erteilung einer Gewerbeerlaubnis zu versagen[734].

(2) Selbständige Dienstleistungserbringung im Anwendungsbereich des Art. 49 Abs. 1 EG

Die punktuelle, vorübergehende und selbständige Leistungserbringung erfolgt im Anwendungsbereich des Art. 49 Abs. 1 EG. Durch diese Form der Dienstleistungserbringung wird der Leistende nicht in die Wirtschaftsordnung des Aufnahmestaates integriert, so dass eine Bindung an die Rechtsvorschriften über die Ausübung einer selbständigen Tätigkeit des aufnehmenden Staates bei einer lediglich vorübergehenden Tätigkeit nicht erforderlich ist[735]. Selbständige Handwerker aus den MOE-Beitrittsstaaten, die bloß punktuell und vorübergehend in der Bundesrepublik Deutschland tätig werden, können darüber hinaus auch ohne Arbeitserlaubnis nach § 284 SGB III in den von Ziffer 2.13 der Beitrittsakte beschränkten Wirtschaftssektoren Verträge mit einem deutschen Auftraggeber ausführen[736]. Während eine Niederlassung in dem Zielstaat eine zulässige zwangsweise Integration in Berufskammern bzw. in die gesamte Rechtsordnung des Aufnahmestaats zulässt, erfolgt die vorübergehende Dienstleistungserbringung allein nach den Bestimmungen des Herkunftsstaates. Dem Dienstleister dürfen daher weder zusätzliche Verwaltungskosten entstehen, noch darf er zu Beiträgen an die Handwerkskammer herangezogen werden[737]. Darüber hinaus darf die Ein-

---

732 *Zimmermann-Kreher* in *Storr/Wenger/Eberle/Albrecht/Zimmermann-Kreher*, aaO (Fn. 72), § 13 FreizügG/EU, Rn. 4.

733 Vgl. hierzu *Fuchs*, NZA Beilage 2/2005, S. 102.

734 So auch *Wank*, NZA Beilage 2/2005, S. 95 unter Hinweis auf die unzureichende Lösung des Problems der Scheinselbständigkeit im deutschen Recht.

735 Vgl. *Müller-Graff* in *Streinz*, aaO (Fn. 15), Art. 49, Rn. 27.

736 Vgl. *Pechstein/Kubicki*, EuZW 2004, S. 167. Im **Beispiel 5** kann H ohne das Erfordernis einer Arbeits- und Aufenthaltserlaubnis in der Bundesrepublik Deutschland vorübergehend Dienstleistungen erbringen. Da er diese Arbeiten selbst ohne eigenes Personal ausführt, unterliegt er nicht den Übergangsbestimmungen der Beitrittsakte. Er kann diese Dienstleistungen außerhalb der Werkvertragsabkommen erbringen. Ggf. muss er aber noch eine Bescheinigung nach § 9 Abs. 2 HwO iVm § 4 EU/EWR-HwVO beantragen.

737 Vgl. EuGH, Rs. C-58/98, „*Verfahren gegen Josef **Corsten***“, Urteil vom 3. Oktober 2000 in Slg. 2000, S. I- 7919, Rn. 47. Die Anwendung der Regelungen des Aufnahmestaates stellt eine Beschränkung der Dienstleistungsfreiheit dar, die einer Rechtfertigung bedarf. Das Herkunftslandprinzip wird im Anwendungsbereich der

tragung in die Handwerksrolle nicht zur Voraussetzung für die Erbringung der Dienstleistung gemacht werden[738].

Ferner hat der *EuGH* in der Rechtssache *Schnitzer* entschieden, dass auch Selbständige, die wiederholt oder mehr oder weniger regelmäßig – auch über mehrere Monate hin – Dienstleistungen erbringen oder erbringen wollen, keine zusätzlichen Verwaltungskosten auferlegt werden dürfen[739]. Der *EuGH* entwickelte in diesem Urteil die Rechtsprechung in Sachen *Gebhard* und *Corsten* fort[740]. In der Rechtssache *Gebhard* führte der *EuGH* allerdings aus, dass „die mehr oder weniger häufige oder regelmäßige Dienstleistungserbringung, ohne im betreffenden Aufnahmestaat über eine Infrastruktur bzw. ein Berufsdomizil zu verfügen, nicht den Tatbestand der Niederlassung erfülle“[741]. Daher kann die Grenze zur Niederlassungsfreiheit überschritten sein, wenn Selbständige aus den MOE-Beitrittsstaaten dauerhaft mit den gleichen Arbeiten beauftragt werden[742].

Im Hinblick auf mögliche Umgehungsformen der gemeinschaftsrechtlich zulässigen Dienstleistungserbringung durch Selbständige in den von den Beitrittsakten beschränkten Wirtschaftssektoren ist daher fraglich, welche gemeinschaftsrechtliche Anforderungen an die Dienstleistungserbringung zu stellen sind und ob der Aufnahmestaat prüfen darf, ob der selbständige Dienstleister in seinem Heimatstaat überhaupt tätig ist, oder ob er seine Dienstleistungen – trotz Niederlassung in seinem Herkunftsstaat – ausschließlich in einem anderen Mitgliedstaat erbringt.

Bereits in der Rechtssache *van Binsbergen* hatte der *EuGH* dem Aufnahmestaat des Dienstleistenden das Recht zugesprochen, *notwendige Regelungen zu erlassen, durch die eine Ausnutzung der Dienstleistungsfreiheit verhindert wird*[743]. Um zu verhindern, dass ein Dienstleistungserbringer, dessen Tätigkeit ganz oder vorwiegend auf das Gebiet dieses Staates ausgerichtet ist, sich die Dienstleistungsfreiheit zur Entziehung der Berufsregeln zu Nutze macht, die auf ihn Anwendung fänden, wenn er im Gebiet dieses Staates ansässig wäre, kann eine feste Einrichtung im Aufnahmestaat gefordert werden[744]. In der Rechtssache

---

Niederlassungsfreiheit von dem Bestimmungslandprinzip verdrängt. Dies bedeutet, dass der Niederlassungswillige im Aufnahmestaat die dort geltenden Rechtsvorschriften anwenden muss, was dem Grundsatz der Inländergleichbehandlung entspricht, vgl. hierzu *Frenz*, aaO (Fn. 14), Rn. 2188.

738 Vgl. hierzu ausführlich *Pechstein/Kubicki*, EuZW 2004, S. 167.

739 Vgl. EuGH, Rs. „***Schnitzer***“, aaO (Fn. 710), S. 94, Rn. 38.

740 Vgl. hierzu *Lottes*, „Das erweiterte Zeitmoment beim Begriff Dienstleistung“ in EuZW 2004, S. 112.

741 Vgl. EuGH, Rs. „***Gebhard***“, aaO (Fn. 708).

742 Vgl. zu diesen Kriterien EuGH, Rs. „***Gebhard***“, aaO (Fn. 708), Rn. 27.

743 Vgl. EuGH, Rs. „***van Binsbergen***“, aaO (Fn. 329), Rn. 13.

744 Vgl. EuGH, Rs. „***van Binsbergen***“, aaO (Fn. 329), Rn. 15.

Centros[745] führte der *EuGH* hingegen aus, dass im Hinblick auf den Missbrauch der Dienstleistungsfreiheit nicht darauf abgestellt werden könne, dass eine Gesellschaft in dem Mitgliedstaat, in dem sie ihren Sitz hat, keine Geschäftstätigkeit entfaltet und ihre Tätigkeit ausschließlich in dem Aufnahmemitgliedstaat ausübt. Diese Rechtsprechung bestätigte der *EuGH* in den Rechtssachen *Überseering*[746] und *Inspire Art*[747]. Die Entscheidungen des *Gerichtshofs* über die Umgehung der Niederlassungsfreiheit können für die Beurteilung der Umgehung der Dienstleistungsfreiheit durch selbständige Handwerker in von den Beitrittsakten beschränkten Wirtschaftssektoren allerdings nicht ohne weiteres herangezogen werden, da sich die Entscheidungen allein auf eine gesellschaftsrechtliche Problematik beziehen. Im Falle der vorübergehenden Dienstleistungserbringung durch eine natürliche Person ist die Bewertung der missbräuchlichen Umgehung der Dienstleistungsfreiheit zwangsläufig anders zu beurteilen. Eine natürliche Person hat im Gegensatz zu einer Gesellschaft, die eine Zweigniederlassung in einem anderen Mitgliedstaat errichten möchte, regelmäßig keine verbleibende Infrastruktur in seinem Heimatstaat, da der Schwerpunkt der ständig ausgeübten wirtschaftlichen Tätigkeit üblicherweise in dem Aufnahmestaat liegt. Eine missbräuchliche Umgehung der Dienstleistungsfreiheit kann daher nur dann vorliegen, wenn Selbständige Dienstleistungen in der Bundesrepublik Deutschland dauerhaft erbringen, ohne hier eine feste, dauerhafte Einrichtung zu unterhalten[748]. Ohne Vorliegen einer dauerhaften oder stabilen Eingliederung in die

745 Vgl. EuGH, Rs. C-212/97, „***Centros** Ltd. gegen Erhvervs –og Selskabsstyrelsen*“, Urteil vom 9. März 1999 in Slg. 1999, S. I-1459, Rn. 29.

746 Vgl. EuGH, Rs. C-208/00, „***Überseering** BV gegen Nordic Construction Company Baumanagement GmbH (NCC)*“, Urteil vom 5. November 2002 in Slg. 2002, S. I-9919, Rn. 2.

747 Vgl. EuGH, Rs. C-167/01, „*Kamer van Koophandel en fabrieken voor Amsterdam gegen **Inspire Art** Ltd.*“, Urteil vom 30. September 2003 in Slg. 2003, S. I-10155, Rn. 3.

748 In diesem Sinne wohl auch *Pechstein/Kubicki*, EuZW 2004, S. 169. So **Beispiel 4**. Ein Umgehungstatbestand liegt allerdings nicht in dem im **Beispiel 6** gebildeten Sachverhalt. Der Zusammenschluss mehrerer selbständiger Dienstleister stellt weder eine Umgehung der Beitrittsverträge, noch der Werkvertragsabkommen dar. Solange jeder Dienstleister die gemeinschaftsrechtlichen Anforderungen der Dienstleistungsfreiheit in seiner Person erfüllt, kann er sich zur Ausführung von Aufträgen auch mit anderen Dienstleistungserbringern zusammenschließen. Die Dienstleistungserbringer müssen die Verträge allerdings persönlich ausführen und dürfen sich keiner Erfüllungsgehilfen bedienen. Eine Umgehung der Werkvertragsabkommen liegt nicht vor, da es sich bei dem Zusammenschluss der selbständigen Dienstleistungserbringer weder um ein Unternehmen im Sinne des Art. 1 WA, noch um eine ARGE (s.o. Kapitel 1 A. VI. 2.) handelt.

Volkswirtschaft ist der Schutzbereich von Art. 49 EG nicht eröffnet[749]. Das Vorliegen dieser Voraussetzungen muss durch die Aufnahmestaaten auch überprüft werden können, um einen Missbrauch der Dienstleistungsfreiheit kontrollieren zu können. Dies hat der *EuGH* im Bereich der grenzüberschreitenden Dienstleistungserbringung durch in einem andern Mitgliedstaat ansässige Untenehmen mit eigenem Personal seit der Rechtssache *Rush Portuguesa*[750] in nunmehr ständiger Rechtsprechung bestätigt. Das Gericht hat ausgeführt, dass ein Mitgliedstaat kontrollieren darf, ob ein in einem anderen Mitgliedstaat ansässiges Unternehmen, das Arbeitnehmer, die Angehörige eines Drittstaats sind, in ihn entsendet, den freien Dienstleistungsverkehr nicht zu einem anderen Zweck als dem der Erbringung der betreffenden Leistung nutzt[751]. Nichts anderes gilt für den Fall, dass ein Selbständiger Dienstleistungen in einem durch die Übergangsbestimmungen beschränkten Wirtschaftssektor Dienstleistungen nach Art. 49 Abs. 1 EG erbringt und sich aus seinem Herkunftsland in den Aufnahmestaat begibt um dort seine Leistungen persönlich anzubieten. Staatsangehörige aus den Beitrittsstaaten werden daher durch die Übergangsbestimmungen zwar nicht daran gehindert, Dienstleistungen in der Bundesrepublik Deutschland auch in den nicht liberalisierten Wirtschaftssektoren zu erbringen bzw. sich hier niederzulassen. Der Marktzugang an sich soll und kann durch die Übergangsbestimmungen nicht beschränkt werden. Es geht insoweit allein um personenbezogene Beschränkungen des Freizügigkeitsrechts, die es durch die Dienstleistungsfreiheit nach Art. 49 EG zu sichern gilt. Dies bedeutet, dass auch bei der selbständigen Dienstleistungserbringung die gemeinschaftsrechtlichen Anforderungen der Dienstleistungsfreiheit einzuhalten sind und durch die Aufnahmestaaten auch überprüft werden können. Jedenfalls dann, wenn eine Betrugsabsicht zur Umgehung der Berufsregelegungen und der aufenthaltsrechtlichen und sozialversicherungsrechtlichen Bestimmungen des Aufnahmestaates gegeben ist, liegt ein gemeinschaftsrechtlich nicht zu rechtfertigender Missbrauch der Dienstleistungsfreiheit vor.

(ii) Zwischenergebnis

In den von den Integrationsfristen erfassten Wirtschaftssektoren ist die selbständige Erwerbstätigkeit im Rahmen der Dienstleistungsfreiheit nach Art. 49 Abs. 1 EG und der Niederlassungsfreiheit nach Art. 43 Abs. 1 EG gemeinschaftsrechtlich zulässig. Das Niederlassungsrecht ist durch die Beitrittsakten nicht be-

---

749 So auch *Tietje* in *Ehlers*, aaO (Fn. 688), § 10, Rn. 24.
750 Vgl. EuGH, Rs. „***Rush Portuguesa***“, aaO (Fn. 49), Rn. 17.
751 Vgl. EuGH, Rs. „***Vander Elst***“, aaO (Fn. 17), Rn. 23. Diese Rechtsprechung bestätigte der EuGH in der Rechtssache C-445/03 „***Kommission gegen Luxemburg***“ aaO (Fn. 17), S. I-10191, Rn. 39.

schränkt worden, die Dienstleistungsfreiheit nur für Staatsangehörige aus den Beitrittsstaaten, die grenzüberschreitende Dienstleistungen in einem Beschäftigungsverhältnis zu einem in einem Beitrittsstaat niedergelassenem Arbeitgeber erbringen. Das Niederlassungsrecht setzt eine feste Einrichtung in dem Niederlassungsstaat voraus, von der aus eine dauerhafte wirtschaftliche Betätigung am Wirtschaftsverkehr erfolgt. Liegen diese Voraussetzungen nicht vor, kann eine vorübergehende Dienstleistungserbringung vorliegen, die ebenfalls arbeitsgenehmigungsfrei erfolgen kann. Die selbständige Dienstleistungserbringung im Anwendungsbereich des Art. 49 Abs. 1 EG ist nur zulässig, wenn die Voraussetzungen einer weisungsfreien Erwerbstätigkeit erfüllt sind. Handelt es sich hingegen in Wirklichkeit um ein Beschäftigungsverhältnis, liegt keine echte selbständige Tätigkeit, sondern Scheinselbständigkeit vor. Die Tätigkeit ist dann der Arbeitnehmerfreizügigkeit nach Art. 39 Abs. 1 EG zuzuordnen und unterliegt den Integrationsbestimmungen nach Ziffer 2.2 und Ziffer 2.13 der Beitrittsakte.

In Abgrenzung des Niederlassungsrechts von der Dienstleistungsfreiheit handelt es sich bei der selbständigen Erwerbstätigkeit von Staatsangehörigen aus den Beitrittstaaten bei einer wertenden Gesamtbetrachtung regelmäßig um Niederlassungsvorgänge im Anwendungsbereich des Art. 43 EG. Durch die Aufnahme einer Erwerbstätigkeit in der Bundesrepublik Deutschland integrieren sie sich in diese Volkswirtschaft. Es verbleibt kein Betrieb in ihrem Heimatstaat. Ohne eine zusätzliche Tätigkeit im Herkunftsstaat liegt allerdings eine missbräuchliche Umgehung der Dienstleistungsfreiheit vor, wenn nicht zugleich die Voraussetzungen der Niederlassungsfreiheit erfüllt werden. Es liegt dann nämlich gerade keine grenzüberschreitende Dienstleistungserbringung vor, sondern allein eine wirtschaftliche Betätigung in der Bundesrepublik Deutschland. Die Erwerbstätigkeit ist dann nur unter den Voraussetzungen des Niederlassungsrechts nach Art. 43 EG möglich.

c) Drittstaatler als Arbeitnehmer im Sinne der Ziffer 2.13?

Fraglich ist, ob auch Drittstaatler unter den Begriff des Arbeitnehmers im Sinne von Ziffer 2.13 der Beitrittsakte fallen. *Drittstaatler*[752] sind Arbeitskräfte aus ei-

752 Durch die Richtlinie 2003/109/EG des Rates vom 25. November 2003 betreffend die Rechtsstellung der langfristig aufenthaltsberechtigten Drittstaatsangehörigen vom 25. November 2003 in ABl. 16/44 vom 23. Januar 2004 soll die Stellung von Drittstaatsangehörigen in der Europäischen Gemeinschaft gestärkt werden. Drittstaatsangehörige, die sich rechtmäßig und dauerhaft in einem Mitgliedstaat aufhalten, sollen die gleichen Rechte wie Staatsangehörige der EU-Mitgliedstaaten genießen. Die Richtlinie hätte nach Art. 26 bis zum 23. Januar 2006 in nationales Recht umgesetzt werden müssen, was bisher nicht erfolgt ist. Eine Umsetzung er-

nem Staat außerhalb der Europäischen Union[753]. Ein in einem Beitrittsstaat niedergelassenes Unternehmen kann im Sinne der *Vander Elst* Rechtsprechung des *EuGH* Dienstleistungen auch mit eigenem Personal aus Drittstaaten erbringen und diese Arbeitnehmer auch in den von den Integrationsfristen nicht erfassten Wirtschaftssektoren einsetzen. Dass die Entsendung von Drittstaatlern durch ein in einem Beitrittsstaat niedergelassenes Unternehmen in den liberalisierten Wirtschaftssektoren nach § 39 Abs. 1 AufenthG iVm § 15 BeschV zulässig ist, wird, soweit ersichtlich, nicht bezweifelt[754].

Fraglich ist allerdings, ob dies auch für die nicht liberalisierten Wirtschaftssektoren gilt. Handelt es sich bei Drittstaatlern nicht um Arbeitnehmer im Sinne von Ziffer 2.13, hätte dies zur Konsequenz, dass die Werkvertragsabkommen umgangen werden könnten. Es müsste kein nationales Arbeitsgenehmigungsverfahren durchgeführt werden, da Drittstaatler nach der Rechtsprechung des *EuGH* in Sachen *Vander Elst* für die vorübergehende grenzüberschreitende Erbringung von Dienstleistungen keine Arbeitsgenehmigung benötigen, soweit sie in dem Herkunftsstaat des sie entsendenden Unternehmens ordnungsgemäß beschäftigt sind. In der Praxis könnte ein in einem Beitrittsstaat niedergelassenes Unternehmen einen Werkvertrag mit einem deutschen Auftraggeber über die Erbringung von Dienstleistungen in einem von den Integrationsfristen erfassten Wirtschaftssektor ausschließlich mit eigenem Personal aus Drittstaaten ausführen. Die Werkvertragsabkommen wären bereits dem Wortlaut nach nicht einschlägig, da sie sich allein auf Arbeitnehmer aus Staaten der Vertragsparteien beziehen (vgl. z.B. Art. 1 Abs. 1 WA Polen). Auch durch die Beitrittsakten, die lediglich die unmittelbare Anwendbarkeit des Gemeinschaftsrechts auf die Beitrittsstaaten beschränken, kann keine Regelung der Wirtschaftsmigration von Drittstaatsangehörigen in den Wirtschaftsraum der EG erfolgen.

Das Bundesministerium für Wirtschaft und Arbeit hält den projektbezogenen Einsatz von Drittstaatsangehörigen durch ein in einem Beitrittsstaat niedergelassenes Unternehmen allerdings für unzulässig[755]. Ob diese Auffassung zutreffend ist, soll im Folgenden genauer untersucht werden.

---

folgt bisher nicht wegen der Befürchtung, dass Drittstaatsangehörige hinsichtlich des Zugangs zu einer Beschäftigung in der Europäischen Union besser gestellt werden, als Staatsangehörige aus den Beitrittsstaaten; vgl. *Süddeutsche Zeitung* Nr. 79 vom 4. April 2006, S. 6.

753 Vgl. **Beispiel 1**.

754 Vgl. *Temming*, RdA 2005, S. 189.; *Fehrenbacher*, ZAR 2004, S. 243.

755 BMWA, „Informationen über die Anwendung des EU-Beitrittsvertrages bei der Beschäftigung von Staatsangehörigen der Beitrittsstaaten" vom 28. Januar 2004, Ziffer 3.9; im Internet abzurufen unter *www.bmwa.bund.de/eu-erweiterung*.

(i) Dienstleistungserbringung durch ein in einem Beitrittsstaat niedergelassenes Unternehmen mit Drittstaatlern

Fraglich ist zunächst, ob Unternehmen aus den Beitrittsstaaten in Rahmen der Dienstleistungsfreiheit nach Art. 49 EG Dienstleistungen mit eigenen Arbeitnehmern aus Drittstaaten im Sinne der Rechtsprechung des EuGH in Sachen *Vander Elst* erbringen können[756]. Nach der Systematik der Beitrittsakte sind sowohl für die „Freizügigkeit" in Ziffer 2 und den „Freien Dienstleistungsverkehr" in Ziffer 3 verschiedene Übergangsbestimmungen vorgesehen. In Ziffer 3 der Beitrittsakte finden sich keine Übergangsbestimmungen zur grenzüberschreitenden Dienstleistungserbringung mit eigenem Personal aus Drittstaaten, so dass sich Beschränkungen allein aus Ziffer 2 der Beitrittsakte ergeben können. Danach ist die Arbeitnehmerfreizügigkeit von *Staatsangehörigen aus den Beitrittsstaaten* vollumfänglich, das heißt ohne Ausnahme auf bestimmte Wirtschaftssektoren, Übergangsbestimmungen unterworfen. Die Möglichkeit, Personal aus Drittstaaten für die vorübergehende grenzüberschreitende Dienstleistungserbringung einzusetzen wird hierdurch nicht beschränkt. Die Übergangsbestimmungen in der Beitrittsakte beziehen sich allein auf *Staatsangehörige aus den Beitrittsstaaten.*

Der Einsatz von Drittstaatlern durch ein in einem Beitrittsstaat niedergelassenes Unternehmen ist folglich im Rahmen der Rechtsprechung des *EuGH* in Sachen *Vander Elst* möglich[757]. Die unternehmerische Entscheidung hinsichtlich der Auswahl eigenen Personals wird durch die Beitrittsakte nicht beschränkt. Dieses Ergebnis folgt nicht zuletzt aus § 15 BeschV. Danach bedarf keiner Zustimmung die Erteilung eines Aufenthaltstitels an Personen, die von ihren Arbeitgebern mit Sitz in einem Mitgliedstaat der Europäischen Union oder einem anderen Vertragsstaat des Abkommens über den Europäischen Wirtschaftsraum zur Erbringung einer Dienstleistung vorübergehend in das Bundesgebiet entsandt werden, wenn der Aufenthaltstitel bis zu einer Höchstdauer von sechs Monaten erteilt wird und sie bei dem Arbeitgeber zuvor mindestens sechs Monate tatsächlich und ordnungsgemäß im Sitzstaat beschäftigt waren, oder der Aufenthaltstitel bis zu einer Höchstdauer von zwölf Monaten erteilt wird und sie bei dem Arbeitgeber zuvor mindestens zwölf Monate tatsächlich und ordnungsgemäß im Sitz-

756 Wie **Beispiel 1** zeigt, werden diese Fälle in Zukunft insbesondere in den Fällen an Relevanz gewinnen, in denen einem Unternehmen aus den Beitrittsstaaten einheimische Fachkräfte nicht zur Verfügung stehen.

757 So auch *Bieback* in *Gagel*, aaO (Fn. 94), Vorbemerkung zu § 284 SGB III, Rn. 76; so auch *Renner*, aaO (Fn. 693), § 13 FreizügG/EU, Rn. 5; anders ist wohl *Ulber*, aaO (Fn. 24), Einleitung F, Rn. 15a zu verstehen.

staat beschäftigt waren[758]. Auch Unternehmen aus den Beitrittsstaaten haben ihren Sitz in der Europäischen Union, so dass sie Drittstaatsangehörige zur Dienstleistungserbringung vorübergehend in der Bundesrepublik Deutschland entsenden können und die Erteilung eines Aufenthaltstitels nach § 18 Abs. 2 AufenthG nicht von der Zustimmung der Bundesagentur für Arbeit abhängig ist. Es ist insoweit *etwas anderes* im Sinne des § 39 Abs. 1 AufenthG durch § 15 BeschV bestimmt. Liegen die weiteren Voraussetzungen zur Erteilung eines Aufenthaltstitels vor, kann ein in den Beitrittsstaaten niedergelassenes Unternehmen Drittstaatsangehörige zur Ausführung eigener Werkverträge einsetzen[759]. Durch Wegfall der arbeitsgenehmigungsrechtlichen Kontrolle wird die Prüfung der aufenthaltsrechtlichen Voraussetzungen nach dem AufenthG zum einzigen Kontrollinstrument des Zugangs von Drittstaatsangehörigen zum deutschen Arbeitsmarkt. Nach der jüngsten Entscheidung des *EuGH* zur Entsendung von Drittstaatsangehörigen ist sogar die vorherige Anzeige der Entsendung von Drittstaatsangehörigen ausreichend[760].

(ii) Einschränkung der unternehmerischen Entscheidung durch Ziffer 2.13 der Beitrittsakte?

Die Integrationsfristen in Ziffer 2.13 ermöglichen Abweichungen von Art. 49 Abs. 1 EG bei der Erbringung von grenzüberschreitenden Dienstleistungen mit eigenen Arbeitnehmern durch in den Beitrittsstaaten niedergelassene Unternehmen in bestimmten Wirtschaftssektoren. *Abweichungen* sind demnach nur möglich, soweit sie ausdrücklich in den Beitrittsverträgen genannt sind[761]. Eine entsprechende Anwendung der Übergangsbestimmungen kommt wegen der durch den *EuGH* in nunmehr ständiger Rechtsprechung judizierten restriktiven Auslegung der Übergangsbestimmungen[762] nicht in Betracht. Es fehlt insoweit an der für eine Analogie notwendigen Voraussetzung der planwidrigen Regelungslücke. Eine analoge Anwendung der Übergangsbestimmungen, die sich im Hinblick auf das Gemeinschaftsrecht nachteilig zu Lasten der Beitrittstaaten auswirkt, würde

---

758 In der Republik Polen erfolgt die Zulassung von Ausländern zum nationalen Arbeitsmarkt auf Grundlage des Gesetzes vom 20. April 2004; Dz. U.2004, No. 99, sog. „Employment Promotion Act"; vgl. zu den Voraussetzungen der Zulassung ausländischer Arbeitnehmer zum polnischen Arbeitsmarkt *Dzienisiuk*, NZA Beilage 2/2005, S. 108.

759 So im Ergebnis *Bieback* in *Gagel*, aaO (Fn. 94), § 284 SGB III, Rn. 45.

760 EuGH, Rs. „***Kommission der Europäischen Gemeinschaften gegen Bundesrepublik Deutschland***", aaO (Fn. 17), S. 313.

761 Vgl. Ergebnisse unter Punkt C. III. 2. c) (ii).

762 S.o. Zweites Kapitel, Zweiter Teil unter C. II. 1.

zudem in Widerspruch zu dem Grundsatz der unmittelbaren und sofortigen Anwendung des Gemeinschaftsrechts stehen. Darüber hinaus könnten die alten Mitgliedstaaten durch eine entsprechende Anwendung der Übergangsbestimmungen im Bereich der Freizügigkeit diese stärker beschränken, als es das Ergebnis der Verhandlungen über die Reichweite der Übergangsbestimmungen war. Eine Abweichung von der durch Art. 49 Abs. 1 EG grundsätzlich eröffneten Möglichkeit des Einsatzes von Personal aus Drittstaaten ist daher nur zulässig, wenn der Begriff des Arbeitnehmers in Ziffer 2.13 auch Drittstaatsangehörige erfasst. Dies ist durch Auslegung unter Berücksichtigung der Systematik der Beitrittsakte und Sinn und Zweck der Übergangsbestimmungen zu ermitteln.

(1) Rechtsprechung des EuGH zum Begriff des Arbeitnehmers

Die Auslegung von Ziffer 2.13 hat zunächst nach dem Wortlaut zu erfolgen. Danach ist die grenzüberschreitende Dienstleistungserbringung von in einem Beitrittsstaat niedergelassenen Unternehmen mit *Arbeitnehmern* nur unter den dort genannten Voraussetzungen möglich. Was unter dem Begriff des Arbeitnehmers zu verstehen ist, ist in der Beitrittsakte selbst nicht definiert. Nach der Rechtsprechung des *EuGH* zum Begriff des Arbeitnehmers fallen Drittstaatsangehörige nicht in den persönlichen Anwendungsbereich der durch Artikel 39 EG gewährleisteten Arbeitnehmerfreizügigkeit. Hat die Definition des Begriffes des Arbeitnehmers in Ziffer 2.13 der Beitrittsakte anhand der Auslegung des durch den *EuGH* gefundenen Begriffs des Arbeitnehmers nach Artikel 39 EG zu erfolgen, so können Drittstaatsangehörige daher nicht von den Übergangsbestimmungen in Ziffer 2.13 der Beitrittsakte erfasst sein. Arbeitnehmer aus Drittstaaten werden demzufolge durch das Gemeinschaftsrecht nicht privilegiert.

(2) Systematik der Beitrittsakte

Während Ziffer 2.1 der Beitrittsakte ausdrücklich auf *polnische Arbeitnehmer* Bezug nimmt, ist der Wortlaut von Ziffer 2.13 weiter. Von den Integrationsfristen wird danach die zeitweilige grenzüberschreitende Beschäftigung von *Arbeitnehmern* eines in Polen niedergelassenen Unternehmens erfasst. Eine Beschränkung auf die Beschäftigung polnischer Arbeitnehmer findet sich entgegen des Wortlauts von Ziffer 2.1 in Ziffer 2.13 nicht. Im Hinblick auf die Integrationsfristen wird lediglich die Konnexität der grenzüberschreitenden Erbringung von Dienstleistungen im Sinne der Ziffer 2.13 zur Beschränkung der Arbeitnehmerfreizügigkeit in Ziffer 2.2 hergestellt. Die Beschränkung des grenzüberschreitenden Einsatzes von Arbeitnehmern im Rahmen der Dienstleistungsfreiheit ist entgegen der Beschränkung der Arbeitnehmerfreizügigkeit in Ziffer 2.1 in

Ziffer 2.13 auf die dort aufgelisteten Wirtschaftssektoren begrenzt. Aus der Systematik der Beitrittsakte folgt allerdings, dass vorübergehende Beschränkungen der Dienstleistungsfreiheit bei der grenzüberschreitenden Erbringung von Dienstleistungen nicht länger aufrecht erhalten werden dürfen, als auch die Arbeitnehmerfreizügigkeit eingeschränkt werden kann. Der Regelungszusammenhang zwischen Ziffer 2.2 und Ziffer 2.13 der Beitrittsakte spricht folglich für eine Beschränkung der Übergangsbestimmungen im Bereich der grenzüberschreitenden Erbringung von Dienstleistungen auf Staatsangehörige aus den Beitrittsstaaten.

(3) Sinn und Zweck der Übergangsbestimmungen

Sprechen bereits die Systematik der Beitrittsakte sowie die Rechtsprechung des *EuGH* zum Begriff des Arbeitnehmers im Sinne des Art. 39 EG für die gemeinschaftsrechtliche Zulässigkeit der grenzüberschreitenden Dienstleistungserbringung eines in einem Beitrittsstaat niedergelassenen Unternehmen mit Staatsangehörigen aus Drittstaaten, so wird dieses Ergebnis von Sinn und Zweck der Übergangsbestimmungen bestätigt. Integrationsfristen in den Beitrittsakten dienen der Steuerung von Wirtschaftsmigrationen aus den Beitrittsstaaten[763]. Die Arbeitsmärkte der alten Mitgliedstaaten sollen vor einem unkontrollierten Zugang von Staatsangehörigen aus den Beitrittsstaaten geschützt werden. Dieser Schutz wird durch die zwischen den einzelnen Mitgliedstaaten und den Beitrittsstaaten ausgehandelten Übergangsbestimmungen erreicht. Migrationen aus Drittstaaten können und sollen durch die Beitrittsakte hingegen nicht begrenzt werden. Insoweit fehlt den Vertragsparteien die Kompetenz, den Zugang von Drittstaatsangehörigen gegenüber dem im Zeitpunkt des Beitritts der MOE-Staaten zur Europäischen Union geltenden status quo zu verschlechtern. Drittstaatsangehörige dürfen, wie aus dem Verschlechterungsverbot in den Übergangsbestimmungen folgt, durch die Aufnahme von Integrationsfristen allerdings nicht besser gestellt werden als Beitrittsstaatsangehörige. Dies bedeutet, dass durch die Übergangsbestimmungen lediglich der Zugang von Staatsangehörigen zu den Arbeitsmärkten der alten Mitgliedstaaten gegenüber Drittstaatsangehörigen verbessert, deren Zugangsmöglichkeiten aber nicht verschlechtert werden dürfen.

(4) Zwischenergebnis

Drittstaatsangehörige sind keine Arbeitnehmer im Sinne der Ziffer 2.13 der Beitrittsakte. Der Einsatz von Drittstaatsangehörigen zur länderübergreifenden Er-

763 S.o. unter Punkt C. III 2. c) (i).

bringung einer Dienstleistung ist durch Ziffer 2.13 der Beitrittsakte grundsätzlich nicht ausgeschlossen[764].

(iii) Verstoß gegen den Grundsatz der Gemeinschaftspräferenz?

Können demnach Drittstaatsangehörige durch in den Beitrittsstaaten niedergelassene Unternehmen auch in den von den Integrationsfristen eingesetzten Wirtschaftsektoren außerhalb der Übergangsbestimmungen und des nationalen Arbeitsgenehmigungsverfahrens zur vorübergehenden Dienstleistungserbringung eingesetzt werden, so stellt sich die Frage, ob hierdurch gegen den Grundsatz der Gemeinschaftspräferenz in Ziffer 2.14 der Beitrittsakte verstoßen wird. Nach Ziffer 2.14 letzter Absatz der Beitrittsakte haben die Mitgliedstaaten Arbeitnehmern, die Staatsangehörige eines Mitgliedstaates sind, beim Zugang zu ihren Arbeitsmärkten Vorrang vor Arbeitnehmern einzuräumen, die Staatsangehörige eines Drittstaats sind.

(1) Die Gemeinschaftspräferenz im EG-Vertrag

Im EG-Vertrag findet der Grundsatz der Gemeinschaftspräferenz keine normative Grundlage. Würde es sich um einen Grundsatz der Gemeinschaft handeln, so wäre er im Titel I über die *Gemeinsamen Bestimmungen* niedergelegt. Allein in Art. 44 Abs. 2 EG a.F. im Kapitel über die Landwirtschaft fand sich ein Hinweis auf eine Gemeinschaftspräferenz im EG-Vertrag[765]. Dieser bezog sich aber nur auf das Sachgebiet der Landwirtschaft, ohne darüber hinaus Geltung für die Arbeitnehmerfreizügigkeit bzw. die Dienstleistungsfreiheit zu erlangen. Auch ohne ausdrückliche Verankerung des Grundsatzes der Gemeinschaftspräferenz im Gemeinschaftsrecht lässt sich mittelbar aus der wechselseitigen Treuepflicht zwischen Gemeinschaft und Mitgliedstaaten aus Art. 10 EG und der Anpassungspflicht der Mitgliedstaaten im Völkervertragsrecht nach Art. 307 Abs. 2 und 3 EG eine Gemeinschaftspräferenz begründen[766]. Dieser Grundsatz der Gemein-

764 Auch *Brand* (in Beilage zu BB 2004 Nr. 38, S. 14) setzt sich im Hinblick auf die VO (EG) 859/2003 zur Ausdehnung der Bestimmungen der Verordnungen (EWG) 1408/71 und 574/72 vom 14. Mai 2003 (ABl Nr. L 124 vom 20. Mai 2003) auf Drittstaatsangehörige kritisch mit der Auffassung des Bundsministeriums für Wirtschaft und Arbeit auseinander. Es bleibt aber unklar, wie er den Einsatz von Drittstaatsangehörigen in den nicht liberalisierten Wirtschaftssektoren arbeitsgenehmigungsrechtlich beurteilt.

765 Vgl. hierzu *Joost Korte/Thomas van Rijn* in *Groeben/Thiesing/Ehlermann* Kommentar zum EU-/EG-Vertrag, Band 1, 5. Aufl. 1997, Art. 44.

766 Vgl. hierzu *Schäfer* in *Streinz,* aaO (Fn. 15), Art. 70 EGV, Rn. 50; *Thiele* in *Callies/Ruffert*, aaO (Fn. 54), Art. 34 EGV, Rn. 9.

schaftspräferenz findet sich nunmehr auch in Artikel 32 über die Landwirtschaft und Artikel 70 EG über den Verkehr wieder. Der dort normierte Rechtsgedanke kann auch als Freizügigkeitspräferenz zugunsten der EG-Arbeitnehmer vor Drittstaatsarbeitnehmern wirken[767]. Der *EuGH* hat in der Rechtssache *Beus* entschieden, dass Rechtssubjekte aus der Gemeinschaft gegenüber solchen aus Drittstaaten bevorzugt, zumindest aber gleich behandelt werden müssen[768]. Allerdings hat er auch anerkannt, dass aus dem in Art. 44 Abs. 2 EG niedergelegten Grundsatz der Gemeinschaftspräferenz kein rechtliches Erfordernis folgt. Die Verletzung dieses Grundsatzes habe daher nicht die Ungültigkeit eines Rechtsaktes zur Folge, sondern statuiere ein externes Diskriminierungsverbot außerhalb des EG-Vertrages.

(2) Das Prinzip der Gemeinschaftspräferenz in Ziffer 2.14 der Beitrittsakte

Übertragt man diese gemeinschaftsrechtlichen Vorgaben auf das in Ziffer 2.14 der Beitrittsakte niedergelegte Prinzip der Gemeinschaftspräferenz kommt man zu folgendem Ergebnis: In seinem sachlichen Anwendungsbereich bezieht sich die Gemeinschaftspräferenz allein auf den Zugang Staatsangehöriger der neuen Beitrittsstaaten zu einer Beschäftigung auf dem Arbeitsmarkt der alten Mitgliedstaaten. Nationale Bestimmungen zur Gemeinschaftspräferenz finden sich im AufenthG, das Ziffer 2.14 der Beitrittsakte einfachrechtlich ausgestaltet. Auf nationaler Ebene ist der Grundsatz der Gemeinschaftspräferenz im Verhältnis von Staatsangehörigen der Beitrittsstaaten zu Drittstaatsangehörigen in § 39 Abs. 6 Satz 2 AufenthG für den Bereich der qualifizierten Beschäftigung und in § 284 Abs. 4 Satz 2 SGB III für nicht qualifizierte Beschäftigungen geregelt[769]. Danach ist Angehörigen der Beitrittsstaaten *ungeachtet* der Ziffern 2.1 bis 2.13 der Beitrittsakte Vorrang gegenüber zum Zweck der Beschäftigung einreisenden Staatsangehörigen aus Drittstaaten zu gewähren[770]. Aufgrund des Vorrangs des Gemeinschaftsrechts vor dem nationalen Recht wird das Ermessen der Behörde gemeinschaftsrechtlich bei der Entscheidung über die Erteilung einer Arbeitserlaubnis-EU auf Null reduziert[771]. Allerdings findet das Prinzip der Gemein-

767 Vgl. *Oppermann,* aaO (Fn. 4), § 25, Rn. 6.

768 Vgl. EuGH, Rs. 5/67, *„**Beus**"* in Slg. 1968, S. 128, 147. Das Prinzip der Gemeinschaftspräferenz findet seinen Ursprung in den Grundprinzipien der Gemeinsamen Marktorganisation (GMO) in den Artikeln 33 ff. EG.

769 Vgl. *Bieback* in *Gagel*, aaO (Fn. 94), § 284 SGB III, Rn. 13.

770 Vgl. *Storr* in *Storr/Wenger/Eberle/Albrecht/Zimmermann-Kreher*, aaO (Fn. 72), § 18, Rn. 25.

771 Aus diesem Grund bestehen auch keine Bedenken im Hinblick auf die bereits näher beschriebenen Befürchtungen der Privilegierung von Drittstaatsangehörigen gegen-

schaftspräferenz nur im Hinblick auf die Beschränkungen der Arbeitnehmerfreizügigkeit nach Art. 39 EG Anwendung. Nur wenn Staatsangehörige aus den Beitrittsstaaten mit Drittstaatlern im Hinblick auf den Zugang zu einer Beschäftigung in der Bundesrepublik Deutschland miteinander konkurrieren, haben Staatsangehörige aus den Beitrittsstaaten Vorrang zum deutschen Arbeitsmarkt[772]. *Keine Anwendung findet der Grundsatz der Gemeinschaftspräferenz grds. auf Entsendetatbestände.* Die Entsendung eigener Arbeitnehmer zur Ausführung einer grenzüberschreitenden Dienstleistung ist nach der Rechtsprechung des *EuGH* in Sachen *Rush Portuguesa* außerhalb des Arbeitsgenehmigungsverfahrens möglich, da entsandte Arbeitnehmer im Rahmen der Entsendung keine eigenes Recht auf Freizügigkeit gem. Art. 39 EG wahrnehmen. Eine Vorrangprüfung findet bei Entsendetatbeständen im Rahmen der durch Art. 49 EG gewährleisteten Dienstleistungsfreiheit grundsätzlich nicht statt[773].

(3) Auslegung des Grundsatzes der Gemeinschaftspräferenz im Hinblick auf die Entsendung von Drittstaatsangehörigen

Fraglich ist aber, ob Drittstaatsangehörige gegenüber Beitrittsstaatsangehörigen im Hinblick auf den vorübergehenden Arbeitsmarktzugang unzulässig besser gestellt werden, wenn sie nicht als Arbeitnehmer im Sinne von Ziffer 2.13 der Beitrittsakte anzusehen sind.

In den *liberalisierten Wirtschaftssektoren* treten Beitrittsstaatsangehörige und Drittstaatsangehörige nicht in Konkurrenz. Durch den vorübergehenden Aspekt der Entsendung wird bereits sichergestellt, dass Personen aus Staaten außerhalb des EWR keinen Zugang zum deutschen Arbeitsmarkt erhalten und nach Abschluss der Dienstleistung zu ihren Stammunternehmen in den Herkunftsstaat zurückkehren. Beitrittsstaatsangehörige und Drittstaatsangehörige stehen damit im Hinblick auf den vorübergehenden Zugang zum Arbeitsmarkt der Mitgliedstaaten, die sich Übergangsfristen vorbehalten haben, gleich. Darüber hinaus genießen Beitrittsstaatsangehörige, anders als Drittstaatsangehörige, Freizügigkeit.

über Staatsangehörigen aus den Beitrittsstaaten im Hinblick auf den Zugang zu einer Beschäftigung. Der Anspruch auf vorrangigen Zugang zum deutschen Arbeitsmarkt findet *ungeachtet* der Ziffern 2.1 bis 2.13 der Beitrittsakte Anwendung, so dass eine Vorrangprüfung auch dann stattfindet, wenn Drittstaatsangehörige eigentlich privilegierten Zugang zum deutschen Arbeitsmarkt genießen würden (etwa nach § 9 ArgV).

772 So im Ergebnis auch *Renner*, aaO (Fn. 693), § 39 AufenthG, Rn. 11; *Wank*, NZA Beilage 2/2005, S. 89.

773 Vgl. auch *Temming*, RdA 2005, S. 189.

Anders stellt sich die Situation hingegen in den *nicht liberalisierten Wirtschaftssektoren* dar. Beitrittsstaatsangehörige erlangen nur aufgrund der Werkvertragsabkommen und im Rahmen des Arbeitsgenehmigungsverfahrens Zugang zum deutschen Arbeitsmarkt, während Drittstaatsangehörige an der Dienstleistungsfreiheit der sie entsendenden Unternehmen teilnehmen.

Zum einen ließe sich daher argumentieren, dass entsandte Arbeitnehmer aus den Beitrittsstaaten nicht gegenüber Drittstaatsangehörigen benachteiligt werden, wenn diese nicht als Arbeitnehmer im Sinne von Ziffer 2.13 der Beitrittsakte angesehen werden, da Beitrittsstaatsangehörige aufgrund der Werkvertragsabkommen zum deutschen Arbeitsmarkt zugelassen werden und die Arbeitserlaubnis-EU nach § 284 SGB III ohne Vorrangprüfung erteilt wird. Aufgrund der Privilegierung in den Werkvertragsabkommen würden sie somit im Hinblick auf den vorübergehenden Zugang zum deutschen Arbeitsmarkt nicht in Konkurrenz zu Drittstaatsangehörigen stehen.

Diese Auslegung lässt aber unberücksichtigt, dass Werkvertragsarbeitnehmer nur innerhalb der in den Werkvertragsabkommen vorgesehenen Kontingenten zum deutschen Arbeitsmarkt zugelassen werden. Wenn ihrem ausländischen Arbeitgeber keine Kontingente mehr zur Verfügung stehen, ist ihnen der Zugang zum deutschen Arbeitsmarkt versperrt. Drittstaatsangehörige wären an solche Beschränkungen hingegen nicht gebunden. Nach der jüngsten Rechtsprechung des *EuGH* in Sachen *Kommission gegen Bundesrepublik Deutschland*[774] wäre sogar eine vorherige Erklärung des Unternehmens ausreichend, dass der Aufenthalt, die Arbeitserlaubnis und die soziale Absicherung der für den Auslandseinsatz eingeplanten Drittstaatsangehörigen in dem Herkunftsstaat des sie entsendenden Unternehmens ordnungsgemäß erfolgt sind. Die Möglichkeit von Staatsangehörigen aus den Beitrittsstaaten eine vorübergehende Beschäftigung in der Bundesrepublik Deutschland auszuüben, wäre daher nur unter erheblich schwierigeren Voraussetzungen möglich als für Drittstaatsangehörige. Drittstaatsangehörige würden folglich nach dem Beitritt der MOE-Staaten besser gestellt als Staatsangehörige aus den Beitrittsstaaten. *Ziffer 2.14, 2. Abschnitt der Beitrittsakte ist daher so auszulegen, dass der Grundsatz der Gemeinschaftspräferenz auch bei der Entsendung von Drittstaatsangehörigen zur Anwendung kommt und die Entsendung von Drittstaatsangehörigen durch ein in einem Beitrittsstaat niedergelassenem Unternehmen in den nicht liberalisierten Wirtschaftssektoren nicht möglich ist. Eine Aufenthaltserlaubnis ist nach dem Rechtsgedanken der § 39 Abs. 6 Satz 2 AufenthG iVm § 284 Abs. 6 Satz 1 SGB III zu versagen.* Das durch die Beitrittsakte verfolgte Ziel, Staatsangehörige aus den Beitrittsstaaten

---

774 EuGH, Rs. „***Kommission der Europäischen Gemeinschaften gegen Bundesrepublik Deutschland***“, aaO (Fn. 17), S. 313.

nicht schlechter gegenüber Drittstaatsangehörigen zu stellen ist nämlich nur möglich, wenn der Aufenthalt der Drittstaatsangehörigen den deutschen Behörden auch bekannt ist. Anderenfalls würde der Schutz der Beitrittsstaatsangehörigen in Ziffer 2.14 der Beitrittsakte leer laufen.

(iv) Zwischenergebnis

1.

Drittstaatsangehörige als Stammpersonal eines in einem Beitrittsstaate niedergelassenem Unternehmen fallen zwar nicht unter den Begriff des Arbeitnehmers im Sinne von Ziffer 2.13 der Beitrittsakte. Sie können daher in den *liberalisierten Wirtschaftssektoren* in die Bundesrepublik Deutschland entsandt werden, soweit sie zum Arbeitsmarkt des Herkunftsstaates zugelassen sind und der Arbeitgeber eine Erklärung abgegeben hat[775], dass der Aufenthalt, die Arbeitserlaubnis und die soziale Absicherung des Arbeitnehmers im Herkunftsstaat der Beschäftigung ordnungsgemäß ist[776]. Etwas anderes gilt für Arbeitskräfte aus Drittstaaten, die nicht zum Stammpersonal des Arbeitgebers gehören und allein zum Zweck der Erbringung der grenzüberschreitenden Dienstleistung in der Bundesrepublik Deutschland eingestellt werden. Diese Personen sind nicht zum Arbeitsmarkt des Herkunftsstaates zugelassen, so dass sie nicht außerhalb des Arbeitsgenehmigungsverfahrens in die Bundesrepublik Deutschland entsandt werden können.

2.

In den *nicht liberalisierten Wirtschaftssektoren* ist die grenzüberschreitende Dienstleistungserbringung mit Drittstaatsangehörigen hingegen nicht möglich. Ziffer 2.14, 2. Hs. der Beitrittsakte ist dahingehend auszulegen, dass Staatsangehörige aus den Beitrittsstaaten auch im Hinblick auf eine vorübergehende Beschäftigung in der Bundesrepublik Deutschland nicht schlechter stehen dürfen als Drittstaatsangehörige. Dies hat zur Konsequenz, dass die grenzüberschreitende Dienstleistungserbringung mit Drittstaatsangehörigen nicht möglich ist.

775 Vgl. hiezu EuGH, Rs. „***Kommission der Europäischen Gemeinschaften gegen Bundesrepublik Deutschland***", aaO (Fn. 17), S. 313.

776 In **Beispiel 1** kann A den Auftrag daher nicht mit den russischen Arbeitskräften ausführen.

2. Beitrittsstaatsangehörige als „Mitgliedstaatsangehörige“

Von den Übergangsbestimmungen wird ferner nicht der Einsatz von Staatsangehörigen aus den Beitrittsstaaten durch ein in der Europäischen Union niedergelassenes Unternehmen als „Mitgliedstaatsangehörige“ erfasst[777]. Die Übergangsbestimmungen der Beitrittsakte regeln nicht den Fall, dass ein Arbeitnehmer aus den Beitrittsstaaten zunächst rechtmäßig in einem Mitgliedstaat der Europäischen Union beschäftigt wird, das sich keine Integrationsfristen vorbehalten hat und sodann in die Bundesrepublik Deutschland zur Erfüllung eines Werkvertrages in einem von den Integrationsfristen erfassten Wirtschaftssektor entsandt wird. Die Staatsangehörigen werden in dieser Konstellation nicht durch *ein in einem Beitrittsstaat niedergelassenem Unternehmen* in die Bundesrepublik Deutschland entsandt. Die Werkvertragsabkommen erfassen diese Fälle ebenfalls nicht. Arbeitnehmer aus den Beitrittsstaaten treten im Sinne der Rechtsprechung des *EuGH* in Sachen *Rush Portuguesa* und *Vander Elst* auch in dieser Konstellation nicht auf dem Arbeitsmarkt der Bundesrepublik Deutschland auf, so dass sie keiner Arbeitsgenehmigung nach § 284 SGB III bedürfen. Nicht erforderlich ist darüber hinaus eine ordnungsgemäße Vorbeschäftigungszeit der entsandten Arbeitnehmer, sowie der Nachweis einer Arbeits- oder Aufenthaltserlaubnis, da in dem genannten Beispiel der Staatsangehörige aus den Beitrittsstaaten in einem Mitgliedstaat der Europäischen Union, das sich keine Übergangsbestimmungen vorbehalten hat, bereits volle Freizügigkeit genießt. Dies hat zur Konsequenz, dass ein in einem Beitrittsstaat niedergelassenes Unternehmen eine selbständige Zweigniederlassung z.B. in Großbritannien errichten und dort Staatsangehörige aus den Beitrittsstaaten als eigenes Personal einsetzen kann. Wenn dieses Personal außerhalb der Übergangsbestimmungen rechtmäßig in Großbritannien zum Arbeitsmarkt zugelassen ist, können diese Arbeitnehmer aus den Beitrittsstaaten in die Bundsrepublik Deutschland zur Ausführung eines Werkvertrages in einem von Ziffer 2.13 der Beitrittsakte erfassten Wirtschaftssektor vorübergehend entsandt werden[778]. Die Konstellation ist insoweit nicht anders zu beurteilen, als die Einstellung eines Franzosen durch ein deutsches Unternehmen, der sodann vorübergehend nach Italien zur Ausführung eines Werkvertrages entsandt wird. Auch in diesem Fall bedürfte der Franzose keines Aufenthaltstitels und keiner Arbeitsgenehmigung, da er innerhalb der Europäischen Union volle Freizügigkeit genießt.

---

777 S. **Beispiel 3**.

778 So im Ergebnis auch *Wank*, NZA Beilage 2/2005, S. 93.

II. Bestandsschutz des Rechts auf Arbeitsmarktzugang von Werkvertragsarbeitnehmern?

Nach Ziffer 2.2, 2. Abschnitt der Beitrittsakte haben polnische Staatsangehörige, die am Tag des Beitritts rechtmäßig in einem derzeitigen Mitgliedstaat arbeiten und für einen ununterbrochenen Zeitraum von 12 Monaten oder länger zum Arbeitsmarkt dieses Mitgliedstaates zugelassen waren, Zugang zum Arbeitsmarkt dieses Mitgliedstaates, aber nicht zum Arbeitsmarkt anderer Mitgliedstaaten, die nationale Maßnahmen anwenden. Einfachrechtlich hat dieser privilegierte Arbeitsmarktzugang Angehöriger der Beitrittsstaaten in § 12a ArgV Ausdruck gefunden und ist durch § 284 Abs. 5 SGB III in die Bestimmungen über die Ausländerbeschäftigung in das SGB III integriert worden. Nach den Gesetzesmaterialien soll durch §12a ArGV der beschränkte Bestandsschutz Staatsangehöriger der Beitrittsstaaten einfachrechtlich umgesetzt werden[779].

Liegen die Voraussetzungen nach § 12a ArGV vor, haben Staatsangehörige aus den Beitrittsstaaten nach § 284 Abs. 2, Abs. 5 SGB III iVm § 12a ArGV einen Anspruch auf Erteilung einer Arbeitsberechtigung-EU als gebundene Entscheidung der zuständigen Bundesagentur für Arbeit[780]. Anderenfalls kann trotz einer Arbeitstätigkeit, die zwölf Monate oder länger angedauert hat, keine Arbeitsberechtigung-EU ausgestellt werden. Es muss dann in einem neuen Verwaltungsverfahren eine Arbeitserlaubnis-EU gem. § 284 SGB III iVm § 39 Abs. 2 und 6 AufenthG beantragt werden. Soweit es sich nicht um eine qualifizierte Tätigkeit handelt, sind ferner die weiteren Voraussetzungen der ASAV einzuhalten.

1. Voraussetzungen nach Ziffer 2.2, 2. Abschnitt der Beitrittsakte / § 12a ArGV

Ein privilegierter Zugang zum deutschen Arbeitsmarkt besteht nach Ziffer 2.2., 2. Abschnitt der Beitrittsakte bzw. § 12a ArGV unter den folgenden Voraussetzungen.

a) Zulassung zum deutschen Arbeitsmarkt

Nach Ziffer 2.2, 2. Abschnitt der Beitrittsakte besteht ein privilegierter Arbeitsmarktzugang, wenn

- der die Arbeitsberechtigung-EU beantragende Staatsangehörige am Tage des Beitritts der MOE-Staaten zur Europäischen Union rechtmäßig in einem derzeitigen Mitgliedstaat gearbeitet hat und

779 Vgl. BT-Drucks. 15/2378, S. 6.
780 Vgl. *Bieback* in *Gagel*, aaO (Fn. 94), § 284 SGB III, Rn. 185.

- für einen ununterbrochenen Zeitraum von 12 Monaten oder länger zum Arbeitsmarkt dieses Mitgliedstaates zugelassen war.

Das gleiche Recht besteht nach Ziffer 2.2, 3. Abschnitt der Beitrittsakte auch dann, wenn die vorgenannten Voraussetzungen zu einem späteren Zeitpunkt nach dem Beitritt erfüllt sind. § 12a ArGV hat die durch die Beitrittsakte vorgegebenen Bedingungen einheitlich umgesetzt. Ausdrücklich des Wortlauts beider Bestimmungen kommt es nicht auf die tatsächliche Beschäftigung in der Bundesrepublik Deutschland, sondern allein auf die Zulassung zum deutschen Arbeitsmarkt ein[781].

b) Zeitliche Komponente der Zulassung

Weitere Voraussetzung für das Eintreten des Bestandsschutzes nach der Beitrittsakte und § 12a ArGV ist, dass der Staatsangehörige für ein Jahr zum deutschen Arbeitsmarkt zugelassen ist.

(i) Zulassung zum Arbeitsmarkt als formelle Entscheidung ausreichend

Die Zulassung muss nach dem Wortlaut von Ziffer 2.2 der Beitrittsakte für den Zeitraum von mindestens einem Jahr erteilt sein. Nicht erforderlich ist, dass sie auch solange bestanden hat[782]. Etwas anderes ergibt sich allerdings aus den Gesetzesmaterialien zum Zuwanderungsgesetz. Darin heißt es, dass Bestandsschutz erst eintritt, wenn Staatsangehörige aus den Beitrittsstaaten *„...seit mindestens zwölf Monaten das Recht auf...haben...“*[783]. Diese Intention des Gesetzgebers hat in dem Wortlaut von § 12a ArGV allerdings keine Berücksichtigung gefunden. Auch dort heißt es, dass Staatsangehörige aus den Beitrittsstaaten *„für einen ununterbrochenen Zeitraum von mindestens zwölf Monaten im Bundesgebiet zum Arbeitsmarkt zugelassen waren“*. Jede andere Auslegung würde gegen das Gemeinschaftsrecht verstoßen, da die Beitrittsakte allein darauf abstellt, dass eine Zulassung zum Arbeitsmarkt bereits zwölf Monate bestanden hat. Im Wege einer negativen Ausschlussklausel ist in Ziffer 2.2, 5. Abschnitt der Beitrittsakte bestimmt, dass Rechte aus einem verfestigten Arbeitsmarktzugang nicht geltend gemacht werden können, wenn Staatsangehörige der Beitrittsstaaten weniger als zwölf Monate zum Arbeitsmarkt des Aufnahmestaates zugelassen waren. Ausgehend vom Wortlaut des § 12a ArgV ist folglich darauf abzustellen, dass eine *Zu-*

781 So auch *Bieback* in *Gagel*, aaO (Fn. 94), § 284 SGB III, Rn. 186; so wohl auch Verwaltungsgerichtshof Baden-Württemberg, Beschluss vom 9. September 2004, -13 S 1738/04- in InfAuslR 2005, S. 423, 424.

782 So auch *Renner*, ZAR 2004, S. 203, 204.

783 Vgl. BT-Drucks. 15/2378, 7 und BT-Drucks. 15/2672, S. 9.

lassung zum Arbeitsmarkt des Aufnahmestaates für (mindestens) zwölf Monate erfolgt ist, nicht aber zwingend bestanden hat[784].

(ii) Ununterbrochener Zugang zum deutschen Arbeitsmarkt

Der Zugang zum Arbeitsmarkt muss für den Zeitraum von zwölf Monaten ab dem Zeitpunkt der Unterzeichnung der Beitrittsverträge, das heißt ab dem 16. Februar 2003[785], ununterbrochen bestanden haben. Nicht erforderlich ist, dass der Zugang zum Arbeitsmarkt des Aufnahmestaates durch eine nationale Zulassungsentscheidung erfolgt ist[786]. Eine Anstockung von mehreren Zulassungsentscheidungen für einen Gesamtzeitraum von zwölf Monaten reicht demnach aus[787]. Würde man auf eine einzige Zulassungsentscheidung der Bundesagentur für Arbeit abstellen, so hinge es aufgrund äußerer, nicht durch den Staatsangehörigen zu beeinflussender Faktoren davon ab, ob die Wartezeit nach § 12a ArgV erfüllt werden kann.

(iii) Beschränkung des persönlichen Anwendungsbereichs für Werkvertragsarbeitnehmer?

Umstritten ist, ob auch Werkvertragsarbeitnehmer nach Ziffer 2.2 der Beitrittsakte privilegierten Zugang zum deutschen Arbeitsmarkt erlangen können[788]. Die Annahme des Bestandsschutzes des Arbeitsverhältnisses von Werkvertragsarbeitnehmern nach Ziffer 2.2 der Beitrittsakte hat erhebliche Konsequenzen für das Werkvertragsverfahren. Wäre der Werkvertragsarbeitnehmer im Besitz einer Arbeitsberechtigung-EU nach § 284 Abs. 2 SGB III, könnte er bei der Ausführung eines neuen Werkvertrages in der Bundesrepublik Deutschland tätig werden, ohne dass erneut ein aufwändiges Zulassungsverfahren durchlaufen werden müsste. Zudem würde keine erneute Gebühr für die (Erst-)Erteilung der Arbeitserlaubnis nach § 287 Abs. 1 SGB III anfallen. Fraglich ist daher, ob Werkvertragsarbeitnehmer unter die gemeinschaftsrechtliche Privilegierung nach Ziffer 2.2 der Beitrittsakte fallen. Der einfachrechtlich geschaffene Privilegierungstatbestand des § 12a Abs. 1 Satz 1 ArGV erfährt eine Einschränkung in § 12a

---

784 So im Ergebnis, aber ohne weitere Begründung, *Fehrenbacher* in ZAR 2004, S. 25; ders. in ZAR 2004, S. 225.

785 A.A. *Düe* in *Niesel*, aaO (Fn. 249), § 284, Rn. 46, der auf den 1. Mai 2004 abstellt.

786 So wohl auch *Peters*, ZAR 2005, S. 89.

787 Vgl. *Bieback* in *Gagel*, aaO (Fn. 94), § 284 SGB III, Rn. 188; *Düe* in *Niesel*, aaO (Fn. 249), § 284, Rn. 46.

788 So etwa im **Beispiel 2** die 5 Fachkräfte des A, die bereits seit 13 Monaten für A Werkverträge in der Bundesrepublik Deutschland ausführen.

Abs. 1 Satz 2 ArgV, wonach der Zugang zum Arbeitsmarkt nicht für entsandte Arbeitnehmer eröffnet ist. Ziffer 2.2 der Beitrittsakte enthält hingegen keine Ausnahme vom persönlichen Anwendungsbereich des Privilegierungstatbestandes für entsandte Arbeitnehmer. Ist der Systematik der Beitrittsakte zu entnehmen, dass auch entsandte Arbeitnehmer Bestandsschutz genießen, verstößt § 12a ArGV gegen Gemeinschaftsrecht. Diese Frage ist in der Literatur umstritten.

(1) Die Auffassung von Bieback

Bieback[789] sieht in § 12a ArGV einen Verstoß gegen Ziffer 2.2 der Beitrittsakte. Zur Begründung verweist er auf einen Vergleich zwischen Ziffer 2.2 und Ziffer 2.13 der Beitrittsakte. Auch Ziffer 2.13 der Beitrittsakte sei im Falle der Entsendung „freizügigkeitsrelevant", beinhalte aber Ausnahmen für verschiedene Wirtschaftssektoren. In Ziffer 2.2 der Beitrittsakte fänden sich solche Ausnahmen hingegen nicht. Der Rechtsprechung des *EuGH* in Sachen *Rush Portuguesa* und *Vander Elst* lasse sich keine Aussage über den individuellen Bestandsschutz des Übergangsrechts entnehmen. Ein Vergleich mit dem deutschen Arbeitsgenehmigungsrecht zeige aber, dass eine Arbeitserlaubnis immer nur zeitlich beschränkt erteilt werde, so dass auch entsandte Arbeitnehmer immer nur einen „vorübergehenden" Status erhalten würden. Auch entsandte Arbeitnehmer würden daher Bestandsschutz bei Vorliegen der Voraussetzungen nach Ziffer 2.2 der Beitrittsakte genießen

(2) Die überwiegende Auffassung in der Literatur

Anderer Ansicht ist hingegen die überwiegende Auffassung in der Literatur. Nach der Auffassung von *Langer*[790] haben Werkvertragsarbeitnehmer, auch wenn sie für einen ununterbrochenen Zeitraum von mindestens 12 Monaten in der Bundesrepublik Deutschland tätig waren, keinen privilegierten Zugang zum deutschen Arbeitsmarkt. Sie bedürfen weiterhin einer Arbeitserlaubnis-EU nach § 284 SGB III iVm § 3 ASAV und den Werkvertragsabkommen. Es bestehe kein unbedingter Anspruch auf Erteilung einer Arbeitsberechtigung-EU nach § 284 Abs. 5 iVm § 12a ArgV. Damit solle klargestellt werden, dass Zeiten nicht anspruchsbegründend wirken, während denen Arbeitnehmer im Rahmen bestehender Werkvertragsarbeitnehmervereinbarungen arbeitsgenehmigungsrechtlich lediglich vorübergehend erlaubt in der Bundesrepublik Deutschland tätig waren und in denen es nicht zu einer arbeitsgenehmigungsrechtlichen Verfestigung ge-

789 *Bieback* in *Gagel*, aaO (Fn. 94), § 284 SGB III, Rn. 189.
790 *Langer*, NZA Beilage 2/2005, S. 86.

kommen ist[791]. Werkvertragsarbeitnehmer, die nach Beendigung eines Werkvertrages auf Grund eines neuen Werkvertrages in der Bundesrepublik Deutschland tätig werden wollen, bedürfen demnach einer erneuten Arbeitserlaubnis-EU nach § 284 Abs. 4 SGB III. *Boemke*[792] stellt darauf ab, dass Werkvertragsarbeitnehmer nicht im Sinne des Beitrittsvertrages zum deutschen Arbeitsmarkt zugelassen seien. *Peters*[793] argumentiert, dass Arbeitnehmerentsendung Teil der Dienstleistungsfreiheit des Arbeitgebers sei, so dass die Arbeitnehmer nicht von einem eigenen Freizügigkeitsrecht Gebrauch machen können und durch die Tätigkeit keine Zugangsrechte erlangen. *Düe*[794] stellt in den Vordergrund, dass es bei einer vorübergehenden Entsendung auf Werkvertragsbasis nicht zu einer „arbeitsgenehmigungsrechtlichen Verfestigung auf dem deutschen Arbeitsmarkt" kommen könne, wie sie § 12a ArgV voraussetze. *Sieveking*[795] und *Temming*[796] teilen diese Auffassung ohne weitere Begründung. Den Gedanken von *Düe* aufgreifend stellt *Fehrenbacher*[797] darauf ab, dass bei einer vorübergehenden Entsendung der Arbeitsvertrag mit dem entsandten Arbeitnehmer nach ausländischem Recht geschlossen werde, so dass weiterhin eine enge Verbindung zum Arbeitsmarkt des Entsendestaates bestehe. Am ausführlichsten begründet *Dienelt*[798] den Ausschluss vorübergehend in die Bundesrepublik Deutschland entsandter Werkvertragsarbeitnehmer vom persönlichen Anwendungsbereich des § 12a ArgV. In der Rechtssache *Rush Portuguesa* habe der *EuGH* entschieden, dass entsandte Arbeitnehmer nur vorübergehend in einen anderen Mitgliedstaat zur Erbringung der Dienstleistung entsandt würden, so dass eine Störung des Arbeitsmarktes des Aufnahmestaates nicht zu erwarten sei. Diese Rechtsprechung habe der *EuGH* in der Rechtssache *Vander Elst* bestätigt, mit der Konsequenz, dass gegenüber sonstigen Arbeitsverhältnissen bei einer vorübergehenden Entsendung auf Werkvertragsbasis keine enge Verknüpfung mit dem Gebiet der Bundesrepublik Deutschland entstehe. Darüber hinaus finde bei dem (vorübergehenden) Zugang von Werkvertragsarbeitnehmern zum deutschen Arbeitsmarkt aufgrund der Werkvertragsabkommen keine Vorrangprüfung statt, so dass (noch) keine Unbedenklichkeitsbescheinigung über den Zugang dieser Arbeitnehmer zum nationalen Ar-

---

791 So im Ergebnis *Düe* in *Niesel*, aaO (Fn. 249), § 284, Rn. 47; *Temming*, RdA 2005, S. 187; *Dienelt*, aaO (Fn. 96), S. 228; ders. in InfAuslR 2004, S. 325 ff..

792 *Boemke*, BB 2005, S. 268.

793 *Peters*, ZAR 2005, S. 89.

794 *Düe* in *Niesel*, aaO (Fn. 249), § 284, Rn. 47.

795 *Sieveking*, ECLJ 2005, S. 10.

796 *Temming*, RdA 2005, S. 187; *ders.* in *Preis/Temming*, aaO (Fn. 18), S. 145.

797 *Fehrenbacher*, ZAR 2004, S. 244.

798 *Dienelt*, InfAuslR 2004, 325, 327; *Dienelt*, aaO (Fn. 96), Rn. 222 ff..

beitsmarkt getroffen sei, die einen Verbleib nach Ablauf der Wartezeit rechtfertigen könne.

(3) Stellungnahme

Der überwiegenden Auffassung in der Literatur ist zu folgen. Aus der Beitrittsakte folgt, dass entsandte (Werkvertrags-) Arbeitnehmer keinen privilegierten Zugang zum Arbeitsmarkt nach Ziffer 2.2, 2. Abschnitt erlangen, so dass § 12 Abs. 1 Satz 2 ArgV gemeinschaftskonform ist.

(a) Wortlaut der Beitrittsakte

Zutreffend weist *Bieback* darauf hin, dass Ziffer 2.2 der Beitrittsakte keine Ausnahme vom personellen Anwendungsbereich des Privilegierungstatbestandes für *polnische Staatsangehörige* im Hinblick auf entsandte Arbeitnehmer zulässt. Eine Differenzierung zwischen entsandten (Werkvertrags-) Arbeitnehmern und sonstigen Arbeitnehmern wird nicht vorgenommen, obwohl diese Differenzierung der Beitrittsakte immanent ist. Ziffer 2.13 der Beitrittsakte findet allein auf entsandte Arbeitnehmer Anwendung, wobei explizit auf Arbeitnehmer Bezug genommen wird, die aufgrund bilateraler Vereinbarungen in die Bundesrepublik Deutschland entsandt werden. Eine Einschränkung auf diese besondere Arbeitnehmergruppe findet sich in Ziffer 2.2 hingegen nicht. Einer solchen ausdrücklichen Ausnahme bedurfte es allerdings auch nicht, wie die Systematik der Beitrittsakte zeigt.

(b) Systematik der Beitrittsakte

Ziffer 2.1 der Beitrittsakte ist als Allgemeiner Teil „vor die Klammer gezogen", so dass die in den nachfolgenden Ziffern 2.2 bis 2.13 aufgeführten Übergangsbestimmungen unter Berücksichtigung des in Ziffer 2.1 der Beitrittsakte bestimmten Anwendungsbereichs auszulegen sind. Nach Ziffer 2.1 kommt die Freizügigkeit von Arbeitnehmern und der Dienstleistungsfreiheit mit vorübergehender Entsendung von Arbeitskräften in vollem Umfang nur vorbehaltlich der Übergangsbestimmungen der Ziffern 2 bis 14 zur Anwendung. Der Anwendungsbereich der Übergangsbestimmungen in Ziffer 2.2 und 2.13 der Beitrittsakte bezieht sich demnach sowohl auf Arbeitnehmer im Sinne des Art. 39 EG, als auch auf entsandte Arbeitnehmer, die im Rahmen der Dienstleistungsfreiheit vorübergehend in der Bundesrepublik Deutschland tätig werden. Einer Einschränkung des personellen Anwendungsbereichs in Ziffer 2.2 bedurfte es nicht, da mit dem Begriff *polnische Staatsangehörige* auf Staatsangehörige der Ziffer 2.1 Bezug genommen wird und von Ziffer 2.1 auch entsandte Arbeitnehmer erfasst werden. Entsandten Arbeitnehmern wird Bestandsschutz nach Ziffer 2.2 der Beitrittsakte gewährt, wenn sie zum nationalen Arbeitsmarkt zugelassen sind. Nach der Rechtsprechung des *EuGH* in Sachen *Rush Portuguesa* und *Vander Elst* sind Arbeitnehmer, die nur vorübergehend in einen anderen Mitgliedstaat zur Erbringung einer Dienstleistung entsandt werden, allerdings nicht zu diesem Arbeitsmarkt zugelassen[799]. Mit der Auffassung von *Bieback* lässt sich den Urteilen *Rush Portuguesa* und *Vander Elst* in der Tat keine Aussage über den individuellen Bestandsschutz des Übergangsrechts entnehmen. Der *EuGH* hatte ausschließlich über das Recht der entsendenden Unternehmen zu entscheiden, Dienstleistungen in einem anderen Mitgliedstaat zu erbringen, zu entscheiden. Das ist folgerichtig, da der *EuGH* in den vorgenannten Entscheidungen zu dem subjektiven Zugangsanspruch der entsandten Arbeitnehmer zum Arbeitsmarkt des Aufnahmestaates auch keine Aussage treffen musste. Nach dem zutreffenden Verständnis des *EuGH* über den Zugang entsandter Arbeitnehmer zum Arbeitsmarkt des Aufnahmestaates *verlangen* entsandte Arbeitnehmer keine aus der zeitlich vorübergehenden Beschäftigung folgenden Rechte. Im Falle der vorübergehenden Entsendung sind die Arbeitnehmer nämlich im Mitgliedstaat der Niederlassung ihres Arbeitgebers nach den dort geltenden Verfahrensvoraussetzungen eingestellt worden und nur zur Erfüllung der Dienstleistung ihres Arbeitgebers in den Aufnahmestaat entsandt. Nach Erfüllung ihrer Aufgabe kehren sie in ihr Herkunftsland zurück, ohne zu irgendeinem Zeitpunkt auf dem Arbeitsmarkt des Aufnahmemitgliedstaats aufgetreten zu sein. Ein Recht kann aber nur dann Bestandsschutz erlangen, wenn es durch den Inhaber auch durchgesetzt wird. Während der Dauer der Entsendung besteht die arbeitsvertragliche Bindung des entsandten Werkvertragsarbeitnehmers allein zu seinem Arbeitgeber im Herkunftsstaat, in den er nach Ablauf der Auslandsbeschäftigung wieder zurückkehren will. Ein Inlandsarbeitsverhältnis wird folglich nicht begründet. Solange aber kein Zugangsanspruch zum Arbeitsmarkt des Aufnahmestaates geltend gemacht wird, kommt es auch nicht auf den individuellen Bestandsschutz des Übergangsrechts an. Anders hingegen hatte der *EuGH* in den Rechtssachen *Peskeloglou*[800] und *Lopes da Veiga*[801] im Hinblick auf eine Vorbeschäftigung eines Arbeitnehmers in einem alten Mitgliedstaat vor dem Beitritt zur Europäischen Union entschieden. Unter Berücksichtigung dieser Rechtsprechung würde aus Vorbeschäftigungszeiten Bestandsschutz nach Erfüllung der Wartezeit folgen. Die Feststellungen

---

799 EuGH, Rs. „***Rush Portuguesa***“, aaO (Fn. 49), Rn. 14, 15; Rs. „***Vander Elst***“, aaO (Fn. 17), Rn. 21.

800 Vgl. EuGH, Rs. „***Peskeloglou***“, aaO (Fn. 648), S. 1085, 1092.

801 Vgl. EuGH, Rs. „***Lopes da Veiga***“, aaO (Fn. 656), S. 2989.

des *EuGH* bezogen sich allerdings allein auf Übergangsbestimmungen in den Beitrittsakten zur Arbeitnehmerfreizügigkeit, nicht hingegen zur Dienstleistungsfreiheit. Zudem konnten Staatsangehörige der Beitrittsstaaten aufgrund der damaligen Beitrittsakten aufenthaltsrechtliche Anwartschaften erwerben, da die Übergangsbestimmungen keine Vorbeschäftigungszeit forderten.

(c) Einbeziehung des nationalen Arbeitsgenehmigungsrechts

Spricht bereits die Auslegung der Beitrittsakte für einen Ausschluss von Werkvertragsarbeitnehmern von dem Privilegierungstatbestand nach Ziffer 2.2 der Beitrittsakte, so wird diese Rechtsauffassung durch Einbeziehung des nationalen Rechts unterstützt. Bereits in der Gesetzesbegründung[802] zu § 12a ArGV heißt es wie folgt:

> *„... Mit Satz 2 (§12a ArGV) wird klargestellt, dass Zeiten, in denen der Arbeitnehmer, wie insbesondere im Rahmen der bestehenden bilateralen Werkvertragsarbeitnehmervereinbarungen, lediglich vorübergehend in das Bundesgebiet entsandt worden sind, nicht als anspruchsbegründende Zeiten berücksichtigt werden. In diesen Fällen erfolgt mit der Entsendung keine Zulassung zum deutschen Arbeitsmarkt und damit auch keine Grundlage für eine arbeitsgenehmigungsrechtliche Verfestigung an diesem Arbeitsmarkt."*

Dies folgt nach dem Beitritt der MOE-Staaten zur Europäischen Union daraus, dass das aus Art. 1 der VO (EWG) 1612/68 folgende Gleichbehandlungsgebot auf Werkvertragsarbeitnehmer (noch) keine Anwendung findet. Ihr Zugang zum deutschen Arbeitsmarkt richtet sich allein nach § 3 ASAV iVm den Werkvertragsabkommen. Ziffer 2.2, 2. Abschnitt der Beitrittsakte stellt die Zulassung zum Arbeitsmarkt unter keine weiteren Voraussetzungen. Einzige Voraussetzung ist in zeitlicher Hinsicht, dass der Zugang zum Arbeitsmarkt für einen Zeitraum von mindestens 12 Monaten bestanden haben muss. Dieses zeitliche Moment erfüllen ohne weiteres auch Werkvertragsarbeitnehmer. Soweit ein Werkvertragsarbeitnehmer daher nach dem Wortlaut von § 3 ASAV für den Zeitraum von 12 Monaten ununterbrochen in der Bundesrepublik Deutschland tätig war, hätte er auch die Voraussetzungen nach Ziffer 2.2 der Beitrittsakte erfüllt[803]. *Dienelt*[804] hat aber zutreffend darauf hingewiesen, dass Staatsangehörige, die

---

802 Begründung zu Artikel 2 der Arbeitsgenehmigungsverordnung vom 17. September 1998 (BGBl. I S. 2899), Entwurf eines Gesetzes über den Arbeitsmarktzugang im Rahmen der EU-Erweiterung, BR-Drucksache 15/2378 vom 2. Januar 2004, S. 6 und 7.

803 So ist wohl auch die Argumentation von *Bieback* in *Gagel*, aaO (Fn. 94) zu verstehen.

804 *Dienelt*, aaO (Fn. 96), Rn. 237.

durch eine Arbeitserlaubnis für einen Zeitraum von zwölf Monaten zum deutschen Arbeitsmarkt zugelassen waren, bereits einer „Unbedenklichkeitsprüfung" durch die nationalen Arbeitsgenehmigungsbehörden nach § 284 SGB III unterzogen wurden. Aus der vorübergehenden Erlaubnis als präventivem Verbot mit Erlaubnisvorbehalt ist ein unbeschränkter Anspruch auf Zugang zum deutschen Arbeitsmarkt geworden. Dieser unterliegt nach der bereits durchgeführten Prüfung nach 12-monatigem Bestehen des Zugangsanspruchs keinen Bedenken. Anders ist hingegen die Situation bei entsandten Arbeitnehmern, die diese Unbedenklichkeitsprüfung (noch) nicht durchlaufen haben. Aus den Werkvertragsabkommen (vgl. etwa Art. 1 Abs. 2 WA Polen) folgt, dass keine Arbeitsmarktprüfung vor Erteilung der Arbeitserlaubnis vorgenommen wird. Der Zugang von Werkvertragsarbeitnehmern zum deutschen Arbeitsmarkt in den betroffenen Wirtschaftssektoren bleibt daher bis zum Ablauf der Integrationsfristen nur im Wege einer Ausnahmeprüfung erlaubt. Anderenfalls würde zudem das Rotationsprinzip (vgl. etwa Art. 6 WA Polen) in den Werkvertragsabkommen umgangen werden. Die Ausnahmeprüfung nach dem nationalen Arbeitsgenehmigungsrecht ist daher auch bei einem erneuten Zugang eines Werkvertragsarbeitnehmers zum deutschen Arbeitsmarkt zu wiederholen, so dass kein Bestandsschutz im Sinne des § 12a ArGV entstehen kann[805].

2. Arbeitsgenehmigungsrechtliche Stellung sonstigen Personals

Fraglich ist, ob auch das von Werkvertragsunternehmen in der Bundesrepublik Deutschland eingesetzte Schlüsselpersonal nicht unter den Privilegierungstatbestand von Ziffer 2.2 und § 12a ArGV fällt. Diese Personen können im Rahmen der Niederlassungsfreiheit durch das in einem Beitrittsstaat niedergelassenen Unternehmen in der Bundesrepublik Deutschland eingesetzt werden, so dass sie nicht aufgrund der Werkvertragsabkommen vorübergehend zum deutschen Arbeitsmarkt zugelassen sind und damit unter den Privilegierungstatbestand von Ziffer 2.2 fallen. Das Gleiche gilt für Personen, die nach Maßgabe des § 9 Nr. 1 ArgV arbeitsgenehmigungsfrei in der Bundesrepublik Deutschland tätig werden können. Diese Personen sind von der Arbeitsmarktprüfung ausgeschlossen, so dass der Bestandsschutz nach Ziffer 2.2 der Beitrittsakte nach zwölfmonatigem ununterbrochenem Zugang zum deutschen Arbeitsmarkt greift. Zusammenfassend kann festgehalten werden, dass ein privilegierter Arbeitsmarktzugang immer

805 In **Beispiel 2** genießen die 5 Fachkräfte des A daher keinen Bestandsschutz. Will A diese Arbeitnehmer für einen neuen Werkvertrag in der Bundesrepublik Deutschland einsetzen, hat er eine Arbeitsgenehmigung nach § 284 SGB III zu beantragen und die Gebühr nach § 287 SGB III zu entrichten.

dann besteht, wenn die Beschäftigung sozialversicherungspflichtig in der Deutschland ausgeführt wird. Dann besteht keine Gefahr der Teilnahme an steuerfinanzierten Sozialleistungen des Aufnahmestaates ohne eigene Beitragsabführung.

B. Begriff des Unternehmens

Auch der Begriff des *Unternehmens* ist in der Beitrittsakte nicht näher definiert. Was unter einem in einem Beitrittsstaat niedergelassenen Unternehmen im Sinne der Beitrittsakte zu verstehen ist, ist anhand des Gemeinschaftsrechts zu bestimmen.

I. Systematischer Ansatzpunkt in den Art. 81 ff. EG

Der Begriff des Unternehmens ist weder in Art. 39, noch Art. 49 EG geregelt. Eine gemeinschaftsrechtliche Bestimmung des Begriffes des Unternehmens findet sich allein in den wettbewerbsrechtlichen Vorschriften der Art. 81 ff. des EG. In der Systematik der Art. 81 ff. EG wird unter dem *Begriff des Unternehmens*

> *jede eine wirtschaftliche Tätigkeit ausübende Einheit, unabhängig von ihrer Rechtsform und der Art ihrer Finanzierung*[806], verstanden.

II. Begriff des Unternehmens in der Beitrittsakte

Die durch den *EuGH* gefundene Definition zum Begriff des Unternehmens im Sinne des Art. 81 EG kann zur Auslegung des Begriffes des Unternehmens im Sinne der Beitrittsakte herangezogen werden, soweit sich aus der Systematik des Beitrittsvertrages und dem Sinn und Zweck des Unternehmensbegriffes im systematischen Zusammenhang mit den Wettbewerbsregeln des EG nichts Abweichendes ergibt. Wie bereits aus der Definition des Begriffes des Arbeitnehmers im Sinne der Beitrittsakte folgt, ist der Unternehmensbegriff allein im gemeinschaftsrechtlichen Sinne ohne Rückgriff auf das nationale Recht zu verste-

---

806 EuGH, Rs. C-41/90, „*Klaus **Höfner** und Fritz **Elser** gegen Macrotron GmbH*“, Urteil vom 23. April 1991 in Slg. 1991, S. I-1979, Rn. 20; Rs. C-364/92, „*SAT Fluggesellschaft mbH gegen Europäische Organisation für Flugsicherung (**Eurocontrol**)*“, Urteil vom 19. Januar 1994 in Slg. 1994, S. I-43, Rn. 18; vgl. auch *Weiß* in *Callies/Ruffert*, aaO (Fn. 54), Art. 81 EGV, Rn. 25.

hen. Aufgrund des systematischen Zusammenhangs mit der Erbringung von Dienstleistungen im Sinne des Absatzes 1 der Richtlinie 96/71 EG kommt es ausschließlich darauf an, dass das Unternehmen gewerbliche Tätigkeiten im Sinne des Art. 50 lit. b) ausübt. Erfasst werden nur Unternehmen mit Sitz in einem Mitgliedstaat aus den Beitrittsstaaten, die grenzüberschreitend eigene Arbeitnehmer[807] zur vorübergehenden Ausführung von Dienst- und Werkleistungen in einem anderen Mitgliedstaat der Europäischen Union einsetzen. Auf die Dienstleistungsfreiheit nach Art. 49 EG können sich demnach nicht nur natürliche, sondern auch juristische Personen berufen[808]. Erforderlich ist, dass das Unternehmen in einem Beitrittsstaat niedergelassen ist, also von dort seine wirtschaftliche Betätigung ausübt.

Fraglich ist, ob ein in der Bundesrepublik Deutschland niedergelassenes Unternehmen aus einem Beitrittsstaat im Rahmen der Niederlassungsfreiheit auch eigenes Personal zur Ausführung von Werkverträgen in der Bundesrepublik Deutschland einsetzen kann. Ausländische Unternehmen wickeln die Werkvertragsarbeiten in der Bundesrepublik Deutschland regelmäßig über eine Zweigniederlassung ab. Wie bereits gesehen, ist der Einsatz des so genannten Schlüsselpersonals von Art. 43 EG gedeckt, soweit diese Personen für den Betrieb der inländischen Niederlassung notwendig sind[809]. Problematisch ist hingegen die gemeinschaftsrechtliche Zuordnung des sonstigen Personals. Es besteht die Gefahr, dass ein in einem Beitrittsstaat niedergelassenes Unternehmen die Übergangsbestimmungen nach Ziffer 2.13 umgeht, indem eine Niederlassung in der Bundesrepublik Deutschland gegründet und Arbeitnehmer aus den Beitrittsstaaten eingestellt und über diese Niederlassung sodann die Werkverträge mit deutschen Unternehmen abgewickelt werden. Ausweislich des Wortlauts von Ziffer 2.13 würde es sich um keine grenzüberschreitende Erbringung von Dienstleistungen eines in einem Beitrittsstaat niedergelassenem Unternehmen handeln.

Nach der Auffassung von *Wank*[810] ist hinsichtlich des Einsatzes desjenigen Personals, das nicht zum Schlüsselpersonal gehört, nach der beabsichtigten Dauer des Einsatzes in der Niederlassung in der Bundesrepublik Deutschland zu unterscheiden. Bei dem zeitlich beschränkten Einsatz eigenen Personals könne es keinen Unterschied machen, ob das ausländische Unternehmen seine Arbeitnehmer von dem Hauptsitz in einem Beitrittsstaat in die Bundesrepublik Deutschland entsende oder direkt über die Niederlassung einsetze. Aus der Niederlassungsfreiheit nach Art. 43 EG folge ebenso wie in Entsendefällen ein abgeleitetes Auf-

---

807 Nicht erfasst wird der Dienstleistungserbringer, der keine eigenen Arbeiter einsetzt, s. **Beispiel 5**.

808 Vgl. hierzu auch *Becker*, aaO (Fn. 437), S. 38.

809 Vgl. hierzu *Lackhoff*, aaO (Fn. 724), S. 44.

810 Vgl. *Wank*, NZA Beilage 2/2005, S. 95.

enthalts- und Beschäftigungsrecht der Arbeitnehmer. Allerdings seien die Beschränkungen nach Ziffer 2.13 der Beitrittsakte auf diese Konstellation zu übertragen, so dass in den nicht liberalisierten Wirtschaftssektoren das nationale Arbeitsgenehmigungsrecht Anwendung finden würde. Sei der Einsatz des Personals in der Niederlassung in der Bundesrepublik Deutschland hingegen auf unbestimmte Zeit beabsichtigt, so fände Ziffer 2.2 der Beitrittsakte Anwendung. Erforderlich sei ein Aufenthaltstitel nach § 13 FreizügG/EU mit Zustimmung zur Beschäftigung der Arbeitsverwaltung.

Der Auffassung von *Wank* kann nur im Ergebnis, nicht aber in der Begründung zugestimmt werden. Wird die Dienstleistung über eine Tochtergesellschaft eines Unternehmens aus einem Beitrittsstaat in der Bundesrepublik Deutschland erbracht, handelt es sich um einen Vorgang, der der Dienstleistungsfreiheit nach Art. 49 EG zuzuordnen ist. Der vorübergehende Charakter einer Dienstleistung wird nicht dadurch ausgeschlossen, dass sich ein in einem Beitrittsstaat niedergelassenes Unternehmen im Aufnahmestaat einer Infrastruktur bedient[811].

Wird allerdings der Schwerpunkt der wirtschaftlichen Tätigkeit dauerhaft in den Aufnahmestaat verlagert, handelt es sich um eine selbständige Niederlassung. Es liegt dann kein Fall der Dienstleistungsfreiheit mehr vor. In diesen Fällen folgt, ähnlich dem Niederlassungsrecht in den Europa-Abkommen, aus Art. 43 EG nur ein Aufenthaltsrecht und Recht auf Zugang zur Beschäftigung allein für diejenigen Personen, die selbständig oder unternehmerisch tätig werden[812]. Das sonstige Personal kann aus dem Niederlassungsrecht nach Art. 43 kein Recht auf Aufenthalt oder Beschäftigung herleiten. *Werden Arbeitnehmer aus den Beitrittsstaaten über eine Niederlassung eines in einem Beitrittsstaat niedergelassenem Unternehmen eingestellt, handelt es sich gemeinschaftsrechtlich um einen Vorgang der den Bestimmungen über die Arbeitnehmerfreizügigkeit nach Art. 39 EG zuzuordnen ist*[813]. Das Arbeitsverhältnis besteht mit einem in einem anderen Mitgliedstaat niedergelassenen Unternehmen, so dass es keinen Unterschied macht, ob der Arbeitnehmer von einem deutschen oder einem in der Bundesrepublik Deutschland niedergelassenem Unternehmen aus einem Beitrittsstaat eingestellt wird. Hinsichtlich der Zulassung dieser Arbeitnehmer zum deutschen Arbeitsmarkt findet Ziffer 2.2 der Beitrittsakte Anwendung[814]. Die durch Art. 43 EG dem Niederlassungsberechtigten verliehenen Rechte lassen sich auch nicht im Sinne eines Korrelarrechts auf Arbeitnehmer aus den Beitrittsstaaten übertragen. Ziffer 2.2 der Beitrittsakte knüpft hinsichtlich der Übergangsbestimmungen zur

---

811 So auch *Fehrenbacher*, ZAR 2004, S. 244.
812 Vgl. *Müller-Graff* in *Streinz*, aaO (Fn. 15), Art. 43, Rn. 14.
813 So auch *Dienelt*, aaO (Fn. 96), Rn. 148; *Fehrenbacher*, ZAR 2004, S. 244.
814 So auch *Möschel*, BB 2005, S. 1164.

Arbeitnehmerfreizügigkeit an die Staatsangehörigkeit an. Eine Erweiterung des persönlichen Anwendungsbereichs des Niederlassungsrechts hätte zur Konsequenz, dass die Staatsangehörigkeit als Kriterium für die Anwendbarkeit der Übergangsbestimmungen überspielt werden würde. In einem solchen Fall ist die Grenze für die Verleihung von Korrelarrechten erreicht[815]. Etwas anderes wiederum gilt für Gesellschafter-Geschäftsführer, da diese Personen unmittelbar an der durch Art. 43 EG garantierten Niederlassungsfreiheit teilnehmen.

Demzufolge ist unabhängig von dem Wirtschaftssektor, in dem die Dienstleistung erbracht werden soll, die Beschäftigung aller abhängig beschäftigter Arbeitnehmer aus den Beitrittsstaaten über eine in der Bundesrepublik Deutschland errichtete Niederlassung bis zum Ablauf der Übergangsbestimmungen nur nach Maßgabe des nationalen Arbeitsgenehmigungsrechts zulässig. Eine partielle Auflösung des Inländervorrangs lässt sich über die Werkvertragsabkommen nicht erzielen, da diese mangels Vorliegens einer grenzüberschreitenden Dienstleistungserbringung keine Anwendung finden.

C. Zusammenfassung zum persönlichen Anwendungsbereich von Ziffer 2.13 der Beitrittsakte

I.

Der Begriff des Arbeitnehmers in Ziffer 2.13 der Beitrittsakte ist im gemeinschaftsrechtlichen Sinne auszulegen. Erfasst werden nur Staatsangehörige der Beitrittsstaaten, nicht hingegen Drittstaatsangehörige. Drittstaatsangehörige können unter den Voraussetzungen der *Vander Elst* Rechtsprechung des *EuGH* von einem Unternehmen mit Sitz in den Beitrittsstaaten zur Ausführung von Werkverträgen in den liberalisierten Wirtschaftssektoren in die Bundesrepublik Deutschland entsandt werden, wenn sie im Herkunftsstaat des ausländischen Unternehmens ordnungsgemäß zum Arbeitsmarkt zugelassen sind und es sich um Stammpersonal handelt. In den nicht liberalisierten Wirtschaftssektoren ist die Entsendung von Drittstaatsangehörigen hingegen nach dem Rechtsgedanken von Ziffer 2.14, Abs. 2 der Beitrittsakte nicht zulässig und eine Aufenthaltserlaubnis nach dem Rechtsgedanken des § 39 Abs. 6 Satz 2 AufenthG zu versagen.

815 Vgl. *Randelzhofer/Forsthoff* in *Grabitz/Hilf*, aaO (Fn. 8), vor Art. 39-55 EG, Rn. 41.

2.

Staatsangehörige der Beitrittsstaaten können vorübergehend Dienstleistungen in der Bundesrepublik Deutschland erbringen, wenn sie bereits zu dem Arbeitsmarkt eines Mitgliedstaates zugelassen waren, der sich keine Übergangsbestimmungen zur Arbeitnehmerfreizügigkeit und Dienstleistungsfreiheit vorbehalten hat.

3.

Selbständige können auch in den nicht liberalisierten Wirtschaftssektoren Dienstleistungen erbringen. Verbleibt der Schwerpunkt der wirtschaftlichen Tätigkeit des Dienstleistungserbringers im Heimatstaat, kann diese Tätigkeit im Rahmen der Dienstleistungsfreiheit nach Art. 49 EG ausgeübt werden. Wird der Schwerpunkt der wirtschaftlichen Betätigung hingegen in die Bundesrepublik Deutschland verlagert, müssen die durch das Gemeinschaftsrecht geforderten Voraussetzungen des Niederlassungsrechts nach Art. 43 EG vorliegen. Anderenfalls kann nach wertender Betrachtung eine unzulässige Umgehung des Gemeinschaftsrechts vorliegen.

4.

Der privilegierte Arbeitsmarktzugang nach § 12a ArGV setzt voraus, dass ein Arbeitnehmer aus den Beitrittsstaaten für einen ununterbrochenen Zeitraum von 12 Monaten zum deutschen Arbeitsmarkt zugelassen war. Zugelassen in diesem Sinne ist er nur dann, wenn ein sozialversicherungspflichtiges Beschäftigungsverhältnis in der Bundesrepublik Deutschland bestand. Werkvertragsarbeitnehmer sind nicht zum deutschen Arbeitsmarkt zugelassen, da noch keine Unbedenklichkeitsprüfung durch die nationalen Behörden erfolgt ist. Sie erlangen demnach nach § 12a ArGV keinen privilegierten Arbeitsmarktzugang.

5.

Dienstleistungen können auch über eine unselbständige Zweigniederlassung eines in einem Beitrittsstaat niedergelassenen Unternehmens abgewickelt werden. Erfolgt die wirtschaftliche Betätigung hingegen dauerhaft über eine in der Bundesrepublik Deutschland errichtete Niederlassung, liegt kein Fall der Dienstleistungsfreiheit vor. Dies gilt unabhängig davon, ob die Dienstleistung in einem der liberalisierten oder beschränkten Wirtschaftssektoren ausgeführt wird.

6.

Werden Arbeitskräfte aus den Beitrittsstaaten über eine in der Bundesrepublik Deutschland gegründete Zweigniederlassung eines in einem Beitrittsstaat niedergelassenen Unternehmens eingestellt, wird ein Inlandsbeschäftigungsverhältnis im Anwendungsbereich des Art. 39 EG begründet, das den Beschränkungen nach Ziffer 2.2 der Beitrittsakte unterliegt.

2. Teil: Sachlicher Anwendungsbereich von Ziffer 2.13 der Beitrittsakte

Ziffer 2.13 der Beitrittsakte ermöglicht es der Bundesrepublik Deutschland im Bereich der länderübergreifenden Erbringung von Dienstleistungen im Sinne des Art. 96/71 EG, in bestimmten Wirtschaftssektoren von der unmittelbaren Anwendbarkeit von Art. 49 Abs. 1 EG abzuweichen. Im Folgenden soll vor dem gemeinschaftsrechtlichen Hintergrund zunächst (sub. 1.) der Begriff der länderübergreifenden Erbringung von Dienstleistungen geklärt und (sub. 2.) die betroffenen Wirtschaftssektoren analysiert werden.

A. Länderübergreifende Erbringung von Dienstleistungen

Der Begriff der länderübergreifenden Erbringung von Dienstleistungen ist im gemeinschaftsrechtlichen Sinne auszulegen. Dies folgt aus der durch Ziffer 2.13 der Bundesrepublik Deutschland und Österreich eingeräumten Befugnis von Art. 49 Abs. 1 EG abzuweichen, was das Vorliegen eines grenzüberschreitenden Sachverhalts impliziert.

I. Begriff der Dienstleistung im Sinne des Art. 49 EG

Eine Definition der Dienstleistung enthält weder Art. 49 noch Art. 50 EG. Der Zusammenschau der Art. 49 und Art. 50 EG lässt sich entnehmen, dass Merkmale der Dienstleistungsfreiheit die Entgeltlichkeit, die Selbständigkeit und die nicht-körperliche Leistung sein müssen[816]. Der Wortlaut des Art. 49 EG darf ferner nicht darüber hinwegtäuschen, dass vom Anwendungsbereich der Grundfreiheit nicht allein Dienstleistungen im Sinne des § 611 BGB erfasst werden. Der gemeinschaftsrechtliche Begriff der Dienstleistungen geht über den nationalen Begriff der Dienstleistung hinaus und erfasst z.B. auch Leistungen eines Werkunternehmers im Rahmen des § 631 BGB. Dies hat der *Europäische Gerichtshof* bereits in der Rechtssache *Rush Portuguesa*[817] entschieden und bedurfte auch keiner weiteren Begründung, da es sich bei dem *Begriff der Dienstleistungen* um

---

816 Vgl. zu diesen einzelnen Kriterien *Pache* in *Ehlers*, aaO (Fn. 688), § 11, Rn. 20 ff..
817 Vgl. EuGH, Rs. „***Rush Portuguesa***“, aaO (Fn. 49), S. I-1417.

einen *genuin gemeinschaftsrechtlichen Begriff* handelt, der nicht durch die Übernahme zivilrechtlicher oder volkswirtschaftlicher Definitionen konkretisiert werden kann[818]. Wie aus dem Wortlaut des Art. 49 EG folgt, ist vielmehr der Begriff der Entgeltlichkeit maßgeblich für die Eröffnung des Anwendungsbereichs der Dienstleistungsfreiheit. Das Entgelt muss die wirtschaftliche Gegenleistung für die betreffende Leistung darstellen[819]. Wegen der vertragssystematischen Stellung der Dienstleistungsfreiheit als Auffanggrundfreiheit ist der Begriff der Leistung weit zu verstehen. Dies folgt aus dem Wortlaut des Art. 50 EG, wonach Dienstleistungen nur dann Leistungen im Sinne des Art. 49 EG sind, soweit sie nicht den Vorschriften über den freien Waren- und Kapitalverkehr und über die Freizügigkeit von Personen unterliegen. Darüber hinaus muss es sich nach der Rechtsprechung des *Europäischen Gerichtshof* in der Rechtssache *Walrave*[820] um Leistungen handeln, *„die einen Teil des Wirtschaftslebens"* ausmachen und *„keinen so geringen Umfang haben, dass sie sich als völlig untergeordnet und unwesentlich darstellen"*. Bei den durch den *EuGH* von der Dienstleistungsfreiheit ausgenommenen Tätigkeiten handelt es sich im Regelfall um so genannte „Begleittätigkeiten", die dann den Regeln der jeweiligen Haupttätigkeit oder der Arbeitnehmerfreizügigkeit unterfallen[821].

1. Begriff der Dienstleistung im Sinne der Beitrittsakte

Der gemeinschaftliche Begriff der Dienstleistung im Sinne des Art. 49 EG kann ohne weiteres zur Auslegung des Begriffes der Dienstleistungen im Sinne der Beitrittsakte übernommen werden. Sinn und Zweck der Übergangsregelungen rechtfertigen keine abweichende Auslegung. Während nach nationalem Recht die Dienstleistung im Zweifel persönlich zu erbringen ist, umfasst die Dienstleistungsfreiheit im gemeinschaftsrechtlichen Sinne auch die Mitnahme der Arbeitnehmer, die zur Ausführung der Dienstleistung erforderlich sind[822]. Für die Eröffnung des sachlichen Schutzbereichs der Dienstleistungsfreiheit ist unerheblich, dass der Unternehmer die Leistung nicht persönlich, sondern durch seine Arbeitnehmer erbringt. Von der Dienstleistungsfreiheit wird nach der Rechtsprechung des *EuGH* auch die Erbringung von Dienstleistungen mit eigenem Personal erfasst, was wiederum Grundlage für die Eröffnung des Anwendungsbereichs

818 Vgl. *Kluth* in *Callies/Ruffert*, aaO (Fn. 54), Art. 49, 50 EGV, Rn. 5

819 Vgl. EuGH, Rs. 283/86 *„Belgischer Staat gegen* ***Humbel****"*, in EuGHE 1988, S. 5365, 5387.

820 Vgl. EuGH, Rs. 36/74 *„****Walrave*** *gegen Union Cycliste International"* in EuGHE 1974, S. 1405, 1418.

821 Vgl. *Müller-Graff*, aaO, Art. 49 EG, Rn. 24.

822 Vgl. EuGH, Rs. *„****Rush Portuguesa****"*, aaO (Fn. 49), S. I-1417.

von Ziffer 2.13 der Beitrittsakte ist. Dies folgt aus der Formulierung in Ziffer 2.13 der Beitrittsakte, wonach es sich um *Dienstleistungen im Sinne des Artikels 1 der Richtlinie 96/71 EG* handeln muss. Danach ist die Entsendung von Arbeitnehmern zur Ausführung einer grenzüberschreitenden Dienstleistungserbringung zwischen einem in einem Beitrittsstaat ansässigen entsendenden Unternehmen und einem in einem alten Mitgliedstaat niedergelassenem Unternehmen erfasst. Hierunter fällt auch die Entsendung in eine Niederlassung und ein der Unternehmensgruppe angehörendes Unternehmen im Hoheitsgebiet eines alten Mitgliedstaates und die grenzüberschreitende Arbeitnehmerüberlassung. Gelegenheits- oder Gefälligkeitsarbeiten fallen nicht unter Ziffer 2.13 der Beitrittsakte, da es sich um keine Dienstleistung handelt, die Teil des Wirtschaftslebens ist.

2. Grenzüberschreitender Sachverhalt

Ziffer 2.13 erfordert darüber hinaus die länderübergreifende Erbringung von Dienstleistungen[823]. Fraglich ist, welche Formen der grenzüberschreitenden Dienstleistungserbringung im Sinne der Beitrittsakte erfasst sind. Die Dienstleistungsfreiheit nach Art. 49 EG ist durch das Merkmal der Grenzüberschreitung gekennzeichnet und umfasst die so genannte „aktive" und die „passive" Dienstleistungsfreiheit[824]. Art. 49 EG spricht bezeichnenderweise nicht von der Dienstleistungs*freiheit*, sondern von dem freien Dienstleistungs*verkehr*. Den Regelfall bildet die *aktive Dienstleistungsfreiheit*: Der Dienstleistungserbringer begibt sich in das Land des Dienstleistungsempfängers, um dort seine Leistung zu erbringen. Dies ist der klassische Fall, auf den sich die Beitrittsakten beziehen[825]. Nach der Rechtsprechung des *Europäischen Gerichtshofs* in Sachen *Luisi und Carbone*[826] ist ein grenzüberschreitender Sachverhalt aber auch dann gegeben, wenn sich der in einem Mitgliedstaat ansässige Leistungsempfänger in einen anderen Mitgliedstaat begibt, um sich von dem dort ansässigen Leistenden die Leistung erbringen

823 Vgl. hierzu *Pache* in *Ehlers*, aaO (Fn. 688), § 11, Rn. 26 ff..

824 Daneben werden von Art. 49 EG auch so genannte *Korrespondenzdienstleistungen* erfasst. Hierbei handelt es sich um Dienstleistungen, bei denen weder der Dienstleistungsempfänger, noch der Dienstleistungserbringer eine Grenze überschreitet. Erfasst werden Dienstleistungen, bei denen der Austausch von Informationen und Leistungen auf Distanz im Wege der Korrespondenz erfolgt, vgl. hierzu *Kluth* in *Callies/Ruffert*, aaO (Fn. 54), Art. 49, 50 EGV, Rn. 29; EuGH Rs. 155/73 „*Giuseppe **Sacchi** (Ersuchen um Vorabentscheidung vorgelegt vom Tribunale di Biella)*", Urteil vom 30. April 1974 in Slg. 1974, S. 409, 428.

825 So auch *Preis/Temming*, aaO (Fn. 18), S. 143.

826 Vgl. EuGH, Verb. Rs. C-286/82 und 26/83 „***Luisi und Carbone***" in Slg. 1984, S. 377, Rn. 10.

zu lassen[827], die so genannte *passive Dienstleistungsfreiheit*[828]. Diese Fallkonstellation ist von den Beitrittsakten nicht erfasst, da es an der zeitweiligen grenzüberschreitenden Beschäftigung von Arbeitnehmern des Unternehmens bei der länderübergreifenden Dienstleistung fehlt. Keinen Beschränkungen unterliegt ferner die so genannte *Korrespondenzdienstleistungsfreiheit*. Eine solche Form der Dienstleistung liegt vor, wenn sowohl der Dienstleistungsempfänger, als auch der Dienstleistungserbringer ihren Aufenthaltsort beibehalten und nur die Dienstleistung als solche die Grenze überschreitet[829]. Solange der Dienstleistungserbringer mit seinem eigenen Personal nicht in der Bundesrepublik Deutschland wirtschaftlich tätig wird, besteht keine Gefahr von nachteiligen Auswirkungen auf den deutschen Arbeitsmarkt durch Wirtschaftsmigrationen. Der Anwendungsbereich der Dienstleistungsfreiheit ist ferner dann nicht eröffnet, wenn der Schwerpunkt der erbrachten Leistung im Heimatstaat und nicht in der Bundesrepublik Deutschland liegt[830]. Diese Konstellationen werden von den Übergangsbestimmungen in Ziffer 2.13 der Beitrittsakte nicht erfasst[831]. Es kann sich um wirtschaftliche Betätigungsformen von Unternehmen aus den MOE-Staaten handeln, die keine Waren für einen Auftraggeber in der Bundesrepublik Deutschland, sondern für den Markt herstellen. Die *grenzüberschreitende Lieferung von Waren* erfolgt im Anwendungsbereich der Art. 23 ff. EG, die wiederum durch die Beitrittsakte nicht beschränkt sind[832]. Die Lieferung dieser Waren durch eigenes Personal fällt nicht in den Anwendungsbereich der Dienstleistungsfreiheit[833]. Es handelt sich um Begleittätigkeiten zur Hauptleistung[834]. Der Einsatz eigenen Personals zur Erfüllung eines Kaufvertrages wird als Annex zur Warenverkehrsfreiheit gewährleistet[835]. Dem Arbeitgeber steht ein in der Warenverkehrsfreiheit wurzelndes Entsenderecht zu[836], das durch Ziffer 2.13 der Beitrittsakte nicht beschränkt ist. Der Schwerpunkt der erbrachten Dienstleistung liegt im Heimatstaat, ohne dass ein grenzüberschreitender Sachverhalt im Sinne

827 Hierzu zählt z.B. der Besuch eines Patienten bei einem Arzt im Ausland.
828 Vgl. dazu *Oppermann,* aaO (Fn. 4), § 26, Rn. 20.
829 Vgl. *Oppermann,* aaO (Fn. 4), § 26, Rn. 21.
830 Vgl. dazu *Kluth* in *Callies/Ruffert*, aaO (Fn. 54), Art. 49, 50 EGV, Rn. 15.
831 So auch *Preis/Temming*, aaO (Fn. 18), S. 145.
832 So zum Beispiel die Herstellung von Baufertigteilen für den Markt wie in **Beispiel 9**.
833 Vgl. *Pache* in *Ehlers*, aaO (Fn. 688), § 11, Rn. 37.
834 Vgl. *Müller-Graff* in *Streinz,* aaO (Fn. 15), Art. 49 EG, Rn. 24.
835 Vgl. hierzu *Birk*, aaO (Fn. 121), S. 533.
836 Vgl. EuGH, Rs. C-202/88, „***Französische Republik gegen Kommission der Europäischen Gemeinschaften***“, Urteil vom 19. März 1991 in Slg. 1991, S. I-1223, 1269, Rn. 42.

des Art. 49 EG vorliegt. Die Fertigung und Lieferung von Gemeinschaftswaren durch eigenes Personal unterliegt demzufolge keinen Übergangsbestimmungen.

II. Arbeitnehmerüberlassung als selbständige Erbringung von Dienstleistungen?

Fraglich ist, ob auch die Arbeitnehmerüberlassung als selbständige Erbringung von Dienstleistungen von Ziffer 2.13 der Beitrittsakte erfasst wird. Dies soll anhand der nachfolgenden Beispiele untersucht werden.

Beispiel 10: Das in Polen niedergelassene Unternehmen P besitzt sowohl Kontingente für die Ausführung von Werkverträgen, als auch die Erlaubnis zur Arbeitnehmerüberlassung. P möchte nunmehr an den deutschen Auftraggeber D eigene polnische Arbeitnehmer zur Ausführung von Werkverträgen in einem liberalisierten Wirtschaftssektor einsetzen, als auch Arbeitnehmer an D überlassen.

Beispiel 11: Wie in **Beispiel 10** will P mit D in Vertragsbeziehungen treten. Diesmal sollen allerdings Arbeitnehmer des P auf Werkvertragsbasis in den nicht liberalisierten Wirtschaftssektoren eingesetzt und teilweise überlassen werden[837].

Beispiel 12: P wird mit eigenem Personal in einem nicht liberalisierten Wirtschaftssektor auf Werkvertragsbasis mit dem deutschen Auftraggeber D tätig. In der Praxis stellt sich heraus, dass P und D keinen Werkvertrag durchführen, sondern P an D illegal Arbeitnehmer überlassen hat.

Nach Ziffer 2.13 der Beitrittsakte wird auch die grenzüberschreitende Überlassung von Arbeitnehmern im Sinne des Art. 1 Abs. 3 lit. c) der Richtlinie 96/71 EG erfasst. Während allerdings bei der Arbeitnehmerentsendung die Arbeitnehmer nur Erfüllungsgehilfen bei der Erbringung einer beliebigen Dienst- oder Werkleistung durch ihren Arbeitgeber sind, besteht bei der Arbeitnehmerüberlassung die Erfüllung der Vertragspflicht in der Überlassung des Arbeitnehmers selbst[838]. Nach § 1 Abs. 1 Satz 1 AÜG bedarf die Arbeitnehmerüberlassung nach deutschem Recht einer Erlaubnis auch für die Fälle der Überlassung von Arbeitnehmern aus dem Ausland an einen Betrieb in der Bundesrepublik Deutschland. Im Baugewerbe ist die gewerbsmäßige Arbeitnehmerüberlassung hingegen nach § 1b Satz 2 AÜG für Betriebe des Baugewerbes mit Geschäftssitz in einem anderen Mitgliedstaat des EWR gestattet, wenn der ausländische Betrieb nicht von deutschen Rahmen- und Sozialkassentarifverträgen oder für allgemeinverbindlich erklärten Tarifverträgen erfasst wird, er aber nachweislich seit mindestens drei

837 Im Folgenden wird unterstellt, dass die Voraussetzungen nach § 1b Satz 2 AÜG vorliegen. Diese Konstellationen dürften daher auf Ausnahmefälle beschränkt sein.

838 Vgl. *Kort*, „Die Bedeutung der europarechtlichen Grundfreiheiten für die Arbeitnehmerentsendung und die Arbeitnehmerüberlassung“ in NZA 2002, S. 1249.

Jahren überwiegend Tätigkeiten ausübt, die unter den Geltungsbereich derselben Rahmen- und Sozialkassentarifverträgen fallen, von denen der Betrieb des Entleihers erfasst wird[839]. Nach § 3 Abs. 2 bis 5 AÜG kann die Erlaubnis versagt werden, wenn die Arbeitnehmerüberlassung aus dem Ausland oder von ausländischen Arbeitgebern in die Bundesrepublik Deutschland betrieben werden soll[840]. Die Erlaubnis ist nach § 3 Abs. 2 AÜG zwingend zu versagen, wenn der Antragsteller seinen Sitz nicht in einem Mitgliedstaat der EU oder des EWR hat[841]. Die Niederlassungsfreiheit nach Art. 43 EG ist durch die Übergangsbestimmungen nicht eingeschränkt, so dass auch Antragsteller mit Sitz in den Beitrittsstaaten eine Verleiherlaubnis erhalten können[842] und die grenzüberschreitende Arbeitnehmerüberlassung somit gewerberechtlich zulässig ist.

Fraglich ist aber, wie sich die grenzüberschreitende Arbeitnehmerüberlassung von Staatsangehörigen aus den Beitrittstaaten arbeitsgenehmigungsrechtlich darstellt. Unstreitig kann ein in den Beitrittsstaaten niedergelassenes Unternehmen Arbeitnehmer aus den alten EU-Mitgliedstaaten ohne das Erfordernis einer Arbeitserlaubnis grenzüberschreitend überlassen. Dies gilt unabhängig davon, ob man die grenzüberschreitende Arbeitnehmerüberlassung dogmatisch der Arbeitnehmerfreizügigkeit nach Art. 39 EG oder der Dienstleistungsfreiheit nach Art. 49 EG zuordnet, da aus beiden Grundfreiheiten ein abgeleitetes Aufenthaltsrecht und Recht zur Aufnahme einer Beschäftigung im Betrieb des Entleihers folgt[843]. Fraglich ist allerdings, ob auch Staatsangehörige aus den Beitrittsstaaten außerhalb des nationalen Arbeitsgenehmigungsrechts des Aufnahmestaates überlassen werden dürfen, oder den Beschränkungen nach Ziffer 2.13 der Beitrittsakte unterliegen. Macht es daher einen Unterschied, ob ein Unternehmen mit Sitz in Polen einen Deutschen oder einen Polnischen Staatsangehörigen an einen deutschen Entleiherbetrieb überlässt? Die Entscheidung dieser Fragstellung hängt davon ab, ob die Arbeitnehmerüberlassung gemeinschaftsrechtlich im Anwendungsbereich

---

839 Die Tätigkeit des Baubetriebs muss überwiegend unter den Geltungsbereich derselben Rahmen- und Sozialkassentarifverträge fallen, von denen der Entleiher erfasst wird. Sie muss während der letzten drei Jahre überwiegend (d.h. zu über 50 % der betrieblichen Gesamtarbeitszeit im EWR) der Tätigkeit des Entleihers innerhalb desselben Gewerbezweiges entsprechen; vgl. *Ulber*, aaO (Fn. 24), § 1b AÜG, Rn. 48.

840 Vgl. hierzu *Pelzner* in *Thüsing*, aaO (Fn. 422), Rn. 117 ff..

841 Vgl. hierzu auch *Boemke*, BB 2005, S. 262.

842 Vgl. *Pelzner* in *Thüsing*, aaO (Fn. 422), § 3, Rn. 122; *Wank* in ErfK, aaO (Fn. 35), § 3 AÜG, Rn. 38. In den **Beispielen 10 und 11** kann P daher grundsätzlich eine Erlaubnis nach § 1 Abs. 1 Satz 1 AÜG erteilt werden, wenn die weiteren Voraussetzungen des AÜG vorliegen und P auch über eine Erlaubnis zur Arbeitnehmerüberlassung in der Republik Polen verfügt.

843 Vgl. *Boemke*, BB 2005, S. 262.

der Dienstleistungsfreiheit nach Art. 49 EG erfolgt und die überlassenen Arbeitnehmer wie in Entsendetatbeständen eine derivatives Teilhaberecht aus der Dienstleistungsfreiheit erlangen. Dann wäre der Einsatz eigenen Personals in den liberalisierten Wirtschaftssektoren auch ohne Arbeitserlaubnis möglich[844]. Ist Arbeitnehmerüberlassung hingegen im Hinblick auf die überlassenen Arbeitnehmer gemeinschaftsrechtlich auch der Arbeitnehmerfreizügigkeit und nicht allein der Dienstleistungsfreiheit zuzuordnen, findet Ziffer 2.2 der Beitrittsakte mit der Folge Anwendung, dass eigenes Personal auch in den liberalisierten Wirtschaftssektoren nur nach Maßgabe des nationalen Arbeitsgenehmigungsrechts überlassen werden kann. Aus den Werkvertragsabkommen lässt sich in Fällen grenzüberschreitender Arbeitnehmerüberlassung weder ein Aufenthaltsrecht, noch ein Recht zur Ausübung einer Beschäftigung herleiten, da die grenzüberschreitende Arbeitnehmerüberlassung gerade nicht genehmigungsfähig ist[845]. Die gemeinschaftsrechtliche Zuordnung der Arbeitnehmerüberlassung ist in der Rechtsprechung des *EuGH* und der Literatur umstritten. Ferner existiert keine Rechtsprechung des *EuGH* zum Verhältnis des Gemeinschaftsrechts in Fällen grenzüberschreitender Arbeitnehmerüberlassung zu Übergangsbestimmungen in Beitrittsverträgen.

1. Die Rechtsprechung des EuGH

Der Rechtsprechung des *EuGH* lässt sich keine eindeutige Zuordnung der Arbeitnehmerüberlassung zur Arbeitnehmerfreizügigkeit bzw. zur Dienstleistungsfreiheit entnehmen.

In der Rechtssache *Webb*[846] hatte der *EuGH* über den Fall einer grenzüberschreitenden Überlassung technischer Fachkräfte eines im Vereinigten Königreich niedergelassenen niederländischen Unternehmens in die Niederlande zu entscheiden. Weder der Manager *Webb*, noch das Unternehmen verfügten über eine Lizenz nach niederländischem Recht. Der *EuGH* ordnete die Überlassung von Arbeitnehmern als Dienstleistung im Sinne des Art. 49 EG ein[847]. Zugleich hielt es der *EuGH* aber auch nicht für ausgeschlossen, dass neben der Dienstleistungsfreiheit des Unternehmens auch die Arbeitnehmerfreizügigkeit im Hinblick auf die überlassenen Arbeitnehmer anwendbar sein könne. Der *EuGH* musste sich in dem der Rechtssache *Webb* zugrunde liegenden Sachverhalt allerdings nicht mit der Frage auseinandersetzen, ob die Anwendbarkeit der Arbeit-

---

844 So im **Beispiel 10**.

845 Vgl. Art. 8 Abs. 2 WA Polen.

846 EuGH, Rs. 279/80, „*Strafverfahren gegen Alfred John **Webb***“, Urteil vom 17. Dezember 1981 in Slg. 1981, S. 3305.

847 EuGH, Rs, „***Webb***“, aaO (Fn. 846), Rn. 10.

nehmerfreizügigkeit auf die überlassenen Arbeitnehmer die Dienstleistungsfreiheit verdrängt oder daneben zur Anwendung gelangt. Auch in der Rechtssache *Rush Portuguesa*[848] hatte der *EuGH* nicht explizit über die gemeinschaftsrechtliche Zuordnung der grenzüberschreitenden Arbeitnehmerüberlassung zu entscheiden. In einem *obiter dictum* führte das Gericht allerdings aus, dass ein Unternehmen, das Dritten Arbeitskräfte überlässt, zwar Erbringer von Dienstleistungen im Sinne des Vertrages ist, jedoch Tätigkeiten ausübt, die gerade darin bestehen, dem Arbeitsmarkt des Aufnahmemitgliedstaates Arbeitnehmer zuzuführen. In einem solchen Fall stünden nach Auffassung des EuGH die Übergangsbestimmungen der Beitrittsakte entgegen[849]. In einer späteren Entscheidung hat der *EuGH* die grenzüberschreitende Arbeitnehmerüberlassung allein dem Anwendungsbereich der Dienstleistungsfreiheit zugeordnet[850].

Der Rechtsprechung des *EuGH* lässt sich keine eindeutige Zuordnung der grenzüberschreitenden Arbeitnehmerüberlassung zur Arbeitnehmerfreizügigkeit bzw. zur Dienstleistungsfreiheit entnehmen.

- Wird die Entscheidung *Rush Portuguesa* nunmehr dahingehend gedeutet, dass überlassene Arbeitnehmer dem Anwendungsbereich der Arbeitnehmerfreizügigkeit in den Übergangsbestimmungen zuzuordnen sind, ist eine Arbeitserlaubnis nach nationalem Recht unabhängig von dem Wirtschaftssektor in dem die überlassenen Arbeitnehmer eingesetzt werden erforderlich.
- Ist der Rechtsprechung des *EuGH* hingegen eine Zuordnung der Arbeitnehmerüberlassung zu den Übergangsbestimmungen der Dienstleistungsfreiheit zu entnehmen, ist in den liberalisierten Wirtschaftssektoren für den Einsatz eigenen Personals keine Arbeitserlaubnis nach § 284 SGB III erforderlich[851].

Anders ist Arbeitnehmerüberlassung in den von Ziffer 2.13 der Beitrittsakte beschränkten Wirtschaftssektoren zu beurteilen. Der Einsatz eigenen Personals ist nur nach Maßgabe des nationalen Arbeitsgenehmigungsrechts möglich. Die erforderliche Arbeitserlaubnis nach § 284 SGB III ist allerdings nach dem Rechtsgedanken von § 40 Abs. 1 Nr. 2 AufenthG iVm § 6 Abs. 1 Nr. 2 ArgV zu versagen[852].

---

848 EuGH, Rs. „***Rush Portuguesa***“, aaO (Fn. 49).

849 EuGH, Rs. „***Rush Portuguesa***“, aaO (Fn. 49), Rn. 16.

850 Vgl. z.B. EuGH, Rs. C-279/00, „***Kommission der Europäischen Gemeinschaften gegen Italienische Republik***“, Urteil vom 7. Februar 2002 in Slg. 2002, S. I-1425, 1453, Rn. 17.

851 So im **Beispiel 10**.

852 Direkt findet § 6 ArgV nur auf Konstellationen Anwendung, in denen ein deutsches Unternehmen ein Arbeitsverhältnis mit einem Beitrittsstaatstaatsangehörigen abschließt und den Arbeitnehmer überlassen will. Im **Beispiel 11** ist die Überlassung von Staatsangehörigen aus einem Beitrittsstaat in die Bundesrepublik Deutschland nicht möglich.

2. *Auffassung in der Literatur*

In der deutschen Literatur finden sich im Wesentlichen zwei Auffassungen. Zum einen wird vertreten, dass zwischen der Arbeitnehmerfreizügigkeit und der Dienstleistungsfreiheit keine strikte Trennung erfolgen könne. Die wohl überwiegende Auffassung geht in grenzüberschreitenden Arbeitnehmerüberlassungstatbeständen von einem monistischen Modell zugunsten der Dienstleistungsfreiheit aus. Das Meinungsspektrum soll im Folgenden dargestellt werden, wobei die nachfolgend zitierten Auffassungen teilweise die Beitrittsverträge bei der gemeinschaftsrechtlichen Beurteilung unberücksichtigt lassen.

a) Dualistisches Modell zwischen Arbeitnehmerfreizügigkeit und Dienstleistungsfreiheit

Feuerborn[853] nimmt eine Trennung zwischen der Arbeitnehmerfreizügigkeit und der Dienstleistungsfreiheit vor. Die Dienstleistungsfreiheit ist seiner Auffassung nach grundsätzlich auf das die Arbeitnehmer überlassende Unternehmen anwendbar. In Abgrenzung zur grenzüberschreitenden Entsendung von Arbeitnehmern zur Ausführung von Werk- oder Dienstverträgen sei die gemeinschaftsrechtliche Zuordnung der Arbeitnehmerüberlassung sowohl zur Arbeitnehmerfreizügigkeit als auch zur Dienstleistungsfreiheit vorzunehmen. Unter Bezugnahme auf die Rechtsprechung des *EuGH* in Sachen *Rush Portuguesa* komme es auf die Zielrichtung der Beschränkung an. Bei der grenzüberschreitenden Arbeitnehmerüberlassung erbringe der Unternehmer zwar eine Dienstleistung im Sinne des Art. 49 EG. Diese Tätigkeit beinhalte aber zugleich eine Zuführung von Arbeitnehmern zum Arbeitsmarkt des Aufnahmestaates. Daher könne die grenzüberschreitende Überlassung von Arbeitnehmern sowohl an den Bestimmungen über die Dienstleistungsfreiheit nach Art. 49 EG, als auch an den Bestimmungen über die Arbeitnehmerfreizügigkeit nach Art. 39 EG gemessen werden. *Feuerborn* ist so zu verstehen, dass eine Trennung zwischen der Dienstleistungsfreiheit des Unternehmens einerseits und der Arbeitnehmerfreizügigkeit der Arbeitnehmer andererseits vorzunehmen ist. *Die Tätigkeit des Unternehmens und des Arbeitnehmers könne gemeinschaftsrechtlich sowohl den Voraussetzungen und Rechtsfolgen der Dienstleistungsfreiheit als auch der Arbeitnehmerfreizügigkeit unterliegen*[854]. Auch *Konzen*[855] scheint ohne weitere Begründung davon auszu-

853 *Feuerborn* in *Schüren*, aaO (Fn. 144), Einleitung, Rn. 453 bis 455.
854 *Feuerborn* soll allerdings nicht unterstellt werden, dass er keine andere rechtliche Beurteilung der grenzüberschreitenden Arbeitnehmerüberlassung im Hinblick auf die Übergangsbestimmungen in den Beitrittsakten vornehmen würde; so aber aus-

gehen, dass ein Dualismus zwischen Arbeitnehmerfreizügigkeit und Dienstleistungsfreiheit bestehe. Dieser Auffassung folgt auch *Hanau*[856], der die Arbeitnehmerfreizügigkeit neben der Dienstleistungsfreiheit für anwendbar hält. Nach der Auffassung von *Boemke*[857] ist Arbeitnehmerüberlassung der Sache nach Dienstverschaffung, nicht aber selbständige Erbringung von Dienstleistungen mit der Konsequenz, dass Arbeitnehmerüberlassung nicht von Ziffer 2.13 erfasst werde. Allerdings könne ein in einem Beitrittsstaat niedergelassenes Unternehmen keine Arbeitnehmer aus den MOE-Staaten überlassen, da diese den Beschränkungen über die Arbeitnehmerfreizügigkeit in den Beitrittsakten unterlägen. In einem Beitrittsstaat niedergelassene Unternehmen können allein Arbeitnehmer aus den bisherigen Mitgliedstaaten in die Bundesrepublik Deutschland überlassen. Dieser Auffassung folgt auch *Pelzner*[858]. Sie versteht die Rechtsprechung des *EuGH* in Sachen *Rush Portuguesa* so, dass die grenzüberschreitende Überlassung von Arbeitnehmern sowohl der Dienstleistungsfreiheit, als auch der Arbeitnehmerfreizügigkeit zuzuordnen sei. Im Hinblick auf die Beitrittsverträge argumentiert sie mit der Gefahr einer Umgehung der Arbeitnehmerfreizügigkeit. Ziel der Arbeitnehmerfreizügigkeit in der Übergangszeit sei es, Störungen auf den Arbeitsmärkten der alten Mitgliedstaaten zu vermeiden. Diese Ausnahmeregelungen würden umgangen, wenn die Dienstleistungsfreiheit des Verleihers mit Sitz in einem Beitrittsstaat dahingehend ausgelegt werden würde, dass der Verleih von Beitrittsstaatsangehörigen in die alten Mitgliedstaaten zulässig wäre, solange Übergangszeiten für die Freizügigkeit bestehen würden. Auch *Ulber*[859] ordnet Arbeitnehmerüberlassung gemeinschaftsrechtlich der Dienstleistungsfreiheit zu. Allerdings führt er einschränkend aus, dass durch die Überlassung von ausländischen Arbeitnehmern aus Drittstaaten dem Arbeitsmarkt des Aufnahmestaates zusätzliche Arbeitnehmer zugeführt würden, die die Beschäftigungsmöglichkeiten aller (jeweils gleich zu behandelnder) EU-Arbeitnehmer beeinträchtigen würden. Als Referenz für seine Auffassung verweist auch er auf das Urteil des *EuGH* in Sachen *Rush Portuguesa*. Darüber hinaus würden durch den Einsatz von Arbeitnehmern aus Drittstaaten die Rechte der EU-Arbeitnehmer auf Freizügigkeit als solche beeinträchtigt. Eine Umgehung der Freizügigkeit unter Berufung auf die Dienstleistungsfreiheit sei nicht gestattet. Diese Ansicht folgt

---

drücklich im Hinblick auf die Übergangsbestimmungen in den Beitrittsverträgen mit den MOE-Staaten *Riederer von Paar*, aaO (Fn. 32), Einleitung, Rn. 537.

855 *Konzen*, NZA 2002, S. 781.

856 *Hanau*, NJW 1996, S. 1369, 1371.

857 *Boemke*, BB 2005, S. 261.

858 *Pelzner* in *Thüsing*, aaO (Fn. 422), § 3, Rn. 123; so auch *Riederer von Paar* in *Schüren*, AÜG, 3. Aufl. 2007, Einl., Rn. 623.

859 *Ulber*, aaO (Fn. 24), Einleitung F, Rn. 22.

auch *Langer*[860] unter Verweis auf die Rechtsprechung des *EuGH* in Sachen *Rush Portuguesa* und *Webb*. Sie grenzt die Arbeitnehmerüberlassung von dem „Verleih" von Arbeitnehmern ab, der ihrer Auffassung nach auch ohne Arbeitserlaubnis möglich sei. *Westphal/Stoppa*[861] ordnen die grenzüberschreitende, unternehmensfremde Arbeitnehmerüberlassung grundsätzlich der Dienstleistungsfreiheit nach Art. 49 EG zu, wollen sie im Hinblick auf eine mögliche Umgehung der Übergangsbestimmungen in den Beitrittsakten aber ebenfalls nicht zulassen. Letztlich versteht auch *Wank*[862] die Entscheidungen *Rush Portuguesa* und *Vander Elst* so, dass die Arbeitnehmerfreizügigkeit nur bei Entsendetatbeständen, nicht hingegen bei Überlassungstatbeständen Anwendung finde. *Wank* argumentiert wie *Feuerborn* damit, dass überlassene Arbeitnehmer dem Arbeitsmarkt des Aufnahmestaates zugeführt werden.

Dieser Auffassung in der Literatur folgend wäre die Überlassung von Staatsangehörigen aus den Beitrittsstaaten grundsätzlich nicht möglich, da unabhängig von der Anwendbarkeit von Ziffer 2.13 Ziffer 2.2 der Beitrittsakte Anwendung finden würde. Überlassene Arbeitnehmer würden Zugang zum deutschen Arbeitsmarkt nur nach Maßgabe des § 284 SGB III erlangen. Die Erteilung der Arbeitserlaubnis ist aber nach dem Rechtsgedanken des § 40 Abs. 1 Nr. 2 AufenthG iVm § 6 Abs. 1 Nr. 2 ArGV zu versagen[863].

b) Monistisches Modell zugunsten der Dienstleistungsfreiheit

Einer anderen Richtung in der arbeitsrechtlichen Literatur folgend, ist die grenzüberschreitende Arbeitnehmerüberlassung allein der Dienstleistungsfreiheit zuzuordnen.

Däubler[864] folgt der Auffassung des *EuGH* in Sachen *Rush Portuguesa* und erteilt einem dualistischen Modell zwischen der Arbeitnehmerfreizügigkeit und der Dienstleistungsfreiheit in Entsendefällen eine Absage. Der Arbeitnehmer entscheide schließlich nicht selbst darüber, ob er in einem anderen Land arbeiten will, sondern werde im Rahmen seines Beschäftigungsverhältnisses dahin abgeordnet. Auch *Schiek*[865] hält in *Entsendefällen* allein die Dienstleistungsfreiheit für anwendbar. Sie verweist darauf, dass in Entsendefällen der entsandte Arbeit-

---

860 *Langer*, NZA Beilage 2/2005, S. 87 mit Verweis in Fn. 19 und 20.
861 *Westphal/Stoppa*, InfAuslR 2004, S. 136.
862 *Wank*, NZA Beilage 2/2005, S. 93.
863 Dieser Auffassung folgend wäre die grenzüberschreitende Arbeitnehmerüberlassung mit eigenem Personal aus den Beitrittsstaaten sowohl im **Beispiel 10** als auch im **Beispiel 11** nicht möglich.
864 *Däubler*, EuZW 1997, S. 613, 614.
865 *Schiek*, aaO (Fn. 30), S. 169.

nehmer nicht aus eigenem Entschluss von seiner Freizügigkeit Gebrauch mache, sondern in Rahmen des Weisungsrechts zur Ausübung der Arbeit an einem anderen Ort angewiesen wird. Der entsandte Arbeitnehmer verlange demnach keinen Zugang zum Arbeitsmarkt des Aufnahmestaates. Unklar bleibt allerdings, ob *Däubler* und *Schiek* diese Auffassung auch in Fällen der *grenzüberschreitenden Arbeitnehmerüberlassung* vertreten. Nach der Auffassung von *Kort*[866] komme die Arbeitnehmerfreizügigkeit bei der gemeinschaftsrechtlichen Beurteilung der grenzüberschreitenden Arbeitnehmerüberlassung nicht zur Anwendung. Die Arbeitnehmerfreizügigkeit im Sinne des Art. 39 EG setze ein bestehendes oder zumindest angestrebtes Inlandsarbeitsverhältnis voraus. Dies läge bei der grenzüberschreitenden Überlassung eines ausländischen Arbeitnehmers ins Inland nicht vor. Somit erfolge die grenzüberschreitende Arbeitnehmerüberlassung allein im Anwendungsbereich der Dienstleistungsfreiheit nach Art. 49 EG. Diese Auffassung wird mit derselben Begründung auch von *Eichenhofer*[867], *Löwisch/Rieble*[868], *Rieble/Lessner*[869]und *Fuchs*[870] und *Frenz*[871] geteilt. *Pechstein*[872] erteilt zunächst unter Hinweis auf das in Art. 50 Abs. 1 EG normierte Subsidiaritätsprinzip dem dualistischen Modell zwischen Arbeitnehmerfreizügigkeit und Dienstleistungsfreiheit eine Absage. Seiner Auffassung nach sei die Arbeitnehmerüberlassung der Dienstleistungsfreiheit nach Art. 49 EG zuzuordnen, da die überlassenen Arbeitnehmer nicht aufgrund einer eigenen Entscheidung in einem anderen Mitgliedstaat tätig werden. Ferner verweist er darauf, dass Arbeitnehmerüberlassung nicht mit der Zielrichtung der Arbeitnehmerfreizügigkeit nach Art. 39 EG vergleichbar sei, da überlassene Arbeitnehmer nach Ablauf der Überlassung wieder in ihren Heimatstaat zurückkehren, während Art. 39 EG keine kurzfristige Rückkehr des Wanderarbeitnehmers in sein Heimatland beinhalte. Darüber hinaus führt er pragmatisch an, dass sich durch eine einheitliche Zuordnung überlassener Arbeitnehmer zur Dienstleistungsfreiheit Abgrenzungsschwierigkeiten vermeiden lassen.

866 *Kort*, NZA 2002, S. 1248, 1250.
867 *Eichenhofer*, ZIAS 1996, S. 54, 60 f..
868 *Löwisch/Rieble*, BB 1995, S. 2270, 2273.
869 *Rieble/Lessner*, ZfA 2002, S. 29, 44.
870 *Fuchs*, SAE 2002, S. 83, 85 f..
871 *Frenz*, aaO (Fn. 14), Rn. 1140.
872 *Pechstein* in einem Gutachten zu verschiedenen Fragen bzgl. des Aufenthaltsrechts polnischer Werkvertragsarbeitnehmer (nicht veröffentlicht), S. 48.

3. Stellungnahme

Der letztgenannten Auffassung ist zu folgen. Die grenzüberschreitende Arbeitnehmerüberlassung ist gemeinschaftsrechtlich allein der Dienstleistungsfreiheit nach Art. 49 EG zuzuordnen. Sie unterscheidet sich von der Entsendung dadurch, dass die Arbeitnehmer nicht zur Erfüllung eines eigenen Auftrags ihres Arbeitgebers, sondern in Erfüllung eines Auftrags des Entleihunternehmens tätig werden. Dies ändert aber nichts daran, dass es sich gemeinschaftsrechtlich um einen Sachverhalt handelt, der allein der Dienstleistungsfreiheit und nicht der Arbeitnehmerfreizügigkeit zugeordnet ist.

a) Zur Rechtsprechung des EuGH

Dem Urteil des *EuGH* in Sachen *Webb* lässt sich im Hinblick auf die Übergangsbestimmungen keine eindeutige gemeinschaftsrechtliche Zuordnung der Arbeitnehmerüberlassung entnehmen. Das Gericht lässt offen, ob die grenzüberschreitende Arbeitnehmerüberlassung sowohl an den Verbotstatbeständen der Dienstleistungsfreiheit, als auch der Arbeitnehmerfreizügigkeit zu messen ist. Darüber hinaus lässt sich diese Rechtsprechung nicht ohne weiteres auf die Erbringung von Dienstleistungen im Kontext der Übergangsbestimmungen übertragen.

Dem *obiter dictum* des *EuGH* in Sachen *Rush Portuguesa* kann zunächst klar entnommen werden, dass Arbeitnehmerüberlassung Dienstleistung im Sinne des Art. 49 EG darstellt. In den Beitrittsverträgen mit Portugal und Spanien war nur die Arbeitnehmerfreizügigkeit und nicht die Dienstleistungsfreiheit vorübergehend suspendiert, so dass das Gericht nicht über die tatbestandliche gemeinschaftsrechtliche Einordnung der Arbeitnehmerüberlassung im Hinblick auf die überlassenen Arbeitnehmer zu entscheiden hatte. Demzufolge hat der *EuGH* auch nicht abschließend die Arbeitnehmerüberlassung im Anwendungsbereich der Dienstleistungsfreiheit zur parallel anwendbaren Arbeitnehmerfreizügigkeit abgegrenzt. Entgegen der in der Literatur vertretenen Auffassung lässt sich aus der Entscheidung *Rush Portuguesa* kein Dualismus zwischen der Arbeitnehmerfreizügigkeit und der Dienstleistungsfreiheit herleiten. Der Entscheidung des *EuGH* kann nicht entnommen werden, ob Übergangsbestimmungen im Anwendungsbereich der Dienstleistungsfreiheit auch auf die grenzüberschreitende Überlassung von Arbeitnehmern übertragen werden kann. Der *EuGH* hatte bisher noch keine Möglichkeit gehabt, hierzu Stellung zu nehmen.

b) Zur Auffassung der Literatur

Soweit in der Literatur darauf abgestellt wird, dass im Gegensatz zu Entsendetatbeständen der überlassene Arbeitnehmer dauerhaft in dem Aufnahmestaat verbleibt, verfängt dieses Argument nicht. Die Dauer der Überlassung richtet sich allein nach dem Überlassungsvertrag zwischen Verleiher und Entleiher und wird in der Regel projektbezogen und damit befristet sein. Der überlassene Arbeitnehmer ist folglich ebenso wie ein Arbeitnehmer zur Erfüllung eines Werkvertrages zur Ausführung einer Dienstleistung, nämlich der Erfüllung des Überlassungsvertrages, in einen anderen Mitgliedstaat entsandt. *Auch der überlassene Arbeitnehmer verlangt keinen Zutritt zum Arbeitsmarkt eines anderen Mitgliedstaates, sondern kehrt nach Beendigung der Tätigkeit in seinen Heimatstaat zurück.* Ferner wird bei der Arbeitnehmerüberlassung nur ein Arbeitsverhältnis zwischen dem entliehenen Arbeitnehmer und seinem Verleiher, nicht hingegen mit dem Entleiher begründet. Daran ändert auch der Umstand nichts, dass der Entleiher den ihm überlassenen Arbeitnehmer faktisch wie „seinen" Arbeitnehmer einsetzen kann. Im nationalen Recht folgt dies aus § 10 Abs. 1 AÜG, wonach ein Arbeitsverhältnis zwischen Entleiher und Leiharbeitnehmer nur im Falle illegaler Arbeitnehmerüberlassung fingert wird. Dem AÜG lässt sich daher entnehmen, dass im Regelfall kein Arbeitsverhältnis zwischen Entleiher und Leiharbeitnehmer besteht. Ist aber ein Arbeitsverhältnis im Verhältnis Entleiher zu Leiharbeitnehmer ausgeschlossen, kann in diesem Verhältnis die Arbeitnehmerfreizügigkeit nicht anwendbar sein, da Art. 39 EG ein Inlandsarbeitsverhältnis voraussetzt. Auch im Verhältnis zwischen Verleiher und Leiharbeitnehmer kommt die Arbeitnehmerfreizügigkeit nicht zur Anwendung, da insoweit allein die Dienstleistungsfreiheit einschlägig ist. *Pechstein* hat überzeugend unter Verweis auf den Wortlaut von Art. 50 EG ausgeführt, dass die Dienstleistungsfreiheit gegenüber der Arbeitnehmerfreizügigkeit nur subsidiär zur Anwendung komme. Der *EuGH* ordnet die Arbeitnehmerüberlassung gemeinschaftsrechtlich als selbständige Erbringung von Dienstleistungen und nicht lediglich als Dienstverschaffung ein, so dass für die Anwendung von Art. 39 EG kein Raum ist. Dies folgt nicht zuletzt auch aus Art. 3 lit. c) der Entsenderichtlinie 96/71 EG und dem in nationales Recht umgesetzten § 7 Abs. 1 Nr. 4 AEntG, wonach die Entsenderichtlinie auch auf die Arbeitnehmerüberlassung Anwendung findet[873].

Bei *Ulber* bleibt unklar, wie sein Verweis auf die Beschäftigung von Drittstaatsangehörigen zu verstehen ist. Im Hinblick auf die Übergangsbestimmungen zur Dienstleistungsfreiheit in Ziffer 2.13 müssten seiner Auffassung folgend Arbeitnehmer aus den Beitrittsstaaten Drittstaatsangehörigen gleichgestellt werden.

873 So auch zutreffend *Pechstein*, aaO (Fn. 872), S. 44.

Dies ist im Hinblick auf die Übergangsbestimmungen sicherlich nicht richtig, da Staatsangehörige aus den Beitrittsstaaten durch Ziffer 2.14 gegenüber Drittstaatsangehörigen privilegiert werden. Legale Arbeitnehmerüberlassung ist demnach allein der Dienstleistungsfreiheit und der hierzu einschlägigen Übergangsbestimmung nach Ziffer 2.13 zuzuordnen.

Dieses Ergebnis lässt sich schließlich dem Entsendetatbestand in Art. 14 der VO (EWG) 1408/71 entnehmen. Bei einer Überlassung von Arbeitnehmern innerhalb der Europäischen Union bleibt es bei der Anwendung des Sozialversicherungsrechts des Heimatstaates, solange die Überlassung an den Entleiher nicht länger als 12 Monate dauert[874]. Solange das Beschäftigungsverhältnis im sozialversicherungsrechtlichen Sinne dem System der sozialen Sicherheit an dem Ort des Verleihers zuzuordnen ist, tritt der überlassene Arbeitnehmer sozialversicherungsrechtlich nicht auf dem Arbeitsmarkt des Staates des Entleihers auf.

c) Durchführung eines Scheinwerkvertrages

Etwas anders kann gelten, wenn sich die Durchführung eines Werkvertrages in der Praxis als illegale Arbeitnehmerüberlassung herausstellt[875]. Wie § 10 Abs. 1 Satz 1 AÜG zeigt, wird ein Arbeitsverhältnis zwischen dem Entleiher und dem Leiharbeitnehmer fingiert, so dass der Leiharbeitnehmer faktisch den Arbeitsplatz eines Arbeitnehmers des aufnehmenden Betriebs des Mitgliedstaates einnimmt[876]. Zwar „verlangt" der illegal überlassene Arbeitnehmer auch in diesem Fall keinen Zugang zum deutschen Arbeitsmarkt, er wird ihm aber hypothetisch zugeordnet. Hiefür spricht auch, dass im Falle illegaler Arbeitnehmerüberlassung Art. 14 Abs. 1 der VO (EWG) 1408/71 keine Anwendung findet, also ein sozialversicherungspflichtiges Beschäftigungsverhältnis in der Bundesrepublik Deutschland entstehen kann[877]. Das Beschäftigungsverhältnis wird nach § 3 SGB IV im sozialversicherungsrechtlichen Sinne dem deutschen Recht zugeordnet. Im Falle illegaler Arbeitnehmerüberlassung ist der mit den Übergangsbestimmungen im Bereich der Arbeitnehmerfreizügigkeit verfolgte Zweck, nämlich die Verhinderung unkontrollierten Zugangs von erwerbstätigen Staatsangehörigen aus den Beitrittsstaaten und damit eine Belastung der Systeme der Sozialen Sicherheit betroffen, so dass Ziffer 2.2 der Beitrittsakte Anwendung findet. Für die Tätigkeit der in die Bundesrepublik Deutschland überlassenen Arbeitnehmer wäre eine Ar-

874 Vgl. *Steinmeyer* in *Fuchs*, aaO (Fn. 394), S. 189; *Thüsing* in *Thüsing*, aaO (Fn. 422), Einführung, Rn. 69; *Riederer von Paar* in *Schüren*, aaO (Fn. 32), Einleitung, Rn. 680.

875 So im **Beispiel 12**.

876 Auf diesen Punkt weist *Pechstein*, aaO (Fn. 872), S. 51 hin.

877 S. o. Kapitel 2 A. III. 2.

beitserlaubnis nach § 284 SGB III erforderlich gewesen, dessen Erteilung nach dem Gedanken der § 40 Abs. 2 Nr. 1 AufenthG[878] iVm § 6 Abs. 2 Nr. 1 ArGV aber zu versagen gewesen wäre[879].

d) Übertragung der Übergangsbestimmungen zur Arbeitnehmerfreizügigkeit auf die Beschränkungsmöglichkeit nach Ziffer 2.13

Ist die grenzüberschreitende Überlassung von Arbeitnehmern folglich allein den Bestimmungen über die Dienstleistungsfreiheit nach Art. 49 EG und nicht den weiteren Beschränkungen der Arbeitnehmerfreizügigkeit nach Art. 39 EG zuzuordnen, steht gleichwohl noch nicht fest, dass ein in einem Beitrittsstaat niedergelassenes Unternehmen eigene Arbeitnehmer außerhalb des nationalen Arbeitsgenehmigungsverfahrens in der Bundesrepublik Deutschland zur Erbringung der Dienstleistung (der Ausführung des Überlassungsvertrages) einsetzen kann.

Sind die Übergangsbestimmungen nach Ziffer 2.2 auch auf Dienstleistungen im Sinne von Ziffer 2.13 der Beitrittsakte übertragbar, ist die grenzüberschreitende Überlassung von Arbeitnehmern von Staatsangehörigen aus den Beitrittstaaten nur nach dem nationalen Arbeitsgenehmigungsrecht zulässig.

Gegen diese von *Pelzner, Wank, Langer* und *Riederer von Paar* vertretene Konzeption spricht allerdings, dass so die Übergangsbestimmungen zur Dienstleistungsfreiheit unzulässig erweitert werden. Mit der gebotenen restriktiven Auslegung der Übergangsbestimmungen ist eine Erweiterung der Beschränkungen nach Ziffer 2.2 auf die Beschränkungen der Dienstleistungsfreiheit über den Wortlaut von Ziffer 2.13 hinaus nicht zu vereinbaren. Während Ziffer 2.2 den Zugang von Staatsangehörigen aus den Beitrittsstaaten vollumfänglich ausschließt, gelten die Beschränkungen nach Ziffer 2.13 für die grenzüberschreitende Erbringung von Dienstleistungen nur hinsichtlich der näher bezeichneten Dienstleistungssektoren. Eine Übertragung der Schranken nach Ziffern 2.2 würde den sachlichen Schutzbereich der Dienstleistungsfreiheit in den liberalisierten Wirtschaftssektoren unzulässig verkürzen. Die Übertragung der Bestimmungen

878 Im Gegensatz zu dem zwingenden Versagungsgrund zur Zulassung als Leiharbeitnehmer zum deutschen Arbeitsmarkt nach § 40 Abs. 1 Nr. 2 AufenthG handelt es sich bei dem Versagungsgrund nach § 40 Abs. 2 Nr. 1 AufenthG um eine Ermessenvorschrift, die an Versagungsgründe in der Person des Ausländers anknüpft.

879 So hätten die überlassenen Arbeitnehmer des E in **Beispiel 12** einer Arbeitserlaubnis bedurft. Die aufgrund der Werkvertragsabkommen erteilte Arbeitserlaubnis hätte nach Art. 4 WA widerrufen werden müssen. Wie sich die illegale Arbeitnehmerüberlassung in den nicht liberalisierten Wirtschaftssektoren auf den aufenthaltsrechtlichen Status auswirkt, wird im vierten Kapitel behandelt.

über die Arbeitnehmerfreizügigkeit nach Ziffer 2.2 auf Arbeitnehmerüberlassungstatbestände scheidet demnach aus.

4. Zwischenergebnis

1.

Auch in den ***nicht liberalisierten Wirtschaftssektoren*** ist die genehmigte grenzüberschreitende Überlassung von Staatsangehörigen aus den Beitrittsstaaten nur nach Maßgabe des nationalen Arbeitsgenehmigungsrechts möglich, da es sich um eine länderübergreifende Dienstleistung im Sinne des Art. 1 Abs. 3 lit. c) der Richtlinie 96/71 EG handelt. Insoweit kommt es nicht darauf an, ob die Beschränkungen der Arbeitnehmerfreizügigkeit auch auf die grenzüberschreitende Arbeitnehmerüberlassung übertragbar sind. Die jedenfalls nach § 284 SGB III erforderliche Arbeitsgenehmigung ist nach dem Rechtsgedanken der § 40 Abs. 1 Nr. 2 AufenthG iVm § 6 Abs. 1 Nr. 2 ArGV zu versagen.

2.

Umstritten ist hingegen, wie sich die *grenzüberschreitende Arbeitnehmerüberlassung in den liberalisierten Wirtschaftssektoren* darstellt.

Nach der in der Literatur vertretenen dualistischen Auffassung stellt die grenzüberschreitende Arbeitnehmerüberlassung gemeinschaftsrechtlich zwar eine Dienstleistung im Sinne des Art. 49 EG dar. Hinsichtlich der überlassenen Arbeitnehmer finden die Beschränkungen über die Arbeitnehmerfreizügigkeit nach Art. 39 EG und damit die Übergangsbestimmungen nach Ziffer 2.2 der Beitrittsakte Anwendung.

Diese Auffassung vermag im Folgenden allerdings nicht plausibel zu erklären, wie die Übergangsbestimmungen nach Ziffer 2.2 auf die liberalisierten Wirtschaftssektoren nach Ziffer 2.13 übertragen werden können.

Nach der hier vertretenen Auffassung richtet sich die genehmigte grenzüberschreitende Arbeitnehmerüberlassung allein nach Art. 49 EG. Die Überlassung der Arbeitnehmer kann nicht an den strengeren Anforderungen der Arbeitnehmerfreizügigkeit nach Art. 39 gemessen werden. Selbst wenn Art. 39 EG Anwendung finden würde, lassen sich auf die liberalisierten Dienstleistungssektoren nach Ziffer 2.13 nicht die Übergangsbestimmungen der Ziffer 2.2 übertragen. Dies hat zur Konsequenz, dass in den liberalisierten Wirtschaftssektoren die Überlassung eigener Arbeitnehmer aus den Beitrittsstaaten außerhalb des nationalen Arbeitsgenehmigungsverfahrens erfolgen kann[880].

---

880 So im Ergebnis auch *Bieback* in *Gagel*, aaO (Fn. 94), § 284 SGB III, Rn. 17.

III. Zusammenfassung

1.

Durch die Übergangsbestimmungen in Ziffer 2.13 der Beitrittsakte kann ausschließlich die *aktive* Dienstleistungserbringung von in den Beitrittsstaaten niedergelassenen Unternehmen beschränkt werden. Alle anderen Modalitäten der Dienstleistungsfreiheit, wie die passive Dienstleistungsfreiheit und die Korrespondenzdienstleistungsfreiheit, können ohne Beschränkungen durch die Beitrittsakte in der Bundesrepublik Deutschland außerhalb des nationalen Arbeitsgenehmigungsrechts erbracht werden.

2.

Von Sinn und Zweck der Beitrittsakte sind nur Dienstleistungen im Sinne des Art. 1 der Richtlinie 96/71 EG erfasst, die unter Einsatz eigenen Personals erfolgen. Erforderlich ist, dass das dienstleistungserbringende Unternehmen die Dienstleistung durch eigene Arbeitnehmer in der Bundesrepublik Deutschland oder Österreich durchführt. Erfasst wird sowohl die Entsendung eigener Arbeitnehmer zur Erbringung der Dienstleistung, als auch die grenzüberschreitende Arbeitnehmerüberlassung. Natürliche Personen, die als selbständige Dienstleistungserbringer grenzüberschreitend in einem anderen Mitgliedstaat persönlich Dienstleistungen erbringen, werden von den Übergangsbestimmungen nicht erfasst.

3.

Ziffer 2.13 der Beitrittsakte findet nicht auf Konstellationen Anwendung, in denen ein Unternehmen aus den Beitrittsstaaten Waren für den Markt herstellt. Der Transport dieser Waren durch eigenes Personal ist von einem Annex-Entsenderecht des Arbeitgebers aus der Warenverkehrsfreiheit gedeckt. Dieses Recht ist keinen Beschränkungen durch Ziffer 2.13 der Beitrittsakte unterworfen.

4.

Die nach § 1 AÜG genehmigte Arbeitnehmerüberlassung stellt die selbständige Erbringung von Dienstleistungen im Sinne des Art. 49 EG dar. In den liberalisierten Wirtschaftssektoren ist Arbeitnehmerüberlassung demzufolge grundsätzlich ohne das Erfordernis einer Arbeitserlaubnis nach § 284 SGB III möglich. In den von Ziffer 2.13 erfassten Wirtschaftssektoren ist die grenzüberschreitende

Arbeitnehmerüberlassung hingegen nur nach Maßgabe des deutschen Rechts möglich. In diesen Wirtschaftssektoren ist die Überlassung von Arbeitnehmern aus den Beitrittsstaaten nach dem Rechtsgedanken von § 6 Abs. 1 Nr. 2 ArGV ausgeschlossen.

B. Begriff des Baugewerbes

Die Auslegung des Begriffes des *Baugewerbes einschließlich verwandter Wirtschafszweige* erfolgt anhand der Systematik des so genannten NACE-Code[881] und der in Anhang zur Richtlinie 96/71 EG[882] aufgeführten Tätigkeiten. Die Bei-

---

881 Die Ziff. 45.1 – 4 des NACE-Codes betreffen ausschließlich das Baugewerbe. Ziff. 45.1-4 des NACE-Codes lauten:
45: Baugewerbe
45.1: Vorbereitende Baustellenarbeiten
45.11: Abbruch, Spreng- und Enttrümmerungsgewerbe, Erdbewegungsarbeiten.
45.12: Test- und Suchbohrungen.
45.2: Hoch- und Tiefbau
45.21: Hochbau, Brücken- und Tunnelbau u.ä.
45.22: Dachdeckungs-, Abdichtungs- und Zimmereiarbeiten
45.23: Bauarbeiten an Straßen, Bahnverkehrsstrecken, Rollbahnen und Sportanlagen
45.24: Wasserbauarbeiten
45.25: Spezialbau und sonstiger Tiefbau
45.3: Bauinstallationsarbeiten
45.31: Elektroinstallationsarbeiten
45.32: Dämmungsarbeiten gegen Kälte, Wärme, Schall und Erschütterungen
45.33: Gas, Wasser, Heizungs- und Lüftungsinstallationsarbeiten
45.34: Sonstige Bauinstallationsarbeiten
45.4: Sonstige Bauarbeiten
45.41: Stuck-, Gips- und Verputzarbeiten
45.42: Bautischler- und Bauschlosserarbeiten
45.43: Fußboden-, Fliesen- und Parkettlegearbeiten, Wandverkleidearbeiten
45.44: Maler- und Verglasungsarbeiten
45.45: Sonstige Bauarbeiten, a.n.g.

882 Die in Art. 3 Abs. 1 zweiter Gedankenstrich genannten Tätigkeiten umfassen alle Bauarbeiten, die der Errichtung, der Instandsetzung, der Instandhaltung, dem Umbau oder dem Abriss von Bauwerken dienen, insbesondere
1. Aushub
2. Erdarbeiten
3. Bauarbeiten im engeren Sinne
4. Errichtung und Abbau von Fertigbauelementen
5. Einrichtung oder Ausstattung
6. Umbau

trittsakte enthält in Ziffer 2.13 keine Definition des Begriffes des Baugewerbes. Zur Auslegung des Begriffes ist auf die Nummern 45.1 bis 4 des NACE-Codes und die im Anhang zur Richtlinie 96/71 EG aufgeführten Tätigkeiten abzustellen.

I. Begriff des Baugewerbes im gemeinschaftsrechtlichen und nationalen Sinne

Das Gemeinschaftsrecht enthält keine Definition des Baugewerbes, so dass auf die Klassifizierung der Wirtschaftszweige nach des aufgrund der VO (EWG) Nr. 3037/90 ergangenen NACE-Code zur Auslegung zurückgegriffen werden kann. Der NACE-Code bestimmt allerdings nicht, was unter dem Oberbegriff des Baugewerbes und unter gewerblichen Tätigkeiten zu verstehen ist.

II. Nationales Recht als Auslegungshilfe?

Da es sich ausweislich der tabellarischen Aufteilung in Ziffer 2.13 um Beschränkungen des Zugangs in bestimmten Wirtschafts*sektoren* des deutschen Arbeitsmarktes handelt, die in den Übergangsbestimmungen allein gegenüber der Bundesrepublik Deutschland Anwendung finden, könnte insoweit auch auf das nationale Recht zur Bestimmung des Begriffs des Baugewerbes zurückgegriffen werden. Der Begriff des Baugewerbes im Sinne der Beitrittsakte könnte sodann über § 1 AEntG und § 175 Abs. 2 SGB III (§ 211 SGB III a.F.) und der dazu ergangenen Rechtsprechung erweiternd ausgelegt werden.

Zur Bestimmung einer Werkleistung als eine des Baugewerbes wäre dann auf die Legaldefinition des § 175 Abs. 2 SGB III (§ 211 SGB III a.F.) abzustellen[883]. Danach sind Bauleistungen alle Leistungen, die der Herstellung, der Instandsetzung, Instandhaltung, Änderung oder Beseitigung von Bauwerken dienen[884]. Der

7. Renovierung
8. Reparatur
9. Abbauarbeiten
10. Abbrucharbeiten
11. Wartung
12. Instandhaltung (Maler- und Reinigungsarbeiten)
13. Sanierung.

883 Vgl. z.B. OLG Karlsruhe, Urteil vom 25. Juli 2001, –3 Ss 159/00- in Justiz 2002, 28, 30; SG Düsseldorf, Beschluss vom 10. April 2002, –S 3 (13) AL 47/99-; BayOblG, Urteil vom 30. Dezember 1999, –3ObOWi 111/99- in NStZ-RR 2000, 149.

884 Diese gesetzliche Definition der Bauleistungen gleicht sich mit § 1 Abs. 2 Abschnitt II des BRTV/Bau. Deswegen existiert zu dem Begriff des Baugewerbes sowohl eine umfangreiche Rechtsprechung der Sozial-, als auch der Arbeitsgerichtsbarkeit.

Begriff der Bauleistung wird dabei nach der Rechtsprechung des *BSG* weit verstanden. Erfasst werden nicht nur die Erstellung des Rohbaus, sondern auch alle weiteren Arbeiten, die zur bestimmungsgemäßen Benutzung des Bauwerks erforderlich sind[885]. Nach der Rechtsprechung des *BAG* werden bauliche Leistungen erbracht, wenn mit Werkstoffen, Arbeitsmitteln und Arbeitsmethoden des Baugewerbes gearbeitet wird[886]. Unter dem Begriff des Bauwerks versteht das *BAG* sonstige mit dem Erdboden fest verbundene oder infolge ihrer Schwere auf ihm ruhende, aus Baustoffen oder Bauteilen mit baulichem Gerät hergestellte Anlagen[887].

Bietet das nationale Recht hingegen keine Auslegungshilfe, fallen unter den Begriff des Baugewerbes allein die in den Nummern 45.1 bis 45.4 des NACE-Codes und im Anhang zur Richtlinie 96/71 EG aufgeführten Tätigkeiten[888].

1. Genereller Verweis auf den Anhang zur Richtlinie 96/71 EG

Das Recht der Mitgliedstaaten zum Begriff des Baugewerbes und die dazu ergangene Rechtsprechung könnten zur Auslegung heranzuziehen sein, wenn es sich bei dem Verweis auf den Anhang zur Richtlinie 96/71 EG um einen generellen Verweis handelt. Zur weiteren Konkretisierung des Begriffes des Baugewerbes können dann auch das AEntG, sowie die in § 1 AEntG genannten §§ 1 und 2 der Baubetriebe-Verordnung[889] herangezogen werden[890].

Auch *Wank* stellt ohne weitere Begründung fest, dass zur Auslegung des Begriffes des Baugewerbes auf die §§ 1, 2 der Baubetriebe-Verordnung zurückgegriffen werden kann[891]. Für eine solche Auslegung könnte zunächst angeführt werden, dass der Anhang zur Richtlinie 96/71 EG auf Art. 3 Abs. 1 zweiter Ge-

---

885 Vgl. BSG in SGb 1999, S. 465.

886 BAG, Urteil vom 25. Februar 1987 in AP Nr. 79 zu § 1 TVG Tarifverträge Bau.

887 BAG, Urteil vom 23. November 1988 in AP Nr. 103 zu § 1 TVG Tarifverträge Bau.

888 Im **Beispiel** 7 könnte C den Auftrag mit eigenem Personal im Rahmen der Dienstleistungsfreiheit ausführen, da die Gerüstaufstellung zwar unter § 1 Abs. 3 Nr. 1 der Baubetriebe-Verordnung, nicht hingegen unter die Ziffern 45.1 bis 45.4 des NACE-Codes fällt.

889 Verordnung über die Betriebe des Baugewerbes, in denen die ganzjährige Beschäftigung zu fördern ist (Baubetriebe-Verordnung) vom 28. Oktober 1980 in BGBl. I S. 2033.

890 In diesem Sinne sind wohl *Temming*, RdA 2005, S. 189 und *Dienelt*, aaO (Fn. 96), Rn. 127 zu verstehen. Merkblatt der Bundesagentur für Arbeit über die Beschäftigung von Arbeitnehmern im Rahmen der EU-Dienstleistungsfreiheit, S. 3, BMWA, „Informationen über die Anwendung des EU-Beitrittsvertrages bei der Beschäftigung von Staatsangehörigen der Beitrittsstaaten“ vom 28. Januar 2004, Ziffer 3.4.

891 *Wank*, NZA Beilage 2/2005, S. 92.

dankenstrich der Richtlinie verweist. Aufgrund dieses Verweises ließe sich vertreten, dass Art. 3 der Richtlinie 96/71 EG und damit auch § 1 Abs. 1 AEntG als nationale Transformationsvorschrift zur Auslegung des Begriffes des Baugewerbes herangezogen werden können. Dies hätte zur Konsequenz, dass auch die in § 1 Abs. 1 AEntG aufgeführten Tätigkeiten zur Auslegung des Begriffes Baugewerbe in Ziffer 2.13 der Beitrittsakte zu berücksichtigen wären. Nach § 1 Abs. 1 AEntG findet das AEntG auf Betriebe des Bauhauptgewerbes nach § 175 Abs. 2 SGB III (§ 211 SGB III a.F.) und auch auf Betriebe des Baunebengewerbes nach der Baubetriebe-Verordnung Anwendung. Der Begriff des Baugewerbes in Ziffer 2.13 der Beitrittsakte müsste folglich unter Berücksichtigung der Baubetriebe-Verordnung ausgelegt werden und würde auch die dort über die Bestimmungen des NACE-Code hinausgehenden und in dem Anhang zur Richtlinie 96/71 EG genannten Tätigkeiten enthalten. Für diese Auslegung ließe sich ferner anführen, dass von den Übergangsbestimmungen des Wirtschaftssektors des Baugewerbes, *einschließlich der verwandten Wirtschaftszweige* erfasst wird. Die Inbezugnahme der verwandten Wirtschaftszweige in Ziffer 2.13 würde für eine weite Auslegung des Begriffes des Baugewerbes sprechen[892]. Für die Einbeziehung der Umsetzung der Richtlinie 96/71 EG in nationales Recht ließe sich zudem die Differenzierung der von den Übergangsbestimmungen erfassten Dienstleistungssektoren für die Bundesrepublik Deutschland einerseits und Österreich andererseits anführen. Für beide Länder wird in Ziffer 2.13 jeweils auf die im Anhang zu Richtlinie 96/71 EG aufgeführten Tätigkeiten verwiesen. Durch diese Vertragsgestaltung ist sichergestellt, dass nationale Vorschriften, durch die von den Artikeln 39 und 49 EG abgewichen wird, systemkonform allein in der für Deutschland bzw. Österreich transformierten nationalen Gesetzgebung Geltung erlangen. Eine Gefahr divergierender Umsetzungen der Richtlinie 96/71 EG in nationales Recht besteht demnach nicht. Letztlich können daher sowohl die Bundesrepublik Deutschland, als auch Österreich selbst darüber bestimmen, für welche Dienstleistungen sie ihre Arbeitsmärkte bis zum Ablauf der Übergangsbestimmungen vorerst nicht vollständig öffnen möchten

2. Partieller Verweis auf den Anhang zur Richtlinie 96/71 EG

Es spricht hingegen mehr dafür, Ziffer 2.13 als partiellen Verweis auf den Anhang zur Richtlinie 96/71 EG zu verstehen. Der Anwendungsbereich der Ausnahmebestimmungen für den Wirtschaftssektor Baugewerbe würde anderenfalls erheblich über den Anwendungsbereich der Nummern 45.1 bis 4 des NACE-Codes und den Anhang zur Richtlinie 96/71 EG erweitert.

---

892 So *Dienelt*, InfAuslR 2005, S. 325.

a) Wortlaut

Gegen einen vollumfänglichen Verweis auf das nationale Recht spricht bereits der Wortlaut von Ziffer 2.13. Es wird nicht auf die Richtlinie 96/71 EG und ihre *Umsetzung in nationales Recht* verwiesen. Etwas anderes ließe sich nur vertreten, wenn Ziffer 2.13 einen ausdrücklichen Vorbehalt zu Gunsten der mitgliedstaatlichen Umsetzungsmaßnahmen und der dazu ergangenen Rechtsprechung enthalten würde. Eine solche Öffnungsklausel findet sich allerdings an keiner Stelle des Beitrittsvertrages. Gegen einen generellen Verweis auf das durch die Richtlinie 96/71 EG in nationales Recht umgesetzte AEntG spricht ferner, dass Ziffer 2.13 nicht auf die Richtlinie 96/71 EG in ihrer Gesamtheit, sondern allein auf die im Anhang zu Richtlinie 96/71 EG aufgeführten Tätigkeiten verweist. Allein dieser in Bezug genommene Anhang der Richtlinie 96/71 EG kann zur Auslegung des Begriffes Baugewerbe herangezogen werden. Ziffer 3 des Anhangs zum AEntG nimmt nur auf *Bauarbeiten im engeren Sinne* Bezug. Der Anwendungsbereich des AEntG ist allerdings restriktiv auszulegen[893]. Eine erweiternde Auslegung des Begriffes des *Baugewerbes und der verwandten Wirtschaftszweige* durch Inbezugnahme der Baubetriebe-Verordnung wäre demnach auch nicht von der Richtlinie 96/71 EG gedeckt.

b) Systematik

Auch die Systematik des Beitrittsvertrages spricht gegen eine Einbeziehung der nationalen Umsetzung der Richtlinie 96/71 EG. Die Systematik der in dem Beitrittsvertrag abgedruckten Tabelle gibt klar vor, dass zu den dort aufgeführten Sektoren nur die angegebenen Ziffern des NACE-Codes *„sofern nicht anders angegeben"* zählen. Dies bedeutet, dass nur die in dem NACE-Code aufgeführten Tätigkeiten unter den Begriff des Baugewerbes subsumiert werden können. Dieser weite Anwendungsbereich wird durch die Formulierung *„sofern nicht anders angegeben"* in der Überschrift zu den Wirtschaftssektoren in Ziffer 2.13 wiederum eingeschränkt. Das Baugewerbe umfasst nach der Systematik des Beitrittsvertrages nur diejenigen Tätigkeiten, die sowohl in dem NACE-Code, als auch in dem Anhang zur Richtlinie 96/71 EG aufgeführt sind. Anderenfalls würde die Beschränkung des NACE-Codes durch die Einschränkung *„sofern nicht anders angegeben"* leer laufen[894].

893 So auch SG Düsseldorf, Beschluss vom 19. August 2004, -S 23 AL 290/04 ER-.

894 So auch LSG Nordrhein-Westfalen, Beschluss vom 24. November 2004, -L 12 B 93/04 AL ER-; SG Düsseldorf, -S 23 AL 290/04 ER-, -S 23 AL 181/04 ER-; beide nicht veröffentlicht, vgl. auch LSG Düsseldorf, Urteil vom 8. November 2006, – L 12 AL 150/05 -.

c) Funktion des NACE-Code

Sprechen bereits der Wortlaut und die Systematik der Ziffer 2.13 für eine enge Auslegung des Begriffes des Baugewerbes, wird das bisher gefundene Ergebnis durch die Funktion des NACE-Codes bestätigt. Aus der Präambel zur Verordnung (EWG) Nr. 3037/90 folgt, dass die Systematisierung der Wirtschaftszweige in den Mitgliedstaaten unbedingt einheitlich zu erfolgen hat. Die Verweisung in der Beitrittsakte auf eine abstrakt-generelle Verordnung, die nach Art. 249 Abs. 1 EG von allen Mitgliedstaaten einheitlich anzuwenden ist[895], erfolgt zur Herstellung einer europaweit einheitlichen Definition der von den Ausnahmebestimmungen der Beitrittsakte erfassten Wirtschaftszweige, insbesondere des Baugewerbes. Die getrennte Auflistung der von einer Abweichung betroffenen Dienstleistungssektoren für die Bundesrepublik Deutschland einerseits und für Österreich andererseits, erklärt sich damit, dass Österreich im Gegensatz zu Deutschland weitere Wirtschaftssektoren nach dem NACE-Code unter den Ausnahmetatbestand der Ziffer 2.13 gestellt hat. So hat sich Österreich im Gegensatz zu Deutschland auch für die Wirtschaftssektoren *„Erbringung von gärtnerischen Dienstleistungen, Be- und Verarbeitung von Natursteinen a.n.g., Herstellung von Stahl- und Leichtmetallkonstruktionen, Schutzdienste, Hauskrankenpflege und das Sozialwesen a.n.g.“* vorübergehende Abweichungen von Art. 49 EG vorbehalten. Die Differenzierung zwischen Übergangsbestimmungen für die Bundesrepublik Deutschland und Österreich erfolgte allein zur Wahrung der Übersichtlichkeit des Vertrages. In den übereinstimmenden in Ziffer 2.13 aufgeführten Wirtschaftssektoren muss hingegen nach Art. 249 EG eine einheitliche Auslegung der in Bezug genommenen Wirtschaftssektoren erfolgen.

d) Normenstruktur und Hierarchie

Dieses Ergebnis folgt nicht zuletzt aus der Normenhierarchie zwischen Gemeinschaftsrecht und nationalem Recht[896], nach der das Gemeinschaftsrecht dem nationalen Recht vorgeht[897]. Die Auslegung von Ziffer 2.13 der Beitrittsakte darf daher nicht zu dem Ergebnis führen, dass das nationale Recht die Reichweite des (sekundären) Gemeinschaftsrechts bestimmt. Würde man die in der Baubetriebe-Verordnung aufgeführten Tätigkeiten, die aufgrund einer nationalen Verord-

---

895 Vgl. dazu *Ruffert* in *Callies/Ruffert*, aaO (Fn. 54), Art. 249 EGV, Rn. 42.

896 Vgl. zur Gesamtproblematik *Schroeder* in *Streinz*, aaO (Fn. 15), Art. 249, Rn. 39 und *Wegener* in *Callies/Ruffert*, aaO (Fn. 54), Art. 220 EGV, Rn. 27 ff.; aus der Rechtsprechung grundlegend EuGH, Rs. 6/64, *„**Costa/ENEL**“*, Urteil vom 15. Juli 1964 in Slg. 1964, S. 1251, 1269.

897 Vgl. EuGH, Rs, *„**Costa/ENEL**“*, aaO (Fn. 896).

nungsermächtigung nach § 182 Abs. 2 SGB III (§ 216 SGB III a.F.)[898] ergehen, zur Auslegung der VO (EWG) Nr. 3037/90 heranziehen, würde der durch das Sekundärrecht verfolgte Regelungszweck unzulässig erweitert. Eine mitgliedstaatliche Regelung, die den gleichen Anwendungsbereich wie die Verordnung hat, tritt hinter diese zurück[899]. Anderenfalls könnte das Bundesministerium für Arbeit und Sozialordnung auf der Grundlage von § 182 Abs. 2 SGB III (§ 216 Abs. 2 SGB III a.F.) durch Rechtsverordnung die Baubetriebe-Verordnung und damit auch den Anwendungsbereich der Übergangsbestimmungen in Ziffer 2.13 der Beitrittsakte über den NACE-Code ausdehnen. Letztlich würde es zu einer Überschreitung der in den Beitrittsverhandlungen zwischen den alten Mitgliedstaaten der Europäischen Union (rsp. der Bundesrepublik Deutschland) und den neuen Mitgliedstaaten (rsp. der Republik Polen) gesetzten Grenzen der vorläufigen Suspendierung des primären Gemeinschaftsrechts kommen. Zu einer solchen Ausweitung der Integrationsfristen fehlt dem Bundesministerium für Arbeit und Sozialordnung die gemeinschaftsrechtliche Kompetenz. Die Beitrittsakte und damit das primäre Gemeinschaftsrecht darf nach Art. 7 der Beitrittsakte nur nach dem in den ursprünglichen Verträgen vorgesehenen Verfahren, die eine Revision dieser Verträge ermöglichen, ausgesetzt, geändert oder aufgehoben werden[900]. Dies bedeutet, dass eine Erweiterung der ursprünglich gefassten Übergangsbestimmungen, die gem. Art. 24 der Beitrittsakte Bestandteil der Beitrittsakte werden nur nach den Bedingungen über eine Erweiterung der Europäischen Union selbst zulässig ist. Den Mitgliedstaaten kann daher keine Befugnis zukommen, die Übergangsbestimmungen außerhalb dieses Verfahrens zu erweitern, so dass sich eine erweiternde Auslegung der von Ziffer 2.13 erfassten Wirtschaftssektoren über das nationale Recht verbietet. Nur die dort aufgeführten Tätigkeiten können zur Definition des Baugewerbes herangezogen werden, nicht hingegen die gesamte Richtlinie 96/71 EG und deren Umsetzung in das AEntG[901].

Selbst wenn man den Verweis auf den Anhang zur Richtlinie 96/71 EG als Rechtsgrundverweis und damit als Öffnungsklausel die Anwendbarkeit des in nationales Recht transformierten AEntG ermöglichen würde, ließe sich die Baubetriebe-Verordnung nicht als materielle Auslegungsnorm zur Definition des Baugewerbes heranziehen. Verordnungen dürfen nach Art. 80 GG nur aufgrund

---

898 Die Verordnungsermächtigung in § 182 Abs. 2 SGB III für förderungsfähige Baubetriebe hat allein Bedeutung für Leistungsansprüche des Arbeitnehmers sowie für die Umlagepflicht der Arbeitgeber und die Erstattung von Arbeitgebern zur Sozialversicherung.

899 Vgl. *Ruffert* in *Callies/Ruffert*, aaO (Fn. 54), Art. 249 EGV, Rn. 42.

900 Vgl. *Niedobitek*, JZ 2004, S. 374.

901 C kann in **Beispiel 7** den Vertrag mit eigenem Personal im Rahmen der Dienstleistungsfreiheit ausführen. Die Werkvertragsabkommen finden keine Anwendung.

eines Gesetzes ergehen und müssen inhaltlich auf den Inhalt und den Zweck der Ermächtigungsgrundlage beschränkt sein[902]. Eine aufgrund Bundesrechts erlassene Verordnung kann inhaltlich nicht über den mit der Ermächtigungsgrundlage verfolgten Zweck hinausgehen[903]. Die Baubetriebe-Verordnung wurde aufgrund § 216 SGB III und nicht aufgrund der Richtlinie 96/71 EG umgesetzt. § 216 SGB III ermächtigt den Bundesminister für Arbeit durch Rechtsverordnung zu bestimmen, welche Betriebe von den Vorschriften über die Förderung der ganzjährigen Beschäftigung in den Bauvorschriften im SGB III, den bauspezifischen Vorschriften des AÜG und den Vorschriften des AEntG erfasst werden, vgl. § 1 Abs. 1 Baubetriebe-Verordnung. § 182 Abs. 2 SGB III (§ 216 SGB III a.F.) ermächtigt den Bundesminister für Arbeit hingegen nicht zur Definition des Begriffs des Baugewerbes[904].

III. Zusammenfassung zum Begriff des Baugewerbes im Sinne von Ziffer 2.13 der Beitrittsakte

Das primäre Gemeinschaftsrecht gibt keine Vorgaben für die Definition des Baugewerbes.

- Der Begriff des Baugewerbes einschließlich verwandter Wirtschaftszweige in Ziffer 2.13 der Beitrittsakte ist allein durch das sekundäre Gemeinschaftsrecht anhand der Ziffern 45.1 bis 4 des NACE-Codes auszulegen.
- Ein Rückgriff auf die im nationalen Recht gewonnene Auslegung des Begriffes des Baugewerbes ist nicht möglich.
- Die Klassifizierungen der Wirtschaftszweige des Baugewerbes ergeben sich sodann aus dem NACE-Code.

Soweit das sekundäre Gemeinschaftsrecht den Begriff des Baugewerbes enger als das mitgliedstaatliche Recht versteht, ist aufgrund des Grundsatzes des Vorrangs des Gemeinschaftsrechts allein der NACE-Code zur Auslegung des Begriffes des Baugewerbes heranzuziehen.

---

902 Vgl. zu den Anforderungen an das Bestimmtheitsgebot *Lücke* in *Sachs*, aaO (Fn. 174), Art. 80, Rn. 21, 24.

903 Vgl. *Lücke* in *Sachs*, aaO (Fn. 174), Art. 80, Rn. 23.

904 So hat das BAG mit Urteil vom 12. Februar 2000, -III ZR 78/99-, abgedruckt in NZA 2000, S. 608 ff., entschieden, dass die Baubetriebe-Verordnung als Ausnahmevorschrift eng auszulegen ist, da sie mittelbar Auswirkungen auf § 1 AEntG und § 1b AÜG hat.

IV. Abgrenzung bei Mischtätigkeiten

Fraglich ist, wie Konstellationen zu behandeln sind, in denen ein Unternehmen in einem von den Übergangsbestimmungen erfassten Wirtschaftssektor so genannte „Mischtätigkeiten" ausführt. Mischtätigkeiten liegen vor, wenn grenzüberschreitend Dienstleistungen ausgeführt werden, die teilweise unter die Integrationsfristen nach Ziffer 2.13 der Beitrittsakte fallen, teilweise im Anwendungsbereich der Dienstleistungsfreiheit nach Art. 49 EG erbracht werden. Die Beitrittsakten regeln diese Fälle nicht[905]. Auch der *EuGH* hat hierzu bisher noch keine Stellung nehmen können.

In Abgrenzungsfällen zwischen Art. 23 EG und Art. 49 EG, in denen nicht klar ist, ob Gegenstand des grenzüberschreitenden Verkehrs ein körperlicher Gegenstand (dann Warenverkehrsfreiheit) oder eine unkörperliche Leistung (dann Dienstleistungsfreiheit) ist, hat der *EuGH* in der Rechtssache *Sacchi*[906] die beiden Tätigkeiten aufgespalten[907]. Können die Leistungen voneinander getrennt werden, ohne dass ein einheitlicher Lebenssachverhalt zerrissen wird, sind die jeweiligen Leistungen ihrer Natur nach entweder der Warenverkehrs- oder der Dienstleistungsfreiheit zuzuordnen[908]. Lässt sich kein Schwerpunkt ausmachen, tritt die Dienstleistungsfreiheit und damit die Beschränkungen nach Ziffer 2.13 der Beitrittsakte als subsidiär zurück[909].

Bei der Beurteilung von Mischtatbeständen im Grenzbereich zwischen Tätigkeiten im Bereich der Dienstleistungsfreiheit und nicht liberalisierten Wirtschaftssektoren kann keine Aufspaltung der Tätigkeiten im Sinne der vorgenannten Rechtsprechung des *EuGH* erfolgen. Das Bundesministerium für Wirtschaft und Arbeit vertritt die Auffassung, dass in diesen Fällen die untergeordnete Hilfstätigkeit als Annex zur Haupt-Werkvertragstätigkeit anzusehen ist und zusammen mit diesen nach den Regeln des Werkvertragsverfahrens zu beurteilen

---

905 So etwa im **Beispiel 9**, wenn A für einen Auftraggeber in der Bundesrepublik Deutschland Stahlprodukte herstellt und liefert und diese nur zu einem geringen Umfang auch verbaut. Hierbei darf es sich freilich um keine Tätigkeiten im Sinne des Art. 3 Abs. 1 Spiegelstrich 4. der RL 96/71 EG (Errichtung und Abbau von Fertigbauelementen) handeln.

906 Vgl. EuGH, Rs. „***Sacchi***", aaO (Fn. 824), S. 409 ff..

907 Vgl. EuGH, Rs. „***Sacchi***", aaO (Fn.824), Rn. 6 f.; vgl. hierzu auch *Pache* in *Ehlers*, aaO (Fn. 688), § 11, Rn. 37.

908 Vgl. *Randelzhofer/Forsthoff* in *Grabitz/Hilf*, aaO (Fn. 8), Art. 49/50 EG, Rn. 27.

909 Vgl. EuGH, Rs. C-239/90, „*SCP **Boscher**, Studer und Fromentin gegen SA British Motors Wright u.a.*", Urteil vom 30. April 1991 in Slg. 1991, S. I-2023, 2037, Rn. 7 bis 10.

ist[910]. Das hierfür eingesetzte Schlüsselpersonal werde allerdings nicht auf die Kontingente angerechnet.

Gegen diese Beurteilung von Mischtatbeständen spricht aber, dass eine gemeinschaftsrechtlich erlaubte Tätigkeit, die nicht durch die Übergangsbestimmungen beschränkt ist, nicht durch das Hinzutreten einer weiteren Tätigkeit des Dienstleistungserbringers insgesamt eingeschränkt werden kann. Anderenfalls würde der Anwendungsbereich der Ziffer 2.13 unzulässig erweitert. Dies widerspricht der Rechtsprechung des *EuGH* zum Gebot der restriktiven Auslegung von Übergansbestimmungen in Beitrittsverträgen[911]. Auf die ausgeübte Tätigkeit des zur Ausführung der Dienstleistung entsandten Arbeitnehmers kann nicht abgestellt werden. Nach Ziffer 2.13 der Beitrittsakte wird nur das aus Art. 49 EG folgende Recht eines in einem anderen Mitgliedstaat niedergelassenen Unternehmens zur grenzüberschreitenden Erbringung von Dienstleistungen mit eigenen Arbeitnehmern erfasst, so dass es bei der Beurteilung von Mischtatbeständen allein auf die sektorale Einordnung der Dienstleistungserbringung des Unternehmens und nicht auf die individuelle Tätigkeit des Arbeitnehmers ankommt. Das Erfordernis einer Arbeitserlaubnis nach § 284 SGB III ist Folge, nicht aber Tatbestandsvoraussetzung von Ziffer 2.13. Sachgerecht lassen sich Konstellationen, in denen ein Unternehmen Mischtätigkeiten ausführt, mit dem im Tarifrecht durch das *BAG* entwickelten arbeitszeitlichen Überwiegensprinzip lösen, indem man auf den Schwerpunkt der Tätigkeit abstellt[912]. Ob ein Betrieb überwiegend bauliche Leistungen erbringt (und somit unter die Beschränkungen nach Ziffer 2.13 der Beitrittsakte fällt), richtet sich nach der Rechtsprechung des *BAG* ausschließlich danach, ob der überwiegende Anteil der Gesamtarbeitszeit der Arbeitnehmer auf die Erbringung von baulichen Leistungen entfällt[913]. Zu diesen eigentlichen Bauleistungen sind auch Nebenarbeiten zuzurechnen, die zu einer sachgerechten Ausführung der baulichen Leistungen erforderlich sind[914]. Diese Betrachtungsweise hat zum Vorteil, dass auf wirtschaftliche Gesichtspunkte wie

---

910 Vgl. Ziffer 3.6 des Merkblatts des Bundesministeriums für Wirtschaft und Arbeit vom 28. Januar 2004.

911 S.o. Kapitel 4 C. III. 2. c) (ii).

912 So auch zur Abgrenzung der Dienstleistungsfreiheit zum freien Warenverkehr *Hakenberg* in *Lenz/Borchardt*, aaO (Fn. 724), 3. Aufl. 2003, Art. 49/50, Rn. 8.

913 Vgl. grundlegend BAG, Urteil vom 13. März 1991 in AP Nr. 193 zu § 1 TVG Tarifverträge: Bau.

914 Vgl. BSG, Urteil vom 15. Februar 2000 in NZS 2000, 623; BAG, Urteil vom 25. Februar 1987 in AP Nr. 81 zu § 1 Tarifverträge: Bau. Die Darlegungs- und Beweislast für das Vorliegen einer überwiegenden baulichen Tätigkeit trägt das Unternehmen; vgl. BAG, Urteil vom 28. April 2004 in NZA-RR 2004, S. 587.

Umsatz und Verdienst bzw. auf handelsrechtliche und gewerberechtliche Kriterien nicht abzustellen ist[915].

Übertragen auf die Anwendbarkeit von Ziffer 2.13 der Beitrittsakte bedeutet dies, dass Mischtätigkeiten einem nicht liberalisierten Wirtschaftssektor zuzuordnen sind, wenn der überwiegende Anteil der Gesamtarbeitszeit der eingesetzten Arbeitnehmer unter Ziffer 45.1 bis 4 des NACE-Code fällt. Abzustellen ist auf die Gesamtarbeitszeit einschließlich der im Ausland erbrachten Tätigkeiten. Nach der Rechtsprechung des *EuGH* in Sachen *Finalarte* können hingegen nicht die Tätigkeiten der in der Bundesrepublik Deutschland eingesetzten Arbeitnehmer in ihrer Gesamtheit berücksichtigt werden. Entsandte Arbeitnehmer sind nicht als Betrieb anzusehen[916]. Besteht allerdings im Hinblick auf die Werkvertragsabkommen eine Quotierungspflicht nach § 3 Abs. 2 ASAV und werden für ein Bauvorhaben verschiedene Werkverträge getrennt vorgelegt, die in ihrer Gesamtheit als Bauleistungen gelten, so ist der Werkvertrag insgesamt quotierungspflichtig[917].

---

915 Vgl. zu diesem Punkt zur Frage der Anwendbarkeit des AEntG bei Mischbetrieben *Koberski/Asshoff/Hold*, aaO (Fn. 143), § 1, Rn. 53.

916 In **Beispiel 8** kann A die Stahlflechtarbeiten außerhalb des Werkvertragsverfahrens durchführen.

917 Die Bundesagentur für Arbeit bedient sich bei der Abgrenzung dieser Mischtatbestände in Anlehnung an die Baubetriebe-Verordnung iVm dem Bundesrahmentarifvertrag für das Baugewerbe (BRTV) und dem Tarifvertrag über das Sozialkassenverfahren im Baugewerbe (VTV) einer so genannten Positiv- und Negativliste, über die die quotierungspflichtigen Arbeiten im Sinne des § 3 Abs. 2 ASAV abgegrenzt werden.

3. Teil: Zusammenfassung der Ergebnisse des dritten Kapitels

1.

Ziffer 2.13 der Beitrittsakte regelt die Voraussetzungen für die Beschränkung des Zugangs Staatsangehöriger aus den Beitrittsstaaten zum deutschen Arbeitsmarkt bei der grenzüberschreitenden Erbringung von Dienstleistungen durch ein in einem Beitrittsstaat niedergelassenem Unternehmen. Soweit die Dienstleistung nicht mit eigenem Personal aus den bisherigen Mitgliedstaaten ausgeführt wird, erfolgt der Zugang zur Beschäftigung in der Bundesrepublik Deutschland allein nach Maßgabe des nationalen Arbeitsgenehmigungsrechts und der bilateralen Werkvertragsabkommen. Auch Drittstaatsangehörige können durch ein in den MOE-Staaten niedergelassenes Unternehmen in den liberalisierten Wirtschaftssektoren unter den Voraussetzungen der Rechtsprechung des *EuGH* in Sachen *Vander Elst* und *Kommission gegen Bundesrepublik Deutschland* eingesetzt werden, da sie von den Übergangsbestimmungen nicht erfasst werden. Anders hingegen stellt sich die Entsendung von Drittstaatsangehörigen in den nicht liberalisierten Wirtschaftssektoren dar. Zwar fallen Drittstaatsangehörige nicht unter den Begriff des Arbeitnehmers. In entsprechender Anwendung des § 39 Abs. 6 Satz AufenthG ist Drittstaatsangehörigen aber nach dem Rechtsgedanken von Ziffer 2.14, Abs. 2 der Beitrittsakte eine Aufenthaltserlaubnis zu versagen.

2.

Selbständige können auch in den nicht liberalisierten Wirtschaftssektoren Dienstleistungen erbringen, soweit die gemeinschaftsrechtlichen Voraussetzungen der Dienstleistungs- bzw. Niederlassungsfreiheit vorliegen. Verbleibt der Schwerpunkt der wirtschaftlichen Tätigkeit des Dienstleistungserbringers im Herkunftsstaat, kann diese Tätigkeit im Rahmen der Dienstleistungsfreiheit nach Art. 49 EG ausgeübt werden. Wird der Schwerpunkt der wirtschaftlichen Betätigung in die Bundesrepublik Deutschland verlagert, müssen die im Gemeinschaftsrecht veranlagten Voraussetzungen des Niederlassungsrechts nach Art. 43 EG vorliegen. Anderenfalls liegt eine unzulässige Umgehung des Gemeinschaftsrechts vor.

3.

Staatsangehörige aus den Beitrittsstaaten erlangen in Bezug auf ihr Aufenthaltsrecht nach ununterbrochenem Zugang von zwölf Monaten zum deutschen Arbeitsmarkt nach § 12a ArgV Bestandsschutz. Dies gilt nicht für Werkvertragsarbeitnehmer, da sie zu keinem Zeitpunkt zum deutschen Arbeitsmarkt zugelassen waren. § 12a ArGV ist gemeinschaftskonform mit Ziffer 2.13 der Beitrittsakte.

4.

Der sachliche Anwendungsbereich von Ziffer 2.13 bestimmt sich allein nach dem sekundären Gemeinschaftsrecht anhand der Ziffern 45.1 bis 4 des NACE-Code. Ein Rückgriff auf das nationale Recht ist nicht möglich. Der genaue Anwendungsbereich der Übergangsbestimmungen ergibt sich allein aus dem NACE-Code. Mischtatbestände unterfallen nur dann den Übergangsbestimmungen, wenn der überwiegende Anteil der Gesamtarbeitszeit der Arbeitnehmer unter Einbeziehung der im Herkunftsstaat des Unternehmens erbrachten Tätigkeiten auf das Baugewerbe entfällt.

5.

Als besonders problematisch erweist sich die grenzüberschreitende Überlassung von Staatsangehörigen aus den Beitrittsstaaten durch ein in einem Beitrittsstaat niedergelassenem Unternehmen. Nach der hier vertretenen Ansicht ist die öffentlich-rechtlich genehmigte Arbeitnehmerüberlassung in den liberalisierten Wirtschaftssektoren außerhalb des nationalen Arbeitsgenehmigungsrechts im Rahmen der Dienstleistungsfreiheit nach Art. 49 EG möglich. In den beschränkten Wirtschaftssektoren ist die Überlassung von Staatsangehörigen aus den Beitrittsstaaten nach dem Rechtsgedanken der § 40 Abs. 2 Nr. 1 iVm § 6 Abs. 1 Nr. 2 ArgV zu versagen.

Viertes Kapitel

Der aufenthaltsrechtliche Status entsandter Arbeitnehmer nach der EU-Osterweiterung

A. Einleitung

Ausländer bedürfen nach § 4 Abs. 2 AufenthG zur Aufnahme einer Erwerbstätigkeit grundsätzlich eines Aufenthaltstitels. Eine Beschäftigung darf nach § 4 Abs. 3 AufenthG erst ausgeübt werden, wenn der Ausländer über den Aufenthaltstitel verfügt. Vorher besteht ein Beschäftigungsverbot in der Bundesrepublik Deutschland. Etwas anderes gilt nach § 1 Abs. 2 Nr. 1 AufenthG für Staatsangehörige aus den Beitrittsstaaten. *Mit dem Beitritt der MOE-Staaten zur Europäischen Union leiten sie ihren aufenthaltsrechtlichen Status unmittelbar aus dem Gemeinschaftsrecht ab*[918]. Sie genießen damit grundsätzlich in gleicher Weise wie Staatsangehörige aus den bisherigen Mitgliedstaaten Freizügigkeit nach Art. 18 EG und dem einschlägigen Sekundärrecht[919]. Durch die Übergangsbestimmungen in den Beitrittsakten ist das allgemeine Freizügigkeitsrecht nicht beschränkt worden[920]. Beschränkungen finden sich in den Beitrittsakten allerdings für Arbeitnehmer und Dienstleistungserbringer. Dies folgt aus dem Wortlaut von Ziffer 2.1 der Beitrittsakte, wonach die Freizügigkeit von Arbeitnehmern und der Dienstleistungsfreiheit mit vorübergehender Entsendung von Arbeitskräften nur *nach Maßgabe der nachfolgenden Bestimmungen der Beitrittsakte* gilt. Die Grundfreiheit der Arbeitnehmerfreizügigkeit, die auch das Recht beinhaltet, sich in einem Mitgliedstaat aufzuhalten und dort eine Beschäftigung auszuüben, ist bis zum Ablauf der Integrationsfristen beschränkt[921]. *Bieback*[922] fasst es prägnant wie folgt zusammen:

> *Es gilt der Grundsatz der vollen Freizügigkeit bei begrenzten Ausnahmen für den Arbeitsmarktzugang.*

---

918 *Renner* führt daher zutreffend aus, dass sich der privilegierte aufenthaltsrechtliche Status von Staatsangehörigen aus den Beitrittsstaaten nicht aus dem FreizügG/EU, sondern unmittelbar aus dem Gemeinschaftsrecht ergibt, vgl. *Renner*, aaO (Fn. 693), § 1, Rn. 15.

919 Vgl. *Fehrenbacher* ZAR 2004, S. 24; *Westphal/Stoppa*, InfAuslR 2004, S. 133; *Dienelt*, aaO (Fn. 96), Rn. 83; *Renner*, aaO (Fn. 693), § 13 FreizügG/EU, Rn. 2.

920 Vgl. hierzu *Renner*, aaO (Fn. 693), § 13 FreizügG/EU, Rn. 3; *Fehrenbacher*, ZAR 2004, S. 241.

921 Vgl. auch *Boemke*, BB 2005, S. 267.

922 Vgl. *Bieback*, SGB III, § 284, Rn. 12.

B. Gemeinschaftsrechtlicher Aufenthaltsstatus bei Entsendetatbeständen

Nach der Rechtsprechung des *EuGH* in Sachen *Rush Portuguesa* folgt für den Dienstleistungserbringer und seine Arbeitnehmer aus dem Gemeinschaftsrecht im Rahmen der Dienstleistungserbringung ein Recht auf Einreise und vorübergehenden Aufenthalt als Begleitrecht zu Art. 49 iVm 50 Abs. 3 EG[923]. Auch in der Rechtssache *Finalarte*[924] hat der *EuGH* bestätigt, dass die Bestimmungen über die Arbeitnehmerfreizügigkeit bei Entsendetatbeständen nicht zur Anwendung gelangen. In anderen Entscheidungen wiederum hat der *EuGH* das Exklusivitätsverhältnis zwischen der Arbeitnehmerfreizügigkeit und der Dienstleistungsfreiheit bei der vorübergehenden Entsendung von Arbeitnehmern aufgelöst[925] und auch die Anwendung der die Freizügigkeit der Arbeitnehmer konkretisierenden VO (EWG) 1612/68 bejaht. Auch in der Literatur wird der gemeinschaftsrechtliche Status entsandter Arbeitnehmer nunmehr teilweise der Arbeitnehmerfreizügigkeit im Wege des bereits von dem Generalanwalt *Walter von Gerven*[926] in der Rechtssache *Rush Portuguesa* vertretenen dualistischen Modells zugeordnet[927]. Selbst wenn man dieser neuen Tendenz in der Rechtsprechung des *EuGH* und der Literatur folgt und entsandten Arbeitnehmern ein eigenes Recht aus Art. 39 EG neben dem Recht ihres Arbeitgebers aus Art. 49 iVm 50 Abs. 3 EG zuspricht, so lassen sich hinsichtlich des Aufenthaltsrechts hieraus keine weiteren Rechte der entsandten Arbeitnehmer herleiten. Die aus Art. 49 iVm 50 Abs. 3 EG dienstleistungsbezogene Freizügigkeit findet allein auf die vorübergehende grenzüberschreitende Erwerbstätigkeit Anwendung[928]. Wird hingegen ein Daueraufenthalt im Sinne der Bestimmungen über die Arbeitnehmerfreizügigkeit oder des Nie-

---

923 Vgl. EuGH, Rs. „***Rush Portuguesa***", aaO (Fn. 49), Rn. 12, 17; EuGH, Rs. „***Vander Elst***", aaO (Fn. 17), Rn. 13; EuGH, Rs. C 415/39, „***Roux***", Urteil vom 15. Dezember 1995 in Slg. 1991, S. I-275, Rn. 9 ff.; *Kluth* in *Callies/Ruffert*, aaO (Fn. 54), Art. 49, 50 EGV, Rn. 59; *Hakenberg* in *Lenz/Borchardt*, aaO (Fn. 724), Art. 49/50 EG, Rn. 4; *Scheuing*, EuR 2003, S. 752.

924 Vgl. EuGH, Rs. „***Finalarte***", aaO (Fn. 50), Rn. 22.

925 Vgl. EuGH, Rs. „***Fitzwilliam***",aaO (Fn. 409), Rn. 28; Rs. C 18/95, „*F.C.* ***Terhoeve*** *gegen Inspecteur van de Belastingdienst Particulieren/Ondernemingen Buitenland*", Urteil vom 26. Januar 1999 in Slg. 1999, S. I-374.

926 Stellungnahme des Generalanwalts *Walter van Gerven*, abgedruckt in Slg. 1990, S. I- 1425 ff..

927 Vgl. zuletzt mit beachtlichen Argumenten *Birk*, aaO (Fn. 121), S. 530.

928 Von besonderer Bedeutung ist, dass durch die aus Art. 49 EG folgende Freizügigkeit nicht Angehörige der Mitgliedstaaten schützt, die in anderen Mitgliedstaaten ihren Hauptaufenthalt nehmen, um dort für unbestimmte Zeit wirtschaftlich Leistungen zu erbringen oder zu empfangen; vgl EuGH, Rs. 196/87, „*Udo* ***Steymann*** *gegen Staatssecretaris van Justitie*", Urteil vom 5. Oktober 1988 in Slg. 1988, S. 6159, Rn. 17.

derlassungsrechts begründet, so wird das Freizügigkeitsrecht allein durch die besonderen Bestimmungen dieser Grundfreiheiten ausgestaltet. Die Arbeitnehmerfreizügigkeit nach Art. 39 EG und das hieraus folgende Aufenthaltsrecht ist nach Ziffer 2.2 stärkeren Restriktionen unterworfen, als die Dienstleistungsfreiheit, da sie für alle Wirtschaftssektoren eingeschränkt worden ist. Ein Freizügigkeitsrecht aus Art. 39 EG für bestimmte Wirtschaftssektoren sehen die Beitrittsverträge nicht vor.

I. Liberalisierte Wirtschaftssektoren

In den liberalisierten Wirtschaftssektoren folgt das Einreise- und Aufenthaltsrecht vorübergehend in die Bundesrepublik Deutschland entsandter Arbeitnehmer unmittelbar aus Art. 49 iVm 50 Abs. 3 EG. Dies ist Konsequenz aus der Rechtsprechung des *EuGH* zu der Entsendung von Arbeitnehmern innerhalb der Europäischen Gemeinschaft. Könnte der entsandte Arbeitnehmer aus der Dienstleistungsfreiheit seines Arbeitgebers kein derivatives Teilhaberecht geltend machen und sich allein auf die Bestimmungen über die Arbeitnehmerfreizügigkeit berufen können, so wäre ihm ein gemeinschaftsrechtliches Aufenthaltsrecht versagt. Im Gegensatz zur Dienstleistungsfreiheit, die nur für einige wenige Wirtschaftssektoren begrenzt ist, ist die Arbeitnehmerfreizügigkeit nach Art. 39 EG ausnahmslos bis zum Ablauf der Integrationsfristen suspendiert. Die Beschränkungen der Arbeitnehmerfreizügigkeit nach Ziffer 2.2 lassen sich auch nicht auf die Beschränkungen der Dienstleistungsfreiheit nach Ziffer 2.13 übertragen. Der Wortlaut von Ziffer 2.13 der Beitrittsakte ist eindeutig, so dass eine erweiternde Auslegung unzulässig ist[929]. Anderenfalls käme es zu einer Extension der Integrationsbestimmungen im Bereich der Dienstleistungsfreiheit und zu einem Ausschluss des aus Art. 49 iVm Art. 50 Abs. 3 EG folgenden Aufenthaltsrechts. Beschränkungen des aus der Dienstleistungsfreiheit folgenden Aufenthaltsrechts entsandter Arbeitnehmer sind aber allein unter den Voraussetzungen nach Ziffer 2.13 möglich[930]. Jede erweiternde Übertragung der Übergangsbestimmungen zur Arbeitnehmerfreizügigkeit auf die Dienstleistungsfreiheit würde der Rechtsprechung des *EuGH* widersprechen, wonach entsandte Arbeitnehmer ein derivatives Teilhaberecht an der Dienstleistungsfreiheit ihres Arbeitgebers und einem daraus folgenden Aufenthaltsrecht haben[931].

Das Aufenthaltsrecht entsandter Arbeitnehmer in den liberalisierten Wirtschaftssektoren folgt daher genuin aus dem Gemeinschaftsrecht.

929 S.o. Kapitel 4 C. III. 2. c) (ii).
930 So im Ergebnis auch *Pechstein*, aaO (Fn. 872), S. 57.
931 So ist wohl auch *Wank*, NZA Beilage 2/2005, S. 93 zu verstehen.

Werden von einem Unternehmen aus den Beitrittsstaaten Dienstleistungen in einem liberalisierten Wirtschaftssektor mit eigenem Personal erbracht, können sich die entsandten Arbeitnehmer eine Freizügigkeitsbescheinigung nach § 5 FreizügG/EU ausstellen lassen, die nach der Rechtsprechung des *EuGH* in Sachen *Oulane*[932] deklaratorische Wirkung hat. Das Freizügigkeitsgesetz/EU gilt gemäß § 1 für alle Unionsbürger, unabhängig davon, ob sie die Voraussetzungen für die Freizügigkeitsberechtigung nach §§ 2 bis 4 FreizügG/EU erfüllen. Dies folgt sowohl aus der eindeutigen Regelung in § 1 FreizügG/EU, als auch aus einem Umkehrschluss zu § 11 II FreizügG/EU, wonach das ab 1. Januar 2005 geltende Aufenthaltsgesetz – über den in § 11 I FreizügG/EU normierten Umfang hinaus – erst dann auf Unionsbürger Anwendung findet, wenn die Ausländerbehörde das Nichtbestehen oder den Verlust des Freizügigkeitsrechts festgestellt hat[933]. Das Aufenthaltsrecht ist für Staatsangehörige aus den Beitrittsstaaten nicht mit dem Arbeitsgenehmigungsrecht nach § 284 SGB III iVm § 13 FreizügG/EU verknüpft, soweit sie vorübergehend zur Ausführung einer Dienstleistung in die Bundesrepublik Deutschland entsandt werden.

Dieses einmal nach Art. 49 EG entstandene Aufenthaltsrecht erlischt auch dann nicht, wenn neben Arbeiten in den liberalisierten Wirtschaftssektoren Tätigkeiten ausgeführt werden, die einem beschränkten Dienstleistungssektor unterliegen. Nach Art. 55 EG iVm Art. 46 EG kann eine Beschränkung dieses Aufenthaltsrechts nur aus Gründen der öffentlichen Sicherheit oder Ordnung erfolgen[934]. Ein Verstoß gegen die öffentliche Ordnung kann nur im persönlichen Verhalten des betroffenen Arbeitnehmers begründet sein[935]. Wirtschaftliche Ziele finden keine Berücksichtigung[936]. Eine nachträgliche Aufhebung des Aufenthaltsrechts aus arbeitsmarktpolitischen Gründen ist nicht möglich, so dass ein Verstoß gegen die Übergangsbestimmungen keine aufenthaltsrechtlichen Konsequenzen auslösen kann. Dies hat zur Konsequenz, dass ein Staatsangehöriger aus den Beitrittsstaaten erst dann ausreisepflichtig wird, wenn die Ausländerbehörde gemäß § 7 Abs. 1 S. 1 FreizügG/EU unanfechtbar festgestellt hat, dass das Recht auf Einreise und Aufenthalt nicht mehr besteht[937]. Die Anordnung des Sofort-

---

932 Vgl. EuGH, Rs. *C-215/03 „Salah **Oulane** gegen Minister voor Vreemdelingenzaken en Integratie“*, Urteil vom 17. Februar 2005 in InfAuslR 2005, S. 126.

933 So VGH Kassel, Beschluss vom 29. Dezember 2004, -12 TG 3212/04- in NVwZ 2005, S. 838.

934 Vgl. *Welte*, Zuwanderungs- und Freizügigkeitsrecht, Erläuterungen zum FreizügG/EU, Ziffer 1.8.0.

935 Vgl. EuGH, Urteil vom 18. Mai 1982, Rs. 115/81 und 116/81 in NJW 1983, S. 1250.

936 Vgl. *Franzen* in *Streinz*, aaO (Fn. 15), Art. 39 EGV, Rn. 136.

937 So auch *Fehrenbacher*, ZAR 2004, S. 242. Erst mit der Feststellung des Verlustes des Freizügigkeitsrechts findet gem. § 11 Abs. 2 FreizügG/EU das AufenthG An-

vollzugs einer die Ausreisepflicht begründenden Verfügung gegenüber einem Unionsbürger ist allerdings allein wegen eines Verstoßes gegen die Übergangsbestimmungen nicht zulässig[938]. Der *VGH Kassel* weist zur Begründung zutreffend darauf hin, dass sich nichts Abweichendes aus § 13 FreizügG/EU ergibt. Nach dieser Vorschrift findet das die Richtlinie 2004/38 EG in deutsches Recht umsetzende Freizügigkeitsgesetz nur eingeschränkt Anwendung, „soweit nach Maßgabe des Vertrags vom 16. April 2003 über den Beitritt der Tschechischen Republik ... zur Europäischen Union ... abweichende Regelungen anwendbar sind". Abweichende Regelungen sind in den Beitrittsverträgen nur für die Aufnahme unselbständiger Tätigkeiten im Sinne der Ziffern 2.2 und 2.13 der Beitrittsakte vorgesehen. Außerhalb dieser Ausnahmen, das heißt im gemeinschaftsrechtlich der Dienstleistungsfreiheit nach Art. 49 Abs. 1 EG unterliegenden Bereich, finden die Bestimmungen des FreizügG/EU auch auf Angehörige der Beitrittsstaaten uneingeschränkt Anwendung[939], so dass die Anordnung des Sofortvollzugs einer die Ausreisepflicht begründenden Verfügung für einen Unionsbürger allein wegen eines Verstoßes gegen die Übergangsbestimmungen nicht rechtmäßig ist.

II. Von den Übergangsfristen erfasste Wirtschaftssektoren

Anders stellt sich die Situation für Arbeitnehmer dar, die in einem durch die Beitrittsakten beschränkten Wirtschaftssektor vorübergehend zur Erbringung einer Dienstleistung in die Bundesrepublik Deutschland entsandt werden. Ihr Aufenthaltsrecht folgt unabhängig davon, ob sie ein eigenes Freizügigkeitsrecht aus Art. 39 EG wahrnehmen, nicht unmittelbar aus Art. 39 EG, da die Arbeitnehmerfreizügigkeit bis zum Ablauf der Integrationsfristen nach Ziffer 2.2 vollständig ausgeschlossen ist. Auch aus der Dienstleistungsfreiheit nach Art. 49 iVm Art. 50 Abs. 3 EG lässt sich kein gemeinschaftsrechtliches Aufenthaltsrecht herleiten, da diese ebenfalls durch die Beitrittsakten beschränkt ist. ***Entsandte Arbeitnehmer in den nicht liberalisierten Wirtschaftssektoren erlangen Recht auf vorübergehenden Zugang zum deutschen Arbeitsmarkt allein nach Maßgabe des nationalen Rechts.*** Das Aufenthaltsrecht ist insoweit an das Vorliegen einer Arbeitsgeneh-

---

wendung. Die Ausreisepflicht tritt mit Unanfechtbarkeit der Feststellung bzw. der Unanfechtbarkeit des Widerrufs der Aufenthaltserlaubnis-EU nach § 7 Abs. 1 Satz 1 und 2 FreizügG/EU ein.

938 So ist wohl der VGH Kassel zu verstehen: Beschluss vom 28. September 2004, –12 TG 1986/04- in InfAuslR 2004, S. 425.

939 So auch VGH Mannheim, Beschluss vom 9. September 2004, -13 S 1738/04- in InfAuslR 2004, S. 423.

migung-EU nach § 284 SGB III geknüpft. Ihr aus Art. 49 iVm 50 Abs. 3 EG folgendes Freizügigkeitsrecht ist bis zum Ablauf der Übergangsfristen in den Beitrittsverträgen suspendiert[940] und besteht nur unter folgenden Voraussetzungen:

- Die Einreise in die Bundesrepublik Deutschland ist nach § 2 Abs. 4 Satz 1 FreizügG/EU ohne Visum möglich.
- Für die Aufnahme einer Beschäftigung ist nach § 13 FreizügG/EU eine Arbeitsgenehmigung gem. § 284 SGB III erforderlich.

Liegt eine von der Bundesagentur für Arbeit genehmigte Beschäftigung vor, wird nach § 5 FreizügG/EU eine Bescheinigung über das gemeinschaftsrechtliche Aufenthaltsrecht ausgestellt. Da das Aufenthaltsrecht im Gemeinschaftsrecht verwurzelt und nicht vom nationalen Recht abhängig ist, kommt dieser Aufenthaltserlaubnis-EU nur deklaratorische Wirkung zu[941]. Die Entscheidung über die Erteilung einer Freizügigkeitsbescheinigung ist demzufolge allein dem Arbeitsgenehmigungsverfahren und nicht dem Zustimmungsverfahren nach dem Zuwanderungsgesetz unterstellt[942].

1. Aufenthaltsrecht aus Art. 18 EG

Fraglich ist aber, ob sich in den nicht liberalisierten Wirtschaftssektoren nicht bereits aus dem allgemeinen Freizügigkeitsrecht aus Art. 18 EG ein Aufenthaltsrecht der entsandten Arbeitnehmer ergibt. Dann wäre das Aufenthaltsrecht losgelöst von dem Arbeitsgenehmigungsverfahren zu beurteilen. Im Folgenden wird untersucht, ob Staatsangehörige aus den Beitrittsstaaten, die zur Ausführung eines Werkvertrages vorübergehend in die Bundesrepublik Deutschland entsandt werden, sich unmittelbar auf Art. 18 EG berufen können. Dann müsste Art. 18 EG neben Art. 49 EG anwendbar und dürfte nicht den Beschränkungen nach Ziffer 2.13 der Beitrittsakte unterworfen sein.

a) Anwendungsbereich von Art. 18 EG

Art. 18 EG wurde durch den Vertrag von Maastricht eingeführt und gewährleistet jedem Unionsbürger das Recht, sich im Hoheitsgebiet der Mitgliedstaaten vorbehaltlich der in diesem Vertrag und in den Durchführungsvorschriften vorgesehe-

---

940 Vgl. auch *Wank*, NZA Beilage 2/2005, S. 89; a.A. *Westphal/Stoppa*, InfAuslR 2004, S. 133.

941 Vgl. EuGH, Rs. 58/77, „***Sugulo***“ in EuGHE 1977, S. 1504; *Renner*, aaO (Fn. 693), § 5 FreizügG/EU, Rn. 2 mwN zur Rechtsprechung des EuGH; vgl. auch *Oppermann*, aaO (Fn. 4), § 25, Rn. 33.

942 Vgl. hierzu *Langer*, NZA Beilage 2/2005, S. 86.

nen Beschränkungen und Bedingungen frei zu bewegen und aufzuhalten[943]. Die Vorschrift konsolidiert und verstärkt das allgemeine Recht auf freie Bewegung und freien Aufenthalt für Unionsbürger[944], indem es auf eine vertragliche Grundlage gestellt wird[945]. Mit der Richtlinie 2004/38 EG[946] wurden die Richtlinien 64/221 EWG, 68/360 EWG, 72/194 EWG, 73/148 EWG, 75/34 EWG, 75/35 EWG, 90/364 EWG, 90/365 EWG und 93/96 EWG mit Wirkung zum 1. April 2006 aufgehoben. Durch Art. 18 Abs. 1 EG wird ein von der wirtschaftlichen Betätigung der Arbeitnehmer entkoppeltes Aufenthaltsrecht primärrechtlich ausgestaltet[947]. Der *EuGH* hat die Freizügigkeit nach Art. 18 EG in der Rechtssache *Grzelczyk*[948] als grundlegenden Status der Angehörigen der Mitgliedstaaten bezeichnet und Art. 18 EG auf den Status eines einklagbaren Individualrechts gehoben[949]. Seit der Entscheidung *Baumbast*[950] sieht der *EuGH* in Art. 18 Abs. 1 EG nunmehr auch ein subjektiv-öffentliches Recht der Unionsbürger[951]. Das Recht auf Freizügigkeit beinhaltet darüber hinaus einen Anspruch der Arbeitnehmer aus den Mitgliedstaaten auf Gleichbehandlung und ein damit einhergehendes Diskriminierungsverbot[952].

---

943 Vgl. hierzu *Becker*, „Freizügigkeit in der EU – auf dem Weg vom Begleitrecht zur Bürgerfreiheit" in EuR 1999, S. 527; vgl. zur Entwicklung des allgemeinen Freizügigkeits- und Aufenthaltsrechts *Frenz*, aaO (Fn. 14), Rn. 2956 ff..

944 Vgl. zur Entwicklung der Unionsbürgerschaft *Kadelbach* in *Ehlers*, aaO (Fn. 688), § 21, Rn. 1 ff..

945 Vgl. *Haag* in *von der Groeben/Schwarze*, aaO (Fn. 467), Art. 18 EG, Rn. 6.

946 Richtlinie 2004/38/EG des Europäischen Parlaments und des Rates vom 29. April 2004, s.o. Fn. 529.

947 Vgl. *Magiera* in *Streinz*, aaO (Fn. 15), Art. 18 EG, Rn. 1.

948 EuGH, Rs. C-184/99, *„Rudy **Grzelczyk** gegen Centre public d'aide sociale d'Ottignies-Louvain-la-Neuve"*, Urteil vom 20. September 2001 in Slg. 2001, S. I-6193, Rn. 31. In dieser Entscheidung sprach der EuGH einem französischen Studenten, der drei Jahre an einer belgischen Hochschule studiert und für seinen Unterhalt selbst aufgekommen ist, einen Anspruch auf Gewährung des Existenzminimums zu. In seinem vierten Studienjahr konnte *Grzelczyk* wegen seines Examens seinen Unterhalt nicht mehr selbst finanzieren.

949 Vgl. hierzu auch *Scheuing*, EuR 2003, S. 759.

950 EuGH, Rs. C-413/99, *„**Baumbast** u. R gegen Secretary of State for the Home Department"*, Urteil vom 17. September 2004 in NJW 2005, S. 1033, Rn. 85

951 Vgl. hierzu auch *Magiera* in *Streinz*, aaO (Fn. 15), Art. 18 EG, Rn. 10; *Kadelbach* in *Ehlers*, aaO (Fn. 688), § 21, Rn. 39. Dies folgt nunmehr auch aus Ziffer 11 der Erwägungsgründe der Richtlinie 2004/38 EG, wonach das elementare und persönliche Recht auf Aufenthalt in einem anderen Mitgliedstaat den Unionsbürgern unmittelbar aus dem Vertrag erwächst und nicht von der Einhaltung eines Verwaltungsverfahrens abhängt. Anders noch *Becker*, aaO (Fn. 437), S. 37.

952 Vgl. *Hailbronner*, ZAR 2004, S. 264.

(i) Persönlicher Anwendungsbereich von Art. 18 EG und des Sekundärrechts

Nach Art. 3 Abs. 1 der Richtlinie 2004/38 EG gilt das Freizügigkeitsrecht für jeden Unionsbürger, der sich in einen anderen als den Mitgliedstaat, dessen Staatsangehörigkeit er besitzt, begibt oder aufhält. Mit dem Beitritt der MOE-Staaten zur Europäischen Union erhalten die Staatsangehörigen der Beitrittsstaaten den Status eines Unionsbürgers gem. Art. 17 Abs. 1 Satz 2 EG, so dass sie sich grundsätzlich auf Art. 18 EG berufen können[953] und die Richtlinie 2004/38 EG Anwendung findet. Der Richtlinie 2004/38 EG kommt insoweit aber nur eine das Aufenthaltsrecht begrenzende Funktion zu, da es als Sekundärrecht Art. 18 Abs. 1 EG nachrangig ist und lediglich den durch Art. 18 Abs. 2 EG neu eingefügten Vorbehalt ausfüllt[954]. Drittstaatsangehörige sind hingegen von der Unionsbürgerschaft ausgeschlossen[955].

(ii) Sachlicher Anwendungsbereich von Art. 18 EG und des Sekundärrechts

Art. 18 Abs. 1 EG umfasst das Recht, aus einem Mitgliedstaat zum Zwecke der Einreise in einen anderen Mitgliedstaat auszureisen, das Recht, in einen anderen Mitgliedstaat einzureisen sowie das Recht, sich innerhalb eines Mitgliedstaates frei zu bewegen und aufzuhalten[956]. Nach der Art. 18 Abs. 1 EG inhaltlich ausgestaltenden Richtlinie 2004/38 EG hat nach Art. 6 Abs. 1 jeder Unionsbürger das Recht auf Aufenthalt im Hoheitsgebiet eines anderen Mitgliedstaates für einen Zeitraum von bis zu drei Monaten, wobei er lediglich im Besitz eines gültigen Personalausweises oder Reisepasses sein muss. Weitere Bedingungen oder Formalitäten sind nicht zu erfüllen, so dass das Aufenthaltsrecht allein an die Unionsbürgerschaft und nicht an eine wirtschaftliche Betätigung anknüpft. Bei längerfristigen Aufenthalten ist nach Art. 7 Abs. 1 a) aber erforderlich, dass der Unionsbürger Arbeitnehmer oder Selbständiger im Aufnahmemitgliedstaat ist. Im Gegensatz zum kurzfristigen Aufenthaltsrecht setzt der auf Dauer angelegte Aufenthalt in einem anderen Mitgliedstaat eine wirtschaftliche Betätigung des Unionsbürgers voraus. Nach Art. 8 Abs. 3 dürfen die Mitgliedstaaten zum Nachweis des Vorliegens des aus Art. 7 Abs. 1 a) folgenden Aufenthaltsrechts eine Einstellungsbestätigung des Arbeitgebers oder eine Beschäftigungsbescheinigung verlangen. Daneben knüpft das Aufenthaltsrecht an die soziale Sicherheit und die

953 Vgl. *Dienelt*, aaO (Fn. 96), Rn. 83.

954 Vgl. hierzu *Scheuing*, EuR 2003, S. 766; *Strunz*, Die Freizügigkeit der Personen in der Europäischen Union (Dissertation Münster 2002), S. 154.

955 Vgl. *Kubicki*, „Die subjektivrechtliche Komponente der Unionsbürgerschaft" in EuR 2006, S. 491.

956 Vgl. *Haag* in *von der Groeben/Schwarze*, aaO (Fn. 467), Art. 18 EG, Rn. 6.

Selbstvorsorge des Arbeitnehmers an. Es muss sichergestellt sein, dass der Unionsbürger über ausreichend Existenzmittel verfügt und keine Sozialhilfeleistungen in Anspruch nehmen muss (vgl. Art. 7 Abs. 1 b)). Die Entstehung des allgemeinen Freizügigkeitsrechts ist nicht vom Erlass entsprechenden Sekundärrechts und dessen Umsetzung in nationales Recht abhängig. Das Sekundärrecht gestaltet die durch Art. 18 Abs. 1 EG gewährleistete Freizügigkeit lediglich aus[957] und eröffnet den Mitgliedstaaten die Möglichkeit, die Ausübung des Freizügigkeitsrechts insbesondere vor dem Erfordernis einer sozialen Absicherung einzuschränken. Die Entstehung des Freizügigkeitsrechts kann hingegen durch Sekundärrecht nicht eingeschränkt werden, so dass der Schutzbereich von Art. 18 Abs. 1 EG lediglich auf Tatbestandsebene eingegrenzt wird[958].

b) Verhältnis von Art. 18 EG zur Dienstleistungsfreiheit nach Art. 49 EG

Lässt sich aus dem Freizügigkeitsrecht nach Art. 18 Abs. 1 EG und dem hierzu ergangenen Sekundärrecht grundsätzlich ein Aufenthaltsrecht entsandter Arbeitnehmer unabhängig von der Ausübung einer Beschäftigung herleiten, ist im Folgenden zu klären, in welchem Konkurrenzverhältnis das allgemeine Freizügigkeitsrecht aus Art. 18 Abs. 1 EG zu Art. 49 iVm 50 Abs. 3 EG steht. Im Hinblick auf die Übergangsbestimmungen in den Beitrittsverträgen stellt sich sodann ferner die Frage, ob diese lediglich das Arbeitsrecht betreffen oder auch das Recht auf Einreise und Aufenthalt beschränken. Es ist daher im Folgenden zunächst das allgemeine Konkurrenzverhältnis zwischen der Freizügigkeit aus Art. 18 Abs. 1 EG und dem aus der Dienstleistungsfreiheit folgenden Freizügigkeitsrecht zu klären, sodann das Verhältnis der Übergangsbestimmungen zu Art. 18 Abs. 1 EG. In Literatur und Rechtsprechung ist das Verhältnis zwischen den Grundfreiheiten der Freizügigkeit aus Art. 18 Abs. 1 EG und der Arbeitnehmerfreizügigkeit und der Dienstleistungsfreiheit umstritten.

---

957 So zutreffend *Groß*, „Die Umsetzung der EU-Freizügigkeitsrichtlinie im deutschen Recht“ in ZAR 2006, S. 61.

958 Vgl. *Scheuing*, EuR 2003, S. 760; *Westphal/Stoppa*, InfAuslR 2004, 134; anderer Ansicht ist *Dienelt*, aaO (Fn. 96), Rn. 96, der den Bedingungsvorbehalt in Art. 18 Abs. 1 EG zu einer Wirksamkeits- und Geltungsvoraussetzung erheben will. Nach seiner Auffassung besteht ein Aufenthaltsrecht für bis zu drei Monate unabhängig vom Nachweis einer sozialen Absicherung. Eine nach nationalem Recht ausgestellte deklaratorische Aufenthaltserlaubnis entfalte darüber hinaus konstitutive Wirkung, wenn während ihrer Geltungsdauer die soziale Absicherung nicht mehr vorläge. Die von *Dienelt* geäußerte Ansicht findet allerdings keine Stütze in Art. 18 Abs. 1 EG.

(i) Auffassung in der Rechtsprechung

Der *EuGH* hat sich in verschiedenen Urteilen mit der Frage des Konkurrenzverhältnisses zwischen dem allgemeinen Freizügigkeitsrecht und den spezielleren auf eine Erwerbstätigkeit ausgerichteten Grundfreiheiten auseinandergesetzt. Eine klare Tendenz zum Vorrang des allgemeinen Freizügigkeitsrechts gegenüber den speziellen Grundfreiheiten lässt sich den Entscheidungen allerdings nicht entnehmen. In der Rechtssache *Skanavi*[959] hat der *EuGH* das Konkurrenzverhältnis zwischen Art. 8a EGV (Art. 18 EG n.F.) und Art 52 EGV (Art. 43 EG n.F.) zugunsten des aus dem Niederlassungsrecht folgenden Aufenthaltsrecht aufgelöst. Das in Art. 8a EGV (Art. 18 EG n.F.) niedergelegte Freizügigkeitsrecht habe seinen besonderen Ausdruck in den Bestimmungen des Niederlassungsrechts gefunden. Ebenso wie in den Rechtssachen *Olazabal*[960] und *Calfa*[961] hat der *EuGH* in diesen Entscheidungen das Verhältnis zwischen Art. 18 Abs. 1 EG und den anderen freizügigkeitsrelevanten Grundfreiheiten konkurrenzrechtlich nach dem Grundsatz der Spezialität gelöst und Art. 18 EG hinter die auf eine wirtschaftliche Betätigung bezogenen Grundfreiheiten zurücktreten lassen. Anders hingegen kann der *EuGH* in der Rechtssache *Bickel und Franz*[962] verstanden werden, in der das Gericht das allgemeine Freizügigkeitsrecht und die speziellen Grundfreiheiten nebeneinander angewendet und nicht strikt voneinander getrennt hat. Im Kern des Rechtsstreits ging es um die Abgrenzung zwischen der passiven Dienstleistungsfreiheit nach Art. 49 EG und dem allgemeinen Freizügigkeitsrecht[963]. Die parallele Anwendbarkeit der aus der Arbeitnehmerfreizügigkeit nach Art. 39 EG folgenden Freizügigkeit und dem allgemeinen Freizügigkeitsrecht aus Art. 18 EG, entschied der *EuGH* in der Rechtssache *Elsen*[964] dahingehend, dass die VO (EWG) 1408/71 nicht nur zur Gewährleistung der Freizügigkeit der Arbeitnehmer nach Art. 39 EG, sondern auch des allgemeinen Freizügigkeitsrechts nach Art. 8a EGV (Art. 18 EG n.F.) beiträgt.

---

959 EuGH, Rs. C-193/94, „*Strafverfahren gegen Sofia* ***Skanavi*** *und Konstantin Chryssanthakopoulos*", Urteil vom 29. Februar 1996 in Slg.1996, S. I-929 ff, Rn. 22.

960 EuGH, Rs. C-100/01, „*Ministre de l'Intérieur gegen Aitor Oteiza* ***Olazabal***", Urteil vom 26. November 2002 in Slg. 2002, S. I-10981, Rn. 26.

961 EuGH, Rs. C-348/96, „Strafverfahren gegen Donatella ***Calfa***", Urteil vom 19. Januar 1999 in Slg. 1999, S. 11, Rn. 30.

962 EuGH, Rs. C-274/96, „*Strafverfahren gegen Horst Otto* ***Bickel und*** *Ulrich* ***Franz***", Urteil vom 24. November 1998 in Slg. 1998, S. I-7637, Rn. 13 ff..

963 Vgl. zur Konkurrenz zwischen dem allgemeinen Freizügigkeitsrecht und der *passiven* Dienstleistungsfreiheit ausführlich *Fehrenbacher* ZAR 2004, S. 243.

964 EuGH, Rs. C-135/99, „*Ursula* ***Elsen*** *gegen Bundesversicherungsanstalt für Angestellte*", Urteil vom 23. November 2000 in Slg. 2000, S. I-10409, Rn. 33.

(ii) Auffassung in der Literatur

Nach der Auffassung von *Magiera*[965] und *Hilf*[966] gehen die besonderen Freizügigkeitsrechte für erwerbstätige und nicht erwerbstätige Unionsbürger dem allgemeinen Freizügigkeitsrecht als die spezielleren Grundfreiheiten vor. *Becker*[967] geht davon aus, dass die Aufenthaltsrechte nicht von der wirtschaftlichen Betätigung abgespalten werden können, da sie in den Grundfreiheiten unmittelbar eine eigene vertragliche Basis besitzen würden. Gleichwohl seien die besonderen mit der Ausübung einer Erwerbstätigkeit verbundenen Grundfreiheiten von dem allgemeinen Freizügigkeitsrecht abzugrenzen. Eine Abgrenzung könne nach dem Schwerpunkt der freiheitsausübenden Tätigkeit vorgenommen werden. Nur soweit gar kein Zusammenhang zu einer bestimmten Wirtschaftstätigkeit erkennbar sei, könne auf Art. 18 Abs. 1 EG abgestellt werden. *W. Kluth*[968] lässt das allgemeine Freizügigkeitsrecht hinter die spezielleren Grundfreiheiten zurücktreten, da diese besondere Verhaltensformen erfassen und im Verhältnis zu Art. 18 Abs. 1 EG als *lex specialis* anzusehen seien. Art. 18 Abs. 1 EG schütze das Aufenthaltsrecht daher nicht im Anwendungsbereich der übrigen Vertragsbestimmungen einschließlich der Grundfreiheiten. Der Aufenthalt zum Zwecke einer wirtschaftlichen Betätigung stehe in unauflösbarem sachlichen Zusammenhang mit der jeweiligen Grundfreiheit, soweit diese nicht ohne den Aufenthalt im jeweiligen Mitgliedstaat ausgeübt werden könne. Auch *Hatje*[969] geht davon aus, dass Art. 18 Abs. 1 EG allein maßgebend sei, wenn der Unionsbürger sich ohne wirtschaftliche Zielsetzung in der Europäischen Union bewegen und niederlassen will. Sofern die Bewegungs- und Aufenthaltsfreiheit aber aus wirtschaftlichen Gründen in Anspruch genommen werde, seien die spezielleren Grundfreiheiten einschlägig. *Scheuing*[970] sieht in Art. 18 Abs. 1 EG eine primärrechtliche Gewährleistung des Freizügigkeitsrechts als *lex generalis*, die besonderen freizügigkeitsausgestalteten Grundfreiheiten hingegen als *lex specialis*. Zugleich will er eine Konkurrenz zwischen Art. 18 Abs. 1 EG und den speziellen Grundfreiheiten aber dahingehend auflösen, dass künftig allein auf Art. 18 Abs. 1 EG abzustellen sei. Dies hätte zur Konsequenz, dass sich Art. 18 Abs. 1 EG von einer bloßen Auffanggrundfreiheit zu dem Hauptfreizügigkeitsrecht des EG-Vertrages entwickele. Dieser Auffassung folgt auch *Strunz*[971], der allerdings Art. 18 Abs. 1 EG

---

965 Vgl. *Magiera* in *Streinz*, aaO (Fn. 15), Art. 18, Rn. 7.
966 Vgl. *Hilf* in *Grabitz/Hilf*, aaO (Fn. 8), Art. 18 EG, Rn. 5.
967 Vgl. *Becker*, EuR 1999, S. 531.
968 Vgl. *Kluth* in *Callies/Ruffert*, aaO (Fn. 54), Art. 18 EGV, Rn. 16.
969 Vgl. *Hatje* in *Schwarze*, aaO (Fn. 452), Art. 18, Rn. 12.
970 Vgl. *Scheuing*, EuR 2003, S. 763 ff..
971 *Strunz*, aaO (Fn. 950), S. 156.

als gleichrangig zu den freizügigkeitsrelevanten Grundfreiheiten des EG-Vertrages sieht. Auch wenn Art. 18 Abs. 1 EG das allgemeine Freizügigkeitsrecht im System der Grundfreiheiten darstelle, komme ihm gleichwohl mehr als eine „Abrundungsfunktion" im Verhältnis zu den spezielleren Grundfreiheiten zu.

(iii) Stellungnahme

Aus der Stellung von Art. 18 Abs. 1 EG im Zweiten Teil des EGV unter dem Kapitel über die Unionsbürgerschaft folgt, dass es sich um eines der vertraglich zugesicherten Rechte der Unionsbürger handelt. In seiner Entwicklung ist das Recht auf Freizügigkeit von einem Begleitrecht der Grundfreiheiten, das ursprünglich an eine wirtschaftliche Tätigkeit gekoppelt war, zu einem eigenständigen Aufenthaltsrecht geworden. Es soll den Unionsbürgern ein allgemeines Recht auf Freizügigkeit unabhängig von einer wirtschaftlichen Betätigung zusichern, nimmt demzufolge eine herausragende Stellung im EGV ein. Dies zeigt die Trennung des Aufenthaltsrechts von einer wirtschaftlichen Betätigung für Zeiträume bis zu drei Monaten. Diese exponierte Stellung manifestiert sich in der Stellung des Art. 18 Abs. 1 EG im EGV gleich zu Beginn der Unionsbürgerrechte. Tritt allerdings zu dem Recht auf freie Bewegung und freien Aufenthalt eine wirtschaftliche Betätigung hinzu, wird die Freizügigkeit also in den Bezug zur Erwerbstätigkeit gestellt, sind die Schutzbereiche dieser Grundfreiheiten nach allgemeinen Kriterien voneinander abzugrenzen. Fällt ein Verhalten in den Schutzbereich mehrerer Grundfreiheiten, sind die Grundfreiheiten grundsätzlich nebeneinander anwendbar[972]. Nach *Ehlers* gilt dies auch dann, wenn es sich, wie hier, um einen einheitlichen Vorgang handelt. Fällt ein Verhalten hingegen in den Schutzbereich von zwei Grundfreiheiten, aus denen der Berechtigte inhaltlich gleiche Rechte herleiten will, so erfolgt die Abgrenzung dieser beiden Grundfreiheiten nach dem Grundsatz der Spezialität. Während das allgemeine Freizügigkeitsrecht aus Art. 18 Abs. 1 EG allein an die Unionsbürgerschaft anknüpft, stellt sich das Aufenthaltsrecht in Fällen einer erwerbswirtschaftlichen Tätigkeit im Bereich der Arbeitnehmerfreizügigkeit und der Dienstleistungsfreiheit als derivatives Teilhaberecht der durch sie begünstigten Arbeitnehmer dar. Das Entstehen des Freizügigkeitsrechts ist demzufolge in Fällen der grenzüberschreitenden Erbringung von Dienstleistungen nicht allein an den Mobilitätszweck, sondern an das Vorliegen einer grenzüberschreitenden Dienstleistung eines in einem anderen Mitgliedstaat niedergelassenen Unternehmens gekoppelt. Nur dann gelangt das Freizügigkeitsrecht der entsandten Arbeitnehmer zur Entstehung. Dies zeigt, dass Art. 18 Abs. 1 EG den Grundtatbestand des gemeinschaftsrechtlichen Freizügig-

---

972 Vgl. *Ehlers* in *Ehlers*, aaO (Fn. 688), § 7 V II 1, Rn. 57.

keitsrechts darstellt, allerdings durch andere Grundfreiheiten verdrängt werden kann, wenn diese im Zusammenhang mit einer wirtschaftlichen Tätigkeit stehen. Allerdings unterscheidet sich das Aufenthaltsrecht aus Art. 18 Abs. 1 EG von dem derivativen Aufenthaltsrecht aus Art. 49 EG im Hinblick auf die Zielsetzung. Während Art. 18 Abs. 1 EG auf einen dauerhaften Aufenthalt bis zu drei Monaten des Unionsbürgers in der Europäischen Union gerichtet ist, dient das Freizügigkeitsrecht aus Art. 49 iVm 50 Abs. 3 EG allein der Ermöglichung der Erbringung der Dienstleistung des ausländischen Unternehmers mit eigenem Personal. Das aus Art. 49 iVm 50 Abs. 3 EG folgende Aufenthaltsrecht ist im Gegensatz zu Art. 18 Abs. 1 EG nicht auf eine auf Dauer angelegte Integration des entsandten Arbeitnehmers im Aufnahmestaat ausgerichtet. Die Existenzgrundlage der entsandten Arbeitnehmer verbleibt während der Dauer der Entsendung in seinem Heimatstaat, so dass die besonderen Entstehensvoraussetzungen für das Freizügigkeitsrecht der Richtlinie 2004/38 EG, namentlich das Erfordernis ausreichender Existenzmittel, nicht erfüllt sein müssen[973]. Eine Überlastung der mitgliedstaatlichen Sozialleistungssysteme ist bei Erfüllung dieser Kriterien nicht zu befürchten, da bereits im Zeitpunkt der Grenzüberschreitung feststeht, dass der entsandte Arbeitnehmer nach Ausführung der Arbeiten in seinen Heimatstaat zurückkehren wird. In Abgrenzung zum allgemeinen Freizügigkeitsrecht aus Art. 18 Abs. 1 EG wird durch Art. 49 Abs. 1 EG ein Verbleiberecht allein für die Zeit der Dienstleistungserbringung im Aufnahmestaat begründet. Ein wirtschaftsbezogenes dauerhaftes Aufenthaltsrecht zur Leistungserbringung, das über die Dauer der vorübergehenden Leistungserbringung hinausgeht, kann hingegen nur durch die Niederlassungsfreiheit oder die Arbeitnehmerfreizügigkeit abgesichert werden.

(iv) Zwischenergebnis

Das Einreise- und Aufenthaltrecht von Staatsangehörigen aus den Beitrittsstaaten besteht in der Bundesrepublik Deutschland unabhängig von der Ausübung einer erwerbswirtschaftlichen Tätigkeit nach dem allgemeinen Freizügigkeitsrecht aus Art. 18 Abs. 1 EG. Tritt allerdings der wirtschaftliche Zweck des Aufenthalts in der Bundesrepublik Deutschland in den Vordergrund, sind die besonderen freizügigkeitsrelevanten Grundfreiheiten einschlägig. In der gemeinschaftsrechtlichen Zuordnung der Bestimmungen über die Freizügigkeit folgt aus Art. 18

973 Dieses Erfordernis erklärt sich aus den unterschiedlichen Sozialstandards in den einzelnen Mitgliedstaaten. Durch eine Absicherung des Existenzminimums soll ein Sozialtourismus zur Erschleichung von Sozialleistungen in Mitgliedstaaten mit hohen Sozialstandards vermieden werden.

Abs. 1 EG kein eigenständiges Aufenthaltsrecht entsandter Arbeitnehmer neben dem derivativen Teilhaberecht aus Art. 49 iVm 50 Abs. 3 EG. Dies hat zur Konsequenz, dass das Aufenthaltsrecht in den nicht liberalisierten Wirtschaftssektoren an die wirtschaftliche Tätigkeit und damit einen bestimmten Aufenthaltszweck gekoppelt ist. Dieses aus Art. 49 iVm 50 Abs. 3 EG folgende Aufenthaltsrecht ist durch die Übergangsbestimmungen vorläufig suspendiert. Art. 18 Abs. 1 EG wird durch Art. 49 EG aber nicht vollständig verdrängt, da er das Basisrecht auf Einreise und Aufenthalt darstellt[974]. Angesichts des Stellenwerts der Freizügigkeit würde eine völlige Aufgabe dieser Personenfreiheit die Europäische Gemeinschaft in ihrem Kern verändern, was durch die Übergangsbestimmungen in den Beitrittsakten nicht gedeckt wäre[975]. Ein dauerhaftes Aufenthaltsrecht entsteht aber nur bei Vorliegen einer ausreichenden Existenzsicherung[976].

c) Verhältnis von Art. 18 EG zu Ziffer 2.2 und 2.13 der Beitrittsakte

Findet Art. 18 Abs. 1 EG somit als Basisrecht auf Einreise und Aufenthalt grundsätzlich Anwendung, ist das durch den *EuGH* noch nicht entschiedene Verhältnis zwischen dem (allgemeinen) Freizügigkeitsrecht aus Art. 18 Abs. 1 EG und der Dienstleistungsfreiheit zu klären, wenn die wirtschaftlich determinierten Grundfreiheiten durch die Übergangsbestimmungen vorübergehend suspendiert werden, gleichwohl eine wirtschaftliche Tätigkeit ausgeübt wird.

(i) Aufenthalt allein nach Maßgabe des nationalen Rechts?

Fehrenbacher[977] vertritt die Auffassung, dass das Aufenthaltsrecht entsandter Arbeitnehmer in den nicht liberalisierten Wirtschaftssektoren allein aus dem nationalen Recht folge, so dass eine Aufenthaltsgenehmigung-EU nach § 5 FreizügG/EU mit konstitutiver Wirkung ausgestellt werden müsse. Auch *Wenger*[978] scheint der Freizügigkeit nach Art. 18 Abs. 1 EG im Kontext der Übergangsbestimmungen keine derart weit reichende Wirkung zukommen zu lassen, dass ein Aufenthaltsrecht unabhängig von der Ausübung einer Erwerbstätigkeit bestehe.

---

974 So auch *Fehrenbacher*, ZAR 2004, S. 242; *Westphal/Stoppa*, InfAuslR 2004, S. 133.

975 Vgl. Zweites Kapitel, Zweiter Teil, Ziffer B II. 2. b) (ii).

976 Vgl. zur Voraussetzung der ausreichenden Existenzmittel und des Krankenversicherungsschutzes *Zimmermann-Kreher* in *Storr/Wenger/Eberle/Albrecht/Zimmermann-Kreher*, aaO (Fn. 72), § 13 FreizügG/EU, Rn. 4.

977 *Fehrenbacher*, ZAR 2004, S. 243.

978 *Wenger*, „Die Unionsbürgerschaft als aufenthaltsrechtlicher „Hebel"?" in NVwZ 2002, S. 1343.

Er argumentiert, dass eine zeitliche Zurückstellung der Arbeitnehmerfreizügigkeit und der Dienstleistungsfreiheit durch Übergangsbestimmungen nichts nütze, wenn die Unionsbürgerschaft ein über die Freizügigkeitsrechte hinausgehendes Aufenthaltsrecht gewährleiste.

(ii) Keine Verdrängung des Aufenthaltsrechts durch die Übergangsbestimmungen?

Westphal/Stoppa[979] hingegen vertreten die Auffassung, dass das allgemeine Freizügigkeitsrecht im Kontext des Übergangsregimes nicht durch die wirtschaftsbezogenen Freizügigkeitsrechte verdrängt werde. Ein Aufenthaltsrecht könne aus verschiedenen Rechtsgrundlagen folgen, so dass sich ein Unionsbürger zugleich auf mehrere Freizügigkeitsrechte berufen könne. Das aus Art. 18 Abs. 1 EG folgende Aufenthaltsrecht stelle ein Basisrecht auf Einreise und Aufenthalt dar, das unabhängig neben den anderen Grundfreiheiten existiere. *Die Übergangsregelungen beträfen nur das Arbeitsrecht, beschränkten jedoch in keiner Weise das Recht auf Einreise und Aufenthalt.* Auch *Pechstein*[980] vertritt die Auffassung, dass Beitrittsstaatsangehörigen trotz der Übergangsregelungen im Bereich der Arbeitnehmerfreizügigkeit und der Dienstleistungsfreiheit ein Aufenthaltsrecht unabhängig von der Ausübung einer wirtschaftlichen Tätigkeit zustehe. Er folgt der Auffassung von *Westphal/Stoppa* und erachtet es für ausreichend, Verstöße gegen die Übergangsbestimmungen im Bereich der Arbeitnehmerfreizügigkeit und der Dienstleistungsfreiheit auf der Ebene des Arbeitsgenehmigungsrechts zu sanktionieren, ohne dabei das Aufenthaltsrecht zu beeinträchtigen. Das Aufenthaltsrecht der in den nicht liberalisierten Dienstleistungssektoren entsandten Arbeitnehmer folge unmittelbar aus Art. 18 Abs. 1 EG unabhängig vom Aufenthaltszweck und könne über das zu Art. 18 Abs. 1 EG erlassene Sekundärrecht gesteuert werden.

(iii) Stellungnahme

Der Auffassung von *Pechstein* und *Westphal/Stoppa* ist zu folgen. *Die Freizügigkeit als Unionsbürgerrecht knüpft gem. Art. 17 Abs. 1 Satz 2 EG grundsätzlich allein an die Staatsangehörigkeit an*[981]. Zwar könnte man mit *Fehrenbacher* und *Wenger* argumentieren, dass die Übergangsbestimmungen zu Art. 49 EG im zweiten Abschnitt der Beitrittsakte unter dem Abschnitt „Freizügigkeit" stehen.

979 Vgl. *Westphal/Stoppa*, InfAuslR 2004, S. 133.
980 Vgl. *Pechstein*, aaO (Fn. 872).
981 Vgl. auch *Oppermann*, aaO (Fn. 4), § 24, Rn. 3.

Versteht man den Begriff der Freizügigkeit allgemein, umfasst er auch das allgemeine Freizügigkeitsrecht aus Art. 18 Abs. 1 EG. In Ziffer 2.2 wird der Begriff der Freizügigkeit allerdings konkretisiert und *„auf den Zugang zum Arbeitsmarkt"* beschränkt. Durch die Übergangsbestimmungen soll allein der Zugang von Staatsangehörigen aus den Beitrittsstaaten zum deutschen Arbeitsmarkt bis zum Ablauf der Integrationsfristen dem deutschen Arbeitsgenehmigungsrecht unterstellt werden. Dies zeigt auch Ziffer 2.5 der Beitrittsakte, der den Mitgliedstaaten nur bei schwerwiegenden Störungen auf dem Arbeitsmarkt die Befugnis einräumt, nationale Maßnahmen aufrecht zu erhalten. In den Übergangsbestimmungen wird hingegen nicht auf das persönliche Verhalten der Beitrittsstaatsangehörigen und damit ihr individuelles Aufenthaltsrecht abgestellt. Das allgemeine Freizügigkeitsrecht können Staatsangehörige aus den MOE-Staaten aufgrund ihrer Stellung als Unionsbürger bereits mit dem Beitritt verwirklichen. Dieses individuelle Freizügigkeitsrecht kann über das zu Art. 18 Abs. 1 EG ergangene Sekundärrecht gesteuert werden. Die Kontrolle des Zugangs von Staatsangehörigen aus den Beitrittsstaaten zum deutschen Arbeitsmarkt wird hingegen durch das Arbeitsgenehmigungsrecht geregelt. *Die Übergangsbestimmungen betreffen somit allein das Arbeitsrecht, beschränken aber nicht das Recht von Beitrittsstaatsangehörigen auf Einreise und Aufenthalt.*

Übergangsbestimmungen können die Grundfreiheiten nur dann vorläufig suspendieren, wenn dies ausdrücklich in dem Beitrittsvertrag und den Beitrittsakten bestimmt ist. In diesen findet sich aber kein Vorbehalt zum Freizügigkeitsrecht, so dass das allgemeine Freizügigkeitsrecht unmittelbar Anwendung findet. Dies wird durch die neue Freizügigkeitsrichtlinie 2004/38 EG bestätigt, wonach Beschränkungen der öffentlichen Ordnung nicht aus wirtschaftlichen Gründen erfolgen können. Wie bereits zur Arbeitnehmerfreizügigkeit nach Art. 39 EG und der Dienstleistungsfreiheit nach Art. 49 EG herausgearbeitet, können diese Grundfreiheiten nur aus schwerwiegenden Gründen im Verhalten der betreffenden Person eingeschränkt werden, um ein hohes Maß an Aufenthaltssicherheit zu gewähren[982]. Abstrakt-generelle Beschränkungen des Freizügigkeitsrechts sind hingegen gemeinschaftsrechtlich unzulässig. Das aus Art. 18 Abs. 1 EG folgende Aufenthaltsrecht kann Beitrittsstaatsangehörigen folglich auch im Falle der Ausübung einer Erwerbstätigkeit nicht entzogen werden. Verstöße gegen die Übergangsbestimmungen sind mit der Auffassung von *Pechstein* und *Westphal/Stoppa* allein auf Ebene des Arbeitsgenehmigungsrechts zu sanktionieren. Etwas anderes dürfte mit der Auffassung von *Scheuing*[983] allerdings dann gelten, wenn sich anhand objektiver Merkmale nachweisen lässt, dass ein Angehöriger aus den Bei-

982 Vgl. hierzu *Scheuing*, EuR 2003, S. 769.
983 Vgl. *Scheuing*, EuR 2003, S. 772.

trittsstaaten die aus Art. 18 EG folgende Freizügigkeit nur als Mittel nutzt, um Sozialleistungen des Aufnahmemitgliedstaates für sich in Anspruch zu nehmen, also dann, wenn entsandte Arbeitnehmer nicht über eigene Mittel zur sozialen Absicherung verfügen[984]. Dies ergibt sich aus einem Umkehrschluss zu § 5 Abs. 5 FreizügG/EU. Kann die Ausländerbehörde innerhalb eines Zeitraums von fünf Jahren überprüfen, ob die Voraussetzungen des Aufenthaltsrechts nachträglich entfallen sind, so muss diese Prüfungskompetenz erst Recht bestehen, wenn das Aufenthaltsrecht von Anfang an nicht zur Entstehung gelangt ist.

2. Rechtsfolge bei Verstößen gegen die Übergangsbestimmungen in Bezug auf das Aufenthaltsrecht

Auch wenn das aus Art. 18 Abs. 1 EG folgende Aufenthaltsrecht vom Aufenthaltszweck getrennt werden kann, wird Art. 18 Abs. 1 EG nicht schrankenlos gewährleistet, sondern auf Tatbestandsebene durch die Richtlinie 2004/38 EG beschränkt. Der Unionsbürger oder ein Familienangehöriger kann aus Gründen der öffentlichen Ordnung, Sicherheit oder Gesundheit des Landes verwiesen werden[985]. Das persönliche Verhalten muss eine hinreichend schwere und tatsächliche Gefährdung darstellen, die ein Grundinteresse des Staates berührt[986]. Eine Ausweisung aufgrund nationaler Maßnahmen unterliegt ferner dem Verhältnismäßigkeitsgrundsatz[987]. Aus Art. 7 Abs. 1 b) der Richtlinie 2004/38 EG folgt, dass ein Aufenthaltsrecht für einen Zeitraum über 3 Monate auch dann besteht, wenn der Unionsbürger über ausreichende Existenzmittel verfügt, so dass er während seines Aufenthalts keine Sozialhilfeleistungen des Aufnahmemitgliedstaates in Anspruch nehmen muss, und er und seine Familienangehörigen über einen umfassenden Krankenversicherungsschutz im Aufnahmemitgliedstaat verfügen[988]. Das Aufenthaltsrecht besteht bei Vorliegen der vorgenannten Voraussetzungen unabhängig von der Ausübung einer Beschäftigung fort. *Übt demzufolge ein entsandter Arbeitnehmer eine Tätigkeit in einem liberalisierten Wirtschaftssektor aus und zeigt sich, dass es sich hierbei um eine Tätigkeit handelt, die den Übergangsbestimmungen nach Ziffer 2.13 unterworfen ist, endet sein Aufenthaltsrecht nicht automatisch.* Verfügt er über eine soziale Absicherung und liegt kein weite-

984 So auch *Zimmermann-Kreher* in *Storr/Wenger/Eberle/Albrecht/Zimmermann-Kreher*, aaO (Fn. 72), § 5 FreizügG/EU, Rn. 7.

985 Vgl. *Welte*, Zuwanderungs- und Freizügigkeitsrecht, Erläuterungen zum FreizügG/EU, Ziffer 1.8.0; *Groß*, „Das Gesetz über die allgemeine Freizügigkeit von Unionsbürgern" in ZAR 2005, S. 84.

986 Vgl. EuGH, Rs. 348/96, „***Calfa***", aaO (Fn. 961).

987 Vgl. Ziffer 23 der Erwägungsgründe zur Richtlinie 2004/38 EG.

988 Vgl. § 4 FreizügG/EU.

rer Grund in seiner Person vor, der die nationalen Behörden zur Ausweisung berechtigt, besteht das Aufenthaltsrecht nach Art. 18 Abs. 1 EG unabhängig von der Ausübung einer Beschäftigung fort. Aus dem Bewegungs- und Aufenthaltsrecht nach Art. 18 Abs. 1 EG lässt sich allerdings kein Recht auf wirtschaftliche Betätigung ableiten. Ein über die wirtschaftsbezogenen Grundfreiheiten hinausgehender Schutz besteht nach Art. 18 Abs. 1 EG nicht. Anderenfalls würde der speziellere Anwendungsbereich dieser Grundfreiheiten überschritten werden[989]. Dies bedeutet, dass sich ein Staatsangehöriger aus den Beitrittsstaaten zwar in der Bundesrepublik Deutschland aufhalten darf, wenn er über ausreichende Existenzmittel und eine Krankenversicherung verfügt. Die Aufnahme einer Beschäftigung unterliegt aber nach Ziffer 2.13 dem nationalen Arbeitsgenehmigungsrecht.

3. Rechtsfolge bei Ausführung eines Scheinwerkvertrages

Fraglich ist darüber hinaus, wie sich das Aufenthaltsrecht entsandter Arbeitnehmer im Falle unerlaubter Arbeitnehmerüberlassung in einem von den Übergangsbestimmungen erfassten Wirtschaftssektor darstellt. Das an den Zugang zum deutschen Arbeitsmarkt geknüpfte Aufenthaltsrecht hätte nicht zur Entstehung gelangen können. Der ausländische Arbeitnehmer, der ohne einen Aufenthaltstitel und eine nach § 284 SGB III erforderliche Arbeitsgenehmigung eine Beschäftigung im Inland ausübt, handelt nach § 404 Abs. 2 Nr. 3 SGB III ordnungswidrig, bzw. bei Vorliegen der Voraussetzungen des § 95 Abs. 1 Nr. 2 AufenthG strafbar[990]. Es stellt sich daher die Frage, ob auch das Aufenthaltsrecht aus Art. 18 Abs. 1 EG wieder erlischt, wenn sich die Ausführung des Werkvertrages in der Praxis als illegale Arbeitnehmerüberlassung darstellt. Soweit der überlassene Arbeitnehmer über das Minimum an einer sozialen Absicherung im Sinne des Art. 7 der Richtlinie 2004/38 EG[991] verfügt, kommt eine Ausweisung nur aus Gründen der öffentlichen Sicherheit oder Ordnung nach Art. 27 Abs. 1 der Richtlinie 2004/38 EG[992], nicht aber aus wirtschaftlichen Zwecken in Be-

---

989 So im Ergebnis auch *Frenz*, aaO (Fn. 14), Rn. 2984.

990 Für die Verleiher und Entleiher der illegal überlassenen Arbeitnehmer drohen Ordnungswidrigkeiten nach §§ 15, 15a, 16 AÜG und weiterer Ordnungswidrigkeiten- und Straftatbestände außerhalb des AÜG; vgl. hierzu *Kudlich* in *Thüsing*, aaO (Fn. 422), Vorb. §§ 15 ff, Rn. 33 ff.. Der illegal überlassene Arbeitnehmer begeht keine Ordnungswidrigkeit nach § 15 AÜG, da ein Fall der notwendigen Teilnahme vorliegt. Allerdings kommt eine Ordnungswidrigkeit nach § 15a, § 16 Abs. 1 Nr. 2 oder § 404 SGB III in Betracht, vgl. *Wank* in ErfK, aaO (Fn. 35), § 15 AÜG, Rn. 1.

991 Vgl. § 4 FreizügG/EU.

992 Vgl. § 6 FreizügG/EU.

tracht. Allein das persönliche Verhalten des Betroffenen kann für die Ausweisung entscheidungserheblich sein[993]. Es muss nach Art. 27 Abs. 2 der Richtlinie 2004/38 EG[994] eine tatsächliche, gegenwärtige und erhebliche Gefahr darstellen, die ein Grundinteresse der Gesellschaft berührt[995]. Von einer hinreichend schweren Gefahr kann nur ausgegangen werden, wenn der Staat für die entsprechende Rechtsgutverletzung schwere Sanktionen verhängt[996].

Reim[997] hat zur Frage der nachträglichen Erteilung eines Aufenthaltstitels eines illegal überlassenen Arbeitnehmers argumentiert, dass ein illegal überlassener Arbeitnehmer in der Regel keine Kenntnis von der illegalen Arbeitnehmerüberlassung habe. Der ausländische Arbeitnehmer vertraue regelmäßig darauf, dass die für die Ausübung einer Tätigkeit in der Bundesrepublik Deutschland erforderlichen ausländerrechtlichen Genehmigungen vorlägen. Ihm sei in Anbetracht der rechtlichen Komplexität der Abgrenzung zwischen der Ausführung eines Werkvertrages und illegaler Arbeitnehmerüberlassung kein persönlicher Vorwurf zu machen, der einem Aufenthaltsrecht entgegenstehen würde. Darüber hinaus sei zu bedenken, dass sich der ausländische Arbeitnehmer regelmäßig auf Weisung seines Arbeitgebers ins Ausland zur Erbringung der für ihn fremden Dienstleistung begebe und der Arbeitgeber die erforderlichen Genehmigungen beantrage.

Diese von *Reim* vorgenommene Abgrenzung kann auch auf die Frage des nachträglichen Entfallens des Aufenthaltsrechts aus Art. 18 Abs. 1 EG übertragen werden. Nach Art. 27 Abs. 2 der Richtlinie 2004/38 EG[998] reicht eine strafrechtliche Verurteilung zur Begründung eines Verstoßes gegen die öffentliche Ordnung nicht aus. Der Aufenthalt in der Bundesrepublik Deutschland ohne die erforderliche Arbeitserlaubnis nach § 284 SGB III stellt lediglich eine Ordnungswidrigkeit nach § 404 Abs. 2 Nr. 3 SGB III dar, so dass eine Tätigkeit als illegal überlassener Arbeitnehmer allein keine Ausreisepflicht des Arbeitnehmers begründen kann[999]. Anderenfalls könnte bei einem Verstoß gegen die Übergangsbestimmungen eine Ausweisung allein aus generalpräventiven Gründen zum Schutz des deutschen Arbeitsmarktes erfolgen, was durch die Richtlinie 2004/38 EG ge-

993 Vgl. Art. 27 Abs. 2 Richtlinie 2004/38/EG bzw. § 6 Abs. 4 FreizügG/EU.

994 Vgl. § 6 Abs. 2 Satz 3 FreizügG/EU.

995 Vgl. EuGH, Rs.30/77, „*Pierre **Bouchereau***“, Urteil vom 27. Oktober 1977 in Slg. 1977, S. 1999, Rn. 33/35; Rs. C-348/96, „***Calfa***“, aaO (Fn. 961), Rn. 21.

996 Vgl. Art. 25 Abs. 2 des Vorschlags der EU-Kommission einer Freizügigkeitsrichtlinie vom 25. September 2001 in ABl.EG C 270 E, S. 150.

997 *Reim*, aaO (Fn. 27), S. 281.

998 Vgl. § 6 Abs. 2 Satz 1 FreizügG/EU.

999 Vgl. BayVGH, Urteil vom 10. März 2002 in AuAS 2002, S. 146.

rade nicht gedeckt ist[1000]. *Reim* hat ferner zutreffend herausgearbeitet, dass illegal überlassene Arbeitnehmer häufig durch ihren Arbeitgeber bzw. dessen Auftragnehmer unter Verschleierung des wahren Vertragsinhalts missbraucht werden. Sie sind über ihre rechtliche Stellung im Unklaren und faktisch dem wirtschaftlichen Druck ihres Arbeitgebers ausgesetzt. Eine Tätigkeit als illegal überlassener Arbeitnehmer stellt demnach kein Verhalten dar, dass eine tatsächliche, gegenwärtige und erhebliche Gefahr, mithin ein Grundinteresse der Gesellschaft berührt[1001].

C. Zusammenfassung

1.

Entsandte Arbeitnehmer haben in den liberalisierten Wirtschaftssektoren ein Aufenthaltsrecht aus Art. 49 iVm Art. 50 Abs. 3 EG. Dieses einmal zur Entstehung gelangte Aufenthaltsrecht besteht auch dann fort, wenn Tätigkeiten in einem von den Übergangsbestimmungen erfassten Wirtschaftssektor ausgeübt werden.

2.

Soweit eine Beschäftigung in den von Ziffer 2.13 der Beitrittsakte erfassten Dienstleistungssektoren nur aufgrund der bilateralen Werkvertragsabkommen möglich ist, folgt das Aufenthaltsrecht unmittelbar aus Art. 18 Abs. 1 EG. Dieser Grundtatbestand der Freizügigkeit der Unionsbürger ist keinen Übergangsbestimmungen durch die Beitrittsakte unterworfen. Das Aufenthaltsrecht aus Art. 18 Abs. 1 EG kommt neben der suspendierten spezielleren Dienstleistungsfreiheit nach Art. 49 EG zur Anwendung.

3.

Erweist sich die Durchführung eines Werkvertrages in einem nicht liberalisierten Wirtschaftssektor in der Praxis als illegale Arbeitnehmerüberlassung, hat dies

---

1000 Vgl. *Westphal/Stoppa*, InfAuslR 2004, S. 137.

1001 Etwas anderes gilt für Werkvertragsarbeitnehmer aus Drittstaaten. Sie können sich nicht auf Art. 18 Abs. 1 EG berufen, so dass sich ihr aufenthaltsrechtlicher Status allein aus den Werkvertragsabkommen, etwaigen bilateralen Abkommen und dem AufenthG (vgl. § 4 AufenthG) ergibt.

nicht automatisch die Ausreisepflicht des entsandten Arbeitnehmers zur Folge. Das Fortbestehen des Aufenthaltsrechts richtet sich nach dem zu Art. 18 Abs. 1 EG ergangenem Sekundärrecht, der Richtlinie 2004/38 EG. Verfügt der Arbeitnehmer über eine ausreichende soziale Absicherung (ausreichende Existenzmittel und Krankenversicherungsschutz) kommt eine Ausreisepflicht nur dann in Betracht, wenn in der Person des Arbeitnehmers ein Grund vorliegt, der eine tatsächliche und schwerwiegende hinreichende Gefährdung der öffentlichen Ordnung im Aufnahmemitgliedstaat zur Folge haben kann. Unerlaubte Arbeitnehmerüberlassung stellt keinen Grund dar, der ein Grundinteresse der Gesellschaft berührt. Verstöße gegen die Übergangsbestimmungen haben folglich nicht ein automatisches Entfallen des Aufenthaltsrechts zur Folge. Der Staatsangehörige aus den Beitrittsstaaten darf sich weiterhin in der Bundesrepublik Deutschland aufhalten, aber keine Beschäftigung ausüben. Die Übergangsbestimmungen beschränken sich allein auf das Arbeitsrecht und nicht das Recht auf Einreise und Aufenthalt.

Fünftes Kapitel

Zusammenfassung der Ergebnisse und Ausblick

1. Teil: Zusammenfassung der Ergebnisse

1.

Mit dem Beitritt der MOE-Staaten zur Europäischen Union findet das Gemeinschaftsrecht unmittelbar auf Rechtssubjekte aus den Beitrittsstaaten Anwendung, soweit es durch die Beitrittsakten keinen Übergangsbestimmungen unterworfen ist.

2.

Übergangsbestimmungen finden sich sowohl für die Arbeitnehmerfreizügigkeit gem. Art. 39 EG, als auch für die Dienstleistungsfreiheit gem. Art. 49 EG. Die Niederlassungsfreiheit nach Art. 43 EG konnte aufgrund gemeinschaftsrechtlicher Vorgaben in den Europa-Abkommen keinen Integrationsfristen unterworfen werden. Das Gleiche gilt für die Freizügigkeit nach Art. 18 Abs. 1 EG, die ausdrücklich von den Übergangsbestimmungen ausgenommen ist.

3.

Im Bereich der grenzüberschreitenden Erbringung von Dienstleistungen ist nach dem Beitritt der MOE-Staaten zur Europäischen Union zwischen den liberalisierten und den nach Ziffer 2.13 der Beitrittsakte beschränkten Wirtschaftssektoren zu differenzieren. Diese Konzeption überrascht angesichts der Tatsache, dass aufgrund des in Art. 49 EG verankerten Herkunftslandsprinzips grenzüberschreitende Dienstleistungen in der Bundesrepublik Deutschland zu den Konditionen des Herkunftslandes angeboten werden können, somit von der Dienstleistungsfreiheit größere Gefahren für den deutschen Arbeitsmarkt ausgehen können als von der Arbeitnehmerfreizügigkeit. Gleichwohl enthält Ziffer 2.13 der Beitrittsakte Übergangsbestimmungen nur für ausgewählte Wirtschaftssektoren, ohne die grenzüberschreitende Erbringung von Dienstleistungen vollumfänglich vorübergehend zu suspendieren. Im Gegensatz hierzu wurde die Arbeitnehmerfreizügigkeit ohne spezifische Bereichsausnahmen vollumfänglich Übergangsbestimmungen unterworfen. Diese Systematik ist inkonsequent, da im Bereich der

Dienstleistungsfreiheit durch selbständige Dienstleistungserbringer keine Inländergleichbehandlung wie im Bereich der Arbeitnehmerfreizügigkeit verlangt werden kann[1002]. Angesichts des für Entsendefälle geltenden Herkunftslandsprinzips sowohl in sozialversicherungsrechtlicher[1003] als auch in arbeitsvertraglicher[1004] Hinsicht ist das mit den Integrationsfristen verfolgte Ziel des Schutzes des deutschen Arbeitsmarktes verfehlt worden, aufgrund der nachträglich nicht zu revidierenden politischen Entscheidung aber hinzunehmen. Ein umfassender Schutz des deutschen Arbeitsmarktes hätte sich nur durch eine vollumfängliche Beschränkung der Dienstleistungsfreiheit nach dem Modell der Beschränkung der Arbeitnehmerfreizügigkeit erzielen lassen. Eine nachträgliche Erweiterung der durch die Übergangsbestimmungen betroffenen Wirtschaftssektoren ist wegen des in den Übergangsbestimmungen verankerten Günstigkeitsprinzips nicht möglich.

A. Allgemeingültige Feststellungen unabhängig vom Wirtschaftssektor der Dienstleistungserbringung

1.

Im Bereich der durch Art. 39 EG garantierten Arbeitnehmerfreizügigkeit ist der Zugang von Staatsangehörigen aus den Beitrittsstaaten nach Ziffer 2.2 der Beitrittsakte vollumfänglich und unabhängig von dem Wirtschaftssektor beschränkt. Die Aufnahme einer Erwerbstätigkeit bei einem in der Bundesrepublik Deutschland niedergelassenem Unternehmen ist nur nach Maßgabe des nationalen Arbeitsgenehmigungsrechts möglich. Erforderlich ist eine Arbeitserlaubnis nach § 284 SGB III.

2.

Das durch das nationale Recht begründete Verbot der Arbeitsaufnahme mit Erlaubnisvorbehalt gilt unabhängig von dem betroffenen Wirtschaftssektor auch dann, wenn ein Unternehmen aus den Beitrittsstaaten über eine in der Bundesre-

1002 So auch *Hanau*, „Wer kommt von Osten rein? – Inkonsequenter Schutz des deutschen Arbeitsmarktes nach der EU-Erweiterung", *Frankfurter Allgemeine Zeitung* vom 14. März 2005, S. 15

1003 S.o. Erstes Kapitel.

1004 S.o. Erstes Kapitel.

publik Deutschland gegründete Niederlassung Arbeitnehmer aus den Beitrittsstaaten einstellen möchte.

3.

Staatsangehörige aus den Beitrittsstaaten genießen gegenüber Drittstaatsangehörigen beim Zugang zum deutschen Arbeitsmarkt Vorrang nach § 284 Abs. 3 SGB III iVm § 39 Abs. 6 Satz 2 AufenthG (Grundsatz der Gemeinschaftspräferenz). Darüber hinaus erlangen sie nach zwölfmonatiger ununterbrochener Zulassung unbeschränkten Zugang zum deutschen Arbeitsmarkt.

4.

Etwas anderes gilt hingegen für die Erbringung von Dienstleistungen im Sinne des Art. 1 der Richtlinie 96/71 EG durch ein in einem Beitrittsstaat niedergelassenem Unternehmen mit eigenen Arbeitnehmern. Die vorübergehende Entsendung von Arbeitnehmern zur Ausführung eines Werkvertrages mit einem Auftraggeber in der Europäischen Gemeinschaft stellt eine Dienstleistung im Sinne des Art. 49 Abs. 1 EG dar.

- Beschränkungen der Dienstleistungsfreiheit aufgrund der Beitrittsverträge sind nur in den nicht liberalisierten Wirtschaftssektoren nach Ziffer 2.13 der Beitrittsakte zulässig.
- In den liberalisierten Wirtschaftssektoren folgt für die entsandten Arbeitnehmer aus Art. 49 iVm 50 Abs. 3 EG ein abgeleitetes Recht auf vorübergehenden Aufenthalt und Ausübung einer Beschäftigung.

Die vorübergehende Entsendung von Arbeitnehmern aus den MOE-Staaten zur Dienstleistungserbringung darf nicht dem nationalen Arbeitsgenehmigungsrecht unterstellt werden, so dass keine Arbeitserlaubnis nach § 284 SGB III erforderlich ist. In den liberalisierten Wirtschaftssektoren stellt sich die Entsendung von Arbeitnehmern als ein allein nach dem Gemeinschaftsrecht zu beurteilender Vorgang dar. Staatsangehörige aus den Beitrittsstaaten werden wie Mitgliedstaatsangehörige behandelt, so dass sich z.B. die Entsendung eines Polen in die Bundesrepublik Deutschland nicht von der Entsendung eines Italieners unterscheidet.

B. Übergangsbestimmungen in den liberalisierten Wirtschaftssektoren

1.

In den liberalisierten Wirtschaftssektoren können deutsche Auftraggeber mit einem Auftragnehmer mit Sitz in einem Beitrittsstaat einen Werkvertrag zur Erbringung einer Dienstleistung mit eigenem Personal nach Maßgabe des Art. 49 EG durchführen. Im Anwendungsbereich der Dienstleistungsfreiheit kann ein in einem Beitrittsstaate niedergelassenes Unternehmen zur Dienstleistungserbringung sowohl Staatsangehörige aus den alten Mitgliedstaaten, als auch aus den Beitrittsstaaten einsetzen. Ebenfalls können Drittstaatsangehörige zur Ausführung eines Dienstvertrages vorübergehend in die Bundesrepublik Deutschland entsandt werden.

Eine Dienstleistung im Sinne des Art. 49 EG und Art. 1 Abs. 3 lit. c) AEntG stellt auch die Überlassung von Arbeitnehmern dar. Drittstaatsangehörige benötigen allerdings nach § 4 Abs. 1 AufenthG einen Aufenthaltstitel. Für die Ausübung einer Beschäftigung ist ferner eine Arbeitserlaubnis erforderlich, die Drittstaatsangehörigen nach § 40 Abs. 1 Nr. 2 AufenthG iVm § 6 Abs. 1 Nr. 2 ArgV zu versagen ist.

2.

Das Aufenthaltsrecht entsandter Arbeitnehmer folgt in den liberalisierten Wirtschaftssektoren für die Dauer der Dienstleistungserbringung aus Art. 49 Abs. 1 iVm Art. 50 Abs. 3 EG. Das einmal entstandene Aufenthaltsrecht besteht auch dann fort, wenn neben Tätigkeiten, die nicht unter die liberalisierten Wirtschaftssektoren fallen, auch andere Tätigkeiten ausgeübt werden.

C. Übergangsbestimmungen in den nicht liberalisierten Wirtschaftssektoren

1.

In den nicht liberalisierten Wirtschaftssektoren ist die grenzüberschreitende Erbringung von Dienstleistungen im Sinne des Art. 1 Abs. 3 der Richtlinie 96/71 EG durch ein in einem Beitrittsstaat niedergelassenes Unternehmen nur nach Maßgabe des nationalen Arbeitsgenehmigungsrechts und der Werkvertragsabkommen möglich. Im Baugewerbe, einschließlich der verwandten Wirtschaftszweige ist die Ausführung von Werkverträgen mit eigenem Personal ferner nur innerhalb der nach § 3 Abs. 2 ASAV festgelegten Quoten und der Kontingentierung möglich. Die Werkverträge sind zur Genehmigung der zuständigen Regionaldirektion der Bundesagentur für Arbeit vorzulegen, die für die Erteilung der Arbeitserlaubnisse eine Zusicherung nach § 34 SGB X erteilt. Für die Erteilung dieser Zusicherung wird eine Gebühr nach Maßgabe des § 287 SGB III erhoben, die aufgrund der Umstrukturierung der Zuständigkeit über die Durchführung und Überwachung des Werkvertragsverfahrens in der jetzigen Form nicht mit dem Kostendeckungsprinzip vereinbar ist. Die Werkvertragsabkommen sehen in Verbindung mit dem nationalen Recht ein ausdifferenziertes System bei der Entsendung von Arbeitnehmern in den nicht liberalisierten Wirtschaftssektoren vor. Über die gesetzliche Erstreckung tariflicher Mindestarbeitsbedingungen genießen die entsandten Arbeitnehmer den gleichen Schutz wie deutsche Arbeitnehmer. Bei sachgerechter Anwendung der Werkvertragsabkommen treten Arbeitnehmer aus den MOE-Staaten nicht in Konkurrenz zu deutschen Arbeitnehmern.

2.

Der ursprüngliche Zweck der Werkvertragsabkommen, ausländische Unternehmen an westliche Standards heranzuführen und die Volkswirtschaften der MOE-Staaten in die Marktwirtschaften der alten Mitgliedstaaten zu integrieren hat sich nach der EU-Osterweiterung zu einem Mittel des Protektionismus des deutschen Arbeitsmarktes verkehrt. Zwar werden auf Basis der Werkvertragsabkommen entsandte Arbeitnehmer gegenüber Drittstaatsangehörigen begünstigt, indem die Arbeitserlaubnis nach § 284 SGB III auf Grundlage der erteilten Zusicherung unabhängig von der Lage auf dem Arbeitsmarkt erteilt wird. Allerdings ist in den durch die Übergangsbestimmungen betroffenen vermeintlich besonders sensiblen Wirtschaftssektoren der vorübergehende Zugang entsandter Arbeitnehmern zum deutschen Arbeitsmarkt vorerst zahlenmäßig beschränkt und unterliegt der Kontrolle der Arbeitsverwaltung.

Ferner erlangen entsandte Werkvertragsarbeitnehmer keinen privilegierten Zugang zum deutschen Arbeitsmarkt nach Ziffer 2.2, 2. Abschnitt der Beitrittsakte iVm § 12a ArgV. Sie genießen auch nach einem ununterbrochenen Zeitraum von 12 Monaten keinen Bestandsschutz, so dass sie bei einer weiteren Entsendung zur Ausführung eines Werkvertrages in die Bundesrepublik Deutschland erneut das Arbeitsgenehmigungsverfahren durchlaufen müssen.

3.

Die Übergangsbestimmungen in Ziffer 2.13 sind restriktiv auszulegen. Zur Definition des Begriffs kann nur auf die Klassifizierung nach dem NACE-Code zurückgegriffen werden. Die in § 1 der Baubetriebe-Verordnung aufgeführten Wirtschaftssektoren fallen nicht unter Ziffer 2.13 der Beitrittsakte. Anderenfalls würde Ziffer 2.13 der Beitrittsakte durch das nationale Recht unzulässig erweitert werden.

4.

Die grenzüberschreitende gewerbliche Arbeitnehmerüberlassung stellt ebenfalls eine Dienstleistung im Sinne des Art. 1 Abs. 3 lit. c) der Richtlinie 96/71 EG dar und fällt unter Ziffer 2.13 der Beitrittsakte. Im Wirtschaftssektor des Baugewerbes ist die grenzüberschreitende gewerbsmäßige Arbeitnehmerüberlassung nach § 1b Satz 1 AÜG unzulässig, soweit keine Ausnahme nach § 1b Satz 2 AÜG vorliegt. Staatsangehörigen aus den Beitrittsstaaten ist die Erteilung einer Arbeitserlaubnis nach dem Rechtsgedanken der § 40 Abs. 1 Nr. 2 AufenthG iVm § 6 Abs. 1 Nr. 2 ArgV zu versagen. Durch ein in einem Beitrittsstaat niedergelassenem Unternehmen können folglich nur Arbeitnehmer aus den alten Mitgliedstaaten grenzüberschreitend überlassen werden.

5.

Das Aufenthaltsrecht entsandter Arbeitnehmer folgt nach hier vertretener Auffassung aus Art. 18 Abs. 1 EG und dem hierzu ergangenen Sekundärrecht. Dieses allgemeine Freizügigkeitsrecht kommt in den von den Übergangsbestimmungen erfassten Wirtschaftssektoren neben der spezielleren freizügigkeitsrelevanten Dienstleistungsfreiheit aus Art. 49 iVm 50 Abs. 3 EG zur Anwendung. Art. 18 Abs. 1 EG ist keinen Beschränkungen durch die Beitrittsakte unterworfen. Die Übergangsbestimmungen betreffen allein das Arbeitsrecht, nicht hingegen das Recht auf Einreise und Aufenthalt.

6.

Von Ziffer 2.13 der Beitrittsakte wird allein die zeitweilige grenzüberschreitende Beschäftigung von Staatsangehörigen aus den Beitrittsstaaten erfasst. Andere

Formen einer erwerbswirtschaftlichen Betätigung werden durch die Übergangsbestimmungen und die bilateralen Werkvertragsabkommen nicht erfasst. Die Aufnahme einer selbständigen Erwerbstätigkeit im Anwendungsbereich des Niederlassungsrechts nach Art. 43 Abs. 1 EG kann außerhalb des nationalen Arbeitsgenehmigungsverfahrens erfolgen. Das Niederlassungsrecht wurde Staatsangehörigen aus den Beitrittsstaaten bereits durch die Europa-Abkommen gewährleistet, so dass im Zuge der EU-Osterweiterung keine Beschränkungen in den Beitrittsakten aufgenommen werden konnten. Für das Werkvertragsverfahren ist dies insoweit von Bedeutung, als dass das so genannte Schlüsselpersonal außerhalb der Werkvertragsabkommen in der Bundesrepublik Deutschland tätig werden kann. Darüber hinaus wird von Ziffer 2.13 der Beitrittsakte und den Werkvertragsabkommen auch nicht die selbständige vorübergehende Dienstleistungserbringung ohne eigenes Personal im Anwendungsbereich des Art. 49 Abs. 1 EG erfasst. Ebenfalls können Gesellschafter-Geschäftsführer außerhalb des Arbeitsgenehmigungsverfahrens in die Bundesrepublik Deutschland entsandt werden.

7.

Eine Umgehung der Übergangsbestimmungen durch die Erbringung der Dienstleistung über eine in der Bundesrepublik Deutschland errichtete Zweigniederlassung ist nicht möglich. Es wird ein Inlandsarbeitsverhältnis im Anwendungsbereich der Arbeitnehmerfreizügigkeit nach Art. 39 EG begründet Die Übergangsbestimmungen knüpfen allein an die Staatsangehörigkeit des Arbeitnehmers an, so dass Ziffer 2.2 der Beitrittsakte und damit das nationale Arbeitsgenehmigungsrecht Anwendung findet. Allerdings können Unternehmen aus den Beitrittsstaaten eine Gesellschaft in einem Mitgliedstaat der Europäischen Union gründen, das sich keine Übergangsbestimmungen zur Dienstleistungsfreiheit und Arbeitnehmerfreizügigkeit vorbehalten hat, dort Staatsangehörige aus den Beitrittsstaaten einsetzen und diese sodann außerhalb der Übergangsbestimmungen in die Bundesrepublik Deutschland vorübergehend entsenden.

2. Teil: Ausblick

Die Untersuchung hat gezeigt, dass sich durch die Übergangsbestimmungen in der Beitrittsakte nicht alle Formen der grenzüberschreitenden Dienstleistungserbringung von Unternehmen aus den Beitrittsstaaten nach Maßgabe des nationalen Rechts kontrollieren lassen. In den Beitrittsverträgen mit Rumänien und Bulgarien finden sich die gleichen Klauseln in Bezug auf die Freizügigkeit. Den Staatsangehörigen der Republik Bulgarien und Rumänien wird nach dem Beitritt zur Europäischen Union der gleiche Arbeitsmarktzugang zu Beschäftigungen, die eine qualifizierte Berufsausbildung voraussetzen, eröffnet, wie den Staatsangehörigen aus den MOE-Staaten, die bereits zum 1. Mai 2004 der Europäischen Union beigetreten sind. Im Folgenden soll abschließend kurz auf Möglichkeiten eingegangen werden, wie einer Umgehung der Übergangsbestimmungen durch Missbrauch der Dienstleistungsfreiheit und der Niederlassungsfreiheit entgegengetreten werden kann und welche Auswirkungen die Umsetzung der geplanten Dienstleistungsrichtlinie auf die grenzüberschreitende Dienstleistungserbringung im Kontext der Übergangsbestimmungen hat.

A. Lösungsansätze in den Beitrittsverträgen

Die alten Mitgliedstaaten können nach den Art. 37 bis 39 des Beitrittsvertrages bis zum Ende eines Zeitraums von drei Jahren nach dem Beitritt der MOE-Staaten zur Europäischen Union Schutzmaßnahmen anwenden. Erleidet ein Mitgliedstaat auf seinem Arbeitsmarkt Störungen oder sieht er solche voraus, die eine ernstliche Gefährdung des Lebensstandards oder des Beschäftigungsstandes in einem bestimmten Gebiet oder Beruf mit sich bringen können, unterrichtet dieser Mitgliedstaat die Kommission und die anderen Mitgliedstaaten und übermittelt diesen alle zweckdienlichen Angaben, um den eingetretenen Störungen entgegenzusteuern. Die Störungen können sich hierbei sowohl auf einen Wirtschaftssektor als auch auf eine bestimmte Region innerhalb eines Mitgliedstaates beziehen, in der z.B. eine unerwartet hohe Arbeitslosigkeit auftritt. Unter diesen Voraussetzungen kann der Mitgliedstaat die Kommission um die Erklärung ersuchen, dass im Bereich der Arbeitnehmerfreizügigkeit die Anwendung der Art. 1 bis 6 der VO (EWG) 1612/68 zur Wiederherstellung der normalen Situation in diesem Beruf oder Gebiet ganz oder teilweise ausgesetzt wird. Die Kommission trifft spätestens zwei Wochen nach Eingang des Ersuchens eine Entscheidung hierüber und unterrichtet den Europäischen Rat. In dringenden und außergewöhnlichen Fällen haben die Mitgliedstaaten nach Art. 38 der Beitrittsakte sogar ein Selbstvornahmerecht[1005]. Sie können die Art. 1 bis 6 der VO (EWG) 1612/68 aussetzen und die Kommission hierüber nachträglich unterrichten[1006]. Dies hat zur Konsequenz, dass Staatsangehörigen aus den Beitrittsstaaten bis zur Beseitigung der Störung keine Arbeitserlaubnis nach § 284 SGB III erteilt wird. Das gleiche Instrumentarium steht der Kommission zur Verfügung, wenn sich durch die Anwendung der Dienstleistungsfreiheit erhebliche Störungen für einen Wirtschaftszweig zeigen, der nicht von Ziffer 2.13 der Übergangsbestimmungen erfasst ist. Allerdings findet diese Schutzklausel nur innerhalb der ersten drei Jahre nach dem Beitritt Anwendung, so dass sich keine langfristigen Lösungen von Missbrauchsfällen im Bereich der Übergangsbestimmungen erzielen lassen.

B. Lösungsansätze in den Werkvertragsabkommen

Ferner könnte man daran denken, die Werkvertragsabkommen dahingehend zu ändern, dass die Kontingente abgesenkt und die Quotierung nach Art. 2 der Werkvertragsabkommen erhöht wird, so dass im Bausektor im Vergleich zu deutschen Arbeitnehmern weniger ausländische Arbeitnehmer zugelassen werden. So ließe sich der Zugang entsandter Arbeitnehmer auf Werkvertragsbasis zum deutschen Arbeitsmarkt bis zum Ablauf der Übergangsfristen weiter reduzieren und besser kontrollieren. Allerdings sieht die Standstill-Klausel in Ziffer 2.13 der Beitrittsakte vor, dass keine zusätzlichen oder weitergehenden Einschränkungen in Bezug auf den vorübergehenden Zugang von Staatsangehörigen aus den Beitrittstaaten im Bereich der Freizügigkeit eingeführt werden dürfen. Die Voraussetzungen für die Beschränkung des Freizügigkeitsrechts sind auf dem Stand der Unterzeichnung der Beitrittsverträge vom 16. April 2003 anzuwenden. Eine Unterschreitung der bisherigen Kontingentzahlen und eine Erhöhung der Quotierung ist damit unzulässig[1007]. Die Werkvertragsabkommen sind ab dem Zeitpunkt der Unterzeichnung der Beitrittsverträge damit veränderungsfest.

1005 Vgl. *Seidel*, „Die Schutzklauseln der Beitrittsverträge" in Policy Paper B 01 2004 des Zentrums für Europäische Integrationsforschung an der Universität Bonn (ZEI).

1006 Vgl. hierzu *Sieveking*, ECLJ 2005, S. 9.

1007 Vgl. *Fehrenbacher*, ZAR 2004, S. 25. Natürlich könnte die Bundesrepublik Deutschland den Zugang ausländischer Staatsbürger zum deutschen Arbeitsmarkt auch nachträglich verschärfen. Sie würde sich damit aber der Gefahr eines Vertragsverletzungsverfahrens aussetzen.

C. Lösungsansätze im nationalen Recht

Lösungsmöglichkeiten im nationalen Recht sind zulässig, soweit nicht der Zugang von Arbeitnehmern aus den Beitrittsstaaten zum deutschen Arbeitsmarkt betroffen ist und gegenüber der Rechtstellung zum Zeitpunkt des Beitritts verschlechtert wird.

I. Ausweitung des AEntG

Die Auswirkungen der EU-Osterweiterung zeigen sich insbesondere in den liberalisierten Wirtschaftssektoren. Das Arbeitsgenehmigungsrecht kann als Kontrollinstrumentarium der einzuhaltenden Mindestarbeitsbedingungen bei der grenzüberschreitenden Erbringung von Dienstleistungen in den dienstleistungsfreien Wirtschaftssektoren nicht mehr herangezogen werden. Staat dessen wird eine Ausweitung des AEntG[1008] auf weitere Niedriglohnsektoren, wie z.B. die Fleischbranche diskutiert[1009]. Durch die gesetzliche Erstreckung der tariflichen Mindestarbeitsbedingungen auf weitere Branchen neben dem Bauhaupt- und Baunebengewerbe erhofft man, „Lohndumping" künftig vermeiden und die Einhaltung sozialer Schutzbestimmungen der entsandten Arbeitnehmer besser kontrollieren und sichern zu können. Voraussetzung für eine Ausdehnung des sachlichen Anwendungsbereichs des AEntG ist, dass Tarifverträge mit Mindestlohn – und Arbeitsbedingungen existieren, die gem. § 5 TVG oder § 1 Abs. 3a AEntG allgemeinverbindlich wirken. Werden diese Voraussetzungen durch die Tarifvertragsparteien geschaffen, ist eine Ausweitung des AEntG auf die nicht von Ziffer 2.13 der Beitrittsakte erfassten Wirtschaftssektoren grundsätzlich gemeinschaftskonform. Art. 3 Abs. 10 der Richtlinie 96/71 EG berührt nicht das Recht der Mitgliedstaaten, unter Einhaltung des EG-Vertrages für inländische und ausländische Unternehmen in gleicher Weise Arbeits- und Beschäftigungsbedingungen für andere als im Anhang zur Richtlinie 96/71 EG genannte Tätigkeiten vorzuschreiben.

Durch eine Ausweitung des AEntG auf andere Wirtschaftssektoren läge auch kein Verstoß gegen die Standstill-Klausel in Ziffer 2.13, 3. Absatz der Bei-

1008 Vgl. etwa *Oppermann*, aaO (Fn. 4), § 26, Rn. 7; *Temming*, RdA 2005, S. 191; NJW-Spezial 2005 Heft 7, S. 326; *Handelsblatt* vom 12. April 2005.

1009 Vgl. hierzu *Czommer/Worthmann*, IAT-Report 3/2005, S. 4. Am 20. Oktober 2006 hat die Bundesregierung zudem einen Gesetzesentwurf zur Änderung des AEntG verabschiedet, durch den das AEntG in seinem die tarifvertraglichen Arbeitsbedingungen betreffenden Teil auf das Gebäudereinigerhandwerk ausgeweitet werden soll; BT-Drucks. 16/3064.

trittsakte vor. Die Standstill-Klausel sichert den (vorübergehenden) Zugang der Beitrittsstaatsangehörigen zum deutschen Arbeitsmarkt unter den in Ziffer 2.13 genannten Voraussetzungen. Eine Ausweitung des AEntG beschränkt dieses Freizügigkeitsrecht nicht, da allein Mindestarbeitsbedingungen in für allgemeinverbindlich erklärten Tarifverträgen auf entsandte Arbeitnehmer erstreckt, mithin nur die materiellen Arbeitsbedingungen modifiziert werden. In Betracht kommt nur eine mittelbare Beeinträchtigung der entsandten Arbeitnehmer dadurch, dass sich ihr Arbeitgeber durch die aufgrund des AEntG höheren Lohn- und Arbeitsbedingungen, sowie des steigenden administrativen Aufwandes nach § 2 und 3 AEntG von der Erbringung der Dienstleistung abhalten lässt. Solche mittelbare Beeinträchtigungen werden aber nicht von Ziffer 2.13 der Beitrittsakte erfasst, da der Zugang zum Arbeitsmarkt, also das Freizügigkeitsrecht entsandter Arbeitnehmer, durch eine Ausweitung des AEntG nicht eingeschränkt wird.

Zur Sicherung der sozialen Mindeststandards entsandter Arbeitnehmer über den Anwendungsbereich des § 7 AEntG hinaus stellt die Ausweitung des AEntG auf nicht von Ziffer 2.13 der Beitrittsakte erfassten Wirtschaftssektoren ein wirksames Mittel zur Sicherung tariflicher Mindestlohnbedingungen dar. Es liegt aber zunächst an den Tarifvertragsparteien bzw. dem Verordnungsgeber, die tariflichen Grundlagen für eine gesetzliche Erstreckung auf ausländische Arbeitgeber zu schaffen. Dies ist bislang noch nicht der Fall, da außerhalb des Baugewerbes nur vereinzelt allgemeinverbindliche Tarifvertragsstrukturen bestehen.

Eine Erweiterung des AEntG auf andere Wirtschaftssektoren hat hingegen keine Auswirkungen auf die selbständige Dienstleistungserbringung von Staatsangehörigen aus den Beitrittsstaaten. Art. 1 Abs. 1 der Richtlinie 96/71 EG gilt nur für Unternehmen mit Sitz in einem Mitgliedstaat, die im Rahmen der länderübergreifenden Erbringung von Dienstleistungen Arbeitnehmer in das Hoheitsgebiet eines Mitgliedstaates entsenden. Die Gründung von Scheingesellschaften und damit eine Umgehung der Übergangsbestimmungen in den Beitrittsverträgen kann durch eine Ausweitung des AEntG nicht verhindert werden. Das Phänomen der Scheinselbständigkeit bleibt weiterhin eine häufig genutzte Strategie von Unternehmen, um die Mindeststandards von Artikel 3 Absatz 1 der Entsenderichtlinie zu umgehen[1010]. Den nationalen Behörden ist es zudem kaum möglich, nachzuweisen, dass ein Scheinselbständiger de facto Arbeitnehmer ist. Zudem wird er bei einer kurzfristigen Tätigkeit vor Abschluss der Ermittlungen der deutschen Behörden wieder in seinem Heimatstaat sein, so dass repressive

1010 Entschließung des Europäischen Parlaments zu der Anwendung der Richtlinie 96/71/EG über die Entsendung von Arbeitnehmern (2006/2038 (INI)) vom 26. Oktober 2006, abzurufen unter *http://www.europarl.europa.eu/sides/getDoc.do?Type=TA&Reference=P6-TA-2006-0463&language=DE.*

Maßnahmen im Regelfall nicht mehr möglich sein werden. Stellt sich allerdings heraus, dass keine selbständige Tätigkeit, sondern ein Arbeitsverhältnis zu einem deutschen Auftraggeber vorliegt, so greift § 7 AEntG. Die dort geregelten Mindestarbeitsbedingungen finden auch auf selbständige Werkunternehmer Anwendung, soweit sie nach deutschem Recht unter den Begriff des Arbeitnehmers fallen[1011]. Das Problem der Umgehung der Übergangsbestimmungen in den Beitrittsakten durch die Aufnahme einer Scheinselbständigkeit lässt sich hingegen nur durch eine strikte Kontrolle der gemeinschaftsrechtlichen Voraussetzungen der Niederlassungsfreiheit und der Dienstleistungsfreiheit lösen.

Das Urteil des *EuGH*[1012] vom 19. Januar 2006 eröffnet den nationalen Behörden umfangreichere Kontrollmöglichkeiten als bisher. Der *EuGH* hat ausgeführt, dass in einem präventiven Verfahren auch die Einhaltung der deutschen Vorschriften auf dem Gebiet der sozialen Sicherheit während der Dauer der Entsendung kontrolliert werden können. Darüber hinaus würde nach Auffassung des *EuGH* eine vorherige Erklärung des ausländischen Dienstleistungserbringers mit Angaben zum Arbeitsentgelt und zu den Beschäftigungsbedingungen die Dienstleistungsfreiheit weniger beschränken als eine repressive Kontrolle. *Thym*[1013] folgert hieraus, dass dem deutschen Gesetzgeber hierdurch die Möglichkeit eröffnet wird, § 2 AEntG um ein vorheriges Anzeigeverfahren zu erweitern. Auch das *Europäische Parlament* weist darauf hin, dass in Entsendefällen der Mitgliedstaat, in dem das Unternehmen in der Regel tätig ist, gehalten sein soll, dem Aufnahmestaat die E-101 Entsendebescheinigung bereitzustellen, mit dem die Mitgliedschaft des entsandten Arbeitnehmers im Sozialversicherungssystem des Entsendelandes nachgewiesen wird. Zudem soll die Zusammenarbeit zwischen den Mitgliedstaaten durch den Austausch von Informationen verbessert werden[1014]. Im Hinblick auf die Überprüfung der Einhaltung der tariflichen Arbeitsbedingungen nach § 1 AEntG sieht § 2 AEntG bereits jetzt weit reichende Kon-

---

1011 Vgl. *Schlachter* in ErfK, aaO (Fn. 35), § 7, Rn. 2 iVm § 8, Rn. 2; *Ulber*, AÜG, 2. Aufl. 2002, AEntG, § 7, Rn. 3. Dies folgt aus Art. 2 Abs. 2 der Entsenderichtlinie 96/71 EG, wonach bei der Bestimmung des Begriffes des Arbeitnehmers allein auf die Kriterien des nationalen Rechts abzustellen ist. Insoweit kann auch ein Ein-Mann-Werkvertragsunternehmen als Scheinselbständiger anzusehen sein und in einem Beschäftigungsverhältnis zu seinem deutschen Auftraggeber stehen.

1012 EuGH, Rs. C-244/04, „***Kommission der Europäischen Gemeinschaften gegen Bundesrepublik Deutschland***“, aaO (Fn. 17); Rs. C 168/04, Urteil vom 21. September 2006, „***Kommission der Europäischen Gemeinschaften gegen Republik Österreich***“, aaO (Fn. 122), Rn. 50.

1013 *Thym*, NZA 2006, S. 215.

1014 Entschließung des Europäischen Parlaments zu der Anwendung der Richtlinie 96/71/EG über die Entsendung von Arbeitnehmern (2006/2038 (INI)) vom 26. Oktober 2006, aaO (Fn. 1002).

trollmöglichkeiten der Behörden der Zollverwaltung vor. Ob ein vorheriges Anzeigeverfahren allerdings eine effektive Kontrollmöglichkeit der Einhaltung der Arbeitsbedingungen nach dem AEntG ermöglicht, darf bezweifelt werden. Eine entsprechende Erklärung würde als privatrechtliche Erklärung durch die ausländischen Dienstleistungserbringer abgegeben werden, ohne dass die Behörden die Richtigkeit der Angaben kontrollieren könnten. Eine positive Anzeigepflicht, wie sie *Thym* fordert, wäre indes kein wirksames Mittel zur Sicherung der Einhaltung der Mindestarbeitsbedingungen, da die Kontrolle der tatsächlichen Einhaltung der Arbeitsbedingungen erst bei Erbringung der Dienstleistung in der Bundesrepublik Deutschland kontrolliert werden kann. Anders als bei der Ausstellung der Entsendebescheinigungen nach Art. 11 der VO (EWG) 574/72 wird die Richtigkeit der Angaben durch den ausländischen Dienstleistungserbringer durch keine Behörde des Herkunftsstaates im Vorfeld der Dienstleistungserbringung kontrolliert, so dass einer entsprechenden Erklärung keinerlei verbindliche Wirkung zukommen würde. Fraglich ist daher bereits, ob das von *Thym* vorgeschlagene Verfahren die Informationslage der Behörden verbessern würde. Das Werkvertragsverfahren aufgrund der Werkvertragsabkommen hat gezeigt, dass die Regionaldirektionen der Bundesagentur für Arbeit in einem präventiven Verfahren die Einhaltung der Mindestarbeitsbedingungen nach den Werkvertragsabkommen und dem AEntG nicht umfassend kontrollieren können. Erst die Kontrollen der Zollverwaltung zeigen, ob die Angaben des ausländischen Unternehmers wahrheitsgemäß sind. Letztlich hätte die Verpflichtung der ausländischen Unternehmer zur Abgabe einer vorherigen Erklärung über die Einhaltung der Mindestarbeitsbedingungen eine Erhöhung des Verwaltungsaufwands bei der Zollverwaltung und den ausländischen Unternehmen zur Folge. Gerade die kurzfristige und projektbezogene Dienstleistungserbringung durch ausländische Unternehmen würde durch ein entsprechendes Verfahren erheblich erschwert werden. Eine effektive Überprüfung der Einhaltung der Entsendebedingungen ließe sich nur durch einen Informationsaustausch zwischen den in Entsendefällen beteiligten Behörden der Mitgliedstaaten erreichen.

II. Einführung eines gesetzlichen Mindestlohns

Darüber hinaus wird seit Jahren die Einführung eines gesetzlichen Mindestlohns sowohl auf politischer[1015] als auch auf rechtswissenschaftlicher Ebene[1016] diskutiert. Ein gesetzlicher Mindestlohn schreibt vor, dass für eine Tätigkeit als abhängig Beschäftigter ein vom Gesetzgeber festgelegtes Entgelt nicht unterschritten werden darf. Das Gesetz über die Festsetzung von Mindestarbeitsbedingungen vom 11. Januar 1952 ist bis heute nicht in Kraft getreten[1017]. Über § 7 Abs. 1 Ziffer 3 AEntG würden gesetzliche Mindestlöhne auch für entsandte Arbeitnehmer gelten. Im Folgenden soll kurz untersucht werden, ob die Einführung eines gesetzlichen Mindestlohns mit den gemeinschaftsrechtlichen Vorgaben des *EuGH* vereinbar wäre.

Der *EuGH* hat in ständiger Rechtsprechung[1018] ausgeführt, dass das Gemeinschaftsrecht es den Mitgliedstaaten nicht verbietet, ihre Rechtsvorschriften oder die Tarifverträge der Sozialpartner über die Mindestlöhne unabhängig davon, in welchem Land der Arbeitgeber ansässig ist, auf alle Personen auszudehnen, die in ihrem Hoheitsgebiet, und sei es auch nur vorübergehend, eine unselbständige Erwerbstätigkeit ausüben. Im Hinblick auf die Einführung gesetzlicher Mindestlöhne fordert der *EuGH* darüber hinaus, dass die Ausdehnung der Mindestlöhne für alle Personen im jeweiligen Staatsgebiet erforderlich ist, die einer unselbständigen Beschäftigung nachgehen[1019]. Zu dem in Art. 55 iVm Art. 46 Abs. 1 EG statuierten ordre public Vorbehalt zählt auch die Mindestlohngesetzgebung, soweit sie nicht allein und gezielt der Marktabschottung gegenüber ausländischer Konkurrenz dient. Beschränkungen der Dienstleistungsfreiheit sind demzufolge zulässig, soweit sie durch zwingende Gründe des Allgemeininteresses gerechtfertigt sind und für alle im Hoheitsgebiet des Aufnahmestaats tätigen Personen oder Unternehmen gelten und dieses Interesse nicht durch die Vorschriften geschützt wird, denen der Dienstleistende in dem Mitgliedstaat unterliegt, in dem er

---

1015 Vgl *Frankfurter Allgemeine Sonntagszeitung*, Nr. 14 vom 10. April 2005, S. 35; *Frankfurter Allgemeine Zeitung* Nr. 84 vom 12. April 2005, S. 14; *Die Zeit* vom 14. April 2005.

1016 Vgl. hierzu die umfassende Analyse von *Bieback*, „Probleme von Mindestlöhnen, insbesondere nach dem Arbeitnehmer-Entsendegesetz" in RdA 2000, S. 207; *Kocher*, „Mindestlöhne und Tarifautonomie" in NZA 2007, S. 600 ff..

1017 Zu beachten ist, dass die Bundesrepublik Deutschland nicht zur Einführung eines gesetzlichen Mindestlohns verpflichtet ist. Sie hat das Übereinkommen der ILO Nr. 131 von 1970, das weitergehend Mindestlöhne für alle Arbeitnehmergruppen vorschreibt, nicht ratifiziert.

1018 Vgl. EuGH, Rs. „***Vander Elst***", aaO (Fn. 17), Rn. 16; Rs. „***Arblade***", aaO (Fn. 49), Rn. 34 u. 35; Rs. „***Guiot***", aaO (Fn. 49), Rn. 11.

1019 Vgl. EuGH, Rs. „***Guiot***", aaO (Fn. 49), Rn. 11.

ansässig ist. Zu diesem zwingenden öffentlichen Interesse gehört nach der Rechtsprechung des *EuGH* auch der Schutz der Arbeitnehmer. Gesetzliche Mindestlöhne dienen sowohl inländischen als auch entsandten Arbeitnehmern zum Schutz vor Lohndumping und Schwarzarbeit, soweit dieser Schutz nicht bereits gleichwertig durch den Niederlassungsstaat erzielt werden kann.

Dieser Schutz wird nicht bereits über die Mindestlohnbedingungen in den Beitrittsstaaten erreicht, wie ein Vergleich der Mindestlohnbedingungen in der Europäischen Union zeigt. In 18 der 25 EU-Mitgliedstaaten wurde bereits ein gesetzlicher Mindestlohn eingeführt, der in der Regel als monatlicher Bruttolohn festgelegt wird und zwischen 40 und 60 Prozent des durchschnittlichen Bruttolohnes beträgt. Dieser reichte im Jahr 2005 von 116 Euro in Lettland bis 1.467 Euro in Luxemburg. In den Beitrittskandidatenländern Bulgarien, Rumänien und der Türkei beträgt der Mindestlohn 77, 72 bzw. 240 Euro[1020]. Der Schutz entsandter Arbeitnehmer würde durch einen Mindestlohn daher ohne weiteres gefördert werden. Mildere Mittel zur Sicherung des Austauschverhältnisses zwischen Arbeit und Lohn sind nicht ersichtlich. Allerdings darf ein Mindestlohn nicht so hoch taxiert werden, dass durch seine Geltung in Fällen grenzüberschreitender Dienstleistungserbringung der Dienstleistungsfreiheit jede praktische Wirkung genommen werden würde. *Borgmann*[1021] führt hierzu als Beispiel die Einführung eines sehr hohen Mindestlohns an, wenn ein Mitgliedstaat sein Sozialsystem primär über die Erhebung von Steuern finanziert. Bei grenzüberschreitenden Dienstleistungen müssten Unternehmen aus einem anderen Mitgliedstaat an ihre Arbeitnehmer sowohl den hohen Mindestlohn des Aufnahmestaates zahlen, als auch die Sozialversicherungsbeiträge im Herkunftsstaat nach den Grundsätzen des internationalen Sozialversicherungsrechts abführen. In der Bundesrepublik Deutschland sind die Lohnnebenkosten hingegen an den Lohn gebunden. Solange keine steuerfinanzierte Sicherung der Sozialsysteme eingeführt und der Lohn von den Sozialversicherungsbeiträgen entkoppelt wird, wird ein gesetzlicher Mindestlohn in der Bundesrepublik Deutschland keine Höhe erreichen, die mit gemeinschaftsrechtlichen Vorgaben kollidiert. Anderenfalls wäre auch für deutsche Unternehmen Arbeit nicht mehr finanzierbar.

Die Einführung eines gesetzlichen Mindestlohns mag daher ein probates Mittel zur Bekämpfung von Lohndumping bei der grenzüberschreitenden Erbringung von Dienstleistungen aus Ländern sein, die ein geringeres Lohnniveau als

---

1020 Vgl. die Analyse des wissenschaftlichen Dienstes des Deutschen Bundestages vom 12. September 2005; abzurufen unter *http://www.bundestag.de/bic/analysen/2005/2005_09_12.pdf*; vgl auch die Statistiken unter *www.eds-destatis.de/de/downloads/sif/nk_05_07.pdf*; vgl. hierzu auch *Frankfurter Allgemeine Zeitung* vom 20. Juni 2007, Nr. 140, S. 12.

1021 Vgl. *Borgmann*, aaO (Fn. 92), S. 91.

das in der Bundesrepublik Deutschland aufweisen. Der Anreiz zur Kooperation mit ausländischen Unternehmen aus diesen Staaten würde entfallen. *Eichenhofer*[1022]geht sogar noch einen Schritt weiter und sieht in Mindestlöhnen ein Interesse der Unternehmen begründet, da sie nicht befürchten müssten, allein wegen des gemeinschaftsweiten Lohngefälles ihre Betätigungsmöglichkeiten und die daran für ihre Arbeitnehmer gekoppelten Beschäftigungschancen einzubüßen. Ob sich durch die Einführung eines gesetzlichen Mindestlohns die Probleme im Bereich der grenzüberschreitenden Erbringung von Dienstleistungen umfänglich lösen lassen, darf indes bezweifelt werden[1023]. In den nicht liberalisierten Wirtschaftssektoren lassen sich bereits jetzt über das Arbeitsgenehmigungsrecht vergleichbare Mindestarbeitsbedingungen für entsandte Arbeitnehmer aus den MOE-Staaten schaffen. Darüber hinaus lässt sich das Problem der Scheinselbständigkeit in diesen Wirtschaftssektoren nicht durch die Einführung eines gesetzlichen Mindestlohns lösen. Ein gesetzlicher Mindestlohn erfasst nur die auf ein Beschäftigungsverhältnis anzuwendenden Lohnbedingungen, nicht hingegen die freie Angebotskalkulation selbständiger Dienstleistungserbringer.

D. Auswirkungen der Dienstleistungsrichtlinie auf die grenzüberschreitende Erbringung von Dienstleistungen mit eigenen Arbeitnehmern

Abschließend soll kurz darauf eingegangen werden, wie sich die Umsetzung des Vorschlags über die Richtlinie des Europäischen Parlaments und des Rates über Dienstleistungen im Binnenmarkt vom 4. April 2006[1024] auf die grenzüberschreitende Erbringung von Dienstleistungen im Kontext der Übergangsbestimmungen auswirkt. Nach langer Diskussion[1025] hat die Kommission die nunmehr letzte Fassung des Richtlinienvorschlags vorgelegt, die das Europäische Parlament am 15. November 2006 in zweiter Lesung verabschiedet hat[1026]. Mit ihrer

1022 *Eichenhofer*, „Dienstleistungsfreiheit und Mindestlohn" in ZESAR 2007, S. 57.

1023 Vgl. hierzu unter Abwägung der bisher in der Literatur ausgetauschten Argumente ausführlich *Möschel*, BB 2005, S. 1166 ff.; *Handelsblatt* vom 13. April 2005.

1024 KOM (2006) 160 vom 4. April 2006-2004/0001 (COD).

1025 Vgl. zum Diskussionsstand *Albath/Giesler*, „Das Herkunftslandprinzip in der Dienstleistungsrichtlinie – eine Kodifizierung der Rechtsprechung?" in EuZW 2006, S. 38 ff.; vgl. auch *Frankfurter Allgemeine Zeitung* Nr. 84 vom 12. April 2005, S. 14; *Handelsblatt* vom 13. April 2005; *von Steinau-Steinrück*, „Begünstigt die Dienstleistungsfreiheit Dumpingpreise?" in Frankfurter Allgemeine Zeitung, Nr. 63 vom 16. März 2005, S. 25; *Süddeutsche Zeitung* Nr. 41 vom 19./20. Februar 2005, S. 2.

1026 Im Internet abzurufen unter *http://www.bmwi.de/BMWi/Redaktion/PDF/S-T/statement-mccreevy,property=pdf,bereich=bmwi,sprache=de,rwb=true.pdf*

Veröffentlichung im EU-Amtsblatt[1027] am 27. Dezember 2006 ist sie in Kraft getreten. Ziel der Richtlinie ist die Schaffung eines realen europäischen Binnenmarkts für Dienstleistungen durch Beseitigung rechtlicher und administrativer Hindernisse für die Entwicklung von Dienstleistungen[1028].

Im Kern der Diskussion über die Dienstleistungsrichtlinie steht das in Art. 16 Abs. 1 des Richtlinienvorschlags verankerte sog. „Herkunftslandprinzip“[1029]. Danach soll der Dienstleister bei Aufnahme und Ausübung seiner Tätigkeit lediglich den Bestimmungen seines Herkunftslandes unterliegen.

Art. 24 Abs. 1 des letzten Entwurfs der Dienstleistungsrichtlinie sah vor, dass, wenn ein Dienstleistungserbringer, der einen Arbeitnehmer in das Hoheitsgebiet eines anderen Mitgliedstaates entsendet, um dort eine Dienstleistung zu erbringen, der Entsendemitgliedstaat die Überprüfungen, Kontrollen und Untersuchungen durchführt, die notwendig sind, um die Einhaltung der Beschäftigungs- und Arbeitsbedingungen, die auf Grund der Richtlinie 96/71/EG gelten, sicherzustellen, und unter Beachtung des Gemeinschaftsrechts Maßnahmen gegenüber dem Dienstleistungserbringer ergreift, der diese nicht einhält. Allein dem Entsendemitgliedstaat war die Aufgabe übertragen, die Einhaltung der Beschäftigungs- und Arbeitsbedingungen zu überwachen. Aufgrund dieser Regelung wurde befürchtet, dass es zu einem Anstieg von Schwarzarbeit und Lohndumping bei der Entsendung von Mitarbeitern grenzüberschreitender Dienstleistungen kommt[1030]. Vor diesem Hintergrund wurden bei dem letzten Vorschlag zur Dienstleistungsrichtlinie die Angelegenheiten von dem in Art. 16 Abs. 1 des Vorschlags statuierten Herkunftslandsprinzip ausgenommen, die unter die Richtlinie 96/71/EG des Europäischen Parlaments und des Rates über die Entsendung von Arbeitnehmern im Rahmen der Erbringung von Dienstleistungen fallen. Dies bedeutet, dass sich die grenzüberschreitende Erbringung von Dienstleistungen weiterhin allein nach der Richtlinie 96/71 EG und dem in nationales Recht umgesetzten AEntG richtet. Die Mindestlohn- und Arbeitsbedingungen der im Baugewerbe für allgemeinverbindlich erklärten Tarifverträge finden über die zwingende Eingriffsnorm des § 1 AEntG auch nach Umsetzung der Dienstleistungsrichtlinie auf die in einen anderen Mitgliedstaat entsandten Arbeitnehmer Anwendung. Die Umsetzung der geplanten Dienstleistungsrichtlinie hat folglich keine Auswirkung

---

1027 ABl. EU Nr. L 376 vom 27. Dezember 2006, S. 36 bis 68.

1028 Vgl. Ziffer 2 der Begründungserwägungen des Vorschlags.

1029 Vgl. hierzu *Schlichting/Spelten*, „Die Dienstleistungsrichtlinie“ in EuZW 2005, S. 238; zuletzt *Körner*, „EU-Dienstleistungsrichtlinie und Arbeitsrecht“ in NZA 2007, S. 233 ff..

1030 Vgl. hierzu z.B. *Süddeutsche Zeitung* vom 17. Februar 2006, Nr. 40, S. 21.

auf die grenzüberschreitende Erbringung von Dienstleistungen im Sinne von Ziffer 2.13 der Beitrittsakte. Art. 17 Abs. 2 der Dienstleistungsrichtlinie stellt klar, dass die Richtlinie nicht auf Arbeitnehmer im Sinne der Entsenderichtlinie 96/71 EG anwendbar ist[1031].

1031 Vgl. hierzu auch ausführlich *Calliess*, DVBl. 2007, S. 342 ff..

Schriften zum Deutschen und Europäischen Arbeits- und Sozialrecht

Herausgegeben von Ulrich Preis

Band 1 Ulrich Preis / Felipe Temming: Die Urlaubs- und Lohnausgleichskasse im Kontext des Gemeinschaftsrechts. 2006.

Band 2 Einiko B. Franz: Der Abschluss eines Aufhebungsvertrags. Schutz des Arbeitnehmer-Verbrauchers und seine Grenzen. Insbesondere das Widerrufsrecht gem. §§ 312, 355 BGB. 2006.

Band 3 Klaus Tenbrock: Die betriebliche Altersversorgung im Betriebsübergang bei konkurrierenden Versorgungszusagen. 2006.

Band 4 Christoph Nießen: Fehlerhafte Betriebsratswahlen. Eine am Gang des Wahlverfahrens orientierte Untersuchung der Folgen von Rechtsverstößen bei der Betriebsratswahl unter besonderer Berücksichtigung deren Relevanz für die Gewährung von einstweiligem Rechtsschutz zur Verhinderung einer fehlerhaften Betriebsratswahl. 2006.

Band 5 Klaus Linde: Übertragung von Aufgaben des Betriebsrats auf Arbeitsgruppen gemäß § 28a BetrVG. 2006.

Band 6 Petra M. Knorr: Der Vergleich der Invaliditätsrenten in Deutschland und den Niederlanden. 2006.

Band 7 Jan Botterweck: Gewerkschaftspluralismus im Betrieb. 2007.

Band 8 Patrizia Chwalisz: Die Transformation des polnischen Arbeitsrechts und die Gewerkschaften. Eine Analyse aus dem Blickwinkel des Arbeitsrechts der ehemaligen Deutschen Demokratischen Republik und der Bundesrepublik Deutschland. 2007.

Band 9 Wiebke Brose: Der präventive Kündigungsschutz bei betriebsbedingten Kündigungen. Vergleich von Entwicklung und Stellenwert im deutschen und französischen Kündigungsrecht. 2007.

Band 10 Oliver Reinartz: Der Firmentarifvertrag als Flexibilisierungsinstrument. Unter besonderer Berücksichtigung des sogenannten tariflichen Sozialplans. 2008.

Band 11 Sebastian Maiß: Die Entsendung von Arbeitnehmern aus den MOE-Staaten auf Werkvertragsbasis nach der EU-Osterweiterung. Eine Untersuchung der grenzüberschreitenden Beschäftigungsmöglichkeiten von Staatsangehörigen aus den Beitrittsstaaten – insbesondere im Baugewerbe – im Kontext der Übergangsbestimmungen zur Arbeitnehmerfreizügigkeit, der Dienstleistungsfreiheit und des Niederlassungsrechts. 2008.

Band 12 Tilman Isenhardt: Relative Tariffähigkeit. 2008.